Klassiker-Lektüren

Band 4

Günter Grass

Romane und Erzählungen

von

Sabine Moser

ERICH SCHMIDT VERLAG

Die Deutsche Bibliothek – CIP-Einheitsaufnahme

Moser, Sabine:
Günter Grass : Romane und Erzählungen / Sabine Moser. – Berlin : Erich Schmidt, 2000
(Klassiker-Lektüren ; Bd. 4)
ISBN 3-503-04960-6

Für Michael

ISBN 3 503 04960 6
ISSN 1438-965X

Alle Rechte vorbehalten
© Erich Schmidt Verlag GmbH & Co., Berlin 2000
www.erich-schmidt-verlag.de

Dieses Papier erfüllt die Frankfurter Forderungen der Deutschen Bibliothek
und der Gesellschaft für das Buch bezüglich der Alterungsbeständigkeit
und entspricht sowohl den strengen Bestimmungen der US Norm Ansi/Niso
Z 39.48-1992 als auch der ISO-Norm 9706

Druck: Difo-Druck, Bamberg

Inhalt

Vorwort

Dieses Buch ist als Einführung in die Romane und Erzählungen von Günter Grass gedacht. Damit richtet es sich zwangsläufig nicht an den versierten Forscher. Vielmehr soll jenen, die neugierig sind auf den Erzähler Grass, ein Einstieg, ein Leitfaden durch den Kosmos eines Schriftstellers an die Hand gegeben werden, der wie kaum ein anderer deutscher Autor ästhetischen Anspruch mit Zeitgenossenschaft verbindet. Diese Absicht liegt auch der Entscheidung zugrunde, keine Werkauswahl zu treffen, sondern bis auf *Mein Jahrhundert* das gesamte Prosawerk einzubeziehen. Somit ist gleich gesagt, was der Leser nicht erwarten darf: Detailuntersuchungen zu den einzelnen Werken. Die liegen inzwischen anderweitig in großer Zahl vor und bieten Möglichkeiten, die vielfältigen Aspekte des Œuvres näher zu erkunden. Die beigefügte Bibliographie mag Anregungen und Hilfestellungen dazu geben.

Anstatt dem einzelnen Werk in seinen zahlreichen Facetten gerecht zu werden, was allein schon durch den schieren Umfang des Prosawerkes ein hoffnungsloses Unterfangen wäre, habe ich versucht, Konstanten im Werkzusammenhang, Linien der Werkentwicklung von der *Blechtrommel* bis zu *Ein weites Feld* aufzuzeigen. Dabei liegt der Schwerpunkt auf den episch breiten Romanen *Die Blechtrommel, Hundejahre, Der Butt, Die Rättin* und *Ein weites Feld*. Die Behandlung dieser fünf Romane geschieht nach einem gewissen Grundmuster: Nach einem Blick auf Entstehung und zeitgeschichtlichen Hintergrund werden Erzählweise und inhaltliche Schwerpunkte aus dem Horizont des Werkzusammenhangs betrachtet. Desweiteren werden entweder die literarischen Einflüsse oder besonders relevante Quellen angesprochen. Da intertextuelle Bezüge geradezu von konstitutiver Bedeutung für Grass' Poetik des historischen Erzählens sind, werden die Ausführungen zu literarischen Einflüssen nicht mehr als Hinweise sein können. (Einen kurzen Überblick über Vorbilder, die für Grass' Schreiben insgesamt relevant sind, gebe ich einem gesonderten Kapitel im Anschluß an die Einleitung.) Abschließend werden Rezeption und Forschung vorgestellt, wobei hier wiederum Beschränkungen notwendig sind, zumal die Grass-Rezeption inzwischen recht gut dokumentiert ist.

Alle weiteren Prosatexte werden hauptsächlich in ihrer formalen und/oder thematischen Besonderheit und auf ihren Stellenwert im Werkzusammenhang hin vorgestellt. Die oben genannten Aspekte werden nur bedingt und komprimiert einfließen können. So wurde für *örtlich betäubt, Aus dem Tagebuch einer Schnecke, Das Treffen in Telgte, Kopfgeburten oder Die Deutschen sterben aus* und *Zunge zeigen* auf einen Forschungs- und Rezeptionsüberblick ganz verzichtet. Hier sei auf die entsprechenden Einträge in der Bibliographie verwiesen. Grundsätzlich habe ich die Reden, Essays und Gespräche, die inzwischen in sehr

großer Zahl in der Werkausgabe und in Sammelbänden ediert sind, dort einbezo-
gen, wo sie entweder die Prämissen Grassschen Schreibens oder die anhaltende
Relevanz bestimmter Themenkomplexe erhellen. Grass wird so auch häufig selber zu Wort kommen.

Selbstverständlich wäre eine solche Einführung ohne die Erkenntnisse der
Grass-Forschung nicht denkbar. Besonders verpflichtet bin ich den Arbeiten von
Volker Neuhaus, vor allem seiner Grass-Monographie, die 1992 in zweiter und
überarbeiteter Fassung erschienen ist, und seiner Grass-Biographie von 1997.
Desgleichen ist der Apparat der Werkausgabe von 1987 ein Fundus für jeden, der
zu Grass arbeitet. Insgesamt ist die Literatur zu Grass inzwischen auf einen solchen Umfang angewachsen, daß sie von einem einzelnen kaum mehr zu überblicken ist. Eine rigide Beschränkung ist erforderlich, so daß ich viele wichtige
Ergebnisse hier nicht benennen kann. Da aus Gründen der Lesbarkeit auf Anmerkungen verzichtet wurde, erfolgen die Verweise auf Grass' Werk im Text
selber. Die verwendeten Abkürzungen sind im Anschluß an dieses Vorwort auf-
geführt.

Abkürzungsverzeichnis

AZ	Der Autor als fragwürdiger Zeuge
DD	Die Deutschen und ihre Dichter
DL	Deutscher Lastenausgleich
Hoffnung	Aufhören, auf leere Hoffnung zu setzen
Nl	Novemberland
Sch	Ein Schnäppchen namens DDR
Standort	Rede über den Standort
SZ	Der Schriftsteller als Zeitgenosse
Ur	Unkenrufe
Verlust	Rede vom Verlust
vZ	Gegen die verstreichende Zeit
wF	Ein weites Feld
Zz	Zunge zeigen.

Als Textgrundlage für alle bis 1986 erschienenen Werke wurde die von Volker Neuhaus herausgegebene *Werkausgabe in zehn Bänden* von 1987 herangezogen. Die anderen Werke wie die Sammelbände und Einzelveröffentlichungen werden nach den im Literaturverzeichnis aufgeführten Ausgaben zitiert. Die Verweise erfolgen im Text mit den oben vermerkten Abkürzungen. Die Bände der Werkausgabe werden mit römischen Ziffern angegeben, die Titel nur da genannt, wo der Bezug nicht unmittelbar deutlich wird.

I. „Als Schriftsteller immer auch Zeitgenosse"

Günter Grass, der nach zahlreichen Nominierungen 1999 mit dem Literaturno-belpreis ausgezeichnet wurde, ist einer der wenigen deutschen Schriftsteller, deren Werke auch international eine breite Anerkennung finden. Seine Bedeutung schlägt sich nicht nur in einer großen Leserschaft nieder – „die Weltauflage seiner Werke beträgt zwölf Millionen". (Neuhaus 1997: 99) „Auch seine internationalen Kollegen betrachten" seit der *Danziger Trilogie* Grass' „Entwicklung mit größtem Interesse". (Ebd.) Stellvertretend für viele seien Salman Rushdie oder John Irving genannt; der nordamerikanische Schriftsteller, dessen Owen Meany geradezu Oskar Matzerath seine Existenz verdankt, formuliert seine Bewunderung für den älteren Kollegen stets offen und bekennt, vieles von ihm gelernt zu haben. In Deutschland ist Grass seit der *Blechtrommel* bei allem Ruhm immer auch ein umstrittener, gar angefeindeter Schriftsteller. Die ausufernde, auf weiten Strecken unerträgliche Mediendebatte um *Ein weites Feld* war nur in ihrer Dimension einmalig. Von der Tendenz her gesehen begleiteten solche Diskussionen beinahe jede Buchveröffentlichung des Autors seit den Anfängen. Anschaulich wird dies in dem Band *Blech getrommelt*, den Heinz Ludwig Arnold 1997 herausgegeben hat. Dabei standen oft nicht literarische Kriterien im Zentrum der Angriffe, sondern politische, und dieses Kennzeichen der Grass-Kritik verweist direkt auf eine Besonderheit, die den Schriftsteller und bildenden Künstler Grass auszeichnet.

Mit einem „für einen deutschen Schriftsteller ganz exzeptionellen, persönlichen Einsatz" (ebd. 109) ist Grass nämlich in die politische Arena gestiegen. Das begann in den sechziger Jahren mit seinem Engagement für den Kanzlerkandidaten der SPD, Willy Brandt. Seitdem hat sich der „Bürger" Grass immer wieder in das Zeitgeschehen eingemischt und Stellung bezogen – „Der Schriftsteller als Bürger" betitelt er bezeichnenderweise seine „Siebenjahresbilanz" von 1973, in der er Rückschau auf seine politische Arbeit hält. (IX, 577–593) Obgleich Grass Wert auf die Trennung beider Rollen legt, spricht er doch auch von einer „Wechselbeziehung" zwischen der „Arbeit des Schriftstellers" und jener „des politischen Redners oder Aufklärers", (X, 84) so z. B. 1969 in dem Gespräch „Ich und meine Rollen. Wirklichkeit und Roman, Literatur und Politik". (X, 81–87 u. Anmerkung 398) In *Aus dem Tagebuch einer Schnecke* veranschaulicht er diese Wechselbeziehung: In einer Kneipe von jungen Schriftstellern auf die Vereinbarkeit beider Tätigkeiten angesprochen, nimmt Grass zwei Bierdeckel zur Hilfe und erklärt seinen „Alltag": „‚Der hier ist die politische Arbeit, mache ich als Sozialdemokrat und Bürger; der ist mein Manuskript, mein Beruf, mein Weißnichtwas.' Ich ließ zwischen den Bierdeckeln Distanz wachsen, näherte beide einander, stellte sie sich stützend gegeneinander, verdeckte mit dem einen den

anderen (dann mit dem anderen den einen) und sagte: 'Manchmal schwierig, aber
es geht. Sie sollten sich weniger Sorgen machen.'" (IV, 542)

Obwohl Grass nachdrücklich betont, daß er keine politische Literatur schreibe, gibt es inhaltliche Überschneidungen zwischen politischer und literarischer
Arbeit. So z. B. besonders deutlich nach dem Mauerfall. Sowohl in seinen Reden
als auch in den beiden Erzähltexten, die sich unmittelbar auf das Zeitgeschehen
beziehen – *Unkenrufe* und *Ein weites Feld* – setzt Grass sich mit der veränderten
historischen Situation auseinander und beleuchtet Gefahren, die von der deutschen Einheit ausgehen könnten. Gleiches gilt schon für die atomare Hochrüstung und Umweltzerstörung in den 80er Jahren, die sich in der *Rättin* zur Apokalypse verdichtet oder das Nord-Süd-Gefälle, die Folgen von Bevölkerungswachstum und Armut, die ein zentrales Thema in *Kopfgeburten oder Die Deutschen sterben aus* und *Zunge zeigen* sind. Dabei sind manche Themenkreise –
das gilt in besonderer Weise für die Auseinandersetzung mit Deutschland und
den Deutschen – über lange Zeitspannen hinweg präsent, was auch aus Grass'
spezifischer Arbeitsweise resultiert: Seine „Argumentationsmuster entwickeln
sich in längeren Zeiträumen, vergleichbar der subtilen Werkstattarbeit, in der
seine großen Romane entstanden sind. Grass selber verweist gerne auf seine
Bildhauerausbildung, die ihm die Grundlage seines literarischen Arbeitens vor-
gegeben habe. Wie er in seiner literarischen Arbeit Schicht um Schicht komplexe
Zusammenhänge anlegt [...], arbeitet er sich auch durch politische Zusammenhänge". (Cepl-Kaufmann 1992: 268 f.)

Schriftstellerische und politische Arbeit wurzeln gleichermaßen in Grass'
Konzept der Zeitgenossenschaft. Als „Zeitgenosse" greift er Inhalte auf, die wi-
derständig sind, das heißt, Inhalte, die erarbeitet sein wollen, die Auseinandersetzung und Stellungnahme fordern. „Die Spiegelung von Zeitgeschichte durch jeweils gegenwärtige Literatur setzt Autoren voraus, die sich als Zeitgenossen begreifen, denen selbst die trivialsten politischen Vorgänge kein außerästhetischer
Störfaktor, vielmehr realer Widerstand sind, die nicht mit jedem geschriebenen
Wort der Zeitlosigkeit einverleibt sein möchten und mangelnde Distanz zum au-
genblicklichen Geschehen durch erzählerische Einfälle auszugleichen vermögen;
als bewußten Gegnern akademisch entschlackter Dichtkunst ist ihnen deshalb,
solange es Literatur gibt, der Prozeß gemacht worden: von Staats wegen oder von
Inquisitoren, denen bis heute die Aura literaturpäpstlicher Großkritik kleidsam
ist." (IX, 921) Zeitgenossenschaft und Widerstand sind Kernbegriffe der Grassschen Poetik und verweisen auf sein Selbstverständnis in der Doppelrolle des
Schriftstellers und Bürgers. Als vorbildliche Vertreter einer solchen Erzählkunst
nennt Grass John Dos Passos, Uwe Johnson und nicht zuletzt Alfred Döblin.

Neben der eben zitierten Rede „Als Schriftsteller immer auch Zeitgenosse"
(IX, 921–931), die Grass 1986 auf dem Internationalen PEN-Kongreß in Ham-
burg gehalten halt, geben vor allem zwei weitere Reden Auskunft über Grass'
Poetik: Die frühe „Hoffnarrenrede" (IX, 153–158) von 1966 und die Frankfurter
Poetik-Vorlesung „Schreiben nach Auschwitz" (vZ, 42–73) von 1990. In

„Schreiben nach Auschwitz" rekapituliert Grass seinen schriftstellerischen Werdegang und beginnt: „Ein Schriftsteller, aufgefordert, von sich, also von seiner Arbeit, zu berichten, müßte sich in ironische, alles verkleinernde Distanz verflüchtigen, wollte er jenen Zeitraum meiden, der ihn belastet, geprägt, (bei allem Ortswechsel) zwischen Widersprüchen seßhaft, im Irrtum gefangengehalten und zum Zeugen gemacht hat." (vZ, 42) Grass' Koppelung des Schreibens an die Zeit des Nationalsozialismus, also den prägenden und belastenden Zeitraum, ist, was Neuhaus in einem Aufsatz von 1992 eine „Grundposition seines dichterischen Selbstverständnisses" nennt. (277) Und diese „Auseinandersetzung mit deutscher Schuld und deutschen Schulden" (ebd.) leitet der Autor aus der eigenen Biographie ab.

1917 in Danzig geboren, wuchs Grass in jenen kleinbürgerlichen Verhältnissen auf, die er selbst als Nährboden des Nationalsozialismus wertet. Der Vater war, wie Oskars Vater in der *Blechtrommel*, Kolonialwarenhändler und trat 1936 in die NSDAP ein. Grass bezeichnet ihn als den „typischen opportunistischen Mitläufer". (Vormweg 1993: 23) Wie die meisten jungen Deutschen seiner Generation war Grass bei Jungvolk und Hitlerjugend und erlag dem Sog einer Propaganda, die fast alle Lebensbereiche durchdrang: „Ich erinnere mich, daß seine [Goebbels, S. M.] Fangfrage: 'Wollt Ihr den totalen Krieg?' auch in mir, dem damals Sechzehnjährigen, opferbereite Weihestimmung auslöste und die Zustimmung vorwegnahm." (IX, 164) Mit sechzehn wurde er als Panzergrenadier einberufen und geriet nach Fronteinsatz und Verwundung 1945 in amerikanische Kriegsgefangenschaft. „Ich bin dann zum erstenmal konfrontiert worden mit dem, wovon ich zwar wußte, daß es das gab: Konzentrationslager, und zwar durch Fotos von Bergen-Belsen. Und ich habe es nicht glauben wollen. Das war der Satz auch bei allen Gleichaltrigen, mit denen ich zusammen war: Das ist unmöglich, das können Deutsche nicht gemacht haben. Es brach alles mögliche zusammen." (Vormweg 1993: 25 f.) Erst nachdem der ehemalige Reichsjugendführer Baldur von Schirach während der Nürnberger Kriegsverbrecherprozesse die planvolle Judenvernichtung eingestanden hatte, glaubte Grass das Unvorstellbare, weil einer der „eigenen Leute" es bekannt hatte: „Das war für mich der zweite Einbruch und Zusammenbruch." (Ebd., 26) Aus dieser Biographie, die er selber als typisch, nicht individuell begreift, leitet Grass seine Verantwortung für die deutsche Schuld ab. Denn die Tatsache, nicht aktiv schuldig geworden zu sein, ist für ihn nur ein Zufall: „Es wäre mir nicht möglich, mich, wäre ich nur lächerliche fünf oder sieben Jahre älter gewesen, von der Teilnahme an dem großen Verbrechen auszuschließen". (IX, 765)

Nach seiner Entlassung aus der Kriegsgefangenschaft arbeitet Grass von 1946 bis 1947 als Koppeljunge in einem Kalibergwerk in Hildesheim. Seine Erfahrungen aus dieser Zeit fließen später in die *Hundejahre* ein. Durch die Gespräche der Bergarbeiter kommt er erstmals in Kontakt mit ideologischen 'Grabenkämpfen', die an die parteipolitischen Auseinandersetzungen der Weimarer Republik erinnerten: „Und ich erlebte in gedrängter Form einen Nachhilfe-

Unterricht über die Weimarer Republik, weil sofort die Fronten da waren: Nazis, Kommunisten, Sozialdemokraten. Ich erlebte immer wieder, daß sich, wenn es hart auf hart ging, die Nazis mit den Kommunisten gegen die Sozialdemokraten verbündeten. Ich habe da gar nicht Partei ergreifen können. Es war erst einmal ein Grunderlebnis." (Vormweg 1993: 28) Bevor Grass für die Sozialdemokratie Partei ergreift, verfolgt er erst einmal seine künstlerische Laufbahn, denn „die dumpfe und ungenaue, dennoch beharrlich zugespitzte Verstiegenheit, Künstler werden zu wollen" (vZ, 45), hatte sich schon im Alter von zwölf Jahren eingestellt. Damals konfrontierte eine Lehrerin den Schüler mit verbotener Kunst, wie sich Grass unter anderem in „Schreiben nach Auschwitz" erinnert. 1947 beginnt er eine Steinmetzlehre in Düsseldorf, die er 1948 mit dem Gesellenbrief abschließt. Im gleichen Jahr nimmt er das Studium an der Düsseldorfer Kunstakademie auf, das er 1953 in Berlin fortsetzt und 1956 als Meisterschüler beendet. Parallel zur Bildhauerei, der während des Studiums der bildenden Kunst sein hauptsächliches Interesse galt, schreibt Grass. Den Wechsel zwischen den Medien behält er sein Leben lang bei. Sein „Bekenntnis zur Kreativität, die 'mit den Händen' etwas tut und dabei Überschüssiges, der empirischen Zweckwelt Überlegenes produziert", wie Neuhaus eine weitere „Grundposition" beschreibt, muß auch vor dem Hintergrund der Bildhauerei gesehen werden. (1992: 278) Wie überhaupt die bildnerische Plastizität der Sprache im erzählenden Werk das Herkommen des Autors aus der bildenden Kunst kennzeichnet. So wird in der Forschung auch von der „Dinghaftigkeit seiner Vorstellung" (Jurgensen 1992: 61) oder der „haptischen Bildlichkeit der Prosa und Gedichte" (Vormweg 1986: 60) gesprochen. Für Grass ist Kunst, mithin auch Literatur, Handwerk, und sie muß sinnlich erfahrbar sein. Neuhaus berichtet, daß Grass von seinem Lehrer an der Berliner Kunstakademie, Klaus Hartung gelernt hat, „Kunst grundsätzlich als Handwerk zu begreifen". (1997: 53) Literatur darf nicht belehren, sondern sollte „auf sinnliche Weise aufklären." (X, 172)

Das Bekenntnis zur Sinnlichkeit schlägt sich augenfällig in der Bedeutung des Kochens und Essens nieder – man denke nur an die Köchinnen im *Butt*. In dieser Betonung der sinnlichen, greifbaren Dimension des Lebens drückt sich Grass' radikales Bekenntnis zur Beobachtung und dinglichen Erfahrung aus. Er steht, wie er in der „Podiumsdiskussion Lyrik heute" schon 1961 formulierte, „allem, was ich nicht anfassen kann, was ich nicht riechen kann, was ich nicht schmecke, allem, was mit Idee behangen ist, von vornherein mißtrauisch" gegenüber. Diese prinzipielle Haltung findet ihren ästhetischen Niederschlag in Sprache und Stil. Neuhaus bietet eine Analyse der typischen Merkmale von Grass' Sprache (1992: 2–18) und verweist in diesem Zusammenhang auf eine Eigentümlichkeit des Erzählens, die unmittelbar mit Grass' Konzentration auf das Beobachtbare korreliert: „Der Ich-Erzähler ist in seiner Sicht festgelegt". (Ebd., 2) Das meint, er kann nur wiedergeben, was er selbst beobachtet. Das generelle Mißtrauen gegenüber 'Ideen' resultiert aus der Überzeugung, daß Ideologien jeglicher Art in Unfreiheit münden. Die bewußte Abkehr von totalen Erklärungsansprüchen manifestiert sich wie in der Ästhetik auch in Grass' Weltanschauung. Idealen und einer Heilserwartung, ob christlicher oder säkularer Provenienz, setzt er „das Bekenntnis zum 'versöhnten' Aushalten eines flüchtigen Lebens in einer chaotischen Welt" entgegen. (Neuhaus 1992: 278) Grass nennt die Auseinandersetzung mit Albert Camus' Philosophie des Absurden eine Grundlage seiner Welthaltung und datiert sie in *Schreiben nach Auschwitz* in die fünfziger Jahre: „Es galt, den absoluten Größen, dem ideologischen Weiß oder Schwarz abzuschwören, dem Glauben Platzverweis zu erteilen und nur noch auf Zweifel zu setzen, der alles und selbst den Regenbogen graustichig werden ließ." (vZ, 52) Grass erhebt Sisyphos, den „glücklichen Steinewälzer", (vZ, 53) zu seinem „Privatheiligen" (X, 340) und bezieht sich dabei auf Camus' *Mythos vom Sisyphos*. Im Bild vom steinewälzenden Sisyphos und der Farbe Grau verdichtet sich Grass' Bekenntnis: Sisyphos steht für das aktive Gestalten menschlicher Existenz in einer chaotischen Welt, die in ihrer Zufälligkeit und ohne übergeordneten Sinn absurd ist. Die Farbe Grau ist ein Synonym für Skepsis und Melancholie als Wegbegleiter einer absurden Existenz. Die Erfüllung des Lebens liegt für Grass nicht im Erreichen eines Ziels, sondern im Leben selber, im Rollen des Steins. Jede metaphysische Dimension lehnt Grass ab. Die menschliche Hoffnung, die Zerrissenheit der Existenz in Harmonie auflösen zu können, ist für ihn ebenso trügerisch wie fatal, weil sie anfällig macht für Sinnangebote mit Absolutheitsanspruch und totale Erklärungen. Die „Ganzheit" (IX, 38) der Welt ist für ihn eine Illusion, ein „Schwindel", weil hier der „komplizierten Wirklichkeit die reine Idee entgegengestellt wird." (Blamberger 1985: 140)

1954 wird Grass' erstes Theaterstück *Noch zehn Minuten bis Buffalo* uraufgeführt. 1955 erhält er einen Preis in einem Lyrikwettbewerb des Süddeutschen Rundfunks und eine Einladung der Gruppe 47 zu einer Lesung in Berlin. 1956 erscheint der erste Gedichtband *Die Vorzüge der Windhühner*, und Grass zieht mit seiner Frau nach Paris, wo er Freundschaft mit Paul Celan schließt. 1957 werden das Stück *Hochwasser* und das Ballett *Stoffreste* uraufgeführt, und Grass arbeitet an der *Blechtrommel*. Parallel zu diesen ersten künstlerischen Stationen entwickelt er, angestoßen durch den Bruch in der eigenen Lebensgeschichte und als Folge seiner Auseinandersetzung mit dem Nationalsozialismus, die poetischen Kernbegriffe, wie sie bis heute gültig sind. Adornos berühmtes Diktum, wonach das Schreiben von Gedichten nach Auschwitz unmöglich geworden sei, verstört den jungen Dichter, wie er in *Schreiben nach Auschwitz* bilanziert. „Wir alle, die damals jungen Lyriker der fünfziger Jahre – ich nenne Peter Rühmkorf, Hans Magnus Enzensberger, auch Ingeborg Bachmann –, waren uns deutlich bis verschwommen bewußt, daß wir zwar nicht als Täter, doch im Lager der Täter zur Auschwitz-Generation gehörten, daß also unserer Biographie, inmitten der üblichen Daten, das Datum der Wannsee-Konferenz eingeschrieben war; aber auch so viel war uns gewiß, daß das Adorno-Gebot – wenn überhaupt – nur schreibend zu widerlegen war." (vZ, 51 f.) In Grass' Begrifflichkeit wurde Auschwitz zu dem zentralen „Widerstand", der sein Schreiben herausforderte, zu einem „Bleigewicht", (vZ, 52) das die Kunst beschwert. Und es ist kein Zufall, wenn Grass im Rückblick auf seinen Werdegang die Hinwendung zur absurden Philosophie Camus' und die Koppelung der Poetik an den „Zivilisationsbruch Auschwitz" (vZ, 72) auf den gleichen Zeitraum datiert. Grass' Ästhetik ist die formale Umsetzung einer aus Schuldbewußtsein im eigentlichen Sinne des Wortes entwickelten Welt- und Lebenshaltung. Werner Frizen bezeichnet Adornos Wort treffend auch als ein „Regulativ" (1992: 33), dem Grass seine Poetik unterworfen habe, was der Autor 1996 in der Rede „Von der Überlebensfähigkeit der Ketzer" (SZ, 297–307) indirekt bestätigt: „So ist es mir, trotz listiger Versuche, nie gelungen, dem mir sperrig querliegenden Erzählstoff, den Themen meiner Zeit auszuweichen. Wer in den zwanziger Jahren dieses Jahrhunderts geboren wurde, wer, wie ich, das Kriegsende nur zufällig überlebt hat, wem die Mitschuld – bei all seiner Jugend – an dem übergroßen Verbrechen nicht auszureden ist, wer aus deutscher Erfahrung weiß, daß keine noch so unterhaltsame Gegenwart die Vergangenheit wegschwätzen kann, dem ist der Erzählfaden vorgesponnen, der ist nicht frei in der Wahl seines Stoffes, dem sehen beim Schreiben zu viele Tote zu." (SZ, 304)

Die erwähnten Kernbegriffe Zeitgenossenschaft und Widerstand sind demnach vor dem Hintergrund einer schuldbeschwerten Poetik zu sehen. Grass verwendet den Begriff des „Widerstandes" meines Wissens zuerst in dem Essay „Der Inhalt als Widerstand" von 1957 (IX, 15–20), in dem er die Abkehr von eben jener zweckfreien Ästhetik proklamiert, die er noch ein halbes Jahre zuvor mit „Die Ballerina" (IX, 6–14) verteidigt hatte. Mit Widerstand bezeichnet Grass die herausfordernde, verstörende Zeitbezogenheit seiner Themen. „Ein echter Inhalt, das heißt, ein widerspenstiger, schneckenhaft empfindlicher, detaillierter, ist schwer aufzuspüren, zu binden, obgleich er oftmals auf der Straße liegt und zwanglos tut. Inhalte nutzen sich ab, verkleiden sich, stellen sich dumm, nennen sich selbst banal und hoffen dadurch, der peinlichen Behandlung durch Künstlers Hand zu entgehen." (IX, 16) „Widerstand" beinhaltet aber auch den anti-ideologischen Impuls, die Verweigerung von Sinn-Stiftung, die Konzentration auf das Faßbare. Welt leistet Widerstand, kann nicht in Theorien gefaßt werden. In dieser Dimension scheint Grass den Begriff von Camus übernommen zu haben, der im *Mythos vom Sisyphos* schreibt: „Ich kann nur innerhalb menschlicher Grenzen etwas begreifen. Was ich berühre, was mir Widerstand leistet – das begreife ich." (1956: 47) Gleichzeitig definiert Grass' einen widerständigen Inhalt als „Schaffensmotor" (X, 119), weil er sich jenen Themen schreibend nähert, „über die ich mir nicht im klaren bin, die sich mir als ein Problem darstellen und über etwas, was im Verlauf des Schreibens geklärt wird. Und diesen Prozeß versuche ich erzählend zu vermitteln." (X, 119) Grass beschäftigt, was die Zeitläufte an ihn herantragen, weil er sich als „Produkt" seiner „Zeit" begreift. (X, 172) Nur in diesem Sinne greift Grass auf seine eigene Biographie zurück: „Mich hat es nie gereizt, und würde es auch nie reizen, meinem Lebenslauf nachzugehen und meinen wechselnden Empfindungen, mich quasi herauslösend aus dem jeweiligen Zeitgeschehen. Für mich ist meine eigene Biographie immer nur dann interessant gewesen, wenn ich sie begriff mit Zeitströmungen, mit Wendemarken, mit Umbrüchen und Brüchen wie 1945, und auch dann kam es mir darauf an, was ich selbst erlebt hatte im Verhältnis zu anderen zu sehen, es zu brechen, es auf Personen auszudehnen, aufzuteilen, eigenes Erfahren mit anderem zu mischen, literarische Figuren entstehen zu lassen, die nur ganz selten direkte Porträts sind." (Vormweg 1993: 19) Dieses „zeitgenössische Ich", das Grass vom „bloßen Ich" (ebd., 22) unterscheidet, begegnet in allen Romanen auf die eine oder andere Weise. Besonders die Erzähler seit *Aus dem Tagebuch einer Schnecke* sind solche zeitgenössischen Ich-Erzähler. In allen Prosawerken vom *Tagebuch* bis *Unkenrufe* etabliert Grass nämlich den Autor Grass als Erzähler und fiktionalisiert ihn gleichzeitig. Solchermaßen erhält der Leser auch einen Einblick in die Werkstatt des Schriftstellers und nimmt teil an der Art und Weise, wie Grass den jeweils widerständigen Inhalt schreibend erschließt.

Grass verpflichtet die Literatur also auf eine politische und soziale 'Realität'. Dennoch versteht er sein Werk nicht als politisch, allenfalls in jenem weitesten Sinne des Begriffs, indem es nämlich „mit Gesellschaft zu tun" habe. (X, 114) 'Politik machen', das gehört für Grass in den Bereich, den er als Bürger aktiv wahrnimmt, nicht in die Literatur. Von deren Wirkung, nämlich durch das ihr innewohnendes Aufklärungspotential, ist Grass aber überzeugt, gerade weil sie nicht auf „platte Parteinahme" verpflichtet ist: „Aber mit den Mitteln der Literatur, d. h. indem man andere Wirklichkeiten, Gegenwelten entwickelt, kann man schon – das hat Literatur immer wieder geleistet – aus Zeitgenossenschaft heraus, parallel zur Gegenwart, Anstoß geben." (X, 343) Wenn Grass von der Aufgabe der Literatur spricht, „andere Wirklichkeiten" zu entwickeln, klingt darin seine Überzeugung an, Literatur vermöge ein genaueres Bild gegenwärtiger wie vergangener 'Wirklichkeiten' zu entwerfen. Für das Prosawerk ist sein Konzept eines 'phantastischen Realismus' von nicht zu überschätzender Bedeutung. Grass postuliert eine Wirklichkeitserweiterung durch Phantasie: „Das Kunstwerk [...] hat die Möglichkeit, die Vielzahl der Wirklichkeiten deutlich zu machen. Beim Schreiben kann man dazu verschiedene Stilebenen ausnutzen; denn die Gleichzeitigkeit von Geschehnissen, das Vergangene, das in die Gegenwart hineinreicht, die Vorwegnahme von Zukunft, die Vielzahl der Stimmen, die man hört, obgleich nur eine Person oder zwei Personen im Raum sind, das Dazwischensprechen der Gegenstände, die angeblich stumm sind – all das verlangt nach Darstellung. Und es fordert natürlich dem Schriftsteller Formen ab, die sich nicht aufs bloße chronologische Erzählen beschränken; denn die Chronologie, so wie sie uns als Realität angepriesen wird, ist auch ein Fiktion." (X, 185)

Gerade weil Literatur Fiktionen erzeugt, ist sie nach Grass' Überzeugung jeder vermeintlich auf Fakten reduzierten Annäherung an Realitäten überlegen. Besonders die Auflösung von gewohnten Zeiteinteilungen, die synchrone Darstellung diachroner Entwicklungen und der phantastische Realismus entspringen einer bewußt an der deutschen Vergangenheit gemessenen Poetik. Da Grass seit

den Anfängen seinem Schreiben die Verpflichtung auferlegt, sowohl die Erinnerung an Vergangenheit zu befördern wie deren Relevanz für Gegenwart und Zukunft aufzuzeigen, entwickelte er seine Ästhetik gemäß dieser Aufgabe. Im
Werkzusammenhang entwickeln sich dabei die erzählerischen Mittel zur Darstellung von Geschichte parallel zur Ausweitung des Geschichtsinteresses. Das
Kontinuum in diesem Prozeß bildet in ihrer ästhetischen und ethischen Relevanz
die deutsche Schuld, wie seit Anfang der siebziger Jahre die generelle Schuldhaftigkeit des Menschen. Sie ist und bleibt der Ausgangspunkt, dem jedes einzelne Werk erneut verpflichtet ist, und sie ist bis heute der ethische Rückbezug einer
Welthaltung, die Neuhaus auch eine „große Konfession" nennt. „Je intensiver
sich die Forschung des Grass-Oeuvres angenommen hat, desto mehr erweist sich
das einzelne Werk 'als Bruchstück einer großen Konfession, als Fragment im
romantischen Sinne, das über sich hinausweist, vor und zurück in einen größeren
Zusammenhang, den es selbst nur dunkel erahnen läßt'". (1993: 1)

II. „Über meinen Lehrer Döblin" – literarische Vorbilder

Im Juni 1967 hält Grass eine Rede zum 10. Todestag von Alfred Döblin, die er unter den Titel stellt: „Über meinen Lehrer Döblin". (IX, 236–255) Grass beginnt mit Ausführungen zur Rezeption Döblins, die er als bescheiden erachtet und fährt fort: „Deshalb sei es dem Vortragenden erlaubt, Mann, Brecht und Kafka, bei aller schattenwerfenden und oft angeführten Größe, respektvoll beiseite zu lassen und als Schüler dem Lehrer dankbar zu sein: Denn ich verdanke Alfred Döblin viel, mehr noch, ich könnte mir meine Prosa ohne die futuristische Komponente seiner Arbeit vom *Wang-lun* über den *Wallenstein* und *Berge Meere und Giganten* bis zum *Alexanderplatz* nicht vorstellen; mit anderen Worten: Da Schriftsteller nie selbstherrlich sind, sondern ihr Herkommen haben, sei gesagt: Ich komme von jenem Döblin her, der, bevor er von Kierkegaard herkam, von Charles de Coster hergekommen war und, als er den *Wallenstein* schrieb, sich zu dieser Herkunft bekannte." (IX, 237) Einige Stichworte mögen zeigen, aus welchen Koordinaten seiner eigenen Poetik und Weltanschauung heraus Grass Döblin wahrnimmt. Er konstatiert: „Döblin sieht Geschichte als absurden Prozeß." (IX, 237) Grass selber „sieht Geschichte" als Produkt menschlichen Handelns, in dem sich von Anbeginn an die ewig gleichen Irrtümer und Fehler wiederholten. Den Gedanken einer wie auch immer definierten Teleologie weist er grundsätzlich zurück. Es ist dies eine Haltung, die im Kontext der oben angesprochenen Überzeugung steht, menschliches Leben sei chaotisch und ohne transzendentalen Sinn. Für Grass dokumentiert Döblins Werk solche Sinn-Losigkeit von Geschichte: „Im *Wallenstein*-Roman wird der geschichtliche Ablauf visionär übersteigerter Absurdität kalt und wie ohne Autor aufgerissen, dann mehrmals zu Scherben geworfen." (IX, 237) Die Scherben sind innerhalb der Koordinaten der Grassschen Weltanschauung das Gegenstück zur Ganzheit, die eben nur eine Illusion sein kann. Die Aufgabe von Literatur kann für Grass nur darin bestehen, dieser Zersplitterung menschlichen Daseins einen Ausdruck zu geben, um solchermaßen zu warnen vor der Verführungskraft aller Sinn-Gebungen im Sinne von Heilslehren. Auch Grass' Camus-Lektüre ist in der Auseinandersetzung mit Döblin erkennbar. Im *Mythos vom Sisyphos* formuliert Camus das 'Scherben'-Dasein des Menschen, wie seine Sehnsucht, es zu überwinden: Die „Evidenz ist das Absurde. Es ist jener Zwiespalt zwischen dem sehnsüchtigen Geist und der enttäuschenden Welt, es ist mein Heimweh nach der Einheit, dieses zersplitterte Universum und der Widerspruch, der beide verbindet." (1956: 46) Aus der Einsicht in die Absurdität des Daseins rührt auch die „Sucht zum Gegenstand" (Tank 1974: 47), die Grass' Sprache zu eigen ist.

Es gibt in Grass' Prosa ein erzählerisches Beschwören der beobachteten Welt über die äußerlich sichtbaren Dinge. So z. B. in *Hundejahre*. Der Erzähler

Brauchsel berichtet von dem zentralen Wurf des Taschenmessers. Die Anspannung und Agressivität des werfenden Walter Matern, also der seelische Vorgang, wird nicht beschrieben, sondern über die präzise Wiedergabe der physischen Manifestation evoziert: „vielmehr gelingt es der Faust über dem Messer, noch einen Anstrich kreidiger zu werden. Und es knirschen oben Zähne von links nach rechts. Es entspannt sich, während es fließt kommt untergeht treibt kreiselt zu- und abnimmt, die Faust über dem Taschenmesser, daß alles vertriebene Blut in die nunmehr locker geschlossene Hand schießt" (III, 152) Grass scheint in solchen Passagen tatsächlich wie ein Bildhauer zu arbeiten, der sich naturgemäß auf die sichtbare Oberfläche beschränken muß. In seiner Döblin-Rede zitiert Grass im Hinblick auf diese 'Sprachbildhauerei' sein Vorbild: „„wie überhaupt an allen Stellen die höchste Exaktheit in suggestiven Wendungen zu erreichen gesucht werden muß. Das Ganze darf nicht erscheinen wie gesprochen, sondern wie vorhanden."" (IX, 240) In einem Gespräch geht Grass 1974 nochmals auf die Gegenständlichkeit seines Erzählens ein: „Es hat für mich fruchtbare Auseinandersetzungen mit dem Nouveau roman gegeben, besonders was die Gegenständlichkeit betraf, das Beschreiben von toter Oberfläche und die daraus zu ziehenden Schlüsse, wobei mir nur die Ideologie des Nouveau roman nicht paßte". (X, 158, vgl. auch Neuhaus 1992: 3)

In welchem Maße Grass Döblin für das eigene Literaturverständnis fruchtbar zu machen sucht, zeigt eine Passage der Rede, die sich wie eine Aussage zu Grass' eigener Poetik liest: „Ihm, dem Phantasten der Vernunft, dem kühlen wie unbeteiligten Beobachter getriebener Massen und widersprüchlicher Realität, dem Registrator gleichzeitiger, sich bremsender, einander auslöschender Bewegungen, ihm, dem utopischen Weltbaumeister, der die Enteisung Grönlands auf Breitwand malte, hatte der Glauben geschlagen; ich kann ihm nicht mehr folgen." (IX, 238) Hier spielt Grass auf Döblins Konversion zum Katholizismus an, die Grass, der von sich sagt, schon als Jugendlicher den Glauben verloren zu haben, fremd ist. Glauben hebelt den Zweifel, Grass' eigenes Credo kritischen Bewußtseins, aus. Glaube und Absurdität gehen nicht zusammen.

Die Art und Weise, in der Grass Döblin als literarisches Vorbild heranzieht, ist typisch nicht nur für die Auseinandersetzung mit diesem Autor. „Grass befindet sich [...] dabei in einem produktiven Verhältnis zu seinen Vorbildern, dem auch das Mißverstehen, das Kappen um entscheidende ideologische Dimensionen noch fruchtbar wird." (Neuhaus 1992: 3) Rolf Kellermann hat schon 1973 herausgearbeitet, inwieweit sich Grass tatsächlich auf Döblin bezieht. Zunächst habe Grass die „Rolle des Autors [..] am Beispiel Döblin festgelegt" (111), was insbesondere auf Grass Anspruch abziele, „daß ein Buch mehr sein muß als der Autor". (IX, 238) Nach Kellerman beruft Grass den Kollegen zum Zeugen für die selbst empfundene Schwierigkeit, einerseits als Bürger Stellung zu beziehen, andererseits aber hinter dem Werk zurücktreten zu wollen. (1973: 111) Bernhard Böschenstein betont, daß das Zurücktreten des Autors hinter das von ihm Geschilderte Grass auch mit Jean Paul verbinde. (1971: 94) Döblin ist für Grass auch deshalb ein Vorbild, weil der gleichfalls politische engagierte Döblin den Spagat der Doppelrolle habe mustergültig meistern können. Zudem geht Kellermann der zitierten „futuristischen Komponente" in den besagten Werken Döblins bzw. deren Wiederhall in Grass' Prosa nach. Er stellt Döblins „sehr differenziertes Verhältnis" (1973: 114) zum Futurismus heraus, das zwar durch eine sprachliche Nähe aber auch eine inhaltliche, ideologische Distanz gekennzeichnet sei. Grass stelle nun einzelne Passagen, die er als futuristisch deutet, heraus, wie z. B. Döblins Schilderung von Massenszenen. Kellermann zeigt, daß beispielsweise in *Hundejahre* „allein am sprachlichen Gestus, die Wiederbelebung der Großmutter Matern" (ebd. 115) an Döblins „Theatralik" (ebd. 116) gemahne, doch die „ironische Brechung" wie Grass sie vornehme „im Frühwerk Döblins unvorstellbar" sei. (Ebd. 117) Insgesamt konstatiert Kellermann, daß Grass „bei der Betrachtung der Döblinschen Werke einzelne Momente heraushebt, die er als konstitutiv ausgibt." (Ebd. 127)

Böschenstein, der nicht so vorwurfsvoll mit Grass ins Gericht geht wie Kellermann, spricht hingegen von der „wichtigen Vermittlerfunktion" Döblins: „die Kraft jeglicher Idealisierung zu widerstehen und die Kreatur ernst zu nehmen, hat Döblin seinem Schüler zeitweilig mitgeteilt". (1971: 94, auch Neuhaus 1992: 3)

Als weitere Vorbilder für seine epische Arbeit nennt Grass Rabelais, Grimmelshausen, Sterne (*Tristram Shandy*), Lichtenberg, Goethe (*Wilhelm Meisters Lehrjahre*), Keller (*Der grüne Heinrich*) oder James Joyce, dessen Technik des inneren Monologs für jene Parallelschaltungen verschiedener Wirklichkeitsebenen große Bedeutung zukommt, die für Grass' epische Erzählweise signifikant sind: „Wenn wir denken, wenn wir träumen, schweifen wir ab. Wenn wir irgendeiner Handlung nachgehen, können wir dennoch mit unseren Gedanken in anderen Regionen sein, in anderen Zeiten. Alles ist bunt gemischt, ein Fluten und Strömen. Da laufen mehrere Filme gleichzeitig in unserem Unterbewußten ab; das ist alles uralt und bekannt. In der Literatur haben es Autoren wie James Joyce oder Proust, etwas später bei uns von Scheerbart bis Döblin viele bewußt gemacht. [...] Wir wissen doch von diesen inneren Monologen und Dialogen, von diesen Vorgängen in uns, die sich dem Zwang der Chronologie entzogen haben, die freigesetzt sind und die natürlich auch Wirklichkeit sind." Ebenfalls bei Joyce, wie auch bei Döblin, Johnson oder Arno Schmidt schätzt Grass zudem das „Reduzieren [..] der Sprache auf die Dinglichkeit hin." (X, 9) Die Betonung der „Dinglichkeit" läßt abermals Grass' Wirklichkeitsbegriff aufscheinen: „Wirklichkeit begegnet im ohne übergreifendes System wahrgenommenen einzelnen Gegenstand, dem Gegenstand, der aller ihn interpretierenden und damit verzerrenden ideologischen Bezüge entkleidet [...] ist." (Neuhaus 1992: 10)

III. 1959–1972: Konfrontation mit deutscher Vergangenheit

1971 im Zusammenhang mit dem Roman *örtlich betäubt* auf das Problem der Schuld angesprochen, antwortet Grass: „Ja, das Schuldthema ist natürlich das Thema einer Epoche. Das schlägt sich dann in den Personen, jedenfalls bei mir, nieder. Es ist die Frage nach der Schuld oder nach der Mitschuld oder der einge-bildeten Schuld, des Spiels mit der Schuld, Schuldbedürfnis ... der gesamte Komplex wird jetzt abgeschritten." (X, 111) Grass bezieht sich hier konkret auf die deutsche Schuld. Sie ist das zentrale Thema der Werke zwischen 1959 und 1972. In der *Danziger Trilogie*, *örtlich betäubt* und *Aus dem Tagebuch einer Schnecke* steht die Auseinandersetzung mit dem Nationalsozialismus im Mittel-punkt. Selbst, wenn in *örtlich betäubt* und dem *Tagebuch* aktuelles zeitgenössi-sches Geschehen einen breiten Raum einnimmt, ist auch in diesen beiden Wer-ken der Rückbezug zur lastenden Geschichte deutlich ausgeprägt. Daher ist es sinnvoll, die Erzähltexte der Jahre 1959 bis 1972 als einheitliche Phase in der Werkentwicklung zu behandeln. Neben der thematischen Konzentration spricht ein zweiter gewichtiger Aspekt für eine solche Einteilung. Im Verlaufe der schreibenden Konfrontation mit der Vergangenheit gelangt Grass in *Aus dem Tagebuch einer Schnecke* zu seiner bis heute gültigen Definition des Schriftstel-lers: „Ein Schriftsteller, Kinder, ist jemand, der gegen die verstreichende Zeit schreibt." (IV, 400) Damit formuliert Grass auch seine Antwort auf die einleitend angesprochene Herausforderung durch das Adorno-Gebot, die er zuvor schon schreibend gegeben hat: Wenn Literatur die Erinnerung an Schuld aufrecht er-hält, kann sie als Kunst weiterbestehen. Entsprechend ist eine formale Entwick-lung zu beobachten, die ebenfalls in *Aus dem Tagebuch einer Schnecke* mündet und in der weiteren Werkentwicklung zur Basis des Romans als 'literarischer Geschichtsschreibung' wird.

1. Die *Danziger Trilogie*

1.1 Entstehung

Zu Beginn des Jahres 1956 zieht Günter Grass mit seiner Frau nach Paris. Im „Gepäck" (IX, 628) haben beide Pläne, wie Grass sich im „Rückblick auf die Blechtrommel" 1973 erinnert: „Ich wollte meinem Roman schreiben, Anna suchte ein strengeres Ballettexercice". (IX, 628) Die Ausgangsidee zu diesem Roman, eben der *Blechtrommel*, hatte der Autor nach eigenen Aussagen schon lange zuvor, doch „[g]ute drei Jahre lang blieb diese 'Findung' verschüttet." (IX, 627) Oskar begann, ohne daß er schon diesen Namen getragen hätte, sein literarisches (Vor-)Leben in Gestalt eines Säulenheiligen. Im Frühjahr oder Sommer 1952, während einer ausgedehnten Frankreichreise, hatte „Sprache" den jungen Lyriker „als Durchfall erwischt. Neben (ich glaube) reichlich epigonalen Gesängen über den entschlafenen Steuermann Palinurus entstand ein langes und ausuferndes Gedicht" (IX, 626): „Der Säulenheilige". (I, 240) Erstmals abgedruckt wurde „Der Säulenheilige" in Detlev Krummes Untersuchung der *Blechtrommel* von 1986. In diesem Gedicht ist Oskars liebster Aufenthaltsort vorweggenommen, die sieben weiten Röcke seiner kaschubischen Großmutter, unter denen im ersten Kapitel Oskars Mutter gezeugt wird: „Ich bin der Zwerg, der die Röcke der alten Weiber zählt." (I, 240) „Dieses lange Gedicht war schlecht gelungen, ist irgendwo liegengeblieben, hat sich mir nur in Bruchstücken erhalten […]. Interessant alleine blieb die Suche nach einer entrückten Perspektive: Der überhöhte Standpunkt des Säulenheiligen war zu statisch." (IX, 627) Nach Beschreibungen des Autors hat man sich unter dem Säulenheiligen einen jungen Mann, „des Wohlstandes überdrüssig", vorzustellen, der sich „inmitten seiner Kleinstadt" angekettet auf eine Säule stellt: „Er, der Säulenheilige, allem enthoben, schaute herab, wechselte gelassen Stand- und Spielbein, hatte seine Perspektive gefunden und reagierte metapherngeladen." (IX, 627) Oskar jedoch blickt von unten, nicht von der erhöhten Säule auf die Welt, womit Grass zum auch erzählerisch entscheidenden Blickwinkel gefunden hat – „erst die dreijährige Größe des Oskar Matzerath bot gleichzeitig Mobilität und Distanz. Wenn man so will, ist Oskar Matzerath ein umgepolter Säulenheuliger." (IX, 627) Die Idee zu dem dreijährigen Trommler führt Grass zurück auf die Beobachtung einer Alltagsszene im Sommer 1952, nach eben jener besagten Frankreichreise. Inmitten der Erwachsenen und sie mißachtend spielte ein Kleinkind, „selbstvergessen" auf seiner Blechtrommel. (IX, 627)

Drei Jahre später in Paris entstehen also erste Fassungen, von denen Grass noch 1973 sagt, er habe sie im „Heizungsofen" seines „Arbeitsraums" verbrannt. (IX, 628) 1970 jedoch hatte der englische Germanist John Reddick während eines Paris-Aufenthaltes die Grasssche Wohnung in der Avenue d'Italie im 13. Arrondissement aufgesucht. Bei dieser Gelegenheit überreichte ihm die Concierge einen Koffer, den die Familie in Paris vergessen hatte. Hierin befanden sich unter anderem „Typoskripte von Arbeitsschichten der 'Blechtrommel'." (Neuhaus 1997: 63) Grass datiert diese frühen Manuskriptteile auf 1956. In die Forschung sind sie als sogenannte „Urtrommel" eingegangen. Silke Jendrowiak zeigt 1979 in einem Aufsatz zur Genese der *Blechtrommel* die Übereinstimmungen zwischen der frühen und der End-Fassung auf. Doch ist Neuhaus zuzustimmen, wenn er konstatiert, das Kapitel aus dem Koffer stehe „in der gesamten weiteren Überlieferung völlig isoliert" da, weil „die spätere Erzählsituation aus der Totalrückschau in der Heil- und Pflegeanstalt noch nicht gefunden ist". (1997: 72) Diese Erzählsituation findet Grass wohl erst im März 1958, als er mit der intensiven Manuskriptarbeit beginnt: „Mit dem ersten Satz: 'Zugegeben: ich bin Insasse einer Heil- und Pflegeanstalt …' fiel die Sperre, drängte Sprache, liefen Erinnerungsvermögen und Phantasie, spielerische Lust und Detailobsession an langer Leine, ergab sich Kapitel aus Kapitel, hüpfte ich, wo Löcher den Fluß der Erzählung hemmten, kam mir Geschichte mit lokalen Angeboten entgegen, sprangen Döschen und gaben Gerüche frei, legte ich mir eine wildwuchernde Familie zu, stritt ich mit Oskar Matzerath und seinem Anhang um Straßenbahnen und deren Linienführung, um gleichzeitige Vorgänge und den absurden Zwang der Chronologie, um Oskars Berechtigung in erster oder dritter Person zu berichten, um seinen Anspruch, einen Sohn zeugen zu wollen, um seine wirklichen Verschuldungen und um seine fingierte Schuld." (IX, 628 f.) Im Juni 1958 recherchiert Grass dann in Polen, vor allem für den Komplex 'Polnische Post', den Grass im Haus seiner Schwiegereltern am Lago Maggiore schreibt. (Siehe Neuhaus 1997: 75) Am 7. Januar 1959 ist das Manuskript fertiggestellt.

Nach Abschluß der *Blechtrommel* war Grass, wie er in einem Gespräch 1965 berichtet, zunächst überzeugt, den hier behandelten Komplex abgeschlossen zu haben, um bald festzustellen müssen: „Es war nicht vorbei." (X, 26) Bevor überhaupt die *Blechtrommel* erscheint, beginnt Grass noch in Paris mit den Plänen zu einem neuen episch-breiten Projekt, dem Roman *Hundejahre*, der die *Danziger Trilogie* abschließt. Zu diesem Zeitpunkt – 1959 – lauten die wechselnden Arbeitsstitel: „Ich war Hitlers Wolfshund oder Abzweig Pluto oder der Knirscher", „Der Knirscher", „Kartoffelschalen", wie in dem Band *Vier Jahrzehnte. Ein Werkstattbericht* nachzulesen ist. Zunächst stellt Grass den Gedichtband *Gleisdreieck* fertig, „der nach dem Erfolg der 'Blechtrommel' 1960 in üppiger Aufmachung mit Reproduktionen Grassscher Zeichnungen in schwarzer Fettkreide erscheint". (Neuhaus 1997: 87) Danach beginnt er im Sommer 1960, jetzt schon wieder in Berlin, mit der intensiven Arbeit an „Kartoffelschalen", wie der Arbeitstitel von *Hundejahre* zu diesem Zeitpunkt noch lautete. Diese erste Fassung scheitert jedoch, weil Grass sie „mit einer falschen Erzählkonzeption begonnen [hat], die dann in der Mitte des Buches durch ein Kapitel, das eigentlich 'Katz und Maus' enthielt, zerschlagen wurde; es stellte sich heraus, daß darin eine Novelle war, die den Roman kaputt machte. Dann habe ich zuerst die Novelle geschrieben und durch die Arbeit an der Novelle die Erzählpositionen für 'Hundejahre' gefunden." (Arnold 1978: 18) Als Grass im Herbst 1960 zu dieser Einsicht gelangt, liegen schon „etwa dreihundert Seiten vor". (Neuhaus 1997: 87) Innerhalb der nächsten fünf Monate schreibt Grass die Novelle und fährt direkt anschließend mit der Arbeit an *Hundejahre* fort. So wie bei der *Blechtrommel* der erste Satz den Erzählfluß freisetzte, war es jetzt die gefundene Erzählposition, die die Blockade löste. Vier Jahre nach der *Blechtrommel* und zwei Jahre nach *Katz und Maus* erscheint 1963 wieder ein episch breites Erzählwerk.

1.2 Zum Zusammenhang der Trilogie

Die drei Bücher der *Danziger Trilogie* sind mehr als alle folgenden Werke Konfrontationen mit der nationalsozialistischen Vergangenheit. In ihrer Intention zielen sie darauf, die Verdrängung des organisierten Massenmordes in deutschen Konzentrations- und Vernichtungslagern zu durchbrechen, wie sie das Deutschland der Nachkriegszeit negativ auszeichnete. „Sicher kam es mir bei der Blechtrommel, bei *Katz und Maus* und *Hundejahre* darauf an, die damals schon beginnende – nein, die in den sechziger Jahren wirklich akute Dämonisierung des Nationalsozialismus zu zerstören. Man hatte es sich fein eingerichtet: Das wären böse Mächte gewesen, hieß es, die die Deutschen verführt hätten. Man konnte geradezu an dunkle Erdgeister denken, die bei Nacht und Nebel die an sich braven und redlichen Deutschen in das Verbrechen hineingedrängt haben sollen." (X, 181 f.) Das Deutschland der fünfziger und auch noch sechziger Jahre war weit von einem ehrlichen Umgang mit der Vergangenheit entfernt. Ehemalige Nationalsozialisten bekleideten erneut politische Ämter, wie beispielsweise Hans Globke, der von 1933–1945 Ministerialbeamter im Reichsinnenministerium war und in dieser Funktion 1935 einen Kommentar der Nürnberger Rassegesetze verfaßt hatte. Von 1953–1963 war Globke dann Staatssekretär im Bundeskanzleramt. Ebenso wie in der Politik waren in allen anderen Bereichen, besonders auffällig in der Justiz, belastete Mitarbeiter zu finden.

Was jedoch schwerer wog als personale Kontinuitäten, war der grundsätzliche Mangel an bewußter Hinterfragung von Verstrickungen. Weder in der Politik, in der Justiz und im Bildungssystem noch in anderen wichtigen Bereichen des neuen demokratischen Staates, wurde die Rolle im 'Dritten Reich' kritisch beleuchtet. In der Bevölkerung wurden 'Stunde Null' und das 'Wirtschaftswunder' bereitwillig als identitätsstiftende Gründungsmythen angenommen. „In einer guten Geschichte kommt die Rettung im Moment der tiefsten Verzweiflung. Das entscheidende historische Datum war die Währungsreform im Juni 1948. Sie brachte einen dramatischen Umschwung. Über Nacht war der Mangel an Nahrungsmitteln und Handelsware und auch die Angst vor dem Hunger behoben. Alles war erhältlich. Der schwarze Markt ausgetrocknet. Die Schaufenster wohlgefüllt. Jeder Westdeutsche erhielt vierzig Deutsche Mark. Alle waren gleich. Es ging wieder aufwärts." (Haselbach 1994: 256) Es war, mit Grass, „ein Jahrzehnt, das auf Lügen fußte." (vZ, 57) 'Man habe nichts gewußt und hätte nicht anders gekonnt', war die verbreitete Haltung. Die Ansätze kritischer Konfrontation wurden dementsprechend meist negativ aufgenommen. Beispielhaft sei hier die „Gruppe 47" genannt, von der der CDU-Politiker und spätere Außenminister Heinrich v. Brentano als einer „geheimen Reichsschrifttumskammer" sprach. (Thränhardt 1996: 141) Als Grass 1959 die *Blechtrommel* vorlegte, wurde diese von nicht wenigen als Provokation sondergleichen empfunden. Grass' Absicht war, eben die selbstgefällige Negation von Verantwortung zu durchbrechen, zu verstören. Es ging um Erinnerung. Was Grass für seine

Person geleistet hat, die Reflexion der Prägung durch den Nationalsozialismus, die Verstrickung – oder, wie er sagt mögliche Täterschaft – zu bekennen, klagte er bei den Deutschen insgesamt ein.

So bilden *Die Blechtrommel, Katz und Maus* und *Hundejahre* zunächst in Hinblick auf die Erinnerungsleistung als vornehmliche Aufgabe der Literatur eine deutliche Einheit. Die beiden großen Romanen sind jeweils in drei Teile gegliedert, von denen der dritte in der deutschen Nachkriegszeit spielt, die eben unter den Aspekten von Wirtschaftswunder und Verdrängung dargestellt ist. Alle drei Bücher der *Danziger Trilogie* halten den Erzählstandort in der Gegenwart, von der aus die Erinnerung, mit den Worten des Erzählers in *Hundejahre*, Brauchsel, „beschworen" wird. (III, z. B. 147) In der *Blechtrommel, Katz und Maus* und *Hundejahre* korrespondiert die Erzählweise mit der Intention des Erinnerns. In diesem Sinne wird auch der Erzählprozeß reflektiert. Alle Erzähler – Oskar, Pilenz, Brauchsel, Liebenau und Matern – waren durch Flucht in die Kunst, als Mitläufer oder Täter in das Geschehen von 1933–1945 involviert, und ihre Ausgestaltung als Erzähler korrespondiert jeweils mit ihrer vergangenen Rolle. Erzählen und Schuld sind unmittelbar aufeinander bezogen.

Die Gemeinsamkeiten in der Ausformung des Erzählvorgangs verweisen auf den inneren und poetischen Zusammenhang der *Trilogie*, der erstmals 1975 von John Reddick herausgearbeitet wurde. Es gibt jedoch auch Ansätze, die Kontinuität der *Trilogie* in Frage zu stellen. So möchte z. B. Dieter Arker eine „Zäsur" setzen „zwischen die beiden 'Eckwerte' 'Blechtrommel' und 'Hundejahre'". Er begründet dies mit dem Wandel, den Grass mit Beginn seines politischen Engagements Anfang der sechziger Jahres vollzogen habe. Danach könne man zwei Phasen unterscheiden, „eine 'existentialistische Phase'", im Zeichen der Auseinandersetzung mit Camus' Philosophie des Absurden und eine „'sozialdemokratische Phase'" im Zeichen der „Orientierung an politischen Fragestellungen", die „eng mit der literarischen Gestaltungsweise verknüpft" seien. Ihren „ersten Höhepunkt" habe diese Phase mit *Hundejahre*. (1997: 52) Arker schlägt daher vor, die *Blechtrommel* als „'Schwellenroman'" zu betrachten. (Ebd.)

Offensichtlich ist die Einheit der drei Erzählwerke, auf die Grass selber immer großen Wert gelegt hat, schon durch den historischen Zeitraum, den Schauplatz, der der Trilogie ihren Namen gibt, und das Personal. Der verlorenen Heimatstadt Danzig mißt der Autor auch selber eine große Bedeutung für sein literarisches Schaffen bei, wie er 1992 beispielhaft in der *Rede vom Verlust* ausführt: „Die meisten meiner Bücher beschwören die untergegangene Stadt Danzig, deren gehügelte wie flache Umgebung, die matt anschlagende Ostsee; und auch Gdansk wurde im Verlauf der Jahre zu einem Thema, das fortgeschrieben sein wollte. Verlust machte mich beredt. Nur was gänzlich verloren ist, fordert mit Leidenschaft endlose Benennungen heraus, diese Manie den entschwundenen Gegenstand so lange beim Namen zu rufen, bis er sich meldet. Verlust als Voraussetzung für Literatur. Fast neige ich dazu, diese Erfahrung als These in Umlauf zu bringen." (41 f.) Die Rolle Danzigs verdeutlicht abermals, wie sehr

Grass' schriftstellerisches Selbstverständnis an die deutsche Vergangenheit, die Schuld gekoppelt ist. Das Beschwören des Vergangenen, wie es erstmals in der *Trilogie* auf die Heimatstadt gerichtet ist, ist eine epische Konstante. Immer wieder sucht Grass nach erzählerischen Mitteln, die entschwundene, scheinbar abgeschlossene Geschichte in die Gegenwart zu holen. Der Kernsatz vom Schreiben gegen die verstreichende Zeit ist so gleichermaßen an die biographische Erfahrung des Verlustes wie deren Ursachen gekoppelt: „Ich wußte, daß das weg ist: Danzig. Bei mir war sehr früh die politische Erkenntnis da, daß das auf begründete Weise verloren ist durch deutsche Schuld. Das ist im 20. Jahrhundert preisgegeben worden durch eine verbrecherische Politik, die getragen wurde von den Deutschen." (Vormweg 1993: 46)

Gleichzeitig eignet sich Danzig besonders als exemplarischer Schauplatz deutscher Vergangenheit: „Polnisch gefärbter Katholizismus und der verschärfte deutsche Nationalismus in der Irredenta-Situation der Danziger Freistaat-Zeit standen so nebeneinander, und die Spannung des Grenzraums ging mitten durch die Familie: Während Grass begeisterter Hitlerjunge war, fiel ein Bruder seiner Mutter bei der Verteidigung der Polnischen Post bei Ausbruch des Zweiten Weltkriegs." (Neuhaus 1994: 715) In Danzig vollzog sich „die rasante Entwicklung im Nazireich langsamer". (III, 838) Die Stadt ist Grass' Mikrokosmos, oder, wie Hanspeter Brode 1979 formuliert, ein „Knotenpunkt von universalgeschichtlicher Bedeutung". (62) In *Hundejahre* findet sich eine Beschreibung Danzig-Langfuhrs, die genau auf diese exemplarische Funktion abhebt. Mit der Märchenformel – „Es war einmal eine Stadt" (III, 519) – leitet der Erzähler des zweiten Buches, Harry Liebenau, die Beschreibung des Schauplatzes ein. Da Märchen gemeinhin an nicht definierten oder definierbaren Orten spielen, signalisiert dieser traditionelle Einführungssatz eine Übertragbarkeit, die auch sogleich ausgeführt wird: „Langfuhr war so groß und so klein, daß alles, was sich auf der Welt ereignet oder ereignen könnte, sich auch in Langfuhr ereignete oder hätte ereignen können." (III, 519)

Als es darum ging, *Die Blechtrommel* auf den US-amerikanischen Markt zu bringen, hatte Grass gerade wegen der Provinzialität Bedenken. Während eines Treffens des Autors mit dem Verleger Kurt Wolff 1959 formuliert Grass geradezu eine „abratende Charakteristik" seines eigenen Romans und führt die Provinzialität als Hindernis ins Feld. (1997: 95) Später gesteht Grass dann: „Für mich war die Überraschung […], daß z. B. ein Roman wie ‘Die Blechtrommel' nicht nur in Deutschland Interesse und Leser fand, sondern auch im Ausland. Damit hatte ich überhaupt nicht gerechnet, daß sich jemand im Mittleren Westen der Vereinigten Staaten oder in Südfrankreich oder in Skandinavien für kleinbürgerlichen Mief im Übergang von der Weimarer Republik zum Nationalsozialismus etc. interessieren könnte. Für mich ist es eine unvermutete Bestätigung gewesen, daß sich dieses geduckte Verhalten des Kleinbürgers, des Opportunisten […] doch sehr weltweit versteht und daß diese Verhaltensweisen gar nicht besonders exotisch sind." (Arnold 1978: 4 f.)

Daß Grass auf eigene Erfahrungen zurückgreifen kann, um den Schauplatz des Geschehens auszugestalten, erhöht sicherlich die detaillierte Anschaulichkeit. In Hinblick auf die Intention, „zu zeigen, daß alles am hellichten Tag geschehen ist" (Vormweg 1993: 45), kommt in diesem Zusammenhang der provinziellen Überschaubarkeit des kleinen Vorortes Langfuhr eine intentionale Bedeutung zu. Die konkrete Beschreibung verhindert ein Abgleiten in eine vage moralisierende Unverbindlichkeit. Dazu gehört auch die Beschreibung des Milieus, in dem die Handlungen aller drei Bücher angesiedelt sind. „Wenn man nun einmal einen Roman wie *Die Blechtrommel* nimmt und diesem einen Strang nachgeht, so ließe sich ja doch leicht nachprüfen, wie es mir darauf ankommt, gerade die Nahtstellen und Überlappungen zwischen proletarischem Herkommen und kleinbürgerlicher Anpassung oder Kleinbürgertum mit proletarischem Rückfall zu zeigen; gerade das war doch die tragende Schicht, in der der Nationalsozialismus entstehen konnte." (X, 162) Erst die Schilderung des alltäglichen Verhaltens 'ganz normaler Deutscher' verhindert die von ihm kritisierte „Dämonisierung" und schafft so die Grundlage für das von Grass geforderte Eingeständnis von Schuld: Es war eben keine schmale nationalsozialistische Elite, die Europa und Deutschland in den Abgrund getrieben und sechs Millionen Juden systematisch vernichtet hat. Dieses Regime konnte nur mit der Zustimmung, Unterstützung, Billigung, Duldung oder dem Wegsehen der deutschen Bevölkerung so handeln, wie es gehandelt hat. Jeder einzelne hat seine spezifische Haltung gegenüber der nationalsozialistischen Ideologie und Herrschaft eingenommen. Schuld ist, bestand sie in aktiver Täterschaft oder passivem Einverständnis, für Grass stets eine individuelle, nie eine kollektive. Insofern muß auch der Bewußtwerdungsprozeß, auf den er erstmals mit der *Blechtrommel* zielt, ein individueller sein.

2. Die Blechtrommel

2.1 „Die Kunst des Zurücktrommelns"

Die Blechtrommel ist Grass' erste epische Antwort auf die Herausforderung, künstlerisch dem lastenden „Zivilisationsbruch Auschwitz" Rechnung zu tragen. „Adornos Verpflichtung des einzelnen auf einen allgemeinen Schuld- und Verblendungszusammenhang, der allein Auschwitz ermöglicht habe, und die Schuldbewältigung durch die Kunst sind Grassens Anliegen". (Frizen 35) Erster 'Vertreter' dieses Anliegens und geschichtsbewußter Aufklärer ist Oskar Matzerath, der hellsichtige Zwerg, der 1925 als allwissender Säugling „das Licht dieser Welt in Gestalt zweier Sechzig-Watt-Glühbirnen" erblickt. (II, 46) Oskar, Künstler auf der Trommel und Meister im Zersingen, oder besser: 'Zerschreien' von Glas, beherrscht gleich seinem Erfinder „die Kunst des Zurücktrommelns." (II, 584) Trommler von Anbeginn an, ist das Zurücktrommeln eine Fähigkeit, die Oskar erst in seiner Zeit „als Untermieter" (II, 584) im Deutschland der Nachkriegszeit lernt. Bis dato trommelte er für nichts und gegen nichts, es ist die Ästhetik der reinen Form, der Oskar anhängt. In der Laufbahn des Künstlers Oskar, wie später in jener Eddi Amsels alias Brauchsel in *Hundejahre*, skizziert Grass auch Elemente seiner eigenen Entwicklung vom Anhänger einer sich selbst genügenden Ästhetik bis zum geschichtsbewußten Schriftsteller, der seine Themen durch Reibung an der ihn umgebenden Welt findet. Im Nachwort zur *Blechtrommel* beschreibt Neuhaus diese Parallele gültig: „Wenn Grass in *Aus dem Tagebuch einer Schnecke* zu der Definition findet 'Ein Schriftsteller, Kinder, ist jemand, der gegen die verstreichende Zeit schreibt', so formuliert er Oskars Intention, gegen eben dieses Verstreichen der Zeit zu trommeln und zu schreiben. Das, wogegen Oskar ankämpft, hat bei ihm einen festen Namen: 'historisch werden'. Wie Lankes privates 'passé' ist 'historisch' der Begriff, unter dem die Menschheit ablegt, was sie belastet, was sie verdrängen will, womit sie nicht mehr behelligt werden möchte. Oskar will verhindern, daß 'heute schon alles zur Historie erklärt' wird, 'was uns gestern noch frisch und blutig als Tat oder Untat von der Hand ging'." (II, 743 f.) Und ebenfalls dem Autor gleich erinnert Oskar eigene Verstrickungen und Verschuldungen. Wenn er in der Abgeschiedenheit der Heil- und Pflegeanstalt, geschützt durch die Gitterstäbe seines Krankenhausbettes, Seite um Seite „unschuldiges Papier" (II, 8) füllt, entspricht dies dem Vorgang des Trommelns, oder genauer: Oskar nimmt die Trommel zur Hilfe, um sein Gedächtnis zu aktivieren: „Es ist gar nicht so einfach, hier, im abgeseiften Metallbett einer Heil- und Pflegeanstalt, im Blickfeld eines verglasten und mit Brunos Auge bewaffneten Guckloches liegend, die Rauchschwaden kaschubischer Kartoffelkrautfeuer und die Schraffur eines Oktoberregens nachzuzeichnen. Hätte ich nicht meine Trommel, der bei geschicktem und geduldigem Gebrauch alles einfällt, was an Nebensächlichkeiten nötig ist, um die Hauptsache aufs Papier bringen zu können, und hätte ich nicht die Erlaubnis der Anstalt, drei bis vier

Stunden täglich mein Blech sprechen zu lassen, wäre ich ein armer Mensch ohne nachweisliche Großeltern." (II, 19)

Hier wird deutlich, welcher Art das trommelnde Erinnern ist, nämlich visuell und gegenständlich. Die Blechtrommel ist ein anschauliches Gedächtnis der Gegenstände, der 'Dinge', jener 'Oberfläche', die Grass präzise beschwören will. Was Oskar in der Vergangenheit trommelnd beobachtet hat, kann der Erzähler abrufen. Die Trommel befähigt ihn auch, visuelle Eindrücke dessen zu vermitteln, was er – wie die Zeugung – nicht selbst erlebt hat. Die Trommel als Speicher, dessen Inhalt von jenem, der sie zu spielen weiß, immer wieder abgerufen werden kann. Trommeln und Erzählen erfüllen in Hinblick auf die Vergangenheit den gleichen Zweck, wobei Erzählen, wie Oskars Eingeständnis zeigt, ohne die Trommel nicht möglich ist.

Grass sagt über sich, daß seine „Erinnerung an Danzig [...] bevor ich das Buch geschrieben hatte, recht schwach" war. (X, 26) Im Prozeß ästethischer Transformierung wird plastisch, was abstrakt sich dem Erinnern entzogen hat. So ist durch die „Kunst des Zurücktrommelns" schon im ersten Roman die für Grass' Prosa typische Etablierung des Vergangenen im jeweils Gegenwärtigen angelegt. Der Vorgang des Trommelns durchbricht die Zeitschranken. Für die Art und Weise, wie Grass Geschichte in seinem ersten Roman etabliert und sprachliche ausgestaltet, ist der sinnlich-gegenständliche Aspekt des Trommelns von Bedeutung.

Auf der Handlungsebene wird die Funktion des Trommelns in Bezug auf die Verdrängungsmechanismen der Nachkriegsgesellschaft im „Zwiebelkeller"-Kapitel des dritten Buches deutlich. Dieser Zwiebelkeller ist ein eigentümliches Düsseldorfer Restaurant, in dem außer Zwiebeln keine anderen Speisen angeboten werden. Gerade wegen dieser Zwiebeln ist es jedoch beliebt und wird insbesondere vom gut betuchten Publikum – die Zwiebeln sind teuer – häufig frequentiert, aber: „Nicht jeder durfte in den Zwiebelkeller." (II, 644) Mit der Exklusivität stellt Grass eine Parallele zu wirtschaftlicher Prosperität in der noch jungen Republik her, die er bis heute angesichts der deutschen Verbrechen als unverdient herausstellt, so etwa im ersten Sonett des Gedichtzyklus *Novemberland* von 1993: „Wo wir uns finden, hat verkehrte Konjunktur / uns fett gemacht. Dank Leid und Kummer satt, / schlug mästend Elend an als freien Marktes Kur; / und selbst auf unsre Sünden gab's Rabbatt." (7) Hier wird ein christliches Sühne-Verständnis sichtbar, das Grass trotz seiner Distanz zur christlichen Lehre vertritt, und Düsseldorf, wo Oskar nach seiner Flucht aus Danzig lebt, ist für Grass die „Chiffre für einen besinnungs- und reuelosen Wiederaufbau, für das Verdrängen, Vergessen, Verleugnen des Alten, das nach wie vor hinter den restaurierten Fassaden lauert, für ausgebliebene Reformen, an deren Stelle lediglich eine Währungsreform getreten ist." (Neuhaus 1997: 51) Der Wirt des Zwiebelkellers ist ein cleverer Vertreter jener Spezies, die es nach 1945 verstanden hat, auf nicht ganz redliche Weise ein Vermögen zu machen, wie der sprechende Name „Schmuh" schon signalisiert. Schmuh ist ein rheinländischer Dialekt-

Ausdruck für ein nicht sauberes, will meinen betrügerisches, aber clever eingefädeltes Geschäft. Dieser Wirt Schmuh hat nun richtig erkannt, daß seine Zeitgenossen zu Gefühlen oder gar Tränen nicht fähig sind. Daher bietet er Zwiebeln an, auf daß die Leute wieder weinen können: „Schmuhs Gäste sahen nichts mehr oder einige sahen nichts mehr, denen liefen die Augen über, nicht weil die Herzen so voll waren; denn es ist gar nicht gesagt, daß bei vollem Herzen sogleich auch das Auge überlaufen muß, manche schaffen das nie, besonders während der letzten oder verflossenen Jahrzehnte, deshalb wird unser Jahrhundert später einmal das tränenlose Jahrhundert genannt werden, obgleich soviel Leid allenthalben". (II, 649) Diese Stelle verweist auf die Vedrängungsmechanismen, die später Alexander und Margarete Mitscherlich in *Die Unfähigkeit zu Trauern* analysieren. Anläßlich des berühmten Kniefalls von Bundeskanzler Willy Brandt in Warschau schreibt Grass 1970 in seiner Kolumne „Politisches Tagebuch": „Alexander Mitscherlichs Buch *Die Unfähigkeit zu trauern* hat nachzuweisen versucht, mit welch beängstigendem Geschick wir, die Deutschen, Schuld verdrängt, Erkenntnis der Schuld vermieden und die Fähigkeit, Trauer zu zeigen, verlernt haben." (IX, 488)

Oskar nun trommelt im „Zwiebelkeller" in einer Jazzband und ignoriert eines Abends das musikalische Programm, um mit einem Trommelsolo die anwesenden Gäste in einen Zustand kindlicher Selbstvergessenheit zurückzuversetzen. (II, 659–661) Die „Kunst des Zurücktrommelns" gewinnt hier eine therapeutische Qualität, denn Verdrängtes muß erst an die Oberfläche des Bewußtseins geholt werden, bevor eine kritische Auseinandersetzung erfolgen kann und Erkenntnisse über eigenes Fehlverhalten zeitigt. In diesem Sinne ist Oskars Trommeln, und mithin das Schreiben selber, eine heilsame Kunst. Daß die Gäste so drastisch reagieren, sich den Einflüsterungen der Trommel nicht entziehen können, resultiert aus eben jener magischen Qualität des Kinderspielzeugs, Menschen nicht intellektuell, sondern sinnlich ansprechen zu können. Oskar weiß sehr genau um diese Qualität, hätte er es in den ersten Nachkriegsjahren sonst vermieden, die Trommel sprechen zu lassen? Zuviel auch für ihn negative Erinnerungen hätte das Instrument beschwören können.

Die Trommelkunst ist keine erklärende Kunst, sondern eine Kunst, die das Sehen, das Hinsehen lehrt, wodurch sie Grass' Nähe zu Camus erkennen läßt. Camus schreibt im Kontext seiner Auseinandersetzug mit Husserl: „Um es zu wiederholen: denken heißt nicht zusammenfassen, unter dem Gesichtspunkt eines großen Prinzips die Erscheinung vertraut machen; denken heißt wieder sehen lernen, heißt sein Bewußtsein lenken und aus jeder Vorstellung etwas Besonderes, Bevorzugtes machen. Oder anders ausgedrückt: die Phänomenologie weigert sich, die Welt zu erklären, sie will nur Erlebtes beschreiben. Mit ihrer Ausgangs-Behauptung, daß es keine Wahrheit, sondern nur Wahrheiten gebe, stößt sie auf das absurde Denken." (1956: 40 f.) In diesem Sinne erklärt Oskars Zurücktrommeln nicht die Vergangenheit, es klärt nicht auf, indem es Deutungsmuster anbietet, sondern das Trommeln zeigt verschüttete 'Wahrheiten' in Form von konkreten Dingen. „Das Kunstwerk entsteht aus dem Verzicht des Verstandes, das Konkrete zu begründen. Es bezeichnet den Triumph des Sinnlichen." (Camus 1956: 82) Klaus Stallbaum zieht die Parallele zu Grass, wenn er konstatiert: „[I]n dieser Bedeutung wurde die Literatur für Grass ein Mittel, wieder 'sehen' zu lernen." (1997: 35)

Der Vergegenwärtigungsanspruch dringt denn auch in die Erzählweise und die Zeitverhältnisse des Romans ein. Zwei Zeitebenen sind klar voneinander unterschieden. Der abgeschlossene Teil von Oskars Autobiographie – die Erzählfiktion – ist die erste Ebene. Diese Zeitspanne, die mit der Zeugung von Oskars Mutter 1899 unter den Röcken der kaschubischen Großmutter beginnt, und mit Oskars Verhaftung in Paris im Spätsommer 1954 wegen angeblichen Mordes an der Krankenschwester Dorothea endet, kann Oskar vollständig überblicken. Die zweite Zeitebene ist die Zeit der Niederschrift selber, deren Ereignisse Oskar nur fortlaufend und mit kurzer Distanz an den Leser weitergeben kann. Oskar, der Erzähler, beginnt wohl im September 1952 mit den Aufzeichnungen und schließt sie an seinem 30. Geburtstag, Anfang September 1954, ab. „Von diesen beiden Handlungsebenen ist wiederum die Erzählebene strikt zu scheiden", denn: „[w]ährend des Erlebens erzählt niemand." (Neuhaus 1992: 24) Erzählender und handelnder Oskar sind zu unterscheiden. Gleiches gilt für die Trommelkunst selber, denn: „Die Episoden, in denen 'Die Blechtrommel' überwiegend erzählt ist und die durch Kommentare und raffende Zusammenfassungen Oskars verbunden sind, sind umgeformte Trommelstücke Oskars, Nachschriften dessen, was er sich vorgetrommelt hat." (Ebd. 37) Vortrommeln und Zurücktrommeln stehen somit in jener Spannung, die das Verhältnis von Vergangenheit und Gegenwart im Roman selbst bestimmt, der seinerseits eine Blechtrommel ist, eine 'Veranschaulichung' deutscher Geschichte im eigentlichen Sinne des Wortes.

2.2 Oskar, der Erzähler

Auf der Erzählebene reflektiert Oskar den Erzählprozeß und spielt, wie in der Forschungsliteratur immer wieder beschrieben, souverän und ironisch mit den Möglichkeiten des Erzählens in der modernen, zerrissenen Welt. Die *Blechtrommel* beginnt mit Oskars Lebenssituation in der Heil- und Pflegeanstalt. Nachdem der Pfleger Bruno „Herrn Oskar" das berühmte „unschuldige" Papier besorgt hat (II, 8), stellt Oskar die rhetorische Frage: „wie fange ich an? Man kann eine Geschichte in der Mitte beginnen und vorwärts wie rückwärts kühn ausschreitend Verwirrung anstiften. Man kann sich modern geben, alle Zeiten, Entfernungen wegstreichen und hinterher verkünden oder verkünden lassen, man habe endlich und in letzter Stunde das Raum-Zeit-Problem gelöst. Man kann auch ganz zu Anfang behaupten, es sei heutzutage unmöglich einen Roman zu schreiben, dann aber, sozusagen hinter dem eigenen Rücken, einen kräftigen Knüller hinlegen, um schließlich als letztmöglicher Romanschreiber dazustehen. Auch habe ich mir

sagen lassen, daß es sich gut und bescheiden ausnimmt, wenn man anfangs beteuert: Es gibt keine Romanhelden mehr, weil es keine Individualisten mehr gibt,
weil die Individualität verloren gegangen, weil der Mensch einsam, jeder Mensch
gleich einsam, ohne Recht auf indidvduelle Einsamkeit ist und eine namen- und
heldenlose einsame Masse bildet. Das mag alles so sein und seine Richtigkeit
haben. Für mich, Oskar, und meinen Pfleger Bruno möchte ich jedoch feststellen:
Wir beide sind Helden, ganz verschiedene Helden, er hinter dem Guckloch, ich
vor dem Guckloch; und wenn er die Tür aufmacht, sind wir beide, bei aller
Freundschaft und Einsamkeit, noch immer keine namen- und heldenlose Masse."
(II, 9 f.) In der Forschung wurde diese Passage als Auseinandersetzung mit der
modernen Romantheorie, dem nouveau roman gedeutet, der „den Tod des klassi-
schen Helden als Fazit seiner Poetologie verkündet hat". (Stolz 1999: 128, siehe
in diesem Zusammenhang auch Durzak 1979: 262.) Ich stimme Dieter Stolz zu,
wenn er der „Art und Weise" des Erzählens größeres Gewicht beimißt, als den
„Quellen und Modellen", die hier anklingen. (Ebd. 129)

Trotz aller Einwände behauptet Oskar seine Individualität, womit er sich
gleichzeitig zum subjektiven Blick bekennt. Und in dieser Reflexion erzählerischer Möglichkeiten benennt er auch den Standort, von dem aus wir, die Leser,
den erzählenden Oskar erleben: Mit Bruno beobachten wir Herrn Matzerath
durch das „Guckloch", wie er in der Abgeschiedenheit seines Asyls, denn nichts
anderes ist die Heil- und Pflegeanstalt für Oskar, seine Lebensgeschichte verfaßt.
Wie in der Literatur häufig thematisiert, ist dieser Aufenthaltsort Grund genug,
an dem Erzähler und seiner Glaubwürdigkeit zu zweifeln, zumal Oskar das Lügen auch noch anspricht. (Siehe II, 6) (Siehe dazu etwa Bance 1967: 149 oder
Reddick 1974: 63, eine Relativierung hingegen bei Neuhaus 1992: 26) Das „Zugegeben" (II, 6) des ersten Satzes spielt auf die Möglichkeit an, daß es sich hier
um einen verwirrten Erzähler handelt, der aufgrund seiner psychischen Erkran-
kung eine hybride Biographie fabuliert. Doch ist diese Irritation Teil der Erzählstrategie, denn verläßliche Wahrheiten soll Grass' Erzählerfigur nicht vermitteln. So ist es meines Erachtens auch nicht relevant, inwiefern Oskar, der
Erzähler, lügt oder ob seine Berichte einer innerfiktiven 'Wahrheit' entsprechen,
was sie nicht immer tun. Daß manches erfunden ist, enthüllen *Der Butt* und *Die
Rättin*, in denen Oskar sein fiktives Leben fortsetzt bzw. rückblickt auf seinen
eigenen Lebensbericht: „Das erfolgreiche Sprengen der ideologischen Tribünen-
kundgebungen von den Nazis über die Katholiken bis zu den polnischen Natio-
nalisten […] entsprang eher einem Wunschdenken des Erzählers Oskar, wie wir
vom Autor-Erzähler des 'Butt' erfahren […] Den Höhepunkt erreicht dieses
Spiel mit der Fiktion innerhalb der 'fiction' in der 'Rättin' […], wenn Oskar den
Autor-Erzähler warnt: 'Besonders Sie sollten nicht alles glauben, was da geschrieben steht'". (Neuhaus 1992: 27)

Schon der erzählende Oskar der *Blechtrommel* gibt unumwunden zu, er „lüge". Doch vermag der Leser den Korrekturen, die der Erzähler vornimmt, zu
trauen? Schließlich haben wir keine Indizien, wann Oskar 'lügt', wann er die

'Wahrheit' spricht. Eine solche Korrektur des Erzählten findet sich zum Beispiel im zweiten Buch zu Beginn des Kapitels „Er liegt auf Saspe", das den Berichten über den Überfall auf die Polnische Post folgt: „Soeben las ich den zuletzt geschriebenen Absatz noch einmal durch. Wenn ich auch nicht zufrieden bin, sollte es um so mehr Oskars Feder sein, denn ihr ist es gelungen, knapp, zusammenfassend, dann und wann im Sinne einer bewußt knapp zusammenfassenden Abhandlung zu übertreiben, wenn nicht zu lügen. Ich möchte jedoch bei der Wahrheit bleiben, Oskars Feder in den Rücken fallen und hier berichtigen". (II, 298) Diese innerfiktive Verwirrung um Fakten und Fiktionen begegnet in der *Blechtrommel* das erste Mal und wird fortan die Prosa Grass' durchziehen. Es weist voraus auf Grass' Poetik des historischen Erzählens. Im *Butt* und im *Treffen in Telgte* oder noch später in *Unkenrufe* werden Fakten als auch nicht unbedingt zuverlässige Informationen über 'Realität' im allgemeinen, vergangene 'Wirklichkeit' im besonderen ausgegeben. Die Fiktion, also die Lügen des Schriftstellers, sind aus Grass Sicht angetan, die tieferliegenden Strukturen des Geschehens zu enttarnen, also ein, wenn auch nicht im eigentlichen Sinne 'wahres', aber zumindest wahreres Bild von Geschichte zu erzeugen. Oskar vermag solchermaßen hinter die Dinge zu schauen, wie eine beiläufige Bemerkung im Kontext seiner Einschulung zeigt. Der kleine Blechtrommler beobachtet die Lehrerin, die droht, ihm seine Trommel wegzunehmen: „Vorerst hielt ich fest, schloß die Arme in Pulloverärmeln um das weißrotgeflammte Rund, blickte sie an, blickte dann, da sie unentwegt den uralten schablonenhaften Volksschullehrerinnenblick gewährte, durch sie hindurch, fand im Inneren des Fräulein Spollenhauer Erzählenswertes genug für drei unmoralische Kapitel, riß mich aber, da es um meine Trommel ging, von ihrem Innenleben los und registrierte, als mein Blick zwischen ihren Schulterblättern hindurch fand, auf guterhaltener Haut einen guldenstückgroßen, langbehaarten Leberfleck." (II, 89) Oskar vermag hinter der sozialen Rolle, einer Oberfläche, die an der Konvention ausgerichtet ist, die dahinter stehende Person auch in ihren verborgenen, weil sozial mißbilligten, Dimensionen zu erkennen. Wenn Oskar, der Erzähler, lügt, dann im Dienste einer Kunst, die der glatten Oberfläche mißtraut, das Verborgene für aussagekräftiger hält als das nach außen Gekehrte.

Das Spiel mit Wahrheit und Lüge innerhalb der Fiktion enthüllt auf einer zweiten Ebene die grundsätzliche Unzuverlässigkeit menschlicher Erinnerungen, denn wer vermag schon, 'objektiv' die eigene Lebensgeschichte zu erinnern? Der Mensch konstruiert seine Identität ja eben auch in der beständigen Interpretation des selbst Erlebten. Das 'innere' Bild, das der einzelne von sich hat, unterscheidet sich daher nicht selten von jenem der Außenwelt, also Eigen- und Fremdwahrnehmung divergieren. Wenn Oskar von Interpreten als unglaubwürdig wahrgenommen wird, so mag das auf eben jene Diskrepanz von Selbst- und Fremdwahrnehmung zurückgehen, die in der Autobiographie anklingt. Während der Erzähler Oskar als wissenden, autonom Handelnden vorstellt, sieht die Außenwelt ein Kind, das auf der Entwicklungsstufe eines Dreijährigen stehengeblieben ist. Auch wenn der erzählende Oskar angibt, dies sei eine bewußte Strategie der Tarnung, die ihm seine unbeteiligte Beobachterposition gesichert habe, verbleibt beim Leser doch der Stachel des Mißtrauens. Eine vermeintlich 'normale' Außenwelt drängt sich zwischen Oskar und Leser. Der aber, vertrauter mit der 'Normalität' als mit der verzerrten Perspektive, mag dieser bürgerlich geordneten Gesellschaft mehr Glauben schenken als einem Erzähler, der zugibt, „Insasse einer Heil- und Pflegeanstalt" zu sein. (II, 6) Daß Oskar den Leser solchermaßen in der Schwebe hält, ist aber nicht einfach nur ein Spiel des „Dichter-Narren". (Stolz 1994: 254) Die Strategie dieses Erzählers, der um das Absurde weiß, zielt auf die skeptische Wachsamkeit des Lesers, der keiner Deutung von Welt vertrauen soll. In diesem Sinne ist Oskar ein Grassscher Künstler par excellence. Dennoch weiß Oskar um die Sehnsucht nach Ganzheit, wie sein Bekunden zeigt, die Abgeschiedenheit des Krankenzimmers dem unüberschaubaren Leben außerhalb der Heil- und Pflegeanstalt vorzuziehen. So spricht er den Leser als Angehörigen dieser Außenwelt direkt an: „Ihnen allen, die Sie außerhalb meiner Heil- und Pflegeanstalt ein verworrenes Leben führen müssen, euch Freunden und allwöchentlichen Besuchern, die Ihr von meinem Papiervorrat nichts ahnt, stelle ich Oskars Großmutter mütterlicherseits vor." (II, 9) Allen modernen Romantheorien zum Trotz, beginnt Oskar also sogar noch vor seiner eigenen Geburt, also 'am Anfang'.

2.3 Oskar, der Dreijährige – Künstler und schuldiger Zeitgenosse

Oskar ist einer jener 'Helden', die sich eindeutigen Festlegungen entziehen. Allein die auffällig divergierenden Bewertungen Oskars in der Forschung – bösartig, unmoralisch oder aber moralische Instanz – zeigen, daß dem kleingebliebenen Künstler nur schwer beizukommen ist. („Zur Bewertung Oskars" siehe Neuhaus 1992: 56–61.) Das mag nicht zuletzt daran liegen, daß Grass dem Leser mit Oskar keine Identifikationsfigur geboten hat. Wir haben keinen Anteil an Oskars Innenleben, da seine Emotionen zumeist nur im Bildhaften oder Gegenständlichen einen Ausdruck finden. Just hat für diese Eigentümlichkeit Grassschen Erzählens den Ausdruck „Objektives Korrelat" geprägt. „Objektives Korrelat" meint die „allmähliche Aufladung eines Dings mit einer festen Bedeutung". (Neuhaus 1992: 14) Für die *Blechtrommel* hat Neuhaus die wichtigsten Gegenstände vorgestellt (ebd. 45–52), die entsprechend der Definition von Just die Voraussetzungen für solche „objektive Korrelaten" erfüllen, nämlich „ein primäres, sehr eindrückliches sinnliches Attribut" zu sein und „eine aktive Rolle im erzählten Geschehen" zu spielen. (1973: 128) Es sind dies: Das Kartenspiel, der weite Rock, die Aale, Trommelstöcke und Särge, das Dreieck, die Krankenschwester, die schwarze Köchin. Es würde zu weit führen, hier den – im übrigen schon gut beschriebenen – Korrelaten im einzelnen nachzugehen. (Vgl. zu den Motivkomplexen in der *Blechtrommel* vor allem auch die informative

Untersuchung von Stolz 1994.) Sie werden daher insoweit berücksichtigt, als sie vor allem die Figur des Trommlers Oskar selbst erklären.

„Ich beginne weit vor mir; denn niemand sollte sein Leben beschreiben, der nicht die Geduld aufbringt, vor dem Datieren der eigenen Existenz wenigstens der Hälfte seiner Großeltern zu gedenken." (II, 9) Also beschreibt Oskar, „Laurence Sternes Tristram Shandy übertrumpfend" (Vormweg 1993: 53), die Zeugung seine Mutter. Die Herkunft des Vaters ist für Oskar uninteressant, ist Vaterschaft doch eine sehr ungewisse Sache, wie Oskar nur zu genau weiß. Der Trommler bevorzugt die weibliche Linie, vor allem seine kaschubische Großmutter mit ihren sieben Röcken. „Der weite Rock" ist der Ursprungsort, hier beginnt Oskars Geschichte im doppelten Sinne des Wortes. Der Rock wird sein Leben lang der sehnsüchtig vermißte Zufluchtsort bleiben. Er ist der bildliche Ausdruck für seinen Wunsch, in den vorgeburtlichen Zustand zurückzukehren, denn Oskar weiß von Anfang an, daß die Welt kein paradiesischer Aufenthaltsort ist: „Einsam und unverstanden lag Oskar unter den Glühbirnen, folgerte, daß das so bleibe, bis sechzig, siebenzig Jahre später ein endgültiger Kurzschluß aller Lichtquellen Strom unterbrechen werde, verlor deshalb die Lust, bevor dieses Leben unter den Glühbirnen anfing" (II, 48 f.) Oskars Einsamkeit ist die des verlorenen Menschen, dem weder ein jenseitiges Paradiesversprechen noch weltliche Sinndeutungen einen Trost in einer absurden Existenz geben können. Oskar will in einen unbewußten Zustand zurück, in dem es kein Wissen um die Distanz des Individuums zur Schöpfung gibt. Doch einen solchen Ort der Ursprünglichkeit, einer Ganzheit kann es nicht geben, wie Grass 1962 in der „Ohrenbeichte" erklärt: „Wir beide, die wir gerne Geschichten erzählen, merken natürlich sofort, daß die 'ursprüngliche Ganzheit' zwar einen famosen Traktätchenstoff abgibt, aber erzählen kann man über etwas Ganzes schlecht, zumal mir Ganzes noch nie begegnete; selbst meine Großmutter, die in sich ruhte, hatte einen Sprung von Anbeginn; und der Anbeginn hatte auch einen Sprung; am Anfang war der Sprung." (IX, 38) Das, was Oskar sein Leben lang begleitet, ist Camus' unstillbares „Heimweh nach der Einheit" (1956: 46) oder in Grass' Worten, nach der ursprünglichen Ganzheit: „ Afrika suchte ich unter den Röcken, womöglich Neapel, das man bekanntlich gesehen haben muß. Da flossen die Ströme zusammen, da war die Wasserscheide, da wehten besondere Winde, da konnte es aber auch windstill sein, da rauschte der Regen, aber man saß im Trockenen, da machten die Schiffe fest oder die Anker wurden gelichtet, da saß neben Oskar der liebe Gott, der es schon immer gerne warm gehabt hat, da putzte der Teufel sein Fernrohr, da spielten Engelchen blinde Kuh; unter den Röcken meiner Großmutter war immer Sommer, auch wenn der Weihnachtsbaum brannte, auch wenn ich Ostereier suchte Allerheiligen feierte. Nirgendwo konnte ich ruhiger nach dem Kalender leben als unter den Röcken meiner Großmutter." (II, 147 f.) Immer, wenn Oskar sich unter die Röcke seiner Großmutter wünscht, spielt die Sehnsucht nach vorgeburtlicher 'Nicht-Existenz' oder Todessehnsucht mit hinein.

Gott und Teufel, Geburt und Tod, Anfang und Ende sind unter diesen Röcken eins.

Oskars Sehnsucht, „die Rückkehr zur Nabelschnur" (II, 214), ist durch verschiedene „objektive Korrelate" mit der Sexualität verbunden. So durch die Aale, das wohl eindeutigste Phallussymbol im Roman oder die Trommelstöcke – „waren es die Trommelstöcke, die mir vom dritten Geburtstag an die Narben, Fortpflanzungsorgane und endlich den Ringfinger versprachen." (II, 213) Die Narben sind jene von Herbert Truczinski, der sich am Vorabend des Zweiten Weltkrieges den legendären Verheißungen Niobes hingibt und stirbt. Der Ringfinger spielt auf die Ermordung der Krankenschwester Dorothea an, also auf jene Schwester, der Oskar nach dem Krieg verfällt und deren Ermordung zu seiner Verhaftung führt. Oskar findet gegen Ende des dritten Buches eben den besagten Ringfinger von Schwester Dorothea. Sein „endlich" verweist auf die Erfüllung seiner Sehnsucht in Gestalt des Asyls, der „Kranken- und Heilanstalt".

„Wenn Oskar sich vom aalglatten Lackgürtel im großmütterlichen Schrank der Schwester Dorothea zum Onanieren anregen läßt, drückt sich darin wie in seinem stetigen Verlangen nach Aalen Todessehnsucht als Sehnsucht nach Eingang in den weiblichen Schoß aus." (Neuhaus 1992: 48) Oskars Liebe zu Krankenschwestern, die nie die Personen meint, sondern nur den Beruf, verkörpert in der weißen Tracht, entspringt genau dieser Verbindung von Sexualität, Todes- und Rückkehrsehnsucht: „Wie oft kam es vor, daß mich Schlaf überwältigte, während sie meinen kleinen und, wie man meinte, kranken Körper abhorchte: leichter, aus dem Faltenwurf weißer Stoffe geborener Schlaf, Schlaf ohne Traum" (II, 185) – die Assoziation mit der Selbstvergessenheit des Geschlechtsaktes ist evident. Im Angesicht der Schrecken von Vernichtung, Krieg und Elend sucht Oskar beständig die Bewußt-Losigkeit.

Das negative Pendant zur Krankenschwester ist im Roman die schwarze Köchin. Mit ihrer Vision endet Oskars Leben kurz vor der Verhaftung in Paris und sein Lebensbericht. Auf den letzten Seiten (II 730 f.) fließen in einem assoziativen Bewußtseinsstrom jene Ereignisse zusammen, die Oskar als trommelnder Zeitzeuge erlebt hat. In Gestalt der schwarzen Köchin holt ihn der Schrecken ein: „Denn was mir früher im Rücken saß, dann meinen Buckel küßte, kommt mir nun und fortan entgegen: Schwarz war die Köchin hinter mir immer schon." In der Köchin konkretisiert sich die Potenzierung menschlicher Grausamkeit, vor der Oskar mit seinem Wunsch nach Rückkehr in die „Embryonallage" ausweichen will. Einerseits geht es in der Verquickung von Sexualität und Tod um ein Ausweichen vor der Absurdität des Daseins, das an Camus erinnert: „Soll man sterben, durch den Sprung entschlüpfen, ein Gebäude von Ideen und Formen nach seinem Maß erstellen? Oder soll man im Gegenteil auf die zerstörende und wunderbare Wette des Absurden eingehen?" (Camus 1956: 48) Bei Camus geht es hier um eine Entscheidung, die in jenem Moment auftritt, da ein Mensch sich der unabänderlichen Sinn-Losigkeit des Daseins bewußt wird, und sich zwischen Selbstmord und Akzeptanz des Lebens um seiner selbst willen entscheiden muß.

Diese nicht umkehrbare Erkenntnis ist bei Camus der Sprung. Da Oskars Entwicklung bei seiner Geburt schon abgeschlossen ist, hat er diese Erkenntnis von Anfang an. Wie wenig der Trommler an die Versprechungen von Heilslehren zu glauben vermag, zeigt das Kapitel „Kein Wunder", das Oskars Bemühungen schildert, Jesus zum Trommeln zu bewegen. In einer Welt des Schreckens hat die christliche Lehre versagt. Oskar entscheidet sich allein aus einem Grund für die Welt: „nur die in Aussicht gestellte Blechtrommel hinderte mich damals, dem Wunsch nach Rückkehr in meine embryonale Kopflage stärkeren Ausdruck zu geben." (II, 49) Das heißt, Oskar ist bereit, das Leben zu ertragen, weil ihm die Kunst in die Wiege gelegt wurde. Die Trommel wird zur lebensbejahenden Kraft und Medium der Weltaneignung. Andererseits ist in diesem Wunsch Oskars Disposition angelegt, den konkreten Verbrechen seiner Zeit auszuweichen, indem er sich in die Position des distanzierten, unbeteiligten, verantwortungslosen Künstlers und Dreijährigen begibt.

Der Welt begegnet Oskar also von seinem dritten Lebensjahr an trommelnd. Seine Trommelkunst ist eine „mimetische Kunst". (Neuhaus 1992: 37) Lehrer ist die 'Natur', wie in der Falterszene im Geburtskapitel deutlich wird: „Längere Zeit mütterliches und väterliches Versprechen gegeneinander abwägend, beobachtete und belauschte ich, Oskar, einen Nachtfalter, der sich ins Zimmer verflogen hatte." (II, 47) Das Geräusch des trommelnden Falters wird zum Vorbild: „ich halte mich also an jenen mittelgroßen, bräunlich gepuderten Nachtfalter meiner Geburtsstunde, nenne ihn Oskars Meister." (II, 48) Die Art und Weise, wie Oskar trommelnd Wirklichkeit nachahmt, ist im Roman häufig beschrieben. Weil Oskar aber den scharfen Blick des Künstlers hat, wohnt seinem Trommeln die Kraft inne, auf die Wirklichkeit zurückwirken, sie zu verstören, auch wenn dies nicht intendiert ist oder mit einer bestimmten Intention geschieht.

Oskars Künstlertum macht *Die Blechtrommel* auch zu einem „Künstlerroman", wie schon der Titel andeutet. (Vgl. Neuhaus 1992: 33–36, zum Künstlertum Oskars siehe etwa auch Durzak 1979: 257–268 und besonders Klaus Stallbaums Darstellung der *Kunst und Künstlerexistenz im Frühwerk von Günter Grass* von 1989.) Wie später in *Hundejahre* thematisiert Grass in Oskars Biographie sowohl das Selbstverständnis eines Künstlers im Verhältnis zur politischen und sozialen Realität sowie die generelle Verpflichtung der Kunst auf Zeitgenossenschaft. Von 1927, dem dritten Geburtstag, bis Kriegsende begleitet Oskar auf der Trommel die Zeitereignisse, bezieht jedoch nicht ausdrücklich gegen die nationalsozialistische Herrschaft Stellung. Da seine Kunst eine mimetische ist, ihn, den Künstler, eine scharfe Beobachtungsgabe auszeichnet, vermag die Trommel zwar präzise Wirklichkeit abzubilden. Doch die Verweigerungshaltung des Künstlers diskreditiert das künstlerische Potential. Oskar versteckt sich hinter seiner Kunst, bleibt distanziert, zelebriert auch im Angesicht des Schreckens seinen Ästhetizismus. Die umgehängte Trommel ist Sinnbild solch verantwortungsloser und damit ethisch fragwürdiger Distanz. Hier nun, und nicht in Oskars „Mordgeständnissen", liegt seine eigentliche Schuld, die Herr Matzerath in der

„Heil- und Pflegeanstalt" trommelnd reflektiert. Diese Schuld macht sein Leben zu einer „fragwürdigen Existenz" (II, 728) wie Oskar auf der Pariser Rolltreppe eingesteht. Die „Mordgeständnisse" sind eine „eingebildete Schuld" (X, 111), die von der tatsächlichen ablenken sollen. (Neuhaus 1992: 59) Weder hat er den Tod seiner Mutter, noch den von Roswitha Ranguna mit verschuldet, und seine 'beiden Väter', Bronski und Matzerath sterben „ihren ureigensten Tod". (Ebd.) Von einer Schuld etwa am Tod Jan Bronskis, der standrechtlich von den Deutschen erschossen wird, kann nur insofern gesprochen werden als Oskar ihn verraten hat, indem er sich von Bronski abwendet.

Von Oskars Schuld nicht zu trennen ist seine Größe bzw. seine Existenz als ewig Dreijähriger, die er erst nach Kriegsende und dem Tod seines „mutmaßlichen" Vaters Matzerath aufgibt. Die Dreijährigkeit ermöglicht einerseits genau jene Perspektive, die die Beteiligung der Deutschen an den Verbrechen enttarnt. Oskar sieht im wahrsten Sinne, was sich unterhalb der Oberfläche abspielt. So z. B sehr anschaulich, wenn er während des Kartenspiels im Familienkreis, das Normalität suggerieren soll, unter dem Tisch sitzt und das Dreiecksverhältnis zwischen seiner Mutter, Jan Bronski und Matzerath beobachtet. (Vgl. II, 759). Zudem garantiert die äußere Gestalt eine Außenseiterrolle, die den Blick auf die Verhältnisse schärft. Selbst nicht involviert, kann Oskar genauer beobachten und wird so zum Zeitzeugen des historischen Geschehens. Durzak weist auf die moralische Dimension hin, die der Figur Oskar somit auch innewohnt: „die Verbindung dieser Perspektive mit seinem Intellekt führt dazu, daß die in der Wirklichkeit vorhandenen Unsinnigkeiten ans Tageslicht gebracht und mitleidlos von ihm dokumentiert werden." (1979: 263) Auch die „biblischen Parodien", Oskars Stilisierung zum Messias deutet Durzak vor diesem Hintergrund. (Ebd.)

Andererseits ist die Größe gleichwohl ein Ausdruck von Verweigerung und Verantwortungslosigkeit. Oskar zieht sich wiederholt auf die von ihm konservierte Kindlichkeit zurück, wie etwa nach Stürmung der Polnischen Post durch die Deutschen: „Kaum hatten Jan und ich die Briefkammer verlassen, weil uns die von der Heimwehr mit ihrem 'Raus!' und ihren Stabtaschenlampen und Karabinern dazu aufforderten, stellte sich Oskar schutzsuchend zwischen zwei onkelhaft gutmütig wirkende Heimwehrmänner, imitierte klägliches Weinen und wies auf Jan, seinen Vater, mit anklagenden Gesten, die den Armen zum bösen Mann machten, der ein unschuldiges Kind in die Polnische Post geschleppt hatte, um es auf polnisch unmenschliche Weise als Kugelfang zu benutzen." (II, 298) Oskar verweigert sich der Welt der Erwachsenen, sind diese doch selber weniger erwachsen als „verwachsen" (IX, 431), wie am Beispiel von Matzerath und Jan Bronski nur allzu deutlich wird. In der „Jungbürgerrede: Über Erwachsene und Verwachsene" (X, 429–439) spricht Grass von der Flucht der Erwachsenen „in die Schutzbereiche kindlicher Unverantwortlichkeit." (IX, 431) Auch wenn in Oskars Wachstumsstillstand ein hellsichtiges Wissen um die Unmündigkeit des Menschen zum Ausdruck kommt, schützt er ihn gleichzeitig vor Teilnahme, was um so schwerer wiegt, als er das Geschehen hellsichtig durchschaut. „Es ist die

Schuld des Säulenheiligen, der sich in seiner Person retten will, wo ringsum eine Welt zugrunde geht." (Neuhaus 1992: 59) Sich auf die schmutzige Wirklichkeit einzulassen, ist aber jene Forderung, die Grass lange nach der *Blechtrommel* in der einleitend besprochenen Poetik-Rede „Als Schriftsteller immer auch Zeitgenosse" an den Künstler heranträgt, wenn er den „Ort des Schriftstellers" definiert: „Er will die Kehrseite ans Licht bringen. Er wühlt im Fluchtgepäck, er stochert im Kot der Mächtigen. Keine Leiche ist ihm erhaben genug: Er muß sie fleddern." (IX, 928)

Oskar trommelt Beobachtetes, greift trommelnd auch ein, zeigt wie im Kapitel „Die Tribüne" die „Kehrseite", ohne jedoch damit Widerstand zu intendieren. (Siehe hier auch Oskars Kommentar zur Wirkung der Trommel unter Tribünen: „Mein Werk war also ein zerstörerisches." II, 146) Doch Oskar zerstört unterschiedslos, es ist kein zielgerichteter Protest, wie Herr Matzerath dem Leser eindeutig bekennt: „Bin ich, der Insasse einer Heil- und Pflegeanstalt, deshalb ein Widerstandskämpfer? Ich muß diese Frage verneinen und bitte auch Sie, die Sie nicht Insassen von Heil- und Pflegeanstalten sind, in mir nichts anderes als einen etwas eigenbrötlerischen Menschen zu sehen, der aus privaten, dazu ästhetischen Gründen, auch seines Lehrer Bebra Ermahnungen beherzigend, Farbe und Schnitt der Uniformen, Takt und Lautstärke der auf Tribünen üblichen Musik ablehnte und deshalb auf einem bloßen Kinderspielzeug einigen Protest zusammen trommelte." (II, 146) Wenn Oskar im Kapitel „Die Tribüne" seine Trommel einsetzt, eine nationalsozialistische Veranstaltung zu (ver-)stören, kann dies nicht als politische Aussage gewertet werden. Zwar „werden auf der *Tribüne* Selbstverständnis und Selbstrepräsentation der Nazis als hohle Staffage und und theatralischer Bluff entlarvt" (Jahnke 1993: 50), doch indem Oskar die Intention von Versammlungen jeglicher Art trommelnd konterkariert, verliert seine Aktion den zielgerichteten Impuls: Oskar der Individualist, lehnt – auch als Folge der Unterweisungen durch Bebra – Massenkundgebungen als solche ab: „Ich trommelte nicht nur gegen braune Versammlungen. Oskar saß den Roten und den Schwarzen, den Pfadfindern und Spinanthemden von Vegetariern und den Jungpolen von der Ozonbewegung unter der Tribüne. Was sie auch zu singen, zu blasen, zu beten und zu verkünden hatten: meine Trommel wußte es besser." (II, 146) Was Oskar aber enttarnt, ist die menschliche Bereitschaft zur Hingabe an die Masse und die Verführung von Lehren, die das kritische, eigene Denken aufheben. Da Oskar um die Absurdität des Lebens weiß, ist ihm der Versuch, Sinn und Ordnung in das Chaos der Welt zu bringen suspekt, wie sein Kommentar zeigt: „Je länger ich mir die Tribüne, vor der Tribüne stehend, ansah, um so verdächtiger wurde mir jene Symmetrie, die durch Löbsacks Buckel nur ungenügend gemildert wurde. Es liegt nahe, daß meine Kritik sich vor allen Dingen an den Trommlern und Fanfarenbläsern rieb". (II, 138). Gleichwohl klingt an, daß Oskar auch aus ästhetischen Gründen die Kundgebungen stört.

Zudem spielt Oskar in diesem Kontext auf die Uminterpretation der 'inneren Emigration' zum Widerstand an: „Man soll den Widerstand sogar verinnerlichen können, das nennt man dann: Innere Emigration." Die dezidiert aufklärerisch-moralische Position gewinnt der Trommler erst, wie oben beschrieben, mit der „Kunst des Zurücktrommelns", die die Niederungen der Welt gemäß Grassscher Poetik beschreibt, was auch die schonungslose Drastik der Beschreibungen erklärt.

Drei zentrale Episoden des Romans verdeutlichen beispielhaft, inwieweit Oskar gerade als Künstler schuldig geworden ist: bei der Zerstörung des Geschäfts von Spielzeughändler Markus während der Reichsprogromnacht, beim deutschen Überfall auf Polen am 1. September 1939, den Grass im Komplex „Polnische Post" gestaltet hat und durch das Engagement in Bebras „Fronttheater". Im letzten Kapitel des dritten Buches, „Glaube Hoffnung Liebe", berichtet Oskar vom Tod des jüdischen Spielzeughändlers Sigismud Markus. In der Reichsprogromnacht am 9. November 1938, der sogenannten 'Kristallnacht' zerstören die marodierenden Nazi-Banden auch das Geschäft des Händlers. Markus, der die gefährlichen politischen Entwicklungen schon frühzeitig vorhergesehen hatte, war durch Selbstmord „ihrem Zorn ausgewichen". (II, 243) In der plastischen Beschreibung des zerstörten Ladens wird Oskars Wissen um die Barbarei und Grausamkeit dieses Auftaktes der Vernichtung deutlich – „Einer hatte seinen Dolch gezogen. Puppen schlitzte er auf und schien jedesmal enttäuscht zu sein, wenn nur Sägespäne aus den prallen Rümpfen und Gliedern quollen." (II, 242 f) –, aber auch die Anteilname des Erzählers. Um so drastischer wirkt das klar formulierte Bekenntnis: „Ich sorgte mich um meine Trommeln." (II, 243) Radikal entzieht Oskar sich der ihn umgebenden Zerstörung durch Reduktion auf die Trommel. Weil Oskar „ahnte [..], daß sich gnomenhaften Blechtrommlern, wie er einer war, Notzeiten ankündigten" (II, 243), gilt seine Sorge nur mehr der Beschaffung von Trommeln. Diese Sorge, die im ersten Kapitel des zweiten Buches unter dem Titel „Schrott" ausgebreitet ist, führt ihn zu Jan Bronski, einem seiner beiden mutmaßlichen Väter. Während des Angriffs auf die Polnische Post gilt Oskars Hauptinteresse abermals der Trommel: „Schließlich ging es um Polen und nicht um meine Trommel! Wenn es ihnen schon darauf ankam, daß Polen, wenn verloren, dann weißrot verloren gehe, mußte dann meine Trommel, verdächtigt genug durch den frischen Anstrich, gleichfalls verloren gehen? Langsam setzte sich in mir der Gedanke fest: Es geht gar nicht um Polen, es geht um mein verbogenes Blech." (II, 272 f.) Hinsichtlich der beiden zentralen historischen Themen des Buchs – Auschwitz und Polen – dokumentiert Oskar einen bewußten Rückzug aus der Welt in die Kunst. Wird Oskar hier noch passiv schuldig durch Nicht-Einmischen, nicht Stellung-Beziehen, durch Nicht-Handeln, korrumpiert er sich und seine Kunst, wenn er mit ihr Machthaber und Verhältnisse legitimiert.

Hier ist vor allem Oskars zweite künstlerische Begabung relevant: das Zersingen von Glas. Zunächst setzt Oskar diese Fähigkeit nur zum Selbstschutz ein, dann: „Aus bloßem Spieltrieb, dem Manierismus einer Spätepoche verfallend, dem *l'art pour l'art* ergeben, sang Oskar sich dem Glas ins Gefüge und wurde älter dabei." (II, 79) Mit der heimlichen Zerstörung von Schaufenstern provoziert

Oskar später die Erwachsenen, Unrecht zu begehen. Gezielt zerstört Oskar, selber unerkannt und aus sicherer Distanz, Schaufenster, um Passanten den Zugriff auf verlockende Waren reizvoll einfach zu ermöglichen. Er demonstriert wirkungsvoll die Macht der Versuchung, der sich der Einzelne freiwillig hingibt: „du hast den Leuten vor den Schaufensterscheiben auch geholfen, sich selbst zu erkennen." (II, 153)

Als Steigerung der Korruption muß Oskars Engagement in Bebras Fronttheater bewertet werden. In der Figur des Künstlers Bebra, Oskars „Meister", zeichnet Grass das „Bild des Künstlers, des Intellektuellen, der den Schrecken der politischen Verfinsterung klar im voraus erkannte, der sich dennoch zu keiner Aktion durchrang, sondern sich schrittweise, im Zuge immer größerer Verschuldung assimilierte." (Durzak 1979: 267) Bebra fungiert in Hinblick auf Oskar wie eine Vervollkommnung jener Eigenschaften, die den Trommler selbst haben schuldig werden lassen. Während sonst die Personenkonstellationen den Prozeß des Schuldigwerdens dokumentieren – so ganz deutlich in der Freundschaft zwischen Eddi Amsel und Walter Matern in *Hundejahre* –, hat Grass in der *Blechtrommel* dafür „Nebenfiguren" eingesetzt, die „entweder in absolutem Gegensatz zu ihm stehen oder aber Möglichkeiten seiner selbst weiterentwickeln, ob das Bebra ist oder Schugger Leo, also Randfiguren als Fußnoten zu der Randfigur Oskar Matzerath." (X, 111, vgl. auch Neuhaus 1992: 35) Seinen Weg der Assimilation beschreitet Oskar in „Bebras Fronttheater", das durch die besetzten Gebiete Frankreichs zieht, um die dort stationierten deutschen Soldaten zu unterhalten. Oskar perfektioniert hier die Kunst des Glaszersingens auf eine perversdekadente Weise, indem er nämlich wertvolles historisches Glas zerstört und darin lustvoll die eigene Kennerschaft zelebriert, wie eine Bemerkung zeigt, die schon im Duktus Manieriertheit und Snobismus erkennen läßt. Oskar beklagt, daß „die feldgraue Masse" den kunstvollen Charakter seiner Darbietungen nicht erkennen könne. Vereinzelt aber wüßte doch ein Ästhet sein Können richtig einzuschätzen: „Besonders dankbar war Oskar dem Korrespondenten einer führenden Zeitung des Reiches, der in der Seine-Stadt weilte, sich als Spezialist für Frankreich auswies und mich diskret auf einige kleine Fehler, wenn nicht Stilbrüche in meinem Programm aufmerksam machte." (II, 405) In jenem Maße, wie der zerstörerische deutsche Angriffskrieg Europa mit Vernichtung überzieht, gibt Oskar sich dem Ästhetizismus hin.

2.4 Der historische Zeitraum und dessen erzählerische Ausgestaltung

Neben allem anderen – „Künstlerroman", „Bildungsroman", „Schelmenroman", um die Etikettierungen zu nennen, deren Plausibilität in der Forschung von Anfang an untersucht wird – ist *Die Blechtrommel* auch ein Geschichtsroman. Der historische Zeitraum umfaßt die Spanne zwischen 1899 und 1954. Das erste Buch setzt 1899 ein und endet am Vorabend des Zweiten Weltkriegs. Das zweite

Buch beginnt mit dem deutschen Überfall auf Polen am 1. September 1939 und reicht bis Kriegsende, 1945. Das dritte Buch behandelt die Nachkriegszeit und endet mit Oskars 30. Geburtstag Anfang September 1954. Wie schon Brode 1976 kosntatiert, folgt der Aufbau des Romans damit dem historischen Ablauf. (Vgl. S. 87) Die historischen Ereignisse sind jedoch nicht breit ausgestaltet, sondern fügen sich wie beiläufig in das Alltagsgeschehen. Beständig ist die private Geschichte, z. B. Banalitäten des Familienlebens, mit offiziellen Nachrichten verwoben: „Während Marias Grippe abklang, setzten die im Radio ihren Geografieunterricht fort: Rzev und Demjansk sind für Oskar heute noch Ortschaften, die er sofort und blindlings auf jeder Karte Sowjetrußlands findet. Kaum war Maria genesen, bekam mein Sohn Kurt den Keuchhusten. Während ich versuchte, mir die schwierigsten Namen einiger heißumkämpfter Oasen Tunesiens zu merken, fand mit dem Afrikakorps auch Kurtchens Keuchhusten sein Ende." (II, 390) Dient diese Technik zunächst der lebendigen Vergenwärtigung (vgl. Neuhaus 1992: 38), veranschaulicht sie zugleich, wie selbstverständlich Wissen über das Zeitgeschehen war. Diese Technik suggeriert eine 'Normalität', die aufs Schärfste mit der Qualität des sich ausbreitenden und steigernden Schreckens kontrastiert.

Indirekt negieren solche Parallelisierungen jenes Unwissen, das im Nachhinein behauptet wird. Auf diese Weise schreibt Grass gegen die besagte „Dämonisierung" des Nationalsozialismus. Dem zugrunde liegt Grass' Überzeugung, Geschichte werde selbst unter totalitären Bedingungen noch von Menschen gemacht, auch von jenen, die glauben, Marionetten einer 'höheren Macht' zu sein. „Es kommt darauf an, hinzuweisen, daß sie [die geschichtlichen Gegebenheiten, S. M.] von Menschen gemacht worden sind, für oder gegen Menschen, nicht wahr, auch dort, wo sie sich zu einer völlig abstrakten Institution verdichtet haben, sei es zum Bürokratismus, zu einem bestimmten Terrorsystem, zu einem System undurchsichtiger Machenschaften, all das ist vom Menschen geschaffen worden. Genau wie Geschichte auch von Personen gemacht wird, selbst wenn es Abläufe gibt, wenn es Prozesse gibt, die von Masssen getragen werden, sind es doch immer wieder Einzelpersonen, die entweder mithandeln oder mitlaufen oder in Mitleidenschaft gezogen werden." (X, 116) Sei es, daß Matzrath in die Partei eintritt, der Musiker Meyen, nachdem er erst Kommunist war, SA-Mann wird oder der Bäcker Scheffler den Juden Sigismund Markus vom Friedhof weist, jeder hat durch seine persönliche Teilnahme die nationalsozialistische Herrschaft und die folgenden Verbrechen erst ermöglicht. Um dies deutlich zu machen, werden Ereignisse auch in einzelnen Personen konkretisiert. So steht der eine Täter, SA-Mann Meyn, für *die* Täter: „Sie sahen alle aus wie der Musiker Meyn, trugen Meyns SA-Uniform, aber Meyn war nicht dabei; wie ja auch diese, die hier dabei waren, woanders nicht dabei waren." (II, 242)

Der organisierte Massenmord an sechs Millionen Juden verdichtet sich in Fajngold, der zwar selber Treblinka überlebt hat, aber dessen gesamte Familie dort ermordet wurde. Die Beschreibung Fajngolds, seiner Verstörung durch ein unfaßbares Maß an menschlicher Grausamkeit, menschlicher Zerstörung, ist meiner Meinung nach eine der eindringlichsten, anrührendsten Schilderungen des ganzen Buches. Fajngolds kurze Sätze, die abgehackte Aneinanderreihung der Erlebnisse läßt beim Lesen das atemlose Sprechen beinahe hören, das Drängen übermächtiger Erinnerungen, denen Sprache nicht gewachsen ist (so II, 508–510).

Das kleinbürgerliche Personal der *Blechtrommel* jedoch akzeptiert das Zeitgeschehen als Schicksalsgeschehen, als 'große Zeiten', an denen man teilhaben möchte. „Seit dem Tode meiner armen Mama dachte der Mann nur noch an seinen Parteikram, zerstreute sich mit Zellenleiterbesprechungen oder unterhielt sich um Mitternacht, nach starkem Alkoholgenuß, laut und vertraulich mit den schwarzgerahmten Abbildungen Hitlers und Beethovens in unserem Wohnzimmer, ließ sich vom Genie des Schicksals und vom Führer die Vorsehung erklären und sah das Sammeln für die Winterhilfe im nüchternen Zustand als sein vorgesehenes Schicksal an." (II, 253) Die Schilderung dieser Ideologisierung des Kolonialwarenhändlers weist voraus auf die *Hundejahre*. Hier erklärt Grass in Anlehnung an Thomas Mann den Nationalsozialismus als „mythisches Surrogat" für politisches Bewußtsein und Handeln. (Vgl. dazu Kapitel 4.3, 4.4 und 4.5) Zugleich wird in dieser Charakterisierung deutlich, wie Grass den oben erwähnten Zusammenhang von Kleinbürgertum und Nationalsozialismus verstehen mag. Auf Grund einer ökonomisch und sozial eingeschränkten Position ist der Kleinbürger Matzerath in seiner im Grunde elendigen Lebenssituation empfänglich für Aufwertungen seines eigenen Daseins. Eine solche Aufwertung bietet der nationalsozialistische 'Schicksalsmythos'. Die Art und Weise, wie Grass das allmähliche Übergleiten in die Katastrophe durch die Einbindung von Mythen, Legenden und märchenhaften Elementen ausgestaltet, steht in direktem Verhältnis zu der Intention, konkrete Verantwortung einzuklagen bzw. das Delegieren auf sogenannte 'höhere Mächte' als Flucht und Selbstbetrug zu enttarnen.

Für den (Aber)glauben, höhere Mächte bestimmten das Schicksal, ist die Legende von Niobe aufschlußreich. Im vorletzten Kapitel des ersten Buches, 1938, berichtet Oskar von einer Galionsfigur, „ein üppig hölzernes, grün nacktes Weib" (II, 223), von der nach der Überlieferung eine unglücksbringende verführerische Macht ausgehen soll. Dem „flämischen Mädchen", nach dessen Vorbild die Figur geschaffen worden war, wurde „wie damals üblich, wegen Hexerei der Prozeß gemacht." (II, 223) Oskar erzählt die Unglücke, die alle der Sage nach auf die Figur zurückgeführt werden. (II, 223–226) Niobe wird von der Danziger Bevölkerung auch für die zersprungenen „Foyerfenster des Stadttheaters" (II, 225) verantwortlich gemacht, die auf Oskars Kosten gehen. Im „Schiffahrtsmuseum" in Danzig ereignen sich, nachdem Niobe dort aufgestellt worden war, eine Reihe Todesfälle. „Obgleich die Kriminalisten der Mordkommissionen bei jedem Todesfall von tragischem Selbstmord sprachen, hielt sich in der Stadt und auch in den Zeitungen ein Gerücht, welches besagte: „Dat macht de griehne Marijell mit de aijene Hände.'" (II, 226) Herbert Truczinski, Oskars arbeitsloser Freund, läßt sich als Museumswächter einstellen und sitzt „neben der Tür jenes Saales [...], den das Volk 'Marjellchens gute Stube' nannte." (II, 227) Eines Tages wird Truczinski aufgefunden, aufgespießt auf der Gallionsfigur. Die Legende transportiert die Analyse der historischen Situation und enthüllt die Bereitschaft der Deutschen, sich von einer Ideologie verführen zu lassen oder, um im Bild zu bleiben: Truczinski hat entschieden, dem verführerischen Sog der Niobe nachzugeben. Gleichzeitig wird an der Niobe-Legende deutlich, daß Grass die menschliche Geschichte als Ablauf des immer selben Irrtums beschreibt. Immer ist es ein fataler Aberglaube, modern gesprochen eine Ideologie, die Verbrechen hervorbringt. Das oft besprochene, berühmte Kapitel „Glaube Hoffnung Liebe", das an zentraler Stelle vor Ausbruch des Zweiten Weltkrieges plaziert ist, enttarnt, wie eine Nation der ideologischen Verblendung anheimfiel: „Das nackte faktische Nebeneinander von Judenterror und einer schweigenden Christengemeinde entwertet jede christliche Botschaft – es bleiben entleerte Worthülsen, mit deren Hilfe Oskar zwei Aspekte herausarbeitet: Wie die tote Niobe lebt der 'Weihnachtsmann', der zugleich der 'Gasmann' ist, vom Glauben an ihn, von der 'Leichtgläubigkeit' eines ganzen Volkes, das daraus seine 'Staatsreligion' macht und 'christliche Konventionen' 'im Blutgeruch' auflöst." (Neuhaus 1992: 42)

2.5 Einflüsse

Wie in der Forschung schon mehrfach dargelegt, kann *Die Blechtrommel* in die Tradition des Schelmen- oder Pikaroromans und des deutschen Bildungsromans in der Folge von Goethes *Wilhelm Meister* eingeordnet werden. In einem Aufsatz „Zur Tradition des literarischen Realismus in Deutschland" hat z. B. 1979 Friedrich Gaede die Bedeutung von Grimmelshausens *Simplicius Simplicissimus* für das Werk von Grass herausgestellt. Gaede behauptet vor allem Parallelen im realistischen Konzept beider Autoren, die sich in einem Ungenügen an der Welt und der daraus resultierenden – bei Oskar vergeblichen – Suche nach Erlösung ergeben. Es ist der „doppelte Zwiespalt von Profanem und Sakralem und, daraus folgend, von Held und Welt", der bei Grimmelshausen und Grass gleichermaßen zu beobachten sei. „Nicht das, was die Welt ist, und was möglichst genau darzustellen ist, sondern das, was der Welt fehlt, ist darum das Hauptproblem der realistischen Dichtung. Die Feststellung aber, daß der Welt die Wahrheit fehlt, ist nur die halbe Aussage, die andere Hälfte besteht in der Erkenntnis, daß der Mangelzustand unaufhebbar ist." (59) Detlef Krumme hat 1986 in seiner Interpretation des Romans die *Blechtrommel* nach verschiedenen Kriterien untersucht, inwiefern Oskar ein „Pikaro des 20. Jahrhundert" ist. (54) Er benennt u. a. die Außenseiterposition, das „autobiographische Grundmuster", die „Einengung des Blickwinkels" und das „Infragestellen von Welt". (55) Die Erzählperspektive, nämlich der Blick von unten sowie die Isolation, die bei Oskar noch durch die Blechtrommel unterstützt werde, sprächen zudem dafür, in Oskar einen Nachfahren des traditionellen Pikaro der europäischen Literatur zu sehen. Dabei stützt sich Krumme auf die Klassifikationen, die Wilfried von der Will 1967 in seiner Darstellung *Pikaro heute* erstellt hat. (Weitere Untersuchungen zur Pikarotradition bieten Droste 1969, Kremer 1973, Büscher 1968, Cunliff 1969, Richter 1977 und Plard 1980 sowie Neuhaus 1992.)

Grass selber nennt 1974 den Pikaroroman als eine jener Traditionen, auf die er sich berufe: „Was die erzählte Prosa angeht, so hat sich das von einer Romanform hergeleitet, die man gar nicht national festlegen kann, die europäisch ist; sicher, der pikarske Roman ist spanischer Herkunft, aber der hat dann sehr bald im übrigen Europa, bei uns durch Grimmelshausen, seine besonderen Prägungen erfahren." (X, 158) 1978 wiederholt er diesen Rückbezug konkret für *Die Blechtrommel.* (Arnold 1978: 6) Eine konkrete Gemeinsamkeit zwischen diesem „deutschen Traditionszweig" (Neuhaus 1992: 29) und der *Blechtrommel* besteht zunächst in der Erzählsituation selber. Wenn Oskar sein Leben „'ab ovo'" (ebd.) rückblickend aus der Abgeschiedenheit der „Heil- und Pflegeanstalt" erzählt, ist dies die typische Ausgangssituation des Pikaroromans. Dazu gehört auch die Gegenüberstellung von Außenwelt und Zuflucht, die besonders deutlich im *Simplicissimus* ausgeprägt ist. Auch das Fehlen einer Entwicklung im strengen Sinne hat Oskar mit dem Pikaro gemein, der nach der Konfrontation mit der unheilvollen Welt an seinen Ausgangspunkt zurückgeht. Während jedoch Simple zum Schluß zu jener Einsicht in die Schöpfung gelangt, die ihm der Eremit zu Beginn vermittelt hat, weiß Oskar um den Zustand der Welt schon von Anbeginn an. So räsoniert er unbeteiligt über die Mühen des Reifens: „Um nicht mit einer Kasse klappern zu müssen, hielt ich mich an die Trommel und wuchs seit meinem dritten Geburtstag keinen Fingerbreit mehr, blieb der Dreijährige, aber auch Dreimalkluge, den die Erwachsenen alle überragten, der den Schatten nicht mit ihrem Schatten messen wollte, der innerlich und äußerlich vollkommen fertig war, während jene noch bis ins Greisenalter von Entwicklung faseln mußten, der sich bestätigen ließ, was jene mühsam genug und oftmals unter Schmerzen in Erfahrung brachten, der es nicht nötig hatte, von Jahr zu Jahr größere Schuhe und Hosen zu tragen, nur um beweisen zu können, daß etwas im Wachsen sei." (II, 64) Neben der Konfrontation von „Asyl und Welt" (Neuhaus 1992: 29), Fehlen einer Entwicklung und der Suche nach einem Sinn macht die Perspektive den Trommler zum modernen Pikaro. Der nämlich erfährt die Welt nicht aus Herrschaftssicht, sondern registriert den Alltag der Menschen von unten, aus dem Blickwinkel des „Kammerdieners". (Ebd. 31) Oskar steigt ebenso in die Niederungen des Lebens hinab wie Simple, der jedoch im Gegensatz zu Grass' Held den Trost des Jenseits kennt.

Von der Tradition des Pikaroromans unterscheidet sich die *Blechtrommel* zudem durch die Künstlerbiographie, die Grass' Erstling, wie oben beschrieben, zum „Künstlerroman" macht. Hier jedoch entsteht eine Nähe zum deutschen „Bildungsroman" à la *Wilhelm Meisters Lehrjahre* oder *Der grüne Heinrich.* Wie

Keller wirft auch Grass in der *Blechtrommel* die zentrale Frage nach der sozialen Integration auf.

2.6 Kritik

Die Blechtrommel macht den zweiundreißigjährigen Autor beinahe über Nacht berühmt, und fortan ist das prosaische Debütwerk der Maßstab, an dem das weitere Schaffen immer wieder gemessen wird. Der Roman wurde in 24 Sprachen übersetzt und hat bislang eine Gesamtauflage von über drei Millionen Exemplaren. (Arnold 1997: 11) Als die Geschichte des ewig Dreijährigen Trommlers ihren Zug um die Welt antritt, wird der Ruhm, Grass' „Begrüßgustav", den er nicht scheut für politische Anliegen zu instrumentalisieren, zum Weltruhm. (Siehe hierzu Neuhaus 1997: S. 94–102 und den 1990 von Hermes und Neuhaus herausgegebenen Band *Günter Grass im Ausland*.) In *Aus dem Tagebuch einer Schnecke* beantwortet der Vater Grass seinen Kinder, an die sich das *Tagebuch* in der Erzählfiktion richtet, die Frage, wie das denn sei mit der Ruhm, für den der Schriftsteller „um Nachsicht" bittet: „Seitdem ich berühmt bin, werden mir Krawatten, Mützen, Taschentücher und ganze Sätze, samt Gebrauchsanweisung gestohlen. (Ruhm ist etwas, das anzupissen Spaß zu bereiten scheint.) Die Zahl der Freunde wird, je berühmter man wird, entsprechend geringer. Es läßt sich nicht ändern: Ruhm vereinzelt. Dort, wo er hilft, besteht er darauf, geholfen zu haben. Dort, wo er schadet, spricht er vom Preis, der zu zahlen sei. Ich will den Ruhm langweilig und nur selten lustig nennen." (IV, 337)

Schon bald nach Erscheinen des Romans setzt ein Phänomen ein, das Hans Magnus Enzensberger in seiner mittlerweile legendären Besprechung der *Blechtrommel* für das nächste „Jahrzehnt" prognostiziert: „Dieser Mann ist ein Störenfried, ein Hai im Sardinentümpel, ein wilder Einzelgänger in unsrer domestizierten Literatur, und sein Buch ist ein Brocken wie Döblins 'Berlin Alexanderplatz', wie Brechts 'Baal', ein Brocken, an dem Rezensenten und Philologen mindestens ein Jahrzehnt lang zu würgen haben, bis es reif zur Kanonisation oder zur Aufbahrung im Schauhaus der Literaturgeschichte ist." (Görtz 1984: 62) Und die Rezensenten haben sich reihenweise an diesem „Brocken" abgemüht, so zahlreich, daß ich hier nicht einmal annähernd werde einen Überblick leisten können. Es sei daher verwiesen auf den eingangs erwähnten Band von Arnold aus dem Jahr 1996 sowie auf Franz Josef Görtz, der 1984 eine Zusammenstellung von Rezensionen der *Blechtrommel* unter dem Titel *Attraktion und Ärgernis* herausgegeben hat. Ebenfalls eine Auswahl, die sich jedoch mit dem gerade genannten Band überschneidet, bietet Gert Loschütz 1968.

Den gespaltenen Tenor der Kritiken bringt Görtz mit dem Titel *Attraktion und Ärgernis* auf den Punkt. Zwei Lager stehen sich innerhalb der Rezensentenschar gegenüber. Zu jenen, die *Die Blechtrommel* als Lichtblick der Gegenwartsliteratur feiern, gehört Kurt Lothar Tank, der in der *Welt am Sonntag* vom 4.

Oktober 1959 den „Glückstreffer", die „hinreißende Zeitsatire" lobt. (Görtz 1984: 39) Tank spricht von einem „modernen Schelmenroman" und von der spürbaren „Leidenschaft" des Erzählens. (Ebd. 40) Er attestiert zwar den „Tabu-bruch", was sein schon pathetisches Lob jedoch nicht schmälert: „Das Leben in seiner nackten, heißesten, herrlichsten und häßlichsten Form, hinausgehend über alle Grenzen, die ihm im Zeitalter der Bürokratie und der Atombombe gezogen wird." (Ebd.) Oskar ist für Tank ein „dämonisch begabter Trommler". (Ebd. 41) Walter Höllerer geht in seiner Besprechung im *Monat* von August 1959 auf die literarischen Traditionen ein, in denen der Roman sich bewege und entdeckt eine Nähe zu Grimmelshausen, Rabelais und Fischart. (Ebd. 37) Ebenfalls eine Pa-rallele zum *Simplicissimus* sieht Jost Nolte, der unter dem Titel „Oskar, der Trommler, kennt kein Tabu" in der *Welt* vom 17. Oktober 1959 Oskar ein „Mon-strum" nennt und damit eine Bewertung des Dreijährigen bietet, die nicht nur von vielen Rezensenten, sondern auch von Teilen der Forschung geteilt wird. Eine ebenfalls häufig anzutreffende Einschätzung ist Noltes Feststellung, mit Oskars Wachstum werde der dritte Teil des Buches „blasser". (Ebd. 49). Joachim Kaiser betitelt seine Rezension in der *Süddeutschen Zeitung* vom 31. Oktober/1. No-vember 1959 treffend „Oskars getrommelte Bekenntnisse" und benennt den lite-rarischen Stellenwert der *Blechtrommel*: „In der deutschen Literatur ist seit lan-ger Zeit nicht mehr so atemberaubend, aus solcher Fülle der Gesichter und Geschichten, der Figuren und Begebenheiten, der Realitäten und Sur-Realitäten *erzählt* worden." (Ebd. 53) Oskar sähe die Welt mit den „mitleidslosen Augen eines Kindes". (Ebd. 55)

Insgesamt wird der Roman schon in der zeitgenössischen Rezeption mit At-tributen bedacht, die sich in Folge einbürgern werden: grotesk, prall, virtuos, sku-ril und deftig. Immer wieder aufgegriffen wird auch die Nähe zum *Simplicissi-mus*, aber auch zu *Ulysses* oder *Schelmuffsky*. (Vgl. Arnold 1996: 14.)

Ein *Ärgernis* ist *Die Blechtrommel* jenen Kritikern, die sich an der vermeint-lichen Obszönität des Grassschen Erstlings stören und von „allerübelster Porno-graphie" sprechen. (Ebd. 13) Da sich die Ausbrüche von Empörung ähneln und allein der Grad der Beschimpfung variiert, sei hier nur auf ein Beispiel verwie-sen. Peter Hornung spricht in der *Deutschen Tagespost* vom 23./24. Oktober 1959 von einer „fragwürdigen Literatursensation" (Görtz 1984: 49), von „epilep-tischen Kapriolen" und „Unglaubwürdigkeit". (Ebd. 50) „Grunzend" sei das „Behagen" des Autors, mit dem dieser „in Abnormitäten und Scheußlichkeiten wühlt". (Ebd. 51) Grass mache sich über „jeden moralischen und ethischen An-spruch lustig" (ebd. 51) und biete eine „Rebellion des Schwachsinns". (Ebd. 52)

Ein unwürdiges Nachspiel dieser Klagen über mangelnden 'Anstand' und fehlende 'Sittlichkeit' bietet der Prozeß, den Kurt Georg Ziesel gegen Grass an-strengt. Der „ehemalige NS-Publizist" (Neuhaus 1997: 81) erstattet am 23. Juni 1962 eine Anzeige gegen den Autor wegen „Verbreitung unzüchtiger Schriften". Ziesel erstreitet sich 1968 vor Gericht das fragwürdige Recht, „Grass in literatur-kritischen Zusammenhängen einen 'Verfasser übelster pornographischer Ferkeleien' nennen zu dürfen." (Ebd.) Dokumentiert ist dieser Prozeß in dem Band *Kunst oder Pornographie* von 1969.

2.7 Forschung

Die öffentliche Aufmerksamkeit, die *Die Blechtrommel* bei Kritik und internationaler Leserschaft gefunden hat, hat sich auch insofern in der Forschung niedergeschlagen, als Oskars Autobiographie wohl der am gründlichsten erforschte Roman Grass' ist. Es liegen zahlreiche Untersuchungen zu den verschiedensten Aspekten der *Blechtrommel* vor. Ich bin daher zu einer Auswahl gezwungen und stelle meines Erachtens in ihren Erkenntnissen repräsentative Beiträge vor, die sich mit dem gesamten Roman und nicht Einzelfacetten oder –themen beschäftigen. Zuvor sei jedoch noch auf jene Darstellungen verwiesen, die sich dem Zusammenhang der *Danziger Trilogie* widmen. Den Anfang hat, wie oben erwähnt, John Reddick 1975 gemacht. Es folgt 1977 Hans Peter Brode mit *Die Zeitgeschichte im erzählenden Werk von Günter Grass*. Frank-Raymond Richter legt 1977 und 1979 *Überlegungen zur Form in der Danziger Trilogie* und eine Untersuchung zum Thema *Vergangenheitsbewältigung in der Danziger Trilogie* vor. 1986 erscheint von Susanne Schröder *Erzählfiguren und Erzählperspektive in Günter Grass' „Danziger Trilogie"*. Eine instruktive Untersuchung des Absurden in der *Danziger Trilogie* bietet 1989 Dieter Arendt.

Schwerpunkte in der Forschung sind neben dem Traditionszusammenhang des Romans sicherlich die Erzählstruktur und -perspektive, die Funktion und Glaubwürdigkeit Oskars als Erzähler sowie seine Erzählstrategie, die Bewertung Oskars in Hinblick auf seine moralische Integrität, die historische Thematik, was Fragen zu Grass' Zeitkritik bzw. deren erzählerischer Vermittlung beinhaltet, und die Bildlichkeit des Romans. Die Zeitgeschichte und Geschichte in der *Blechtrommel* ist von der Forschung breit aufgearbeitet, siehe neben der oben erwähnten Untersuchung von Brode hier etwa Cepl-Kaufmann 1975; Jendrowiak, die das Kleinbürgertum näher untersucht, 1979; Reddick 1981 oder Neuhaus 1982.

1971 behandelt Manfred Durzak die Romane von Günter Grass in seiner Darstellung *Der deutsche Roman der Gegenwart*, die 1979 in der 3., erweiterten und ergänzten Auflage erschienen ist. Durzak, der zunächst auf das Verhältnis von Literatur und Politik bei Grass eingeht und solchermaßen den „Standort" des Autors bestimmt (247), hält die „These von Oskar als dem verwandelten Pikaro" nicht unbedingt für stimmig, da dieser seiner Umwelt intellektuell überlegen sei. (259) Er attestiert der *Blechtrommel* trotz ihrer Detailfülle eine „strukturelle Gradlinigkeit", die aus einer „erkennbaren Gliederung" resultierte, die zusätzlich durch die Einheit von Protagonist und Erzähler noch unterstützt werde. Dennoch breche die „erzählperspektivische Eindeutigkeit" im dritten Buch teilweise auf. (258) Durzak wertet Oskar als eine „moralische Instanz", dessen Kindlichkeit eine „Tarnung" sei. (260) Er betont den Charakter einer „Kunstfigur" und macht in der Art und Weise der Darstellung eine „sarkastische Demaskierung" aus. Als Erzähler sei Herr Matzerath im höchsten Maße reflektiert, „die Umsetzung seiner Trommelkaskaden in sprachliche Erzählung, die allgemein verständlich ist, stellt bereits einen Reflexionsvorgang dar." „Die erzählerisch vergegenwärtigte Vergangenheit wird verfremdet, in der Gegenwart gespiegelt." (264)

1972 gibt Georg Just mit der Analyse der sogenannten „objektiven Korrelate", die ich oben schon vorgestellt habe, einen entscheidenden Impuls zum Verständnis der Bildlichkeit in Grass' Prosa allgemein und besonders in der *Blechtrommel*. In seiner Untersuchung *Darstellung und Appell in der „Blechtrommel"*, deren Ergebnisse er in einem Aufsatz 1973 zusammenfaßt, hebt Just auf die Unglaubwürdigkeit des Erzählers ab, die die Vermittlung des Geschehens grundsätzlich bestimme. Da Oskar von einer „amoralischen, apolitischen, ästhetizistischen Perspektive" (88) erzähle, biete er dem Leser weder Identifikationsmöglichkeiten noch einen verständnisfördernden Zugang zum Text. Wie auch Neuhaus betont, hält dieser wirkungsästhetische Ansatz „einer Überprüfung am Text nicht stand." (Neuhaus 1992: 56) Wie Just geht auch Noel L. Thomas 1982 in seiner Einführung in *The Narrative Works* von einem unmoralischen Oskar aus, denn der Erzähler sei „egocentric, amoral and highly imaginative". (80)

1974 legt Ingrid Leonard eine Einführung in das Werk von Günter Grass vor und konstatiert, die *Blechtrommel* könne auf einer realistischen und einer symbolischen Ebene gelesen werden. (14) Oskars Zwergengröße sei seine Möglichkeit, dem Nationalsozialismus zu widerstehen. Er sei vor dem Krieg „a sane element in a crippled society" (16), und seine Trommel sei sein Instrument des Protestes gegen die verkrüppelte Gesellschaft und deren beschädigtes Credo aus „Glaube Hoffnung Liebe". (18) Leonard verweist in diesem Zusammenhang auf die antidogmatische Grundhaltung des Autors. Zusammen mit dem Spielzeughändler Markus kämpfe Oskar auf der Trommel „against injustice and brutality". (23)

Ebenfalls das Gesamtwerk legt Gertrude Cepl-Kaufmann 1975 ihrer *Analyse* zugrunde. Sie konzentriert sich, wie der Titel verspricht, auf den *Aspekt von Literatur und Politik* und geht in ihrer Untersuchung von acht Thesen aus. Dabei konstatiert sie kritisch vor allem einen ausgeprägten Rückbezug auf eine von Grass selbst erlebte Vergangenheit. „Im eindeutigen Vergangenheitsbezug treffen sich politisches und literarisches Werk." (17) Cepl-Kaufmann hebt auf das Erzählen als „Erinnerungsprozeß" ab (ebd.) und attestiert in Bezug auf die *Blechtrommel*: „Oskars existenznotwendige Flucht in die Vergangenheit ist zugleich der Beweis für das Fatale der Gegenwart." (20) Es überwiege „der negative Befund der Vergangenheit" (31), und sie beobachtet eine „Personalisierung der Problembereiche" (33), die zugleich eine „Vereinfachung" wie eine „notwendige Versinnlichung" darstelle. Notwendig sei diese, weil Grass so versuche, „Erfahrung und Erkenntnis zu vermitteln". (35) Dahinter verberge sich jedoch auch „ein extremer Individualismus". (36)

1976 erscheint *Der Versuch einer Interpretation* von Lore Ferguson, die den Roman erstens auf „Vorbilder" hin untersucht, die Oskar „dazu verleiten, Gegenstände innerhalb seines Lebensraums zu seinen allein gültigen Maßstäben zu erheben". (7) Zweitens interessiert sie die „Darstellung des Lebens seiner Eltern und ihrer Generation" (8), wobei sie eine vermittelnde Funktion der Gegenstände zugrunde legt. Das Prinzip des „Beobachtens" der Außenwelt, wie es die Erzählweise Oskars grundsätzlich kennzeichne, legt Ferguson z. B. an Oskars Großmutter dar. In der szenischen Ausgestaltung entsteht der Eindruck, „Großmutter, Umgebung und Röcke bilden eine Einheit". (21) Während Anna Bronski das Prinzip der Beobachtung verkörpere, sei der Großvater Koljaiczek „Modell für die aktive Welt". (23) Das Verhältnis von Statik und Handeln sei für Oskar, den Erzähler bedeutsam, denn er bilde eine „Synthese der großelterlichen Modelle". (33) Sie porträtiert auf der Basis ihrer Erkenntnisse über die gegenständliche Vermittlung seelischer Dispositionen Oskar als „beobachteten Beobachter" und seine Trommel als „Wortführer". Dergestalt werde die „Abhängigkeit Oskars von Dingen [..] mit der Trommel vollkommen". (39) „Mit der Trommel als Sammelplatz der Beobachtungen und dem Bett als Maßstab, lehnt der Erzähler in seiner Anstalt jede Abhängigkeit von menschlicher Vernunft und menschlichem Gefühl ab." (40) Diese Deutung Oskars verkennt, daß gerade der sinnlich-gegenständlichen Vergegenwärtigung die ethische Dimension immanent ist. Weil das Monströse der deutschen Verbrechen und ihre ideologische 'Legitimation' Ideen und Sprache grundsätzlich diskreditiert hat, beschränkt sich Oskar auf die Wiedergabe der sichtbaren „Oberfläche" von Welt. (Vgl. Kapitel I.)

Brode sieht 1979 *Die Blechtrommel* geprägt durch eine Mischung aus „genauestem Realitätsbezug" und „äußerstem Wagnis an Phantasieausschweifung" (68) und wertet den Roman als „politisches Buch". (72) So legt er seinen Betrachtungen auch einen „zeitgeschichtlichen Deutungsansatz" zugrunde. (77) Oskars „Zwerggröße" sei „Protest", „Revolte" und ein „Auflehnen" gegen die Verhältnisse (71), wobei Grass gegen die „Geschichtsverdrängung" im Nachkriegsdeutschland anschreibe. (72) Während andere, wie auch Durzak, den dritten Teil eher mit Vorbehalten werten, will Brode Oskars „Wachstum als sinnvoll und historisch determiniert [..] begreifen. Die Ära der Scheußlichkeit ist vorbei." (75) Fragwürdig ist die Deutung Oskars als „Hitler-Karikatur" (81), mit der Brode an Cunliffe anknüpft, der seinerseits 1969 Oskar allegorisch in Hinblick auf den Nationalsozialismus deutet. Wie schon Neuhaus betont, sind solche Versuche „symbolischer oder allegorischer Ausdeutung" generell problematisch, aber in dem besonderen Falle übersähe Brode, daß die „Hitler-Anspielungen aus Oskar gerade einen Anti-Hitler machen."(58)

1982 legt Volker Neuhaus eine gründliche Analyse und Interpretation der *Blechtrommel* vor, die zudem über die Entstehung des Romans und die Verfilmung informiert. Die Ergebnisse dieser Arbeit sind auch Grundlage des *Blechtrommel*-Kapitels der Monographie von 1992, auf das ich hier schon mehrfach verwiesen habe. Neuhaus betont die Bedeutung der Erzählfiktion und Zeitverhältnisse für das Verständnis des Romans und arbeitet den Vergegenwärtigungsaspekt des Trommelns heraus. Bezüglich der Glaubwürdigkeit des Erzählers widerspricht Neuhaus jenen Forschungsmeinungen, die eine „nachträglich ‘gelogene’ Überarbeitung seines Lebenslaufs annehmen" (1992: 26), wie dies etwa Bance 1967 oder Reddick 1974 tun. In Anschluß an Just und CeplKaufmann betont Neuhaus in Hinblick auf die Funktion und Ausgestaltung des Erzählers den „Zusammenstoß zweier Wertesysteme" in der Erzählposition, der in den Gitterstäben des Krankenhausbettes eine bildliche Entsprechung finde. (27 f.) Neuhaus geht von einem mitfühlenden Oskar aus: „Die Gesten des handelnden wie viele Jahre später die Sprache des erzählenden Oskars lassen das tiefe Mit-Gefühl mit den Gedemütigten und den Narren erkennen, die große Fähigkeit zum Mit-Leiden." (57) Daß Oskar schon in Kritiken, dann in der Forschung als negative, inhumane Figur gedeutet wird, erklärt Neuhaus vornehmlich mit zwei Aspekten: Erstens durch „seine schonungslose, gelegentlich grausame Art, als Erzähler und Kommentator die Dinge beim Namen zu nennen." (57) Oskar beschönigt nicht, sondern beschreibt. Zweitens durch „Oskars Mordgeständnisse" (59), deren Bedeutung ich oben schon angesprochen habe.

Abschließend sei noch auf die Darstellungen von Dieter Arker, 1989, und Dieter Stolz, 1994, verwiesen. Arker, der wie erwähnt, *Die Blechtrommel* als „Schwellenroman" betrachtet, untersucht die „innere Organisation und die äußeren Bedingungen dieses Romans" und „unternimmt eine werkgeschichtlich argumentierende Neugewichtung der Zäsursetzung im Werk von Grass und damit auch in der jüngsten westdeutschen Literaturgeschichte." (V) Stolz bietet eine eingehende und informative Untersuchung des Motivkomplexes in Grass' Werk, wobei er wichtige Erkenntnisse über den inneren Zusammenhang des Œuvres bietet. Oskar, der „Dichter-Narr" (254) sei ein „bewußt unzuverlässig, inkonsequent und explizit lügnerischer" Erzähler. (254) Damit sei *Die Blechtrommel* aber ein Versuch, der „Bewußtseinslage der bis heute anhaltenden Moderne mit den Mitteln der Fiktion gerecht zu werden." (255) Nach dem unwiderruflichen Verlust der Ganzheit, Usprünglichkeit bei der Geburt „sucht der Blechtrommler Zeit seines lebenslangen, von unerfüllbaren Visionen begleiteten Passionsweges ohne österliches Ende nach dem anderen, dem die erfüllten Augenblicke mit der Ewigkeit verschmelzenden Zustand oder einem halbwegs gleichwertigen Ersatz, auf ‘dieser an Ersatzstoffen reichen Welt’." (261)

3. Katz und Maus

3.1 „Eine Novelle"

Als 1963 die Novelle *Katz und Maus* erscheint, muß sie sich gegen den Erfolg der *Blechtrommel* behaupten. Viele Kritiker vergleichen das kurze, formal strenge Prosawerk mit dem episch-breiten Roman. Es ist von einer „Verflachung" und „Gleichförmigkeit" die Rede (Arnold 1996: 26), vielen gilt die Novelle als das zweitrangige Werk. Dies sollte nicht das letzte mal sein, daß ein neues Buch an der *Blechtrommel* gemessen wird. Einen Nachklang zur Empörung, mit dem Teile der Öffentlichkeit auf den Roman reagiert hatten, gab es in den Reaktionen auf *Katz und Maus* auch. Es wurde ein Antrag auf Aufnahme ins „Verzeichnis der jugendgefährdenden Schriften" gestellt (Loschütz 1968: 51–57), und die Soldaten- und Kameradschaftsverbände protestieren gegen eine 'Verunglimpfung' der Wehrmacht. (Arnold 1996: 30)

Gerade die Konzentration auf einen Grundkonflikt, die manchen zeitgenössischen Rezensenten gestört hat, verleiht dem zweiten Teil der *Danziger Trilogie* die besondere Stellung im Prosawerk. Die Novelle weist die entscheidenden Merkmale der Gattung auf und demonstriert damit jene Korrespondenz von Form und Inhalt, auf die Grass so großen Wert legt: „Ich muß, glaube ich, zu Anfang einmal auf die deutsche Art und Unart zurückkommen, alles in Form und Inhalt zu teilen. Für mich gibt es diesen Gegensatz nicht: Es entwickelt sich eins aus dem anderen: Jede Form produziert ihren Inhalt und umgekehrt. Es ist in den meisten Fällen nicht feststellbar, was zuerst da war." (X, 184) In der Geschichte von Joachim Mahlke wird eine für die Zeit repräsentative Geschichte erzählt. Sein Konflikt ist ein Konflikt der historischen Epoche, was gerade in der Konzentration und der strengen Form – „einem in sich geschlossenen, strengen Bau" (X, 185) – deutlich wird.

Zieht man die bekannten Bestimmungen zur Novelle aus der Literaturgeschichte heran, so treffen sie alle auf *Katz und Maus* zu – Grass hat das Buch denn auch absichtsvoll „Eine Novelle" untertitelt. Goethes Definition der „unerhörten Begebenheit" entspricht der Diebstahl des Ritterkreuzes durch den Protagonisten Mahlke, der gleichzeitig den Wendepunkt darstellt, wie Schlegel oder Tieck ihn fordern. Das von Mahlke so begehrte Ritterkreuz ist zugleich das für die Novelle charakteristische „Dingsymbol". Auch die Merkmale, die Paul Heyse, der erfolgreichste Verfasser von Novellen im 19. Jahrhundert, in seiner Theorie fordert, erfüllt *Katz und Maus*: Mahlkes Konflikt erhellt das Zeitgeschehen. Heyses „Falken" findet man in Mahlkes Adamsapfel, der titelgebenden „Maus", wieder. Die dramatischen Merkmale – Spannungsaufbau, Höhepunkt, Katastrophe –, die Theodor Storm von der Novelle als einer „Schwester des Dramas" haben sprechen lassen, erfüllt *Katz und Maus* ebenfalls. (Vgl. zur Gattungsbestimmung auch Neuhaus 1992: 62 f. u. III, 840 f.)

3.2 Der Erzähler und seine Beichte

Die strenge Form zwingt den Erzähler Pilenz zur Konzentration, der wie alle Erzähler in den Prosawerken der ersten Werkphase aus einer Schuldposition heraus schreibt. (Nur *Aus dem Tagebuch einer Schnecke* weist durch die Etablierung eines Erzähler-Autors schon auf die weitere Werkentwicklung voraus. Eine ausführliche Betrachtung des Erzählers in *Katz und Maus* bietet Behrendt schon 1969.) Heini Pilenz ist angetreten, den Verrat an seinem Freund Joachim Mahlke zu beichten. Erzählzeit ist die Gegenwart, wohl Anfang der sechziger Jahre. Verraten hat er Mahlke zur Zeit des Zweiten Weltkrieges. Anders als *Die Blechtrommel* oder *Hundejahre* spielt *Katz und Maus* nur zu jener Zeit, die in den Romanen das jeweils mittlere Buch abdeckt. Seit dem Verschwinden des Freundes, für das er seine Mitverantwortung überdeutlich empfindet, lastet die Schuld auf Pilenz; sie nimmt ihn gefangen und beeinträchtigt sein Leben. Gerade weil die eigene Vergangenheit so schwer lastet, sucht Pilenz bis zum Zeitpunkt der Niederschrift der Schuld auszuweichen. Vor diesem Hintergrund wird schon die erzählerische Beschränkung auf den einen Konflikt gleichsam zur 'disziplinarischen', aber auch 'therapeutischen' Maßnahme. Pilenz darf sich, um der dominanten Schuldthematik Herr zu werden, nicht auf Abschweifungen und epische Umwege einlassen. Worin besteht nun dieser Verrat, Pilenz' Schuld, zu dem sich Pilenz erzählend bekennt?

Joachim Mahlke verkörpert den ewigen Außenseiter und nimmt damit eine soziale Rolle ein, die, bei allen sonstigen Unterschieden, jener des jungen Eddi Amsel in *Hundejahre* gleicht. Sichtbares Zeichen seiner Außenseiterstellung ist der übermäßig große Adamsapfel, die „Maus". Diese Maus wird im Verlaufe der Handlung zu dem „objektiven Korrelat" für die Rolle des Opfers, des Verfolgten. Der jugendliche Mahlke ist bestrebt, seinen 'Mangel' zu kompensieren, indem er – die durchaus fragwürdigen – Normen seines sozialen Umfeldes zu erfüllen sucht, sei es durch sportliche Höchstleistungen, Demonstrationen sexueller Potenz oder gewagte Mutproben. Durch den zeitgeschichtlichen Kontext enthüllen diese eigentlich typisch pubertären 'Leistungsnachweise' ein fragwürdiges und gefährliches Heldenideal. Seine Anstrengungen, die von einer Sehnsucht nach Akzeptanz zeugen, unternimmt Mahlke bereits seit geraumer Zeit, als Heini Pilenz die sinnbildliche „Katze" auf die „Maus" hetzt: „Die Katze kam übend näher. Mahlkes Adamsapfel fiel auf, weil er groß war, immer in Bewegung und einen Schatten warf. Des Platzverwalters schwarze Katze spannte sich zwischen mir und Mahlke zum Sprung. Wir bildeten ein Dreieck. Mein Zahn schwieg, trat nicht mehr auf der Stelle: denn Mahlkes Adamsapfel wurde der Katze zur Maus. So jung war die Katze, so beweglich Mahlkes Artikel – jedenfalls sprang sie Mahlke an die Gurgel; oder einer von uns griff die Katze und setzte sie Mahlke an den Hals; oder ich, mit wie ohne Zahnschmerz, packte die Katze, zeigte ihr Mahlkes Maus: und Joachim Mahlke schrie, trug aber nur unbedeutende Kratzer davon." (III, 6 f.)

Die „Katze" ihrerseits ist das „objektive Korrelat" für die Verfolger, die Täter, bezogen auf Mahlke für jene, die aktiv seine folgenreiche Diskriminierung betreiben. In medias res beginnt Pilenz also sein Schuldbekenntnis mit dem eigenen Anteil an der Ausgrenzung, mithin Verfolgung Mahlkes, wenn er die Katzen-Szene an den Beginn seiner Niederschrift stellt. (Eine ausführliche Interpretation dieser Anfangsszene bietet Hermes 1991.) Er ist derjenige, der nachhaltig den Blick auf das Anderssein Mahlkes fokussiert und damit letztlich die Katastrophe initiiert. Mahlkes beständiger Kampf gegen die Ausgrenzung endet in einem letzten Tauchgang, von dem er nicht wiederkehrt. Seitdem überlagert die Stille, aus der Mahlke Pilenz nicht mehr befreien kann, alle Empfindungen des Erzählers: „Seit jenem Freitag weiß ich, was Stille ist, Stille tritt ein, wenn die Möwen abdrehen. Nichts vermag mehr Stille zu bewirken, als ein arbeitender Bagger, dem der Wind die eisernen Geräusche wegstemmt. Aber die größte Stille bewirkte Joachim Mahlke, indem er auf meinen Lärm keine Antwort wußte." (III, 138) Die Novelle endet denn auch mit dem Satz: „Aber Du wolltest nicht auftauchen." (III, 140)

Mahlkes „Abschied" (Neuhaus 1992: 65), der Pilenz die Konsequenzen seines Tuns drastisch vor Augen führt, 'traumatisiert' den Erzähler. Daß Pilenz, was für eine Traumatisierung spricht, bis an den Rand der Lebensuntüchtigkeit von seiner Schuld verfolgt wird, läßt sich am Text belegen. Als der Erzähler von der Bootsfahrt anläßlich des letzten Tauchgangs berichtet, gesteht er: „Obgleich ich nie mehr und bis heute nicht in ein Ruderboot stieg, sitzen wir uns immer noch gegenüber". (III, 133) Desgleichen erinnern ihn Brücken – „Mehrmals standen wir auf Brücken" – beständig an den Freund: „Wenn immer ein Bach, ein Kanal von einem Brückchen überspannt wird, wenn immer es unten gurgelt und sich an jenem Gerümpel bricht, das überall unordentliche Leute von Brücken in Bäche und Kanäle werfen, steht Mahlke in Knobelbechern, Überfallhosen und Panzeraffenjäckchen neben mir". (III, 123) Der Verrat, der „mit Katze und Maus begann" ist so übermächtig, daß sogar der „Haubentaucher" Erinnerungen freisetzt, denn im Gegensatz zu Mahlke tauchen diese Vögel immer wieder auf. (III, 140, vgl. zur Bedeutung dieser Szenen für Pilenz' „Schuldkomplex" auch Neuhaus 1992: 66.) Der Vorgang des Tauchens steht gleichzeitig für Pilenz erzählerische Konfrontation mit seinem eigenen Unterbewußten, in das sich die Schulderfahrung eingegraben hat. Von einem Trauma spricht die Psychologie ja dann, wenn ein Ereignis sich derart eindrücklich ins Unterbewußtsein eingeprägt hat, daß es das weitere Leben nachhaltig bestimmt, einen Leidensdruck erzeugt, der die seelische Intaktheit zerstört und solchermaßen die Identität beschädigt. Eine Konfrontation mit dem traumatisierenden Ereignis ist zumeist der einzige Weg, über intensive Auseinandersetzung das seelische Gleichgewicht wenn nicht wiederherzustellen, so doch zu verbessern. Wenn Pilenz seine Schuld schreibend vergegenwärtigt, kann dies als therapeutische Maßnahme gewertet werden. Ziel der Niederschrift ist, die Verdrängung zu durchbrechen, um die Schuld als Teil der eigenen Lebensgeschichte und damit Identität begreifen zu können.

Aufschlußreich für das Ausmaß des „Schuldkomplexes", den Pilenz entwickelt hat, ist sein besonderes Verhältnis zu Joachim Mahlke: „denn nur ich war mit ihm so gut wie befreundet, wenn man mit Mahlke befreundet sein konnte. Gab mir jedenfalls Mühe. Keine Mühe! Lief von ganz alleine neben ihm und seinen wechselnden Attributen. Wenn Mahlke gesagt hätte: 'Mach das und das!' ich hätte das und noch mehr gemacht. Mahlke sagte aber nichts, ließ sich wort- und zeichenlos gefallen, wenn ich ihm nachlief, ihn, obgleich das ein Umweg war, in der Osterzeile abholte, damit ich an seiner Seite zur Schule gehen durfte." (III, 81) Eine blinde Ergebenheit verbindet den jungen Heini Pilenz mit seinem Helden, vergleichbar jener hingebungsvollen Liebe, die Harry Liebenau zum willenlosen Spielzeug seiner Cousine Tulla in *Hundejahre* macht. Und wie der Erzähler des zweiten Buches von *Hundejahre*, „Liebesbriefe", muß auch Pilenz in seiner Beichte die Selbstaufgabe eingestehen und reflektieren. Pilenz' Schwanken zwischen „übermäßiger Bewunderung" und „radikaler Ablehnung" (Neuhaus 1992: 65) beleuchtet gleichzeitig die Haltlosigkeit eines Jugendlichen in einer autoritären Gesellschaft, die ein pervertiertes Heldentum feiert, den Helden Mahlke wegen seiner Versuche, diesen fragwürdigen Werten gerecht zu werden, aber verstößt. Der Sozialisationsdruck bringt Heini Pilenz in jene Position zwischen den Extremen. Wenn er zum Verfolger des „großen Mahlke" wird, erfüllt er unbewußt die Erwartungshaltung seines Umfeldes, das Außenseitern keinen Platz einräumt. Pilenz ist demnach aus der Zeit heraus schuldig geworden, so daß seinem Schuldbekenntnis ein repräsentativer Charakter zukommt. Das wird u. a. deutlich, wenn Pilenz sich als ein Erzähler vorstellt, dessen Vorname nicht von Belang ist.

Während sich Oskar dem Leser schon im ersten Satz zu erkennen gibt, lernen wir den Erzähler Pilenz erst sehr viel später kennen. „Ich, Pilenz – was tut mein Vorname zur Sache – früher mal Ministrant, wollte weiß nicht was alles werden". (III, 80) Geworden ist Pilenz „Sekretär im Kolpinghaus". (III, 80) Gleichwohl ist auch er ein Künstler, ein Schriftsteller, wie wir von Pater Alban erfahren: „'Setzen Sie sich einfach hin, lieber Pilenz, und schreiben Sie drauflos. Sie verfügen doch, so kafkaesk sich Ihre ersten poetischen Versuche und Kurzgeschichten lasen, über eine eigenwillige Feder: greifen Sie zur Geige oder schreiben Sie sich frei – der Herrgott versah Sie nicht ohne Bedacht mit Talenten.'" (III, 99) Pilenz kommentiert diese nachgetragene Erzählaufforderung mit einem „Also" (ebd.) und fährt, indem er einen Doppelpunkt setzt, mit seinem Bericht über Joachim Mahlke fort. Der Erzählanlaß ist also des Paters Wissen, daß nur das Bekenntnis zur Schuld Pilenz zu 'heilen' vermag.

Doch Pilenz fällt das Beichten seiner Sünden sehr schwer. Nur zögerlich gesteht der Erzähler ein, daß tatsächlich er es war, der die Katze auf den Adamsapfel seines Freundes angesetzt hat. Dem Erzähler Oskar in diesem Punkt ähnlich, ist Pilenz bestrebt, seine Schuld zu kaschieren, wie auch die anderen Anspielungen auf eigenes Tun offenbaren. So berichtet Pilenz etwa von einem Wiedersehen mit ehemaligen Jugendfreunden nach dem Krieg. Als diese ihn auf

Adamsapfel und Katze ansprechen, lenkt Pilenz sogleich ab. (II, 36) Diese Spannung zwischen Gestehen und Leugnen charakterisiert den Erzähler und seine Erzählweise. Die Ursache dieser Spannung liegt in eben in dem traumatischen Charakter der unverarbeiten Schuld. Folglich fällt es Pilenz schwer, die Stille, die nach Mahlkes letztem Tauchgang eingekehrt ist, mit dem geschriebenen Wort zu füllen. Gegen das Schweigen ist das Schreiben gestellt.

Mit diesem Komplex von Schuld und Schuldgeständnis ist die religiöse Thematik, die in der Novelle einen breiten Raum einnimmt, eng verbunden, mehr noch, das „Erzählen" selber ist von Pilenz' „Kreisen um religiöse Probleme nicht zu trennen". (Neuhaus 1992: 65) „... obgleich Glaube und alle Voraussetzungen seit der Untertertia futsch waren" (III, 81), bleibt Pilenz' Denken dem Katholizismus verbunden, wie sein Selbstporträt, mit dem er sich dem Leser vorstellt, zeigt: „lese Bloy, die Gnostiker, Böll, Friedrich Heer und oft betroffen in des guten alten Augustinus Bekenntnissen, diskutiere bei zu schwarzem Tee nächtelang das Blut Christi, die Trinität und das Sakrament der Gnade mit Pater Alban, einem aufgeschlossenen, halbwegs gläubigen Franziskaner". (III, 80) Durch diesen christlichen Hintergrund wird sein Erzählen zum „mea culpa". (III, 81)

Nicht nur in *Katz und Maus*, sondern in „Grass' gesamtem Werk, von den frühesten Veröffentlichungen des Jahres 1955 bis zur 'Rättin' von 1986, fällt die große Dichte an Bezügen zur christlichen Tradition auf", beginnt Neuhaus seinen Aufsatz „Das christliche Erbe bei Günter Grass". (1997: 110) Neuhaus zeigt auf, daß der Katholizismus zu den prägenden Einflüssen in der Jugend des Autors gehört. Wie Pilenz – er ist „die genaueste Spiegelung von Grass' eigener religiöser Entwicklung" (ebd. 111) – hat Grass, wie er selber berichtet, Glauben schon im jugendlichen Alter verloren. In einem Gespräch schildert er 1982 den katholischen Hintergrund, verweist auf einen „katholischen Mief", den er zwar nicht im eigenen Elternhaus, aber im weiteren Umfeld erlebt hat. Seine Mutter sei in der Ausübung der katholischen Religion eher „lässig" gewesen. „Aber durch Interesse an Geschichte und auch an Religionsgeschichte sind dann die Zweifel gekommen. Mit Fragen, die der Religionslehrer entweder nicht beantworten wollte oder sie barsch zurückwies, auch mit einem immer größeren kritischen Blick auf die heuchlerische Umwelt, so daß dann ab dem 14. Lebensjahr an gläubiger Substanz so gut wie nichts mehr dagewesen ist." (X, 296) Auch Joachim Mahlkes Haltung in religiösen Dingen gleicht jener des Autors, denn wie der nur an die Jungfrau Maria glaubt, blieb auch bei Grass „diese Bindung an die Jungfrau Maria, dieses sinnliche, übertragbare Moment [...], das im Umgang mit der Jungfrau zu suchen und vielleicht auch zu finden war." (X, 297) Nach dem Krieg „wohnte" Grass „von 1947 bis 1951 in einem Caritas-Heim in Düsseldorf-Rath, wo sich ein Pater Stanislaus im Umweg über die literarische Bildung des Steimetzpraktikanten um dessen Bekehrung bemühte." (Neuhaus 1997: 111) Die Gespräche mit dem Pater, mit dem er „noch über Jahre hinweg Briefwechsel gehabt" hat (X, 443), sind in Pilenz' Gespräche mit Pater Alban eingegangen.

Wenn Grass auch das Heilsversprechen der christlichen Lehre ablehnt, sind doch zwei zentrale Glaubensinhalte relevant geblieben. So „bleibt" erstens die Bergpredigt, das „radikalisierte Liebesgebot für Grass verbindlich". (Neuhaus 1997: 119) Zweitens ist sein Schuldbegriff christlicher Provenienz. Der Mensch ist von Anbeginn an schuldig, doch ohne vorhergehenden paradiesischen Ursprungszustand, wie ja schon in der *Blechtrommel* deutlich wurde. Auch in Bezug auf Auschwitz argumentiert Grass mit dem christlichen Schuld- und Sühnebegriff, wenn er konstatiert, daß die deutsche Schuld sich 'weitervererbt', die Deutschen auf Generationen hinaus nicht loslassen wird. Hier tut sich ein Widerspruch zwischen Grass' christlichem Schuldbegriff und seinem radikalen Individualismus auf, der nicht auflösbar ist. Anders als in der christlichen Erlösungslehre, kann der Mensch in Grass' Weltbild jedoch nicht auf Vergebung hoffen. Dem einzelnen Menschen bleibt nur das Bekennen seiner Schuld und eine Veränderung des Verhaltens als Konsequenz dieser Einsicht. An diesem Punkt endet auch der Beichtcharakter, den Pilenz' Niederschrift aufweist: „Pilenz' Beichte ohne Lossprechung ist paradigmatisch für Grass' Erzählverfahren: Durchgängig benutzt er kirchliche Formen und Formeln, um mit ihrer Hilfe eine christliche Anthropologie ohne theologischen Überbau zu verkünden, seine Botschaft von der unerlösten Gefallenheit des Menschen, die auf 'Transparenz statt Transzendenz' zielt." (Neuhaus 1997: 112)

3.3 „Der Große Mahlke"

Im April 1967 spricht Grass unter der Überschrift „Rede von der Wut über den verlorenen Milchpfennig" im Landtagswahlkampf Schleswig-Holstein. (IX, 213–217) Von dem landwirtschaftlichen Thema – es ging um Subventionen für Bauern, deren Herden mit Tuberkulose verseucht waren – schlägt Grass einen Bogen zu falscher Traditionspflege und fatalen Statussymbolen. Er vergleicht den „Milchpfennig", der nach Beschluß der EWG abgeschafft werden muß, mit dem Ritterkreuz. „Alle wissen es: Das Ritterkreuz belohnte militärische Leistungen, deren Ziele ein verbrecherisches System gesteckt hatte. Aber trotz des umfassenden Wissens stehen die heiligen indischen Kühe in unserer politischen Landschaft herum; sie fressen kaum wachsender Erkenntnis die Triebe ab. Wer an Milchpfenningen und Ritterkreuzen rührt, wird nationaler Würdelosigkeit bezichtigt." (IX, 214) Eben ein solches Ritterkreuz begehrt in *Katz und Maus* „der Große Mahlke". In diesem Ritterkreuz verdichten sich die Maßstäbe einer Gesellschaft, die von dem Glauben an den „Opfertod für das Vaterland" durchdrungen ist. (IX, 216)

Anders als in der *Blechtrommel* berichtet der Ich-Erzähler Pilenz nicht von seinem eigenen Leben, sondern von Joachim Mahlke. Der Erzähler selber ist insofern wichtig, als er durch seine enge Bindung an Mahlke zum Zeugen geworden ist. Es bedarf nun eines besonderen Grunds, warum ausgerechnet Mahlkes

Leben erzählt werden soll: „In Ich-Erzählungen aus der Perspektive des Zu-
schauers liegt der Grund darin, daß der jeweilige Held als repräsentativ angese-
hen wird, was fast immer schon im Titel anklingt". Als Beispiele dieser Tradition
können Conrads *Lord Jim* oder Fitzgeralds *The Great Gatsby* genannt werden
und die Titelierung Mahlkes als „der Große Mahlke" mag auf diese Romane an-
spielen. (Neuhaus 1992: 64)

Repräsentativ ist Mahlke zunächst für den zeitgeschichtlichen Hintergrund.
Er, der Außenseiter ohne Vater, wächst orientierungslos auf. Keiner der gesellschaftlichen Instanzen, weder Schule noch Kirche, vermag dem Heranwachsen-
den adäquat zur Seite zu stehen. Im Gegenteil, sind deren Vertreter doch durch
die herrschende Ideologie verblendet. So fragen sich die Meßdiener „während
der Staffelgebete und an Stelle des Meßtextes oder zwischen Latein und Latein,
nach den technischen Einzelheiten noch schwimmender oder schon versenkter
Kriegsschiffe ab". (III, 47) Grass schildert in der oben zitierten Rede vom
„Milchpfennig", in welcher Weise das Kriegsgeschehen in den jugendlichen
Alltag eingedrungen ist. „Ich bin mit Sondermeldungen im Ohr aufgewachsen.
Immer wieder erlag ich dem Rausch der Erfolge. Tapferkeit, die ausschließlich
an militärischen Leistungen gemessen wurde, geriet meiner Generation zum
Glücksbegriff." (IX, 215, vgl. in diesem Zusammenhang auch Neuhaus 1992:
73–75 und Kaiser 1971.) Einer solchen falsch definierten Tapferkeit, einem sol-
chen Glücksbegriff erliegt auch Mahlke. Er orientiert sich zunächst an seinem
Vater, der 1934 bei einem Eisenbahnunglück Menschenleben rettete und dabei
selber ums Leben kam. (III, z. B. 133) Mahlke will, verständlicherweise, dem
Vorbild des Vaters nacheifern, wird wohl auch in diese Rolle gedrängt, weil das
Andenken an die selbstlose Tat des Vaters präsent ist: „Mahlke trug im Winter
wie im Sommer altmodische hohe Schuhe, die er von seinem Vater geerbt haben
mochte." (III, 11) Ohne Bewußtsein dafür, daß der propagierte Heldentod mit
dem Handeln seines Vaters nichts gemein hat, sondern ideologische Verbrämung
eines Vernichtungsfeldzugs darstellt, ist Mahlkes Streben ganz auf das Erreichen
des militärischen Heldenideals gerichtet. Hinzu tritt die Außenseiterposition des
Einzelgängers Mahlke, die ihn besonders empfänglich macht. Außenseitertum
und Sehnsucht nach Heldentum treffen sich in Mahlkes Angewohnheit, beständig
einen Gegenstand um den Hals zu tragen, „Wollpuscheln" oder „Schraubenzie-
her". (III, z. B. 81) Einerseits will er so seinen Adamsapfel verdecken, andererseits sind all diese Gegenstände Ersatz für die „Tapferkeitsmedaille", die seinem
Vater „posthum" verliehen wurde, und das Ritterkreuz. (III, 117) Dieses Streben
nach einem falschen Ideal eskaliert im Diebstahl des Ritterkreuzes und folgen-
dem Schulverweis. Mit der gestohlenen Auszeichnung am Kragen hält Mahlke
eine Rede, in der seine Sehnsucht nach Heldentum ebenso deutlich wird, wie die
Überzeugung, das Ritterkreuz 'erlöse' ihn von seinem Adamsapfel, also seinem
Außenseiterum. (Siehe III, 83) „Ab dann gilt Mahlkes Trachten nur noch dem
realen Erwerb der Auszeichnung, jeder Ersatz verschwindet; denn im Vorschein
läßt der zukünftige Orden ihn schon jetzt seinen 'Adamsapfel' als überwunden

ansehen". (Neuhaus 1992: 72) Danach entwickelt sich die Handlung konsequent auf Mahlkes Abtauchen hin.

An Mahlke veranschaulicht Grass exemplarisch die Zerstörung von Individualität durch die Ideologie des Nationalsozialismus. Gerade weil der Protagonist in *Katz und Maus* im Grunde integer ist, wird die fehlgeleitete Sozialisation umso transparenter. (Vgl. hierzu Cunliffe 1969 und vor allem Roberts 1975/76 sowie Neuhaus 1992: 73.) Mahlkes Bedürfnis, seinem Leben einen Sinn zu geben, wird von den Nationalsozialisten mißbraucht. Dies wird besonders deutlich, wenn Mahlke sich entgegen seiner Neigung zum Kriegsdienst bei „den U-Booten" verpflichtet: „Das ist die einzige Gattung, die noch Chancen in sich hat; obgleich ich mir kindisch vorkommen werde in solch einem Ding, und ich viel lieber was Zweckmäßiges täte oder was Komisches." (III, 92 f.)

Wenn Grass in der Geschichte des traurigen Helden Mahlke auch konkret von falschem und instrumentalisiertem Heldentum erzählt, so birgt *Katz und Maus* doch über den Zeitbezug hinaus eine Parabel der ewigen Schuld der Starken gegenüber den Schwachen, der Mehrheit gegenüber der Minderheit, der Jäger gegenüber den Gejagten, der Katz gegenüber der Maus. „In der einzelnen Katz und der einzelnen Maus sind so zugleich immer die 'ewige Katze' und die 'ewige Maus' anwesend, in der einzelnen Episode das immer gleich Geschehen, im Einzelfall Mahlke das überindividuelle ewige Gesetz." (Neuhaus 1992: 69)

Pilenz' Bewunderung für jenen Mahlke, der den Götzen der Zeit erliegt, wird dabei zum Musterfall für die Gefahren einer totalitären Weltanschauung: „Grass' Anliegen ist es, seine Leser über die ideellen Voraussetzung der Herrschaftsvernunft aufzuklären, über die Bereitschaft des einzelnen zur Hingabe an die 'Gesinnung zur Totalität', welche die eigene und die fremde Individualität zerstört, weil Grass sich geschichtlichen Fortschritt primär von einer Bewußtseinsveränderung des einzelnen verspricht." (Blamberger 1985:137)

4. Hundejahre

4.1 Vergangenheitsschichten

Im Mittelpunkt des Romans *Hundejahre*, mit dem Grass 1963 die Danziger Trilogie abschließt, steht die Geschichte der Freundschaft zwischen Eddi Amsel und Walter Matern. Die Erzählfiktion bildet eine „Festschrift" zum zehnjährigen Bestehen eines Bergwerks, in dem Vogelscheuchen hergestellt, ans Tageslicht befördert und in aller Herren Länder verschickt werden. Besitzer dieses Bergwerks ist Brauchsel, der sich auch Brauksel oder Brauxel schreibt. Brauchsel ist, was der Leser erst spät erfährt, mit Eddi Amsel identisch. Im Verlauf der Handlung führt er noch zwei weitere Namen: Haseloff und Goldmäulchen. Brauchsel ist der Herausgeber der fiktiven „Festschrift" und Erzähler des ersten Buches, den „Frühschichten". Als „Co-Autoren" engagiert er Harry Liebenau, der das zweite Buch, die „Liebesbriefe", übernimmt, und Walter Matern, den Erzähler der nach ihm benannten Materniaden, dem dritten Buch. Weder Matern noch Liebenau wissen um die Identität ihres Auftraggebers. Die drei Erzähler arbeiten zeitgleich an der Niederschrift ihrer Erinnerungen, die von der Geburt der beiden Protagonisten im Jahr 1917 bis zur unmittelbaren Gegenwart der Erzählzeit Anfang der sechziger Jahre reichen.

Während in der *Blechtrommel* und in *Katz und Maus* noch die Erinnerung im Vordergrund steht, geht *Hundejahre* darüber hinaus und bietet erstmalig einen Erklärungsversuch, wie es zu Auschwitz hatte kommen können. Grass wählt einen mentalitäts- und geistesgeschichtlichen Ansatz. Im Zentrum steht die Frage, welche spezifischen Eigenschaften die Deutschen aufweisen mußten, damit sie zu einem Verbrechen von historisch einmaliger Qualität fähig wurden. Der Versuch, die Erinnerungsleistung von Literatur um die Frage nach Ursachen zu erweitern, hat Auswirkungen auf die Erzählstruktur des Romans, die komplexer ist als jene der *Blechtrommel*. Grass selber hält *Hundejahre* für sein „bestes Buch", denn es sei „viel komplizierter und bewegt sich ganz einfach auf einem höheren Niveau." (Schwarz 1973: 152) Da Erklärungen zur Entstehung eines eliminatorischen Antisemitismus sowie einer totalitären Ideologie, die den Massenmord legitimieren sollte, in die Handlung integriert sind, ist das Erzählverfahren beinahe zwangsläufig komplizierter. Die erzählte Zeit wird im Vergleich zu den 'Gegengeschichten' der zweiten Werkphase nicht etwa ins 19. Jahrhundert oder noch weiter „treppab" (*Butt*) ausgeweitet, sondern deckt in etwa den selben Zeitraum ab wie die *Blechtrommel* auch. In diesem Zusammenhang kommt insbesondere den Märchen, Legenden und Mythen eine besondere Bedeutung zu. Zum einen sind die Märchenelemente erzähltechnische Mittel, Vergangenheit zu beschwören, und durch ihre Orts- und Zeitlosigkeit verbinden Märchen den Menschen mit einer unzugänglichen Vorzeit. Sie übernehmen so eine Funktion im „Prozeß der Gedächtnisbildung". (Cavalli 1991: 200) In diesem Sinne „stiftet sich der Mensch selbst einen Raum des Überlebens" (Scholl 1990: 97), über das beatändige Weitererzählen von Märchen und Legenden stellt sich der Mensch in ein geschichtliches Kontinuum: „Vor vielen vielen Jahren – denn nichts erzählt sich Brauksel lieber als Märchen – lebte in Schiewenhorst." (III, 167) Aus dem Kontext der Grassschen Poetik vermögen Märchen „Schichten" aufzudecken, die sich der Beobachtung gegenwärtiger Wirklichkeiten entziehen.

Zuständig für die Reflexion möglicher Ursachen ist der Herausgeber und Erzähler Brauchsel, der über ein ausgeprägtes Geschichtswissen verfügt und die Deutschen während seines gesamten Lebens genau beobachtet hat. So ist es denn auch Brauchsel, der der Festschrift ihre eigentliche Zielrichtung gibt: Er will über die Deutschen, „dieses Volk, unter dem es zu leiden galt" (III, 797) aufklären. In seiner Eigenschaft als Vogelscheuchenbauer porträtiert er die Deutschen und ihre Geschichte in Gestalt eben jener Vogelscheuchen, die im Bergwerk gelagert werden. Wenn Brauchsel die Festschrift als „Handbuch über den Bau wirksamer Vogelscheuchen" (III, 177) bezeichnet, wird dieses gleichsam zu einem 'Lehrbuch' über die Deutschen. Es besteht somit eine Parallele zwischen Festschrift und Vogelscheuchen in Hinblick auf die Charkterisierung Deutschlands und der Deutschen. Auf der Handlungsebene verkörpert Walter Matern einen deutschen Täter. Als Goldmäulchen alias Brauchsel gegen Ende der Geschichte ein Treffen mit Matern arrangiert, führt er den ehemaligen Freund in die Tiefen des Bergwerks, um ihn mit der Vergangenheit zu konfrontieren. Einer Reise in die Abgründe gleich, deckt das „Handbuch über den Bau wirksamer Vogelscheuchen" und mithin der Roman *Hundejahre* 'Vergangenheitsschichten' auf.

Wie oben erwähnt, hat Grass während des Schreibens der *Blechtrommel* seine Erinnerung an Danzig wiedergefunden. Er prägt für diesen Gedächtnisvorgang die Formel „Schreiben deckt Schichten auf". (X, 26) Später spricht er auch vom Erinnern als einem „Wegräumen von Geröllhalden" (X, 257) und führt aus: „Für mich sind die ersten Schreibprozesse großer epischer Konzepte, wie zum Beispiel *Blechtrommel* oder *Hundejahre*, auf die du angespielt hast, ein solches Herumwühlen in Geröllhalden gewesen." (X, 257 f.) So wie Geröllschichten die indviduellen Erinnerungen überlagern, können sie aus Grassscher Perspektive auch das Gedächtnis einer Nation blockieren, denn Grass geht von Parallelen in nationaler Geschichte und individueller Biographie aus. Die Ursachen für Auschwitz werden in *Hundejahre* im Sinne eines solchen Wegräumens, eines Aufdeckens von Vergangenheitsschichten erkundet. Brauchsel zeichnet nun jene Fähigkeit aus, die Grass dem Schriftsteller von Berufs wegen attestiert: „Ein Schriftsteller, besonders, wenn er episch arbeitet, ist in der Lage, unter der dünnen Schicht der Aktualität die Strukturen dessen zu erkennen, was dauert, überdauert." (X, 223) Gemäß diesem schriftstellerischem Selbstverständnis arbeitet Brauchsel, der Bergwerksbesitzer, und Brauchsel, der Herausgeber und Erzähler: „Was aus Bergwerken gefördert wird: Kohle Erz Kali Vogelscheuchen Vergangenheit." (III, 238) Die „dünne Schicht der Aktualität" ist die bundesdeutsche Gegenwart. Die „Jetzt-Zeit" (X, 107) wird von Brauchsel benannt, denn am 4. Februar 1962 sollen alle drei Manuskriptteile vorliegen. Aus einer exakt datierten

Gegenwart geht es in *Hundejahre* hinab in die deutsche Schuld. In diesem Sinne tragen nun die drei Erzähler aus jeweils anderer Perspektive die deutschen Vergangenheitsschichten ab.

4.2 Brauchsel und seine Co-Autoren

Brauchsels, Liebenaus und Materns erzählerische Perspektive aber auch Kapazität ist von zwei Faktoren bestimmt: Erstens durch ihre Rolle auf der Handlungsebene: Eddi Amsel (alias Brauchsel), der Künstler jüdischer Herkunft (sein Vater war Jude), ist das Opfer des aggressiven Antisemiten Walter Matern, während Liebenau, zehn Jahre jünger als Amsel und Matern, den Part des jugendlichen Mitläufers einnimmt. Zweitens durch den Grad der reflexiven Durchdringung vergangenen Handelns auf der Erzählebene. Grundsätzlich ist zu beobachten, daß die Spannung zwischen Gegenwart und Vergangenheit, die der Roman aufbaut, um so fruchtbarer ist, je mehr Einsicht der Erzähler in seine Rolle auf der Handlungsebene hat. So werden die Erzähler zu Paradigmen sowohl für Schuld- wie Schuldeinsicht.

Brauchsel ist derjenige Erzähler, der einen Bewußtwerdungsprozeß durchlaufen hat und daher wie Oskar die Kunst der Vergegenwärtigung beherrscht. Durch sein Künstlertum ist Brauchsel die vielschichtigste und interessanteste Erzählerfigur. Brauchsel vollzieht eine Wandlung vom Künstler, der seine Scheuchen um ihrer selbst willen baut, zum Scheuchenbauer mit „Bleigewicht". Diese Entwicklung spiegelt sich in den verschiedenen Namen, die Brauchsel annimmt. Der Herausgeber, Erzähler und Besitzer des Bergwerks ist grundsätzlich Brauchsel, auch wenn die Schreibweise variiert. „Spieltrieb und Pedanterie widersprechen sich nicht." (III, 144) Die Vereinbarung von Spieltrieb und Pedanterie verweisen auf Grass' Poetik des realistischen Erzählens, wonach die fiktive Wirklichkeitserweiterung durch Phantasie immer von einer genauesten Recherche des 'realen' Hintergrunds getragen sein muß. Daß die Fiktion durch die Phantasie der historischen Chronik überlegen ist, wird für die weitere Werkentwicklung hin zur 'Gegengeschichte' in der zweiten Werkphase, entscheidend. In dem dritten Teil der *Danziger Trilogie* kündigt sich das Konzept des Romans als Gegengeschichte insbesondere in der Künstlerfigur Brauchsel schon an. Für die Rolle des erlebenden Amsel-Haseloff-Goldmäulchens ist die Positionsbestimmung des Künstlers zum Zeitgeschehen entscheidend: „Daher kann der Scheuchenbauer zur aufklärerischen Demonstrationsfigur Grass' werden, indem er zum Bildungsreisenden in Sachen Kunst avanciert, seine Lebensstationen vorrangig mit ästhetischen Programmen verknüpft und mit jeder Metamorphose einen wichtigen Schritt hin auf eine zeitgemäße Kunst vollzieht." (Stallbaum 1989: 137) Während sich der Scheuchenbau Amsels in spielerischer Abbildung ergeht, ist der Ballettlehrer Haseloff ein unbarmherziger Anhänger sich selbst genügender Artistik, die gerade durch diese Beschränkung auf die formale Perfektion eine Liaison mit den Machthabern eingeht.

Brauchsels Künstlertum begründet seine Überlegenheit gegenüber den anderen beiden Erzählern, denen er Instruktionen gibt, deren Arbeitserfolge er kontrolliert und die er bezahlt. Schon der Titel seines Parts, „Frühschichten", weist auf die besondere Stellung Brauchsels hin: Nur er ist in der Lage, nicht nur den Beginn der Freundschaft zwischen Amsel und Matern und damit die Grundlagen von Materns späterem Verrat an Amsel darzulegen, sondern historische Ursachen des Nationalsozialismus aufzudecken. Bezeichnet der Titel zunächst nur die Stellung im Gesamtgefüge, verweist er durch die Doppeldeutigkeit – Brauchsel schreibt immer, wenn die erste Schicht unter Tage fährt – auf die Bedeutung seines Buchs für die Aufdeckung der eigentlich untersten, damit frühesten, Schicht, nämlich jener der Ursachen. So bindet Brauchsel Mythen, Märchen, Legenden und tradierte Familiengeschichten in die Rekonstruktion des Geschehenen ein. Wie beiläufig treten so längst vergangene Ereignisse in ein Verhältnis zum Zeitgeschehen.

Diesen Erzählfluß des ersten Buchs veranschaulicht die Weichsel: „Was treibt ein Fluß wie die Weichsel vor sich her? Was in die Brüche geht: Holz, Glas, Bleistifte, Bündnisse zwischen Brauxel und Brauchsel, Stühle, Knöchlein, auch Sonnenuntergänge. Was längst vergessen war, bringt sich bäuchlings und rücklings als Schwimmer und mit Hilfe der Weichsel in Erinnerung". (III, 147) Die Gedächtnisfunktion der Weichsel ist vor allem auf den zentralen Verrat der Freundschaft durch Matern bezogen. Amsel schenkt Matern ein Taschenmesser, mit dem die beiden Jungen Blutsbrüderschaft schließen. Genau dieses Messer wirft Matern zu Beginn der ersten Frühschicht in die Weichsel. Zum Schluß der Handlung läßt Goldmäulchen alias Amsel das Messer bergen und überreicht es Matern. Die Weichsel hat die Schuld Materns, die sich in diesem Taschenmesser verkörpert, bewahrt. Die Übertragung auf die deutsche Schuld und ihre Ursachen erfolgt durch Goldmäulchen, der das „Thema Fundobjekt" – gemeint ist das Taschenmesser – auf den Nibelungenschatz überträgt: „Genau so sinnlos war es, den sogenannten Nibelungenhort im Rhein zu versenken. Denn käme einer, der an den gehorteten Schätzen dieses unruhigen Volkes ernsthaft interessiert wäre – wie etwa ich am Schicksal des Taschenmessers Anteil nahm –, der Nibelungenhort käme ans Licht und – im Gegensatz zum Taschenmesser, dessen rechtmäßiger Besitzer unter den Lebenden weilt – in das zuständige Landesmuseum." (III, 786) Das *Nibelungenlied* steht im Roman für einen als typisch deutsch charakterisierten Versuch, die Überlegenheit des 'deutschen Wesens' mit der deutschen (Kultur-)Geschichte zu beweisen. Der Fluß, und damit das Erzählen selber, übernimmt Gedächtnisfunktionen in Hinblick auf einen verdrängten, aber im Nachkriegsdeutschland nach wie vor virulenten, völkischen Nationalismus, der in der Rezeptionsgeschichte des *Nibelungenliedes* beispielhaft zum Ausdruck kommt.

In eine Verbindung zu Grass' Poetik tritt die Weichsel durch den Nachbau, den Brauchsel auf seinem Schreibtisch errichtet: „Der hier die Feder führt, dem

Bergwerk vorsteht und seinen Namen verschieden schreibt, hat sich mit dreiund-siebzig Zigarettenstummeln, mit der errauchten Ausbeute der letzten zwei Tage, den Lauf der Weichsel, vor und nach der Regulierung, auf geräumter Schreib-tischplatte zurechtgelegt: Tabakkrümel und mehlige Asche bedeuten den Fluß und seine drei Mündungen; abgebrannte Streichhölzer sind Deiche und dämmen ihn ein." (III, 144 f.) Die ästethische Transformierung des Erinnerten erzeugt ei-ne Vergegenwärtigung von Vergangenheit. Hier kündigt sich Grass' spätere „vierte Zeit", die „Vergegenkunft" schon bildlich an.

Mit „beschwörenden Worten" „stellt" Brauchsel in der „Ersten Frühschicht" den „neunjährigen Walter Matern [...] auf die Nickelswalder Deichkrone". (III, 147) Durch den Einsatz des Präsens erzielt Grass eine unmittelbare Vergegen-wärtigung des handlungsinitiierenden Taschenmesserwurfes und kennzeichnet zugleich das Erzählen als bewußten Akt. Grass setzt in *Hundejahre* den Tem-puswechsel als „Stilmittel" ein (X, 74), um eine Spannung zwischen Gegenwart und Vergangenheit zu erzeugen. Brauchsel tritt aus der Erzählung heraus und dokumentiert damit seine Distanz zur Vergangenheit. Nur, weil er das Geschehe-ne 'aufgearbeitet' hat, vermag er das chronologische Erzählen zu unterbrechen und im eigentlichen Sinne des Wortes Zeiten zu wechseln. Harry Liebenau hin-gegen, der mittlere Erzähler, hat diese Distanz als Ergebnis von Reflexion noch nicht.

Liebenau wurde zunächst, „ähnlich wie Pilenz, von Grass wegen seiner Er-zählfunktion und auf diese hin geschaffen." (Neuhaus 1992: 81, ähnlich auch Thomas 1982: 129) Grass braucht Liebenau nämlich als Zeugen und Berichter-statter der Schlüsselereignisse in den „Liebesbriefen": Der Vogelscheuchen-bauer Eddi Amsel wird von dem SA-Mann Walter Matern und dessen braunen 'Kameraden' brutal zusammengeschlagen und in einen Schneemann verwandelt. Zeitgleich wird Jenny, die Adoptivtochter des Studienrates Brunies, von Kindern unter Führung von Tulla, der Cousine Harry Liebenaus, ebenfalls in Schnee ver-packt. Nachdem die beiden Schneemänner geschmolzen sind, entsteigen Amsel und Jenny, die beide zuvor eher korpulent waren, verwandelt dem Schnee, was sich äußerlich in ihrer nunmehr sehr schlanken Figur ausdrückt. Amsel nennt sich fortan Haseloff, verläßt Danzig-Langfuhr und wird Balettlehrer. Die zehn Jahre jüngere Jenny setzt ihren Balettunterricht fort und folgt später Haseloff, unter dem sie eine Karriere als Prima Ballerina beginnt, bis ein Sturz ihre Lauf-bahn beendet.

Die Aufgabe, vom dramatischen Umschlag der Freundschaft zwischen Am-sel und Matern zu erzählen – und jenem in der Beziehung zwischen Tulla und Jenny, die in wesentlichen Zügen parallel zu jener der Freunde gestaltet ist –, erfüllt Liebenau qua Naturell. Er ist der geborener Mitläufer: „Das war schon immer meine Stärke: hinterdreinzockeln, neugierig sein, zuhören." (III, 431) Lie-benau ergänzt so die Reihe „Opfer, Zeuge, Täter". (Goetze 1972: 28) Harry, Jahrgang 1927, erliegt jener Sogkraft der nationalsozialistischen Ideologie, die an einen jugendlichen Idealismus, eine Bereitschaft zur Hingabe appelliert. Auch hier ist er Pilenz ähnlich. Sein Selbstporträt pointiert die Sehnsucht nach einer sinnstiftenden Idee, nach Ganzheit und Größe: „Ein Knabe, ein Jüngling, ein uniformierter Gymnasiast, der den Führer, Ulrich von Hutten, den General Rommel, den Historiker Heinrich von Treitschke, Augenblicke lang Napoleon, den schnaufenden Schauspieler Heinrich George, mal Savonarola, denn wieder Luther und seit einiger Zeit den Philosophen Martin Heidegger verehrte." (III, 521) Dies sind „Chiffren für ein Menetekel, das Grass gewöhnlich mit 'deutscher Verstiegenheit und deutschem Idealismus' kenntlich zu machen sucht." (Brode Grass: 126)

Die idealistisch unterfütterte Selbstaufgabe Harrys wird sinnfällig in seiner blinden Liebe zur Cousine Tulla, an die er die „Liebesbriefe" richtet. Das zweite Buch, eine „erzählerische Beschwörung" Tullas (Neuhaus 1970: 280), ist von Harrys Infektion durch eine „Gesinnung zur Totaliät" (Lukàcz) gekennzeichnet. Brauchsel weiß, daß Harry seine Hingabe an Tulla und mithin die Sehnsucht nach totalen Sinngebungen noch nicht überwunden hat. Er instruiert den zehn Jahre jüngeren Liebenau deshalb, die Briefe an Tulla zu adressieren, um sich so seines Idealismus bewußt zu werden. Liebenau erkennt die Intention: „Dabei erzähle ich mir, nur und unheilbar mir; oder erzähle ich etwa Dir, daß ich mir erzähle?" (III, 280) Harrys Bereitschaft, sich der Vergangenheit zu stellen, ist groß, wie seine Arbeitsdisziplin beweist, von der Brauchsel lobend berichtet. Die kontinuierliche Arbeit am Festschrift-Manuskript ist gleichgesetzt mit der Schuldkonfrontation. Dennoch läßt Harrys Erzählweise jene Spannung von Brauchsels Part nicht aufkommen, wie mustergültig seine Erinnerung an eine Fahrt ins „Kurhaus Zoppot" zeigt, wo „der Führer und Reichskanzler weile". Die Einladung erhielt der Tischlermeister Liebenau, Harrys Vater, weil dessen Hund Harras „des Führers Schäferhund Prinz gezeugt habe." (III, 444) „So weit sperrte ich beide Augen auf, daß der Fahrtwind sie tränen ließ; und auch jetzt, da ich ganz und gar im Sinne meines Vaters und gleichfalls im Sinne des Herrn Brauxel von dem erzähle, was ich mit aufgerissenen Augen verschluckte und als Erinnerung stapelte, strengt sich mein Auge an und wird naß: Damals befürchtete ich, mein Auge könnte den Führer womöglich tränenblind erblicken; heute muß ich mir Mühe geben, nichts tränenblind schwimmen zu lassen, was damals eckig, uniformiert, beflaggt, sonnenbeschienen, weltbedeutend, schweißdurchsuppt und tatsächlich war." (III, 445)

Matern, der letzte Erzähler, besitzt keinerlei Einsicht in seine eigene Vergangenheit. Er, der Täter, hat sein eigenes Verbrechen, seine Schuld verdrängt und spielt im Nachkriegsdeutschland den antifaschistischen Kämpfer. Die Aufforderung, sich zu erinnern, empfindet er als Zumutung, was sich in seiner mangelnden Arbeitsdisziplin ausdrückt. Den Auftrag angenommen hat er wohl wegen beständiger finanzieller Nöte. Seine abwehrende Haltung drückt sich gemäß seiner handelnden Rolle aggressiv aus: „Was will Brauxel? Er löchert Matern. Nicht genug, daß er sich für die paar Kröten Vorschuß seitenlang auskotzen muß; jetzt hat er ihm wöchentlich Rapport zu geben: 'Wieviele Seiten heute? Wieviele morgen? Wird die Episode mit Sawatzki und Frau Nachwirkungen zeigen? Fiel schon Schnee, als der Pendelverkehr zwischen Freiburg im Breisgau und dem Wintersportgelände Todtnau begann? In welcher Buhne der Männertoilette Köln-Hauptbahnhof fand sich der Marschbefehl in den Schwarzwald? Geschrieben oder gestochen?'" (III, 620) Indiz für das fehlende Bekenntnis zu seiner Schuld ist das Tempus, in dem Materns Part gehalten ist: Er schreibt im Präsens.

4.3 Die Geschichte einer Freundschaft

Eddi Amsel und Waltern Matern stehen im Zentrum des Geschehens: „Der Roman gewinnt seine Konturen vom Lebenslauf dieses in Freund-Feindschaft verbundenen Paares." (Neuhaus 1992: 83) Die Geschichte ihrer Freundschaft aber ist eine exemplarische Geschichte des deutschen Antisemitismus. Etabliert wird dieser repräsentative Charakter durch die Märchenformel: „Es waren einmal zwei Knaben". (III, 781) So beginnt Goldmäulchen in der „hundertzweiten feuerfesten Materniade" seine Kurzfassung des Freundschaftsverlaufs. Anläßlich des von ihm arrangierten Wiedersehens unternimmt Goldmäulchen mit Matern einen Bummel durch die Berliner Kneipen. Währenddessen erzählt er Matern die Geschichte von Amsel und Matern in Kurzform und charakterisiert sie als eine „Allerweltsgeschichte", wie sie in jedem „deutschen Lesebuch" zu finden sei. (III, 782; Cepl-Kaufmann stellt dazu fest: „Beginn und Ende des Romans treffen sich in 'Lesebuchgeschichte'", 1975: 172.) Damit entsprechen Amsel und Matern dem Grundzug des gesamten Grassschen Personals: „Alle Figuren, die ich beschrieben habe, so individuell sie sich geben, sind Produkte ihrer Zeit, ihrer Umgebung oder ihrer Gesellschaftsschicht, z. B. des Kleinbürgertums, oder bedingt durch ihr Milieu, z. B. das Schul- und Gymnasialmilieu. Sie sind natürlich in literarisch hervorgehobener Position, sie personifizieren sich, gewisse Konflikte, Konfliktsituationen in einzelnen Personen, aber Konfliktsituationen, die aus der Zeit heraus allgemeiner sind." (X, 113 f.) So wird in *Hundejahre* die Freundschaft schon als Klischee eingeführt: „Freundschaften, die während oder nach Prügeleien geschlossen wurden, müssen sich, das wissen wir alle aus atemberaubenden Filmen, noch oft und atemberaubend bewähren. Auch der Freundschaft Amsel-Matern werden in diesem Buch – allein deswegen wird es sich in die Länge ziehen – noch viele Proben auferlegt werden müssen." (III, 181). Der Konflikt, der aus der Zeit heraus allgemeiner wird, ist der Zusammenhang von deutschem Größenwahn und eliminatorischem Antisemitismus. Werfen wir einen Blick auf die Ausgestaltung der beiden Charaktere und den Verlauf ihrer Freund-Feinschaft, um diesem Thema näher zu bekommen.

    Eddi Amsel ist ein Außenseiter, der aufgrund seiner äußeren Statur – dicklich und physisch unbeholfen – und seiner von den Bewohnern Langfuhrs nur gemußtmaßten jüdischen Herkunft als „Prügelknabe" (III, 180) der Dorfjugend herhalten muß. Nur vermutet wird die jüdische Herkunft, weil Amsels im Ersten

Weltkrieg gefallener Vater Albrecht sein Judentum verschwiegen, beziehungsweise mit Hilfe von Otto Weiningers *Geschlecht und Charakter* zu „überwinden"
gesucht hat. (Auf Weiningers Buch werde ich noch näher eingehen, da es für den
gesamten Komplex des Antisemitismus und völkischen Nationalismus von großer Bedeutung ist.) In Langfuhr kursieren jedoch trotz der väterlichen Bemühungen immer wieder Gerüchte über Albrecht Amsels Judentum. Eddi selber erfährt
erst am Sterbebett seiner Mutter, daß sein Vater tatsächlich Jude war. Walter
Matern, im Gegensatz zu Amsel sehr sportlich, beteiligt sich an diesen Prügeli-
en und führt eines Tages auch „das Wörtchen ‚Itzig' absichtsvoll absichtslos"
ein. (III, 180) „Zwei drei Tage nach solch einer Prügelei" gestaltet Eddi, der alles, was er beobachtet, in Vogelscheuchen umsetzt, „dieselbe Prügelszene in einer einzigen vielarmigen Vogelscheuche". (III, 180) Nachdem Matern sich in
dieser Abbildung wiedererkannt hat, beteiligt er sich nicht mehr an den Schika-
nen, sondern wird ganz im Gegenteil zum Verteidiger und Freund Amsels. Mehr
noch, sie schließen Blutsbrüderschaft und Matern ist fortan der „Paslack", der
Eddi die Utensilien, die er für die Vogelscheuchen benötigt, hinterherträgt. Von
Anfang an ist deutlich, daß der physisch überlegene Matern seinem Freund, dem
Künstler mit dem wachen Auge für die Natur, geistig unterlegen ist. Diese Un-
terlegenheit schlägt im Verlaufe der Handlung, parallel zur Ausbreitung des Nationalsozialismus, in Haß um.

Bevor der Nazi Matern den jüdischen Künstler Amsel ermordet, kündigen
zwei zentrale Begebenheiten diese Eskalation an. Die erste ereignet sich im
Kontext des Verkaufs einer Vogelscheuche. Amsel möchte vom Müller Lau für
eine seiner Scheuchen den „Lackspangenschuh" (III, 187) von dessen Tochter
Hedwig erwerben. „Des Bauern Lau zähes Kopfschütteln machte die Schuhe un-
verkäuflich oder zog sie vorläufig aus dem Handel. Das Tauschangebot wurde
vom Klimpern harter Währung abgelöst. Während Amsel und Kriwe, selten der
Dorfschulze Erich Lau, rechneten und dabei Finger wegdrückten und auferstehen
ließen, saß Walter Matern immer noch auf dem Dünenkamm und hatte, dem Geräusch nach, das er mit seinen Zähnen verursachte, Einwände gegen einen Handel, den er später ‚Geschachere' nannte." (III, 187) Walter Materns Zähnekni-
schen, das ihm auch zu dem Spitznamen „der Knirscher" verhilft, ist ein
„objektives Korrelat" für seine Aggressivität. Der Einwand, den er so unter-
schwellig aggressiv ablehnt, rührt aus seiner Ansicht, daß Amsels Kunst nicht
durch einen derart zähen und für den Künstler lukrativen Handel herabgewürdigt
werden dürfe. Die pejorative Konnotation des Wortes „Geschachere", das ursprünglich aus dem Rotwelschen kommt, läßt die Assoziation mit einer vermeintlich jüdischen Geschäftstüchtigkeit aufkommen. Ein Klischee, das schon
von jeher zu den typisch antijüdischen Stereotypen zählt.

Die zweite Begebenheit ereignet sich einige Jahre später, als die Schüler das
Kanalsystem Danzigs erkunden. Bei dieser Gelegenheit findet Amsel einen
menschlichen Schädel, den er, der doch ständig auf der Suche nach interessanten
Materalen für seine Kunst ist, gerne mitnehmen möchte. Matern verwehrt dieses

Vorhaben und schlägt Amsel das erste Mal seit Beginn ihrer Freundschaft und zwar mit eben jenem Knüppel, den er zuvor benutzt hatte, um die Ratten in der Kanalisation zu erschlagen. Während er zuschlägt, beschimpft er den Freund als „Itzig" und 'begründet' seine Tat: „Walter Matern spricht laut und ins Leere große Worte: 'Jähn wä nun. Hiä is daas Raich dä Dooten. Vlaicht isses dä Jan Bobrowski odä Materna, wo unsre Famielche härkämmt." (III, 234) Einerseits kündigt sich hier die spätere Rattenjagd in der Kaserne schon an, womit gleichzeitig eine Anspielung verbunden ist auf die unerträgliche Gleichsetzung der Juden mit Ratten, wie sie die Nationalsozialisten in dem Propagandamachwerk „Der ewig Jude" vornahmen. Zum anderen enthüllt Materns kleine Ansprache das leere Pathos, wie es für seine Charakterisierung signifikant ist. Indirekt unterstellt er dem Juden Amsel hier, keinen Respekt vor den 'heiligen' Dingen zu haben.

Dies ist eine deutliche Anspielung auf jene idealistische Mentalität Materns, die ihn in Grassscher Deutung zum perfekten Nationalsozialisten macht, bestand diese Ideologie doch ganz wesentlich in einem Appell an die Unterordnung des einzelnen unter die vermeintlich höher stehende 'Volksgemeinschaft'. Dem schon erwähnten brutalen Überfall auf Amsel in dessen Garten geht des Vogelscheuchenbauers Interesse an den braunen Uniformen voraus. Mit Ausbreitung des Nationalsozialismus beginnt Amsel, Scheuchen in Nazi-Uniformen zu brauchen. Die dafür benötigten Uniformen besorgt Matern, der gegenüber Amsel knirschend die 'deutschen Ideale' des Nationalsozialismus verteidigt: Es gebe „bei der SA und auch bei der Partei Leute genug, die ernsthaft ein Ziel vor Augen hätten, Pfundskerle und nicht nur Schweinshunde". (III, 381) Matern tauscht zu diesem Zeitpunkt sein kommunistisches Parteibuch gegen ein nationalsozialistisches. Mit Hilfe der SA-Uniformen gestaltet Amsel nicht nur sich selbst als 'Parteigenossen', sondern eine Gruppe mechanischer Scheuchen, die durch einen „ihnen innewohnenden Mechanismus" (III, 395) den rechten Arm zum Hitlergruß erheben können. Diese stellt in seinem Vorgarten auf: „Gewichst geledert einsatzbereit: eintopffressende Spartaner, neun vor Theben, bei Leuthen, im Teutoburger Wald, die neun Aufrechten, Getreuen, die neun Schwaben, neun braunen Schwäne, das letzte Aufgebot, der verlorene Haufe, die Nachhut, die Vorhut, stabgereimte Burgundernasen: daz ist der Nibelunge nôt in Eddi Etzels verschneitem Garten." (III, 394) Matern empfindet diese Abbildung der Nationalsozialisten als 'Entweihung' und straft den Juden Amsel, indem er ihn ermordet. Inwieweit Grass nun in die Anlage und Entwicklung dieser Freundschaft Ursachen des eliminatorischen Anitsemitismus als Kern nationalsozialistischer Ideologie eingebunden hat, wird deutlich durch die zentralen Quellen und Einflüsse, die in *Hundejahre* eingegangen sind. Für die Charakterisierung Amsels und Materns hat Grass nämlich die 'Charakterisierungen' 'des Juden' und 'des Ariers' bei Otto Weininger als Folie herangezogen.

4.4 Quellen und Einflüsse

Die Darstellung *Geschlecht und Charakter*, die Otto Weiniger im Jahre 1903 veröffentlichte und deren große Popularität sich in der Auflagenzahl niederschlug – laut Blomster kamen zwischen 1903 und 1925 25 Auflagen auf den Markt (Blomster 1969: 124) –, wird im Roman ausdrücklich genannt. Nach dem Tod seiner Mutter, zur Zeit der Nürnberger Rassegesetze, erbt Amsel die Hinterlassenschaften seines Vaters, auch *Geschlecht und Charakter*. „Da schrieb im Jahre neunzehnhundertdrei ein junger altkluger Mann namens Otto Weininger ein Buch. Dieses einmalige Buch hieß 'Geschlecht und Charakter', wurde in Wien und Leipzig verlegt und gab sich auf sechshundert Seiten Mühe, dem Weib die Seele abzusprechen. Weil sich dieses Thema, zur Zeit der Emanzipation, als aktuell erwies, besonders aber, weil das dreizehnte Kapitel des einmaligen Buches, unter der Überschrift 'Das Judentum', den Juden, als einer weiblichen Rasse zugehörig, gleichfalls die Seele absprach, erreichte die Neuerscheinung hohe, schwindelerregende Auflagen und gelangte in Haushalte, in denen sonst nur die Bibel gelesen wurde. So fand Weiningers Geniestreich auch in Albrecht Amsels Haus." (III, 175) Weininger, der im Alter von 23 Jahren Selbstmord beging, verteidigt in seiner unsäglichen Schrift antisemitische Stereotypen. Eine Tatsache, die um so bemerkenswerter ist, als der junge Autor selber Jude war. Das zeigt aber, welche gesellschaftliche Relevanz der Antisemitismus zu dieser Zeit hatte. Dem Judentum gegenüber stellt Weininger das 'Germanentum', das er z. B. in der Gestalt von Richard Wagners Siegfried, eine seines Erachtens vorbildliche Umsetzung 'arischen Charakters', glorifiziert.

Weininger entwickelt aus dem Zeitgeist heraus, der in der zweiten Hälfte des 19. Jahrhunderts im Zuge von Positivismus und Historismus 'Rassentheorien' hervorgebrachte hatte, seine 'Lehre' von der Rangfolge verschiedener 'Rassen'. Dieser von ihm so genannten „Rassenanthropologie" (404) legt er seine vermeintlichen Beobachtungen zum Verhältnis der Geschlechter zugrunde. Weininger behauptet eine grundsätzliche Überlegenheit des Mannes über die Frau. Dabei geht er von idealtypischen Ausprägungen des Männlichen und Weiblichen aus, die in der realen Ausprägung verschiedene Abstufungen fänden. Dem 'idealen' Mann asttestiert Weininiger, „erhaben über Stoff, Raum und Zeit" zu sein. (380)

Diese Interpretation des Mannes entspricht dem, was Grass idealistisch nennt. Mit idealistisch markiert Grass gemeinhin eine Geisteshaltung, die erstens von einem dem sinnlich erfahrbaren Leben übergeordneten Sinn ausgeht. Vor diesem Hintergrund lehnt Grass auch jede Form der Teleologie ab. Zweitens geht idealistisches Denken nach Grass immer von einem Absolutheitsanspruch aus: Die Idee erklärt Welt und Schöpfung in Gänze, läßt keinen Raum für Zweifel und Widersprüche. Seine eigene anti-idealistische Haltung, die er in *Aus dem Tagebuch einer Schnecke* entfaltet, geht im Gegensatz dazu von einer widersprüchlichen Welt aus, die sich jedem Deutungsanspruch entzieht. Ich werde im

Zusammenhang mit dem Tagebuch zeigen, daß Grass seine Positionen geradezu konträr zu dem von ihm attestierten „Grundübel" der Deutschen, dem Idealismus, entwickelt hat. Bezogen auf die Deutschen markiert Grass mit dem mißverständlichen Begriff 'Idealismus' eine Veranlagung, realpolitischen und gesellschaftlichen Problemen mit philosphischen Antworten, Ideologien und totalitären Weltbildern zu begegnen. Weil Weininger sowohl das gesellschaftliche Problem des Antisemitismus als auch jenes der Emanzipation wie seine eigene Homosexualität auf eine gleichsam 'metaphysische' Ebene verlagert, ist er für Grass der Idealist par excellence.

Während für Weininger der Mann also die Befähigung zur 'rein geistigen' und damit erstrebenswerten Existenz hat, ist die Frau in seiner Deutung vollständig in einem sinnlichen, empirischen Dasein verhaftet. Die Frau existiere nur in und durch die Sexualität und sei folglich vom „metaphysischen Sein ausgeschlossen." (380) Weininger behauptet also in christlich-abendländischer Tradition die Antithese von Geist und Körper und definiert 'Geist' als männlich, 'Sexualität' als weiblich – auch das durchaus im Christentum angelegt. Die Frau brauche deshalb den Mann, um ihre Existenzberechtigung, die Sexualität, nicht zu verlieren. Wenn aber der Mann der Geschlechtlichkeit entsage, befreie er die Frau aus den Niederungen des physischen Lebens und bekenne sich zu seiner unsterblichen Seele. (Frauen haben nach Weininger keine Seele.) Die 'Rassen' kategorisiert Weininger nun nach jenen Kategorien, in die er auch Männer und Frauen aufteilt: nach ihrem Anteil an weiblichen und männlichen Eigenschaften. Die 'hochwertigste Rasse' sind demnach 'die Arier', die niedrigststehende 'die Juden'. Juden hätten wie Frauen „keine Seele" (412, 420), keine „Individualität" (410, 416, 429), keine „Vernunft" (411), keine „Würde" (412), keine „Größe" (414), keine „Tiefe" (424). Dennoch seien die Juden sogar noch minderwertiger als die Frauen, weil die Frau immerhin noch „den Mann, an das Kind, an 'die Liebe'" glaube. „Der Jude aber glaubt nichts, weder in sich noch außer sich; auch im Fremden hat er keinen Halt, auch in ihm schlägt er keine Wurzeln gleich dem Weibe." (431) Nach Weininger sind 'die Juden' also völlig in der empirischen, 'die Arier' in der geistigen, transzendentalen Existenz verhaftet. Dennoch redet Weiniger keinem eliminatorischem Antisemitismus das Wort, weil er „das Judentum nur für eine Geistesrichtung, für ein psychische Konstitution" hält, die „für alle Menschen eine Möglichkeit bildet, und im historischen Judentum bloß die grandioseste Verwirklichung gefunden hat." (406) Deshalb müsse auch der 'Arier' bestrebt sein, das 'Judentum' in sich zu überwinden. Doch gälte auch für einen Juden, der „Christ geworden wäre", nicht mehr „nach seiner Rassenangehörigkeit" wahrgenommen zu werden, da „ihn sein moralisches Streben längst hinausgehoben hätte." (419) In diesem Sinne versucht Albrecht Amsel, aber auch Eddi, das Judentum zu „überwinden".

Für die *Hundejahre* ist diese 'Theorie' Weiningers im wesentlichen für zwei Komplexe entscheidend: für den Vogelscheuchenbau respektive die Erzählfiktion eines „Handbuchs über den Bau wirksamer Vogelscheuchen" und für die Ausgestaltung von Amsel und Matern. Amsel verwendet Weininger als „Fibel" des Vogelscheuchenbaus. Grass kehrt dabei den 'Idealismus' Weiningers um und erhebt die Beobachtung der „vielgestaltete[n] Realität" (III, 178) zum geeigneten Zugang zu Welt. Grass' Poetik, die er in der Figur Amsel-Brauchsels ausgestaltet, ist in ihrem Kern anti-idealistisch, weil Grass die Beobachtung von Welt als Beobachtung sinnlich erfahrbarer Phänome versteht. Ich erinnere an die einleitend erwähnte Gegenständlichkeit, Grass' „Sucht zum Gegenstand". So bildet Amsel-Brauchsel den – positiven – Gegenpart zu dem von Weininger skizzierten 'idealen' Menschen. Dabei gestaltet Grass die Figur Amsels so, daß die antisemitischen Klischees transparent werden. Matern und dessen Blick auf Amsel entspricht nun der Weiningerschen Charakterisierung des 'Ariers' bzw. Weiningers antisemitischem Blick auf die Juden. In einem Brief an einen Freund, der in Auszügen im *Spiegel* unter dem vielsagenden Titel „Unser Grundübel ist der Idealismus" abgedruckt wurde (siehe dazu IX, 994), schreibt Grass 1969: „In dem Roman *Hundejahre* ist mir, so glaube ich, in der Figur des Walter Matern ein deutsch-idealistischer Ideenträger gelungen, der innerhalb kürzester Zeit (ohne Opportunist zu sein) im Kommunismus, im Nationalsozialismus, im Katholizismus, schließlich im ideologischen Antifaschismus jeweils die Heilslehre sieht. Am Ende betreibt er mit faschistischen Methoden seine Art Antifaschismus." (IX, 393 f.)

Materns Haß auf Amsel entspringt nun seiner idealistischen Gesinnung. Weininger liefert die Erklärung: „Der Arier empfindet das Bestreben, alles begreifen und ableiten zu wollen, als eine Entwertung der Welt, denn er fühlt, daß gerade das Unerforschliche es ist, das dem Dasein seinen Wert verleiht. Der Jude hat keine Scheu vor Geheimnissen, weil er nirgends welche ahnt." (421) Erinnern wir uns an die Szene im Kanalsystem. Hier finden die Freunde ein Skelett, das sofort Amsels Neugierde weckt: „Der Knirscher steht starr und läßt sich die Stabtaschenlampe abnehmen. Amsel beginnt das Skelett auszuleuchten." (III, 232) Amsel eignet sich die Welt durch eben jene wachsame Neugierde an, die den Künstler auszeichnet. Matern, der eigentlich Angst hat, greift Amsel an, weil er vermeintlich „keine Scheu vor Geheimnissen" hat. Da Matern aufgrund seiner idealistischen Natur der Mythologisierung des 'Deutschtums' durch die NS-Ideologie verfällt, ist Amsels Gestaltung deutscher Geschichte in Vogelscheuchen auch eine solche 'Entweihung'. Während jedoch Weininger vom 'Arier' fordert, sich selbst zu perfektionieren, eliminiert Matern denjenigen, den er als Feind seiner eigenen Entfaltung ausmacht: den Juden Amsel. Matern, und mit ihm 'die Deutschen' „überwinden" durch Mord.

Darin kristallisiert sich ein völkischer Nationalismus, der schon im 19. Jahrhundert 'den Juden' die Schuld gab, daß Deutschland sich nicht zu jener Größe und Macht aufgeschwungen habe, die ihm aufgrund der Überlegenheit des 'deutschen Wesens' zustünde. Daraus machten die Nationalsozialisten „eine rassistisch-biologistische Heilsbotschaft, die der, wie sie behaupteten, vergifteten und siech gewordenen deutschen Nation die Rettung verhieß, wenn das Gift, das in

die Lebensadern des deutschen Volkes gelangt und nun Ursache des am Ende
zweifellos tödlichen Siechtums sei, wieder ausgeschieden werde: jüdischer Geist
und jüdisches Blut." (Graml 1989: 38) In diesem Sinne wurde Weiningers Antisemitismus bei weiten übertroffen oder, wie es in *Hundejahre* heißt: „der ver-
kannte überschätzte gutverkaufte falschverstandene zugutverstandene [...] Geniestreich". (III, 363) Insofern fungiert *Geschlecht und Charakter* für den
Themenkomplex des Antisemitismus auch als ein „outstanding example of the
demonic forces which function benath the surface of events". (Blomster 1969:
123)

Weil der deutsche Antisemitismus in Verbindung mit nationaler Hybris zu
Auschwitz geführt hat, dokumentiert Grass die Entwicklung des Nationalsozialismus exemplarisch über die Einbindung Weiningers, denn seine antisemitischen
Stereotypen sind so wenig originell wie seine Stilisierung des Germanentums,
das die Deutschen an der Schwelle zum 20. Jahrhundert selber zur Genüge pro-
pagiert und mit dem sie sich in einen Gegensatz zu dem Selbstverständnis westli-
cher Demokratien englischen oder französischen Zuschnitts gebracht haben.

Grass bietet also mit der Figur Materns einen Erklärungsansatz an, der im
'deutschen Idealismus' und einem durch diesen beförderten Umschlag in einen
völkischen Nationalismus die Wegbereitung für den Nationalsozialismus sieht.
Dieser Ansatz, wie er in *Hundejahre* deutlich wird, ist von Thomas Mann und
dessen vansittartistisch geprägter Auseinandersetzung mit den Deutschen beeinflußt. Der sogenannte Vansittartismus geht zurück auf den Briten Robert Gilbert
Vansittart (1881–1957), seit 1941 Baron. Vansittart, der von 1930–1938 Staatssekretär im britischen Außenministerium und von 1938–1941 außenpolitischer
Berater der Regierung war, publizierte 1941 eine Theorie zur Entstehung des
Nationalsozialismus unter dem Titel *Black Record*. Diese Schrift ging aus einer
Hörfunkreihe des „overseas service of the BBC" hervor, die ausgestrahlt wurde,
um die Bürger der USA von der Notwendigkeit des us-amerikanischen Kriegs-
beitritts zu überzeugen. Vansittart stellte die These auf, der Nationalsozialismus
sei im deutschen Wesen verwurzelt und nennt die Eigenschaften „Envy, Self-pity
and Cruelty" (6) als zentrale deutsche Eigenschaften, die im Nationalsozialismus
eine perverse Zuspitzung erlangt hätten. Mann lernt die Theorie Vansittarts im
nordamerikanischen Exil kennen und stimmte dieser trotz seiner Bedenken gegen
die historische Argumentation zu, wie ein Tagebucheintrag vom 1. VI. 1941
zeigt: „Gelesen in Vansittarts Schrift „Black Record". Geschichtlich angreifbar,
aber psychologisch wahr. Die drei deutschen Eigenschaften 'Envy, Self pity, and
Cruelty' unbestreitbar. Das Buch läßt heftig nach Sühne und gründlicher Heim-
suchung verlangen." (1982: Bd. 5, 132. In meiner Dissertation, die demnächst
erscheint, bin ich der These nachgegangen, daß Grass über die Lektüre Manns
mit den Ideen Vansittarts bekannt wurde und diese infolge in das Bild der Deutschen in *Hundejahre* eingegangen sind.)

Drei Reden Thomas Manns sind zu nennen, in denen der vansittartistische
Gehalt besonders deutlich wird und die gleichzeitig das Bild der Deutschen in

Hundejahre beeinflußt haben mögen: „Deutschland", „Schicksal und Aufgabe" sowie „Deutschland und die Deutschen". Mann stellt die These von der „Urverwandtschaft des deutschen Charakters mit dem Nationalsozialismus" auf (1986: 655) und belegt diese mit psychologischen Konstanten, die in einer charakteristisch deutschen Ideengeschichte ihren Widerhall gefunden hätten. Die Barbarei des nationalsozialistischen Deutschlands erklärt er mit einem grundsätzlich verfehlten Begriff von Nation, der seinerseits seinen Ursprung in „Ideen" habe, die „seit mindestens anderthalb Jahrhunderten im deutschen Volk und in der deutschen Intelligenz rumoren". (433) Insbesondere idealistische und romantische Traditionen macht Mann für eine Weltflucht und einen abstrakten, geistigen Freiheitsbegriff verantwortlich, der aufs schärfste mit einem politischen und sozialen Unvermögen kontrastiere. Aufgrund dieses Mangels mißverstünden die Deutschen Politik als machiavellistische Durchsetzung von Interessen. Als ein Beispiel nennt Mann Fichte und dessen Äußerungen „über das metaphysische Recht des Volkes par excellence [...], mit allen Mitteln der List und Gewalt seine Bestimmung zu erfüllen". (431) Weil die Deutschen keinen westlichen Freiheitsbegriff entwickelt hätten, der auf konkrete Umsetzung im sozialen und politischen Bereich ziele, hätte sich ein „Neid [..] auf Welt und Wirklichkeit" entwickeln können. (654) Dieser Neid gehe einher mit nationaler Hybris, deren Quelle Mann in der deutschen Überzeugung sieht, das 'deutsche Wesen' sei „der Welt an 'Tiefe' überlegen". (706) Diese Tiefe bestehe in der „Innerlichkeit" der Deutschen, „dem Auseinanderfallen des spekulativen und des gesellschaftlich-politischen Elements menschlicher Energie und der völligen Prävalenz des ersten vor dem zweiten." (706) Das habe zu einem „kerndeutschen Auseinanderfallen" von *nationalem* Impuls und dem Ideal politischer *Freiheit"* geführt. (711) Die Grausamkeit als Folge politischer Unfähigkeit und die Tatsache, daß die Deutschen hinter der Entwicklung anderer Nationen zurückgeblieben seien, habe den nationalsozialistischen Angriffskrieg zu einem „verspäteten Ausbeutungsunternehmen" gemacht. (715) Die „Verbrechen" des Völkermordes aber seien nicht imperialistisch begründet, sondern folgten aus dem „abstrakt[en]" und „mystisch[en]" Wesen der Deutschen. (Ebd.) Sie seien daher „ein Hinzukommendes, ein Luxus, den sie sich leisteten aus theoretischer Anlage, zu Ehren einer Ideologie, des Rassenphantasmas. Klänge es nicht wie abscheuliche Beschönigung, so möchte man sagen, sie hätten ihre Verbrechen aus weltfremdem Idealismus begangen." (Ebd. f.)

Matern, der „deutsch-idealistische Ideenträger", entspricht der Mannschen Charakterisierung des deutschen Psychogramms. Er ist unfrei, weil er unfähig ist sein Leben in sozialen und politischen Zusammenhängen selbst zu bestimmen. Seine Biographie ist eine Geschichte des Scheiterns, für das er jedoch nicht selber die Verantwortung übernimmt, sondern Gründe außerhalb sucht. Vor dem Handeln in einer realen Welt flüchtet Matern in die Welt der Ideen und Ideologien. Sei es, daß er den Kommunismus, den Nationalsozialismus, Heidegger oder den Antifaschismus zur allein selig machenden Lehre erhebt, immer ist es ein

Ausweichen vor der realen Welt. Materns Selbstporträt in der „achtundachtzig-sten sterilen Materniade" ist geradezu eine Definition des fehlgeleiteten Frei-heitsbegriffs, wie Mann ihn beschreibt: „Aber das ist wieder mal typisch: von einem Extrem ins andere und wollen immer den Teufel mit Beelzebub. Dabei ehrliche Makler, aber mit wenig Witz und viel zu viel Behagen. Außerdem ler-nen sie nie aus ihrer Geschichte: meinen immer, die anderen. Wollen partout die Kirche im Dorf und niemals gegen Windmühlen. Soweit ihre Zunge klingt: We-sen und Welt genese. Salomone des Nichts. Gehn über Leichen nach Wolken-kucksheim. Haben immer den Beruf verfehlt. Wollen jederzeit alle Brüder wer-den und Millionen umarmen. Kommen bei Nacht und Nebel mit ihrem kategorischem Dingslamdei. Jeder Wechsel schreckt sie. Jedes Glück war nie-mals mit ihnen. Jede Freiheit wohnt auf zu hohen Bergen." (III, 671) Dieser Freiheitsbegriff, mit dem Matern nie seine eigene Entwicklung meint, geht einher mit einem geradezu hündischen Verhalten gegenüber Amsel, so wenn er ihm als „Paslack" die Utensilien des Vogelscheuchenbaus hinterherträgt. Nach Mann war der „deutsche Freiheitsbegriff [..] immer nur nach außen gerichtet", so daß er „sich im Inneren mit einem befremdenden Maß von Unfreiheit, Unmündigkeit, dumpfer Untertänigkeit" vertragen konnte. (1986: 711)

Amsel im Gegenteil ist, obwohl er Züge der Mannschen Charakteristik von „Innerlichkeit" aufweist, ganz der faßbaren Welt verhaftet. Materns Neid auf Amsel ist nach Mann der Neid der Deutschen auf die Welt. Amsel wird zu Ma-terns Sündenbock für sein eigenes Versagen. Da er sich selber nicht zu einer un-abhängigen Persönlichkeit zu entwickeln vermag, schlägt seine Unterwürfigkeit in Aggression um, und er wird zum 'deutschen Mörder' an Amsel.

Die deutsch-nationale und antisemitische Richtung des Maternschen Haß wird durch die besagten „Leit- und Mordmotive" „Itzig" und *Götterdämmerung* hergestellt. (III, 825) Die Wagnerthematik, die den Roman durchzieht, wurde in der Literatur bereits aufgearbeitet, so etwa von Mason 1974 oder Cicora 1993. Doch nicht nur die nationalsozialistische Wagner-Rezeption hat Grass in *Hun-dejahre* eingearbeitet, sondern Wagner selber wird zum Repräsentanten deut-schen Wesens. Hier scheint Grass Thomas Mann zu folgen, der in Wagner deut-sche Dispositionen verkörpert sieht: „Immer geht es bei ihm um das Ur-Epische, das Erste und Einfachste, das Vor-Konventionelle und Vor-Gesellschaftliche." (1986: 652) Insofern stehen die Wagner-Motive im Kontext des Grassschen Ver-suchs, den Nationalsozialismus als 'idealistisch'-mythische Ideologie zu erklä-ren, die ein „Surrogat" für die Unfähigkeit der Deutschen darstellt, mit sozialen, politischen und ökonomischen Problemen angemessen umzugehen. „Angesichts zeitlicher Probleme führt er [der „deutsche Geist", S. M.] zu Lösungsversuchen, die Ausweichungen sind und das Gepräge mythischer Surrogate für das wirklich Soziale tragen. Es ist nicht schwer, im sogenannten Nationalsozialismus ein sol-ches mythisches Surrogat zu erkennen. Aus der politischen Terminologie ins Psychologische übersetzt heißt Nationalsozialismus: 'Ich will überhaupt das So-ziale nicht, ich will das Volksmärchen.' Nur, daß im politischen Bereich das

Märchen zur blutigen Lüge wird." (Mann 1986: 653 f.) Sehen wir uns abschließend an, wie Grass' auf dieser Folie nicht nur den Konflikt von Amsel und Matern ausgestaltet, sondern *Hundejahre* geradezu als Porträt der Deutschen konzipiert hat. Das Bild der Deutschen seinerseits ist relevant, weil Grass seit
Hundejahre bis zu *Ein weites Feld* immer wieder mit dessen Merkmalen argumentiert.

4.5 Ein Porträt der Deutschen

Wie Goldmäulchen erklärt, ist die Geschichte von Amsel und Matern eine repräsentative Lesebuchgeschichte. Folglich personifizieren die Protagonisten Elemente des deutschen Psychogramms, die sich auch in den Nebenfiguren wieder-
finden. Das kleinbürgerliche Milieu in Danzig-Langfuhr ergänzt und spiegelt
somit den Grundkonflikt in der Freundschaft zwischen dem Opfer und dem Täter. Wenn Matern Amsel für dessen Angriff auf 'Deutschlands Größe' tötet, straft
er ihn für die Verunglimpfung eines 'deutschen Wertekanons', der für das kleinbürgerliche Personal in *Hundejahre* identitätsstiftenden Charakter hat. Grass demonstriert an den Figuren exemplarisch Motivationen für die Akzeptanz der NS-
Ideologie. Zunächst stellt er, besonders prägnant am Beispiel von Tullas Vater
Pokriefke, eine Korrespondenz zwischen sozialem, ökonomischen Status und
Affinität zum Nationalsozialismus heraus. Tullas Vater ist als Hilfsarbeiter bei
Tischler Liebenau beschäftigt, lebt im Grunde von den Almosen seines Schwa-
gers, der die angeheiratete Familie auf Bitten seiner Frau bei sich aufgenommen
hat. So ist es auch Pokriefke, der zuerst Amsel gegenüber aggressiv wird, der
stolz auf den 'Führer' ist und Schulungsvorträge hält. Seine soziale Stellung
macht ihn empfänglich für eine Ideologie, die ihn aufwertet, ihm Macht verleiht.

Vor allem werden die Bewohner Danzig-Langfuhrs als politisch unbewußte,
unmündige Menschen dargestellt, die noch ganz in ihrem tradierten Aberglauben
verhaftet sind. Sie haben, um mit Mann zu sprechen, keinen westlichen Freiheitsbegriff entwickelt, kein Verständnis dafür, daß sie als Bürger an den politischen Entwicklungen partizipieren. Sie erliegen daher dem blutigen „Volksmärchen", dem „Surrogat" für Politik. Grass veranschaulicht dies über eben die
Einbindung von Mythen, Märchen und Legenden. Abbott schildert Langfuhr
denn auch als „atmosphere saturated with myth". (1982: 215) „Grass is con-
cerned with the fact that men, faced by the contradictions of reality and condi-
tioned by Idealism, turn all too quickly to an ideology, to a mythic history promi-
sing a millenium, or to heroic leader." (Ebd. 213) *Hundejahre* können solchermaßen als Aufklärungsbuch über – aber auch für – die Deutschen gelesen werden.

Die Absicht, über die Deutschen aufzuklären gibt dem Roman gleichzeitig
seinen konzeptionellen Zusammenhalt. Als Instanz, die diesen Zusammenhalt
erläutert und herstellt, hat Grass den Herausgeber Brauchsel eingesetzt. Der

nämlich liefert als Goldmäulchen in der „hundertundzweiten feuerfesten Materniade" die Intention nach, die alle Erzählstränge bündelt: „'Nein lieber Walter, Du magst Deinem großen Vaterland noch so sehr grollen – ich jedoch liebe die Deutschen. Ach, wie sind sie geheimnisvoll und erfüllt von gottwohlgefälliger Vergeßlichkeit! So kochen sie ihre Erbsensüppchen auf blauen Gasflammen und denken sich nichts dabei. Zudem werden nirgendwo auf der Welt so braune und so sämige Mehlsoßen zubereitet wie hierzulande.'" (III, 798) So 'lobt' Goldmäulchen alias Amsel die Deutschen anläßlich des oben schon beschriebenen Wiedersehens mit Walter Matern im Berlin der Nachkriegsjahre. Weil Goldmäulchen den idealistischen Täter Matern durchschaut hat, fordert er ihn auf, sich zu erinnern und erzählt seinerseits Geschichten aus der Vergangenheit. Diese Geschichten sind Inhaltsangaben des zuvor Geschehenen. Dabei prononciert Goldmäulchen den deutschen Gehalt des Geschehens und bietet ein Kurzporträt von „Deutschland überhaupt". (III, 790) Dieses Kurzporträt ist in dem „Handbuch über den Bau wirksamer Vogelscheuchen" in aller Breite ausgeführt. Dabei nimmt Brauchsel Weininger zu Hilfe, um diese Konzeption zu realisieren. Der Herausgeber konzipiert nämlich das Handbuch analog zu *Geschlecht und Charakter*.

So wie Weininger vor 'den Juden' warnt, warnt Brauchsel von den „Deutschen als besonders sprechender Verkörperung der verbrecherischen Möglichkeiten des Menschen". (Neuhaus 1992: 88) Der Scheuchenbauer erklärt: „'Gewiß darf man sagen: Aus jedem Menschen läßt sich eine Vogelscheuche entwickeln; denn schließlich wird, das sollten wir nie vergessen, die Vogelscheuche nach dem Bild des Menschen erschaffen. Aber unter allen Völkern, die als Vogelscheuchenarsenale dahinleben, ist es mit Vorzug das deutsche Volk, das, mehr noch als das jüdische, alles Zeug in sich hat, der Welt eines Tages die Urvogelscheuche zu schenken.'" (III, 798) Für diese Umkehrung der Weiningerschen Absicht, wie sie der Erzählfiktion zugrunde liegt, ist wiederum die Figur Brauchsels von besonderer Bedeutung. Nur er vermag nämlich, diese Intention nicht nur zu formulieren, sondern auch zu realisieren, und zwar auf Grund seiner Geschichte als Vogelscheuchenbauer und seiner eigenen Prägung durch 'typisch deutsche' Wesenszüge, die er jedoch als Goldmäulchen und Brauchsel reflektiert hat. Dabei hängen Vogelscheuchenbau und Amsels „Innerlichkeit" als deutsche Eigenart im Mannschen Sinne eng zusammen.

Amsels Vogelscheuchenbau folgt zwei Grundsätzen: „Die Vogelscheuche wird nach dem Bild des Menschen erschaffen" (III, 176) und „Es sollen die Modelle mit Vorzug der Natur entnommen werden'". (III, 190) Solche und andere grundlegende Anweisungen finden sich in einem „Diarium", das „alles behält", während Amsel „zuschaut". (III, 207) Amsel führt dieses Tagebuch auch als Haseloff und Goldmäulchen. Es ist für den Herausgeber Brauchsel ebenso Gedächtnisstütze wie poetisches Kompendium. Eine Kopie dieses „Diariums" überstellt er jeweils seinen beiden Co-Autoren, auf daß diese ebenso genau Vergangenes erinnern wie Brauchsel selbst. Brauchsel hält Liebenau und Matern somit aber

auch an, „widersprüchliche Realität" darzustellen. „Es sollte den Herren aber
auch Amsels Diarium, wenn nicht als Original, dann als Fotokopie heilig sein."
(III, 190) Amsel, der Scheuchenbauer, besitzt als typisch Grasssche Künstlerfigur
einen „wache[n] Sinn für die vielgestaltete Realität". (III, 178) Seine Beobachtungen finden Eingang in die Scheuchen. Dabei verfolgt Amsel, anders als später
Brauchsel, noch keine Absicht. Er baut die Scheuchen ganz um ihrer selbst willen und gleicht in diesem Aspekt Oskar. Dennoch wirken die Vogelscheuchen
des jungen Künstlers auf die Menschen seiner Umgebung. Sie vermögen „dem
Menschen die ländlich ruhige Gangart" zu „stören". (III, 199) Weil Amsel sehr
genau beobachtet und das Beobachtete künstlerisch umsetzt, halten die Scheuchen den Menschen seiner Umgebung einen Spiegel vor, der sie verstört.

In dem Maße, in dem sich der Nationalsozialismus ausbreitet, spiegeln Amsels Scheuchen die nationalsozialistische Ideologie und die dahinter stehenden
Ursachen. Amsel verbindet seine Beobachtung „einer gefährlich produktiven
Umwelt" mit Weiningers „Standardwerk", der zum Leitfaden nunmehr mechanischer „Figuren" wird. (III, 361) „Wie Amsels Scheuchen eine menschliche Eigenschaft isolieren und dadurch zugleich verzerren und verdeutlichen, mit der
potentiellen Wirkung, daß sie dadurch bei ihrem Träger 'verscheucht' wird, so
stellt Weininger den Juden als Vogelscheuche für Juden und vor allem für die
'Arier' hin". (Neuhaus 1992: 86) Was Amsel aber als 'Wesen' der nationalsozialistischen Deutschen gestaltet, sind jene idealistischen, völkischen, antisemitischen Traditionen, die Thomas Mann als Ursache des Nationalsozialismus herausgestellt hat. Das „Handbuch" und mithin der Roman *Hundejahre* selbst
entsprechen in Bezug auf die Porträtierung der Deutschen diesem Vogelscheuchenbau.

Einerseits befähigt sein Künstlertum Amsel, das 'deutsche Wesen' zu erfas-
sen und zu schildern. Andererseits weist Amsel selber Züge dieses 'Wesens' auf
und zwar, wie erwähnt, jene, die Thomas Mann mit „Innerlichkeit" beschreibt.
Diese Innerlichkeit Amsels äußert sich in einer teilweise erschreckenden Unwis-
senheit über die politischen Geschehnisse in seinem Umfeld, die aufs schärfste
mit seiner künstlerischen Beobachtungsgabe kontrastiert. Er ist versponnen in
seine Innenwelt. Als Goldmäulchen spricht er von der „genudelte[n] Innerlichkeit". (III, 790) Manns Beschreibung der Innerlichkeit kann wie eine Charakterisierung Amsels gelesen werden, der sich in seiner l'art pour l'art-Phase ganz der
Musik hingibt, darüber die Welt vergißt und später als Ballettlehrer der reinen
Form schlechthin huldigt: „Oder nehmen Sie die vielleicht berühmteste Eigenschaft der Deutschen, diejenige, die man mit dem sehr schwer übersetzbaren
Wort 'Innerlichkeit' zeichnet: Zartheit, der Tiefsinn des Herzens, unweltliche
Versponnenheit, Naturfrömmigkeit, reinster Ernst des Gedankens und des Ge-
wissens, kurz alle Wesenszüge hoher Lyrik mischen sich darin, und was die Welt
dieser deutschen Innerlichkeit verdankt, kann sie selbst heute nicht vergessen:
Die deutsche Metaphysik, die deutsche Musik, insonderheit das Wunder des
deutschen Liedes, etwas national völlig Einmaliges und Unvergleichliches, wa-

ren ihre Früchte." (Mann 1988: 716 f.) Der Ernst, die Musik, die Tiefe begegnen in Amsel-Goldmäulchens ironischem Lob der Deutschen. Amsels Verharren in der Innerlichkeit ist jedoch gefährlich und im Kontext des Romans auch verantwortungslos, da die politischen Entwicklungen Anteilnahme und Handeln fordern. Amsel wird zwar nicht schuldig im Sinne eines Matern, doch schuldig im Sinne des Rückzugs aus der Wirklichkeit. Somit ist Brauchsels „Handbuch" wie Oskars Autobiographie ein Rechenschaftsbericht über eigene Verfehlungen. Damit endet jedoch die Parallele, weil Amsel vor allem Opfer des idealistischen Deutschen Materns ist.

Neben romantischer Weltflucht, wie sie in der wichtigen Nebenfigur Studienrat Brunies gestaltet ist, Idealismus und Innerlichkeit, nimmt die von Mann attestierte Unfreiheit, der „Knechtsinn" eine wichtige Rolle ein. Die Untertänigkeit ist einmal in Harry Liebenaus Verhältnis zu Tulla ausgestaltet, deren Funktion Neuhaus schon 1970 in einem Aufsatz herausgearbeitet hat. Ich möchte hier auf die Hunde verweisen, die dem Roman ihren Titel geben. Wie auch Stutz 1970 betont, sind die Hunde mit der als 'deutsch' beschriebenen und bis heute kolportierten Eigenschaft der Untertänigkeit ausgestattet. (Vgl. bes. 13 f.) Vor allen Dingen Prinz, jener Schäferhund, der zum Führerhund wird, nimmt neben Amsel und Matern eine herausgehobene Position innerhalb des Personals ein. Er durchläuft anstelle der Menschen eine nationalsozialistische Karriere vom „good, lower-middle-class watchdog" zum Hund Hitlers. (Cunliffe 1969: 94) „Pawel oder Paul hatte das Tier aus dem Litauischen mitgebracht und zeigte auf Verlangen eine Art Stammbaum vor, dem jedermann entnehmen konnte, daß Perkuns Großmutter väterlicherseits eine litauische, russische oder polnische Wölfin gewesen war. Und Perkun zeugte Senta; und Senta warf Harras; und Harras zeugte Prinz; und Prinz machte Geschichte ..." (III, 159) Der Hund ist das direkte Bindeglied zwischen nationalsozialistischer Führungsebene und provinziellem Langfuhr. Er ist es auch, der „nach dem Röhm-Putsch" während eines Treffens „auf dem Obersalzberg" dabei ist. (III, 326) Schon Harras zeigt ein ausgesprochen 'hündisches' Verhalten, indem er Tulla bedingslos ergeben ist. Diese Treue schlägt allerdings sofort in Aggressivität um, wenn Tulla, Harras Führer, dies befiehlt. Prinz, der Nachfahre von Harras, ist auf die gleiche Weise Hitler ergeben und vermißt diesen entsprechend nach Kriegsende. So sucht er sich Matern als neuen Herrn und folgt diesem bei seinem Rachefeldzug durch die deutsche Nachkriegslandschaft. Einmal gestaltet Grass in den Hunden also die deutsche Eigenschaft der Untertänigkeit, mit Mann die Unfreiheit nach innen, die mit der Aggressivität nach außen einhergeht. Instrumentalisiert werden die Deutschen durch eben eine Ideologie, die nach Grass und Mann dem deutsch-idealistischen Psychogramm entspricht. Zum anderen lebt in den Hunden die deutsche Mentalität auch nach Kriegsende fort, ebenso wie auch Matern seinen Idealismus nicht überwunden hat.

Der Argumentationsstrang, den Grass in *Hundejahre* in Anlehnung an Thomas Mann entwickelt hat, läßt sich kurz wie folgt beschreiben: Die Deutschen haben aufgrund einer ihnen eigentümlichen Veranlagung, die Grass in *Hundejahre* nicht näher klärt, einen geistigen Freiheitsbegriff entwickelt, dessen philosophische Grundlagen im Idealismus zu suchen sind. Diese ideelle Freiheit hat jedoch nie eine Umsetzung im politisch-sozialen Bereich erfahren, so daß ein gefährliches Ungleichgewicht zwischen Anspruch und Realität entstehen konnte. Auf dem Nährboden dieser Kluft entstand nach außen ein Neid auf jene Nationen, die moderne Nationalstaaten herausgebildet hatten. Nach innen richtete sich der Haß gegen die Juden, die als 'Verhinderer deutscher Größe' eliminiert werden mußten. Zu dem aus Neid und Hybris geborenen Machtgebaren tritt ein Untertanengeist, den Mann bis auf Luther zurückführt und der aus den ideologisierten Deutschen willfährige Vollstrecker der nationalsozialistischen Ideologie gemacht hat.

4.6 Kritik und Forschung

Da bekannt war, daß Grass nach der *Blechtrommel* abermals an einem großem Projekt arbeitet, wurde der neue Roman mit großer Spannung erwartet und schon im Vorfeld als neuer 'Bestseller' gefeiert. (Siehe hierzu Arnold 1996: 32.) So sparen denn auch viele Rezensenten nicht mit Hinweisen auf den 'Blechtrommler' und beklagten eine „Instituionalisierung", die sie jedoch zumeist dem Autor anlasten. (Ebd. 33) Ihren eigenen Anteil an diesem Prozeß reflektieren die wenigsten. Die rundweg negativen Kritiken erneuern vor allem jene Vorwürfe, die schon gegen *Die Blechtrommel* erhoben worden waren. „Vor allem wiederholten sich Formulierungen zu den Komplexen Pornographie und Blasphemie, Sprache, Ökonomie, Ideologiefreiheit und der gelungen Darstellung Danzigs beziehungsweise der mißlungenen Darstellung der Nachkriegszeit." (Ebd. 35) Gleiches gilt für die „Stereotypen zu Sprache und Stil". (Ebd. 37) Da viele Kritiken jenen der *Blechtrommel* ähnlich sind, stelle ich hier nur exemplarisch die Besprechungen von Vormweg, Jens und Hartung vor.

Heinrich Vormweg beginnt seine Besprechung in der *Deutschen Zeitung* vom 31. August 1961 unter der Überschrift „Apokalypse mit Vogelscheuchen" (Loschütz 1986: 70–110) mit negativen Urteilen. Der Roman sei „ungerecht im Urteil über die Nachkriegsjahre"; Grass mache sich einen „zynischen Spaß daraus, über Leute und Leistungen herzufallen". (Ebd. 70) Es sei ein „obszönes, ungerechtes und [...] blasphemisches Buch", zudem „manieristisch" und „kompliziert" im „Arrangement". (Ebd.) Mit der letzten Bemerkung hebt Vormweg auf die drei Erzähler ab. Zudem merkt er an, daß die „Syntax [..] auf den Kopf gestellt" werde. (Ebd. 70 f.) Er schließt seine Beanstandungen mit dem zusammenfassenden Prädikat: ein „Ärgernis" (ebd. 71), nur um sogleich zu konstatieren: *Hundejahre* sei ein „großer Roman", der an „Barock und Rabelais, Jean Paul und Grand Guignol" gemahne. (Ebd. 71) Gleichermaßen „kunstvoll und genialisch wüst" habe der Autor hier eine „Epoche erzählend realisiert". (Ebd. 75) Die wohl wichtigste negative Stimme im Kritikerchor gehörte Walter Jens, der in der *Zeit* vom 6. September 1963 *Das Pandämonium des Günter Grass* verreißt. (Ebd. 85–89) Es handele sich bei *Hundejahre* nur um eine „verschleierte Wiederholung der 'Blechtrommel' und eine „Katz-und-Maus-Reprise". (Ebd. 85) Jens übt vor allem Kritik an der Aufteilung auf drei Erzähler, der „Triple-Perspektive", die schon Vormweg beanstandet hatte. Er formuliert seinen Eindruck, Grass habe die Dreiteilung nachträglich eingefügt und behauptet, eine „Perspektivenkonsequenz" hätte den Roman geschlossener werden lassen. (Ebd. 86) Zudem breite der Autor viel zu viel Wissen aus (ebd. 87) und versteige sich zu den „Albernheiten der Heidegger-Parodie". (Ebd. 88) Jens' negativer Besprechung widerspricht ausführlich Klaus Wagenbach, ebenfalls in der *Zeit*. (Ebd. 89–92, vom 20. September 1963.)

Rudolf Hartung kommt in der *Neuen Rundschau* vom November 1963 zu einem ähnlich ambivalenten Ergebnis wie Heinrich Vormweg. Er vergleicht *Die Blechtrommel* und *Hundejahre* und attestiert, die „Fiktion des erinnernden Erzählens" sei beim zweiten Roman „nicht nur kunstvoll-komplizierter, sondern auch brüchiger". (Ebd. 92 f.) Nicht so gelungen sei der gesamte Vogelscheuchenkomplex, insbesondere die Gleichsetzung von Deutschen und Vogelscheuchen. (Ebd. 94)

Der immer wiederkehrende Vorwurf, die Etablierung dreier Erzähler schade der Geschlossenheit des Romans, wiederholt sich auch in der Forschung. Hier werden ganz unterschiedliche Standpunkte zur Form der *Hundejahre* vertreten. Eine relativ frühe Interpretation von *Hundejahre* bietet 1972 Albrecht Goetze. Unter dem Titel *Pression und Deformation. Zehn Thesen zum Roman „Hundejahre" von Günter Grass* arbeitet Goetze vor allem den Vorgang des Erinnerns, wie er die Erzählsituation des Romans prägt, als Strukturprinzip der *Hundejahre* heraus und sieht in der Konfrontation mit der nationalsozialistischen Vergangenheit eine Aufdeckung von „Herrschaftsverhältnissen" (XXIV). Dabei setzt Goetze ungenau den Nationalsozialismus mit Faschismus gleich und bewertet diesen als „mögliche und schreckliche Wucherung eines bestimmten Systems" (68), das seinerseits die Figuren deformiere und so ihre Schuld verursache. Die zwei Jahre später erschienenen *Untersuchungen zur sprachbildlichen Rollenfunktion* von Manfred Jurgensen umfassen neben den Prosawerken bis 1972 auch Theaterspiele und Lyrik. Jurgensen interessiert Entstehung und Entwicklung des Werkes sowie die Funktion des Sprachbildes. In der *Danziger Trilogie* sieht Jurgensen den „Versuch einer bildkritischen Selbstgestaltung", in dem sich zugleich das „Bemühen" manifestiere, „stellvertretend den Weg zur deutschen Gegenwart zu finden". (1974: 29) Dabei konzentriert sich Jurgensen auf Grass' Sprachbilder, da diese „kritische Urteilsfähigkeit" vergegenständlichten. (33) John Reddick konstatiert in seinem Aufsatz *Vom Pferdekopf zur Schnecke* 1974 für *Hundejahre* eine „Perspektivenverschiebung" (47), weil hier die „Frage nach Ursachen" des Nationalsozialismus wichtig sei und Entwicklungen aufgezeigt würden. (46) Reddick bezeichnet *Hundejahre* als einen „politischen Roman", der sich durch

„einen doppelten Fehlschlag" auszeichne, weil sowohl der „fiktive Künstler" seine intendierte Wirkung verfehlt habe als auch ein Mißgriff hinsichtlich der gewählten „Mittel" und der „Zielsetzung" vorliege. (51) Cepl-Kaufmann konstatiert in der erwähnten *Analyse des Gesamtwerks* aus kritischer Perspektive in der Werkentwicklung eine zunehmende Angleichung von politischem Standpunkt und Literatur. In Bezug auf die Auseinandersetzung mit dem Nationalsozialismus attestiert sie Grass, daß er seine eigene biographisch verwurzelte Moral zugrunde lege und diese zu einem allgemein gültigen Standpunkt verabsolutiere. Die literarische Konfrontation mit dem Nationalsozialismus sei von einer „Transponierung in eine Ebene der Zeit–Ortslosigkeit" getragen, die eine Aussage hinsichtlich der Wiederholbarkeit historischen Geschehens enthalte. Diese Wiederholbarkeit sei auf das „Phänomen Deutschland" gerichtet. (64) Für *Hundejahre* stellt sie fest, daß die „Voraussetzungen zum Zustandekommen eines Dritten Reiches die Erkenntnis und Bedeutung dieses Romans" ausmachten. (Ebd.) Dabei sei das 'deutsche Wesen', das bei Grass eine „ahistorische" Konstante darstelle (74), der wichtigste Faktor. Grundsätzlich attestiert sie, daß Grass' Erklärungsansatz in *Hundejahre* eine Nähe zu dem „sozialpsychologischen Erklärungsmodell" aufweise. (101) 1976 legt Jürgen Rothenberg eine Untersuchung zur Zeitgeschichte im erzählenden Werk von Grass vor. Rothenberg untersucht *Hundejahre* vor allem in Hinblick auf die von ihm als zentrales Thema ausgemachte Dialektik von Geist und Macht, die er insbesondere in dem Protagonistenpaar ausgestaltet sieht. Frank-Raymond Richter betrachtet 1977 und 1979 den Roman im Zusammenhang der *Trilogie* und führt insbesondere aus, in welchem Zusammenhang die drei Teile der *Hundejahre* stehen. *Die Blechtrommel* und *Hundejahre* ergänzten sich, weil Grass im ersten Roman den „kleinbürgerlichen Privatbereich", in *Hundejahre* hingegen „größere politische Bezüge" in den Vordergrund stelle. (1977: 34) In der Darstellung von 1979 legt Richter eine „ideologiekritische Sicht" (9) zugrunde und interessiert sich für die Frage, ob Grass, „die Epoche so dargestellt" hat, daß die Ursachen des Nationalsozialismus als „historisch veränderbar erschein[en]". (13) Michael Harscheidt legt 1975 mit seiner Disseration (veröffentlicht 1976) eine derart detailreiche Untersuchung der *Hundejahre* vor, daß diese zwar ein wertvolles 'Nachschlagewerk' für jede Beschäftigung mit dem Roman darstellt. Aber es mangelt ihr gerade wegen der zahlreichen Erklärungen zur Bedeutung der Zahlen an schlüssigen Interpretationen. 1976 klassifiziert Durzak *Hundejahre* als „politische Groteske" (278) und betrachtet den Roman wie Reddick und Richter als formal weniger gelungen. Dies hänge nicht zuletzt damit zusammen, daß Grass die Aufteilung auf drei Erzähler nachträglich vorgenommen habe. Grundsätzlich attestiert Durzak eine „nicht überwundene Diskrepanz zwischen formaler Absicht und Inhalt". (280) Die Untersuchung *Zur Erzähltechnik von Günter Grass* von Renate Gerstenberg erscheint 1980. Gerstenberg legt großen Wert auf die Kategorien Zeit und Raum in Grass' erzählendem Werk, wobei sie insbesondere den „Vorgang der Vergegenwärtigung" herausstellt. (38) Zugleich stellt sie diese spezifischen Merkmale Grassschen Erzählens in Relation zur Darstellung von Geschichte, bzw. deren Intention. Sie konstatiert, daß Grass die „Präexistenz des Historischen ein besonderes Anliegen" sei. (158)

1982 knüpft Noel L. Thomas, wenn er *Hundejahre* im Zusammenhang des Prosawerkes betrachtet, an Richter an und bewertet den dritten Teil der *Danziger Trilogie* ebenfalls als eine Vertiefung und Weiterführung der vorausgegangenen Bücher. Gerade die Aufteilung auf drei Erzähler spiegele die von Richter attestierte Antwortsuche, denn hier dokumentiere sich ein Bewußtwerdungsprozeß. *Kunst und Künstlerexistenz im Frühwerk von Günter Grass* thematisiert Klaus Stallbaum in seiner 1988 fertiggestellten Dissertation. An *Hundejahre* interessiert ihn entsprechend der „ästhetische[.] Diskurs" (126), den er in dem Protagonistenpaar personifiziert sieht. 1990 geht Joachim Scholl in seinen *Studien zur Restitution des Epischen im deutschen Gegenwartsroman* von „Benjamins Vorstellungen einer 'Restitution des Epischen'" aus und folgt im Gegensatz zu Cepl-Kaufmann Grass' eigenem Beharren auf ästhetischer Autonomie. Ausgehend von Grass' Poetik, die nach Scholl von einem „Spannungsverhältnis" zwischen „fiktive[r] Realität" und „empirische[r] Wirklichkeit" lebe (70), untersucht Scholl die *Danziger Trilogie*. Dabei bewertet er *Hundejahre* gerade nicht als zusammenhangslos, sondern sieht in dem „Gesamttext" das „Resultat eines abgesprochenen Arrangements". (90) Scholl fokussiert mit seinem Ansatz den Blick auf das Erzählen selbst und bewertet die Erzähler aus ihrer Haltung gegenüber dieser Aufgabe heraus. Norbert Rempe-Thiemann arbeitet in seiner Dissertation von 1992 das *Verhältnis von Mythos und literarischer Struktur* im erzählenden Werk von Grass heraus. So attestiert er auch für *Hundejahre* eine „Parallelität" der Erzählposition „zur strukturalistischen Mythenanalyse" und kommt zu dem Schluß, daß „die Authentizität des Erzählten immer zweifelhaft bleiben könne". (78) Abschließend sei noch die Dissertation von Marcus Vinicius Mazzari aus dem Jahr 1994 erwähnt, der ebenfalls die Kritik an *Hundejahre* zurückweist und ganz im Gegenteil konstatiert, daß „die Erzählstruktur [...] das besonders Anspruchsvolle" ausmache. (158) Er sieht insgesamt in der *Danziger Trilogie* die Absicht realisiert, gegen die Dämonisierung des Nationalsozialismus anzuschreiben.

IV. Deutsche Gegenwart im Schatten der Vergangenheit

1. Beginn des politischen Engagements

Obwohl die erste Werkphase durch die Konzentration auf die nationalsozialistische Vergangenheit einen klaren Zusammenhalt erhält, markiert der Abschluß
der *Danziger Trilogie* für das Prosawerk doch eine Zäsur innerhalb des Zeitraumes zwischen 1959 und 1972. In der Forschung wird deshalb *örtlich betäubt*
schon als Beginn eines neuen Werkabschnitts gesehen, ist dieser Roman doch
sehr stark auf die bundesrepublikanische Gegenwart bezogen. Da Grass' Beginn
des politischen Engagements auf Anfang der sechziger Jahre, also noch vor Abschluß von *Hundejahre* datiert, sieht ja Stallbaum schon einen Einschnitt innerhalb der *Danziger Trilogie* und argumentiert, wie oben schon angesprochen, mit
der Hinwendung zur Sozialdemokratie, die eine Ablösung der existentialistischen
Phase bedeute. Ich halte den Zusammenhang der Trilogie für so evident, daß bei
aller Entwicklung, die natürlich auch diese drei Werke kennzeichnet, das Gemeinsame überwiegt. Tatsächlich aber ist *Hundejahre* – Grass bezeichnet das
Buch 1971 als „das politischste" (X, 114) – für die politische Arbeit des Autors
von großer Bedeutung. Wenn Grass anläßlich verschiedener tagespolitischer Fragen einen verpflichtenden Bezug zur Vergangenheit herstellt, argumentiert er oft
mit der ideologischen Verblendung durch den Nationalsozialismus und betont,
daß die Deutschen aufgrund ihrer idealistischen Veranlagung besonders aufmerksam bezüglich antidemokratischer Tendenzen sein müßten. So schreibt er
1969: „Das Grundübel unseres 'Vaterlandes', das Gustav Heinemann ein schwie-
riges nennt, scheint mir die durch nichts zu unterbrechende Fortsetzung des deutschen Idealismus zu sein. Totale Ansprüche, ob von links oder rechts vorgetragen, sind nach wie vor vom deutschen Idealismus geprägt, verdanken ihm seine
übermenschlichen Maße." Und Grass fährt fort: „Wer genau hinsieht, wird be-
merken, daß meine literarische Arbeit wie mein Versuch, in der Politik Bürger-
rechte wahrzunehmen, den gleichen Ansatz haben." (IX, 393) Und hier folgt jene
Passage über Matern als Idealisten, die ich oben zitiert habe. Grass' Engagement
kann daher als Ergebnis seiner Erkenntnisse über die Ursachen des Nationalsozialismus gesehen werden.

So ist Grass' politische Entscheidung für die Sozialdemokratie selber schon
eine bewußt gezogene Konsequenz aus der Konfrontation mit der totalitären
Ideologie, der er als Jugendlicher selber angehangen hat. Demokratie ist für ihn
die einzig denkbare Form menschlichen Zusammenlebens, die einzige, die ihm
garantiert, „anderer Meinung sein zu können, ohne Furcht haben zu müssen." (X,
105) Demokratie ohne soziale Gerechtigkeit, ohne Verteilung des Wohlstands
auf alle ist für Grass jedoch nicht denkbar. Soziale Ungerechtigkeit ist nach sei-

ner Auffassung undemokratisch. (Siehe hierzu das Gespräch „Ich bin Sozialdemokrat, weil ich ohne Furcht leben will", X, 88–105.)

Der Rückbezug zum Nationalsozialismus wird nicht zuletzt in seiner Be-
wunderung Willy Brandts deutlich, der Grass in einer Rede im Juli 1965 im
Bundestagswahlkampf unter dem Titel „Loblied auf Willy" Ausdruck verleiht:
„Mich bewegt Willy Brandts lange Reise von Lübeck über die Stationen der
Emigration nach Berlin, weil sich in ihr ein Teil jener Geschichte Deutschlands
widerspiegelt, auf den ich, ohne Anteil gehabt zu haben, stolz bin. Wen hat man
uns nicht alles zugemutet? Wer mag heute schon den Schaden messen, den die
Herren Krüger und Oberländer, den ein Mann namens Globke unserem Land und
unserer Demokratie zugefügt haben? Willy Brandt verfügt über genügend
moralische Autorität, dieses Kapitel abzuschließen. Mit ihm sehe ich einen Mann
Verantwortung übernehmen, dem zwar der Irrtum nicht fremd ist, der sich aber
nicht anfechten ließ und umfiel, als in Deutschland das Umfallen Ehrensache
wurde." (IX, 92) Die Person des damaligen Regierenden Bürgermeisters von
Berlin ist denn auch ein entscheidender Grund für Grass' Wahlkampfeinsatz.
Bundeskanzler Konrad Adenauer hatte Brandt wegen dessen wachsender Popularität gezielt diffamiert und ihm eben Widerstand und Emigration, während derer
Brandt den Namen Frahm aus Tarnungsgründen angenommen hatte, vorgeworfen. Auch Brandts uneheliche Geburt, im konservativen Biedermeierklima der
fünfziger und sechziger Jahre durchaus noch ein gesellschaftlicher Makel, wurde
von Adenauer und der Union für den politischen Kampf mißbraucht. Noch bei
der Kanzlerwahl am 21. Oktober 1969 wurde ein ungültiger Stimmzettel mit der
Bemerkung abgegeben: „Frahm nein". Grass' empörte diese Diffamierungskam-
pagne: „Man hat Willy Brandt vor nicht allzu langer Zeit hierzulande und – be-
schämenderweise – mit gewissem Erfolg systematisch verleumdet." (IX, 92)
Grass hat seiner Empörung über den Umgang der Bundesrepublik ausgerechnet
mit Emigranten auch an anderer Stelle Ausdruck verliehen und in diesem ein Indiz für die Haltung der noch jungen Demokratie gegenüber der schuldhaften
Vergangenheit gesehen. Anläßlich der Verleihung des Georg-Büchner-Preises in
Darmstadt im Oktober 1965 zieht Grass ganz unliterarisch eine „Bilanz" (IX,
136) der Bundestagswahl, aus der nochmals die konservativ bürgerliche Union
als stärkste Partei hervorgegangen war. Er berichtet von Diskussionen auf Wahl-
kampfveranstaltungen, die von der Frage dominiert wurden: „'Darf in Deutschland ein Emigrant Bundeskanzler werden?'" Von dort aus schlägt er einen Bogen
zu Thomas Mann, der bekanntlich niemals offiziell von der Bundesrepublik
Deutschland aufgefordert wurde, in die 'Heimat' zurückzukehren: „Was dem
heimkehrenden Emigranten Thomas Mann nach dem Krieg an Demütigung zuteil
wurde, was ihm, dem großen Toten, der immer noch nicht heimisch geworden
ist, bis heutzutage am Tatort Universität Bonn zugemutet wird, widerfuhr in noch
erschreckenderem Maße dem Regierenden Bürgermeister von Berlin, Willy
Brandt; denn ein ungeschriebenes Gesetzt lautet in Deutschland: Emigranten ha-

ben nicht heimzukehren! Sie mögen, wie Heinrich Heine oder Georg Büchner, in Paris oder Zürich ihr Grab finden." (IX, 140)

Die Anfänge von Grass' Parteinahme für die SPD datieren also in die Zeit der Berlin-Krise, die am 13. August 1961 im Bau der Mauer mündete. Grass erlebte als Berliner Bürger die Folgen des Zweiten Weltkriegs und die Auswirkungen des Kalten Krieges hautnah. Auf der einen Seite ideologisch erstarrter Antikommunismus, auf der anderen Seite Stalinismus und totalitäre Diktatur. Vor diesem zeitgeschichtlichen Hintergrund wird Grass' zum Sozialdemokraten. Zunächst leistet er Brandt „handfeste Hilfe: Anreden, Arbeiten redigieren, Texte erfinden". (Arnold 1978: 21) Es folgt eine intensive Auseinandersetzung mit den programmatischen Grundlagen der SPD. Insbesondere die Schriften des sozialdemokratischen Theoretikers Eduard Bernstein werden zur Grundlage seines politischen Denkens: „Ich sage ganz offen, daß ich meine revisionistischen Einsichten durch die Beschäftigung mit einem der ersten fundierten Marx-Kritiker gewonnen habe. Er erkannte frühzeitig die Fußangeln der Marxschen Theorie, die dann später bei Lenin und Stalin verhängnisvoll wurden. Ich meine Eduard Bernstein, der als erster die Utopie des Endziels in Frage gestellt [...] hat. Und aus dieser Kenntnis heraus hat sich bei mir sozialdemokratisches Verhalten entwickelt. Ich bin kein geborener Sozialdemokrat, sondern ein gelernter, was wiederum heißt, daß Sozialdemokratie für mich kein fixer Zustand ist, sondern aufgrund der Evolutionstheorie ein Zustand, der dauernd im Wechsel begriffen ist." (X, 89) 1899 hatte Bernstein in seiner Schrift *Die Voraussetzung des Sozialismus und die Aufgaben der Sozialdemokratie* die Revolution als politisches Mittel verworfen und eine beständige Überprüfung der politischen Theorie des Marxismus an den realen gesellschaftlichen Gegebenheiten gefordert.

1965 steigt der Schriftsteller erstmals in die Wahlkampfarena und spricht „auf zweiundfünfzig Veranstaltungen in fünfundvierzig Städten zwischen Passau und Flensburg". (Neuhaus 1997: 110) Dieser erste Einsatz erfolgt noch ohne Absprache mit der SPD, die erst mit kritischer Distanz reagiert. Da Grass aber aufgrund seines Ruhms als Schriftsteller ein Publikum anspricht, das traditionell nicht zur Stammwählerschaft der Sozialdemokraten gehört, löst sich das Mißtrauen auf. Obgleich die SPD das beste Ergebnis auf Bundesebene seit Bestehen der Bundesrepublik erzielt, war mit 39,3 Prozent ein Regierungswechsel nicht in Sicht. Grass war sehr enttäuscht, wie die erwähnte Rede zum Büchner-Preis deutlich zeigt: „Mit Erhard als Kanzlerkandidat erreichte die CDU/CSU ihr zweitbestes Ergebnis und war nicht weit von der absoluten Mehrheit entfernt. „Noch einmal erwies sich der Mythos des 'Vaters des Wirtschaftswunders' als entscheidend." (Thränhardt 1996: 159) Im Herbst 1966, ein Jahr nach der Wahl brach die Koalition mit der FDP auseinander. Wie schon 1961 traten auch 1965 Haushaltsprobleme auf, da die finanziellen 'Wahlgeschenke' den Staatshaushalt unverhältnismäßig belasteten. Daß die SPD sich auf eine große Koalition mit Georg Kiesinger als Kanzler einließ, war für Grass nicht akzeptabel. In einem „Offenen Briefwechsel mit Willy Brandt" (IX, 168–170) im November 1966 hält

Grass Brandt vor, die seines Erachtens falsche Politik der Union nachträglich zu legitimieren. Vor allem die Zusammenarbeit mit Kiesinger empörte Grass, war dieser doch von 1933 bis 1945 Mitglied der NSDAP. (Vgl. Grass' „Offenen Brief an Kurt Georg Kiesinger" vom 30. November 1966, IX 171 f.) Doch führte diese Differenz nicht zu einem Bruch mit der Sozialdemokratie. Im Gegenteil weitet Grass sein Engagement im Wahlkampf 1969 noch aus. Während des Landtagswahlkampfes 1967 in Schleswig-Holstein „entsteht die Idee einer 'Sozialdemokratischen Wählerinitiative' als Demokratisierung des eigenen Engagements". (Neuhaus 1997: 111) In Folge entstehen in neunzig Wahlkreisen Wählerinitiativen und eine enge Kooperation mit der Partei. Mit einem Team von Mitarbeitern „bezieht Grass im Frühjahr 1969 in Bonn ein Büro an der Adenauer-Allee", von wo aus er in einem VW-Bus zu insgesamt 190 Veranstaltungen im gesamten Bundesgebiet aufbricht. Der letzte Einsatz in vergleichbarem Ausmaß erfolgt dann 1972, nachdem durch ein Mißtrauensvotum gegen Bundeskanzler Brandt Neuwahlen notwendig geworden waren. Neuhaus nennt einerseits die Trennung von seiner Frau Anna als einen privaten Grund, warum Grass diese Form des Engagements aufgegeben hat. Andererseits verweist er auf Grass' persönliche Bindung an Brandt: „Zum anderen macht das 1972 gewählte 'gemeinsame Motto 'Bürger für Brandt', das auch umgekehrt verstanden werden konnte', deutlich, daß nach Brandts Rücktritt 1974, dessen Notwendigkeit Grass nie eingeleuchtet hat, ein starkes Motiv für den wahlkämpferischen Einsatz entfallen ist; die Wählerinitiativen lösen sich meist ebenfalls auf. So personenbezogen, wie Grass' direktes politisches Engagement begonnen hat, so endet es auch". (1997: 114) Nach 1972 setzt sich Grass nur noch vereinzelt für sozialdemokratische Politiker ein, Oskar Lafontaine oder Björn Engholm. Mit seinen politischen Reden, den zahlreichen Gesprächen, in denen der Autor Stellung nicht nur zu nationalen Fragen bezieht, bleibt Grass jedoch im politischen Geschehen präsent.

2. örtlich betäubt

Der Roman *örtlich betäubt*, der im Wahlkampfjahr 1969 erscheint, ist nun sehr deutlich von aktuellen gesellschaftspolitischen Entwicklungen geprägt. Er ist ursprünglich aus einem Theaterstück mit dem Arbeitstitel „Verlorene Schlachten" hervorgegangen, mit dem Grass 1966 begonnen hatte. Die Handlung des Stücks – es geht um einen „ehemaligen Durchhaltegeneral Hitlers und Zementindustriellen, der nach seiner Rückkehr aus der russischen Kriegsgefangenschaft die Schlachten des Zweiten Weltkriegs nachträglich im Sandkasten gewinnen will (Neuhaus 1997: 128) – wird zum Thema des Buchprojekts von Lehrer Starusch in *örtlich betäubt*. Zwei Jahre recherchiert Grass zu dem Roman. Währenddessen kommt es in bundesdeutschen Wirklichkeit zur ersten Zerreißprobe seit Gründung der Republik. Grass überarbeitet den Roman daher zum Jahreswechsel 1968/69 nochmals gründlich. Aus der Nebenhandlung um den Schüler Scherbaum geht das Drama „Davor" hervor, das im Februar 1969 am Berliner Schiller-Theater uraufgeführt wird. Am 14. August 1969 erscheint erst der Roman und ist mit der „'Hypothek der Berliner Uraufführung'" belastet. (Arnold: 1996) Zusätzlich ist die öffentliche Wahrnehmung von *örtlich betäubt* durch den Wahlkampf geprägt, und abermals verstellt Grass' Ruhm den Blick auf ein neues Buch. So wird nicht nur einmal der Einwand vorgebracht, „Grass schreibe nicht mehr wie Grass". (Ebd. 113) Kaum jemand bewertete den Roman in Gänze als „gelungen". (Ebd. 115) Wegen des unmittelbaren Bezugs zum politischen Tagesgeschehen, das der Redner Grass nicht zuletzt im Wahlkampf kommentiert, werden die Überzeugungen des Autors im Text gesucht.

Einen Monat nach Erscheinen des Romans geht Grass in einem Gespräch hierauf ein: „Wenn ich jetzt dafür zu bezahlen habe, daß ein Teil meiner politischen Tätigkeit verwechselt wird mit dem, was ich als Autor eines Romans versucht habe, kann ich auch das nicht verhindern. Es ist wahrscheinlich der Preis, den ich in einer solchen Situation zu zahlen habe. Für viele Kritiker, oft genug auch für solche, die jahrelang lauthals das Engagement der Schriftsteller gefordert haben, ist es nach wie vor unverständlich, daß Engagement mit Praxis zu tun hat, daß ein Autor einerseits einen Roman schreibt und andererseits, wenn er mit dieser Arbeit fertig ist, Bundestagswahlkampf betreibt für Sozialdemokraten." (X, 81) Hier ist Grass also erstmals mit jenem Phänomen konfrontiert, das vor allem im Kontext von *Unkenrufe* und *Ein weites Feld* nochmals – verstärkt – auftreten wird. Grass zieht nach dem „Mißerfolg von 'örtlich betäubt'" Konsequenzen und versucht fortan, sich nach „verstärkte[r] öffentliche[r] Präsenz" auch wieder zurückzuziehen. (Neuhaus 1997: 129)

Was Grass' politischen Einsatz jener Zeit mit *örtlich betäubt* verbindet, ist der argumentative Rückbezug zum Nationalsozialismus. „Die Belastung durch die Vergangenheit führt notwendig zum Fehlverhalten in Gegenwart und Zukunft." (Neuhaus 1992: 109) Cepl-Kaufmann betrachtet dies denn auch als „die Moral des gesamten Romans" (1975: 29). Um eben diese 'Moral' geht es auch in

Grass' Auseinandersetzung sowohl mit dem linken als auch dem rechten Protest, der sich in den sechziger Jahren formiert und die junge Demokratie herausfordert. Die große Koalition von 1966 vermochte zwar die drängenden Probleme zu lösen, die durch einen unausgeglichenen Staatshaushalt und die wirtschaftliche Rezession entstanden waren. Gleichzeitig entstanden neue Probleme. Bislang war die politische Landschaft der Bundesrepublik durch die offene Opposition der beiden großen Parteien bestimmt. Durch die Konfrontationsstellung vermochten SPD und Union auch Kräfte an den Rändern der politischen Lager zu binden. Diese Integrationskraft schwand durch das Zusammengehen. Erstmals seit Bestehen der Bundesrepublik verzeichneten neo-nationalsozialistische Kräfte beunruhigende Erfolge. So kam die Nationaldemokratische Partei Deutschlands bei den Landtagswahlen in Hessen und Bayern 1966 auf 7,9 bzw. 7,4 Prozent. Dieser Trend setzte sich 1967 in Bremen (8,8 %), Niedersachsen (7,0 %), Rheinland-Pfalz (6,9 %), Schleswig Holstein (5,8 %) und 1968 in Baden-Württemberg mit 9,8 % fort. In der Rede „Über die erste Bürgerpflicht" analysiert Grass die Wahlerfolge der NPD als Indiz eines fehlenden demokratischen Bewußtseins, das aus der deutschen Veranlagung herrühre, politisch-sozialen Belangen mit extremen Positionen zu begegnen – es sei an Matern in *Hundejahre* erinnert. „Der Zulauf der NPD kommt aus solch schlecht gelüfteten Stuben. Das wärmt ein Jahrzehnt lang die Ofenbank, springt plötzlich auf und will die Welt erlösen." (IX, 186)

Auf der anderen Seite formierte sich eine Außerparlamentarische Opposition, deren Entstehen sich jedoch nicht nur mit der innenpolitischen Situation begründen läßt. Hier ist vor allem die Protestbewegung gegen den Vietnam-Krieg in den Vereinigten Staaten Auslöser. (In den USA wurde *örtlich betäubt* anders als in Deutschland gerade deshalb ein Erfolg, weil Grass sich in diesem Prosawerk mit dem Jugendprotest auseinandersetzt. Der Roman wurde als „symbolische Verdichtung des Generationenkonflikts" gelesen, Neuhaus 1997: 129.) War das Amerika-Bild in der Bundesrepublik in den fünfziger Jahren noch vorwiegend positiv, trat nun ein Wandel ein. Über die Medien wurden auch die Schattenseiten der amerikanischen Gesellschaft sichtbar. Rassenhaß, Armut, Gettoaufstände und der Vietnam-Krieg ließen in Teilen der deutschen Jugend ein negatives Bild der USA und eine Identifikation mit der nordamerikanischen Protestbewegung entstehen. In der bundesdeutschen Gesellschaft kam eine beginnende Auseinandersetzung mit der Vätergeneration hinzu. Inzwischen waren die 'Nachgeborenen' alt genug, nach den Verstrickungen ihrer Eltern in den Nationalsozialismus zu fragen; in den fünfziger Jahren hatte keine nennenswerte breite Konfrontation mit der Geschichte stattgefunden. Gleichzeitig wurde die Gesellschaft im Verhältnis zu den fünfziger Jahren offener, was sich vor allem in der Bildungsreform und dem Entstehen einer eigenen Jugend- und Popkultur ausdrückt. Dennoch konnte von einer Liberalisierung noch nicht die Rede sein. Eine Öffnung und Pluralisierung der bundesdeutschen Gesellschaft wurde erst durch die sozialliberale Koalition unter Bundeskanzler Brandt 1969 eingeleitet und in den siebziger Jahren ausgestaltet. Zu Zeiten der Großen Koalition fehlten jenen Teilen der Jugend, die nach Antworten auf die aktuellen sozialen und politischen Fragen suchten, in der deutschen Politik Vorbilder. Die Parteien hatten für ihre Bedürfnisse zu wenig Profil. Der Historiker Dietrich Thränhardt faßt das Bedürfnis der vor allem studentischen Jugend nach weltanschaulicher Orientierung treffend zusammen: „Als alternative Leitfiguren wurden daher idealisierte Exponenten des Widerstands in der Dritten Welt entdeckt. Che Guevara, der revolutionäre 'Reinheit' verkörperte, Ho Chi Minh und Mao Tse Tung wurden als glaubwürdig empfunden. Der studentische Protest in den USA und der Widerstandskampf der Schwarzen prägten auch die Formen des deutschen Protests: 'sit ins', 'go ins', 'teach ins' wurden gängige Begriffe an den Universitäten, eine Amerikanisierung des deutschen Protests. Da der Kommunismus sowjetischer Machart hoffnungslos diskreditiert war, kam es nicht nur zu einer Idealisierung von Dritte-Welt-Bewegungen und des Maoismus, sondern auch zu einer Wiederbelebung anarchistischen Gedankenguts, das in Deutschland seit 1933 keine Tradition mehr besessen hatte. 'Antiautorität' wurde das neue Schlüsselwort. In den Universitäten, dem zentralen gesellschaftlichen Ort des Protests, wurde diese Stimmung in der Kritik am 'Muff unter den Talaren', der Ordinarienherrschaft und den überkommenen akademischen Formen ausgedrückt. Schrittweise griff sie auf den übrigen Bildungsbereich über, dehnte sich zunächst aber nicht auf andere gesellschaftliche Bereiche aus, auch deswegen nicht, weil sich rasch eine neue hermetische Sprache herausbildete, eine elitäre Mischung aus marxistischen und psychoanalytischen Begriffen und schwer verständlichen Anglizismen." (1996: 177 f.)

Dem Jugendprotest schlossen sich viele Künstler und Intellektuelle an, die hier einen Aufbruch gegen das ihrer Meinung nach erstarrte System der Bundesrepublik sahen. Nicht so Grass. Er ging im Gegenteil auf scharfen Konfrontationskurs mit der APO. Während der ersten Krise der bundesdeutschen Gesellschaft argumentiert Grass mit Blick auf Rechte wie Linke mit seinen historischen Einsichten: Er warnt vor einer Gefährdung der Demokratie durch jene deutschidealistischen Neigungen, die er in *Hundejahre* herausgestellt hatte: „Deutsche Politik ist immer wieder an Maximalforderungen gescheitert. Oft genug besiedelten die Ausrufer von Maximalforderungen innerhalb kürzester Zeit die extremsten Positionen. Schlimm genug, daß der deutsche Idealismus nach wie vor die milchreiche Nährmutter links- wie rechtsextremer Weltverbesserer ist. Schlimm genug, daß die wissenschaftliche Lehre des Karl Marx in einem linksidealistischen Weltanschauungsbrei verrührt werden konnte. Der Ruf nach Befreiung der Menschheit vom Zwang erlaubt große Gesten und putzt schon wieder einmal die Glanzlichter der Begeisterung: Dabei täte uns nüchternes Arbeitslicht gut." (IX, 404) Wie solches „nüchternes Arbeitslicht" aussehen soll, stellt Grass in *örtlich betäubt* und *Aus dem Tagebuch einer Schnecke* vor. Beide Werke stehen durch ihren Bezug auf das deutsche „Grundübel Idealismus" in enger Korrespondenz.

Mit seiner Kritik der linken Studentenbewegung zieht Grass neue Gegner auf sich. Waren es bislang Vertreter des konservativen, christlichen Lagers, die den Autor wegen seiner schonungslosen Offenlegung deutscher Schuld und deutschen Versagens angriffen, wurde er nun auch zum Feindbild für linke Kräfte. Grass, der nie die direkte Konfrontation gescheut hat, hält Forderungen nach einem 'Systemwechsel' in einem Gespräch mit Dieter E. Zimmer entgegen: „Diese Alternative ist eine Behauptung, für die Enzensberger erst den Beweis antreten müßte. Ich gebe zu, daß die parlamentarische Demokratie in der Bundesrepublik, aber nicht nur da, in der Krise steckt. Mir kommt es darauf an, die Ursachen dieser Krise zu definieren, denn es wird nicht ausreichen, nur an Symptomen heilen zu wollen. Ich halte Enzensbergers Behauptung für Leichtsinn, aber dieser leichtfertige Umgang mit jüngst gewonnener demokratischer Freiheit hat in Deutschland Tradition." (X, 40 f.) Enzensberger hatte im Oktober 1967 gegenüber der englischen Tageszeitung *Times* die Ansicht vertreten, es müsse ein neues politisches System etabliert werden, wolle man sich mit der Reformunfähigkeit der Bundesrepublik Deutschland nicht abfinden. Ein gutes Jahr später, inzwischen war der Studentenprotest in die Springer-Blockade kulminiert, nimmt Grass die Verleihung der Carl-von-Ossietzky-Medaille zum Anlaß, die gegenwärtigen 'revolutionären Umtriebe' mit der Weimarer Republik zu vergleichen. Die Republik sei nämlich auch am Fehlen von Demokraten gescheitert: Er hingegen sei nicht „bereit eine Tradition fortzusetzen oder gar kritiklos zu feiern, die dem Grabgesang der Weimarer Republik zwar nicht die Melodie und den Rhythmus, aber doch einer der vielen Strophen gestiftet hat. Wie sagte Tucholsky, als er Mitte der zwanziger Jahre seinen Spott über das sozialdemokratische Reichsbanner ausgoß: 'Diese Republik ist nicht die meine.' – Und selbst in der Emigration wollte die Selbstzerfleischung der deutschen Linken nicht aufhören. Ich habe meine Lehre gezogen." (IX, 326)

Auch in *örtlich betäubt* geht es um Lehren aus der Geschichte, mehr noch: Die Reflexion 'richtigen', d.h. der historischen Erfahrung angemessenen Bewußtseins ist konstitutiv für die Erzählsituation und Erzählweise. Ein nüchterner, sachlicher, fast 'wissenschaftlicher' Duktus prägt den Roman von 1969. Während die Kritik die epische Fülle vermißte, wird in der Forschung, etwa von Durzak, der Zusammenhang zwischen Erzählweise und Reflexion herausgestellt. „Die Reflexionskraft und Abstraktheit, die die Sprache von 'örtlich betäubt' kennzeichnen und die sich auf dem Hintergrund des bisherigen Grassschen Stils leicht als Dürre und Verarmung analysieren lassen, sind zugleich bedingt davon, daß Grass in diesem Roman keinen fiktiven kleinbürgerlichen Erzähler einführt, der aus seiner Perspektive die Wirklichkeit darstellt, sondern die Erzählung als Reflex von Staruschs Bewußtsein zeigt." (1979: 293) Während in den vorangegangen Prosatexten das Erzählen selber immer wieder thematisiert ist, fehlt diese „Darstellung des Erzählvorgangs" in *örtlich betäubt*, was unmittelbar auf den reflexiven Charakter verweist. (Neuhaus 1992: 101). Mit etwa zwei Jahren Abstand blickt der Ich-Erzähler auf eine Zahnarztbehandlung zurück, die den Rahmen seiner Überlegungen zum vernünftigen Umgang mit sozialen und politischen Mißständen auf der Folie historischer Erkenntnis bildet. Vier Ebenen sind die innerhalb der Behandlungssituation zu unterscheiden und schon in den Eingangssätzen des Romans enthalten. (Vgl. Neuhaus 1992: 101 f.): „Das erzähle ich meinem Zahnarzt. Maulgesperrt und der Mattscheibe gegenüber, die, tonlos, wie ich, Werbung erzählte: Haarspray Wüstenrot Weißeralsweiß ... Ach, und die Tiefkühltruhe, in der zwischen Kalbsnieren und Milch meine Verlobte lagerte, Sprechblasen steigen ließ: 'Halt du dich raus. Halt du dich da raus ...'" (IV, 8) Die erste Ebene bildet die 'reale' Behandlung mit all ihren zahnmedizinischen Details. Auf einer zweiten Ebene ist der imaginierte Dialog mit dem Zahnarzt angesiedelt. Daß der Dialog nicht 'tatsächlich' stattfindet, läßt sich am Text belegen. So beschreibt Starusch den Zahnarzt als „wortkarg" (IV, 234) oder spricht von einem „inneren Dialog" (IV, 252). Die dritte Ebene ist das Fernsehprogramm, das auf dem Bildschirm im Behandlungszimmer läuft. Und auf eben diesen Bildschirm projiziert Starusch viertens wie in einem visualisierten Brainstorming zentrale biographische Remininiszenzen, so „vor allem die zurückliegende Geschichte seiner Verlobung in immer neuen Variationen und die fast ebenso oft variierte von der Ermordung seiner Verlobten" (Neuhaus 1992: 102), aber auch Schulereignisse.

In dem „inneren Dialog" überprüft Starusch gleichsam seine eigene Position auf der Folie einer von ihm selbst entworfenen Weltanschauung. Seine Erzählung wird so zur „Geschichte eines Bewußtseins". (Neuhaus 1992: 103) Deren Quintessenz lautet: „Erkenntnis plus Handwerk". (IV, 144) Der Zahnarzt ist das Paradigma eines „pragmatischen Intellektuellen" (Durzak 1979: 295), für den Forschritt in der schrittweisen Verbesserung vorhandener Gegebenheiten ohne ideologischen Überbau besteht. Exemplifiziert ist dieser evolutionäre Fortschritt an Beispielen aus der Geschichte der Zahnmedizin. So berichtet er z. B. vom Vorgang des Zähnebrechens im Mittelalter, der häufig mit Infektionen einhergegangen sei: „Wir dürfen annehmen, daß der Tod durch faulende Zahnwurzeln vor dreihundert Jahren häufig gewesen ist." (IV, 69) Dank der beständigen Weiterentwicklung zahnheilkundlicher Methoden sei sogar ein „Sieg über die Karies" denkbar. (IV, 86) Der Zahnarzt „reihte Erfolge der Zahnmedizin, Perlen, zum Kettchen." (IV, 86) Mit seinem Bekenntnis zur evolutionären Veränderung ist der Zahnarzt ein „Sprachrohr seines Autors". (Neuhaus 1992: 107) Die Positionen des Mediziners stimmen in weiten Zügen mit jenen überein, die Grass „im Brief an Pavel Kohout" entwickelt. (Ebd.): Fortschritt als „Springprozession", zwei Schritt vor, einen zurück. Sei es, daß der Zahnarzt Hegel ablehnt oder von „'zu viele[n] einander aufhebende[n] Heilslehren und zuwenig praktische[m] Nutzen...'" spricht (IV, 101) – es sind jene antiidealistischen Überzeugungen, die Grass auf der Folie des deutschen Idealismus gewonnen hat. Keine Theorien oder Lehren führen zur Verbesserung der menschlichen Lebensverhältnisse, sondern die beständige Revidierung der Erkenntnisse an der Realität: „Theorie denkt Praxis weiter, aber jeweils aus der Erfahrung heraus, aber immer wieder natürlich. [...] Wenn sie sich löst von der Praxis, besteht die Gefahr, daß sie sich zur Ideologie erhebt und in einer zweiten Stufe zum Dogma verhärtet, und dann ist sie fern aller Wissenschaft, fern aller Praxis und wird dann in letzter Konsequenz gelegentlich unmenschlich." (X, 119)

Der Zahnarzt in *örtlich betäubt* praktiziert zwar diesen Wissenschaftsbegriff, den Grass 1971 in einem Gespräch erläutert. Da jedoch der Pragmatismus des Zahnarztes abstrakt bleibt, nicht als Konsequenz gelebter Erfahrungen Bodenhaftung gewinnt, relativiert Grass dessen Welthaltung durch Staruschs Positionen, oder genauer gesagt: Starusch konfrontiert seine eigene Theorie, wie er sie auf den Zahnarzt projiziert, mit seiner Lebenswirklichkeit, die sich nicht so konsequent gestalten läßt, wie das abstrakte Gedankengebäude. Daß der vernünftige Zahnarzt keine durchweg positive Figur ist, zeigt ein Kommentar von Grass aus dem Erscheinungsjahr von *örtlich betäubt*. Grass verwehrt sich gegen den Begriff Pragmatismus als Etikett jener Umgehensweise mit gesellschaftlichen und politischen Realitäten, die im Roman positiv konnotiert ist und erläutert: „Das Buch *örtlich betäubt* behandelt zwar pragmatisches Verhalten und die Verflachung oder Übersteigerung des pragmatischen Verhaltens zu einer Ersatzideologie, nämlich der des Pragmatismus. Dieser Ersatzideologie hängt in erster Linie der Zahnarzt an. Der Studienrat Starusch sieht zwar die Gefahr, daß sein pragmatisches Verhalten auch zum Pragmatismus werden könnte, deswegen sieht er auch den Zahnarzt sehr kritisch, obgleich er auf ihn angewiesen ist: zwei Pragmatiker untereinander, der eine ideologisch bereits festgelegt." (X, 84 f.) Dem ideologischen Pragmatismus des Zahnarztes hält Starusch seine „Geschichten" entgegen. (IV, 201) Starusch theoretisiert nicht, sondern zieht die Erfahrungen einer gelebten Biographie voller Widersprüche heran, konfrontiert das Gedankengebäude mit einer „Gegenwirklichkeit" (Neuhaus 1992: 108), in der sich die Mißstände nicht konsequent nach den Gesetzen des zahnmedizinischen Fortschritts beseitigen lassen. Starusch glaubt denn auch nicht an den Fortschritt: „Denn was, Doktor, und wieviel können wir aus der Geschichte lernen? [...] Nichts können wir lernen. Es gibt keinen Fortschritt, allenfalls Spuren im Schnee." (IV, 85 f.) Der Mensch und seine Lebenswirklichkeit ist zu komplex, als daß ihm mit rationalen Kriterien alleine beizukommen wäre. So bildet sich der „Zahnstein", der in *örtlich betäubt* für all das steht, was sich im Laufe einer individuellen Biographie an Erfahrungen, Prägungen abgelagert hat, immer neu, läßt sich auch nicht ganz beseitigen. „Spülen Sie nur! Spülen Sie nur. Es bleibt noch Zahnstein genug ..." (IV, 32) Mag die endgültige Beseitigung des Zahnsteins aus rationaler, wissenschaftlicher Perspektive auch erstrebenswert sein, sie ist jedoch nicht realistisch – „Spülen Sie nur. Es bleibt noch Zahnstein genug..." (IV, 32) – und würde doch den Menschen um eine wesentliche Dimension reduzieren. Nach Grass schlüge bei diesem Versuch ein vernünftiges Prinzip in unvernünftige Ideologie um. So hat auch der Schmerz eine positive Seite: Ohne Schmerzen stumpfte der Mensch ab, eine örtliche Betäubung beseitigt sowohl die Empfindsamkeit für Ungerechtigkeiten als auch die Erkenntnisfähigkeit: „(Vielleicht geht das doch nicht: ein

Zahnarzt und ein Lehrer. Er ist es gewohnt, schmerzlos zu behandeln; ich werte den Schmerz als Mittel der Erkenntnis, auch wenn ich Zahnschmerzen schlecht ertrage und schon beim leisesten Ziehen nach Arantil greife.)" (IV, 181)

Der Umgang mit Ungerechtigkeit auf politisch-sozialer Ebene steht im Zentrum jenes Handlungsteils, den Grass aufgrund der aktuellen zeitgenössischen Ereignisse, den Jugend- und Studentenprotesten, ausgeweitet und zudem dramatisch in *Davor* verarbeitet hat. Es geht um den „Plan" des Starusch-Schülers Scherbaum, der sich „zeitlich parallel" zur Zahnbehandlung entwickelt. (Neuhaus 1992: 103) Scherbaum kündigt den Plan seinem Lehrer gegenüber im ersten Teil an (siehe IV, 33), doch erst im zweiten Teil erfährt der Leser, worum es sich bei diesem Vorhaben handelt. Starusch erzählt seinem Zahnarzt am Telefon – die Zahnbehandlung ist für zwei Wochen unterbrochen – vom Plan Scherbaums, öffentlich seinen Dackel zu verbrennen. (Siehe IV, 131 f.) Scherbaum „leidet an der Welt" (IV, 142) und will mit dieser Demonstration aufrütteln, aufmerksam machen auf die Ungerechtigkeiten der Welt. Schauplatz dieser Demonstration soll der „Kudamm" sein, „vor dem Kempinski": „'Damit die kuchenfressenden Topfhüte was zu sehen bekommen.'" (IV, 129) Die Besucher des Cafés werden zum Inbegriff einer satten und abgestumpften – erwachsenen – Gesellschaft, die sich vom Leid der Welt in ihrer Zufriedenheit nicht stören läßt. Konkreter Hintergrund ist der Vietnam-Krieg und der Einsatz von Napalm: „Ich werde die Presse, das Fernsehen hinbestellen und ein Schild malen: Das ist Benzin und kein Napalm." (IV, 130)

Den Studienrat verbindet ein besonderes Verhältnis mit seinem Schüler Scherbaum, erinnert ihn der Siebzehnjährige doch an sich selbst. Starusch nämlich ist niemand anders als Störtebeker, der Anführer jener nach ihm benannten Bande, der Oskar sich in der *Blechtrommel* anschließt. Er war damals ein ebenfalls siebzehnjähriger Anarchist, dessen oppositioneller Protest sich unreflektiert und unpolitisch in Überfällen kanalisiert hatte. Die Konfrontation mit seinem siebenzehnjährigen Schüler initiiert bei Starusch eine Auseinandersetzung mit den Ablagerungen seiner eigenen Biographie, und die empfindsame und radikale Anteilnahme Scherbaums erschüttert Staruschs pragmatischen Vernunftbegriff. Der wichtigste Aspekt in dieser Beziehung ist jedoch die „Frage nach der Mitteilbarkeit von Erfahrung", die Gertrude Cepl-Kaufmann Grass 1971 stellt: „Ich habe meine berechtigten Zweifel; daß ich es trotzdem versuche, ist kein Widerspruch. Ich sehe keine andere Möglichkeit, als so viel wie möglich an Erfahrung auf die jeweils heranwachsende Generation zu übertragen, denn sonst, wenn wir das nicht tun, unterliegen wir einem Mechanismus, der zerstörerisch ist: daß jede Generation von sich aus nahezu manisch darauf besteht, die gleichen Fehler in genauso schrecklicher oder noch schrecklicherer Form noch einmal zu machen, die schon andere Generationen vorher gemacht haben." (X, 108 f.) In *örtlich betäubt* wiederholt Scherbaum die Fehler der vorhergehenden Generation nicht, sondern entscheidet sich, den Mißständen mit kontinuierlicher, mühsamer Arbeit zu begegnen. Er „übernimmt die Schülerzeitung" (IV, 228), wählt das Studium der Medizin und sieht von der Aufsehen erregenden Dackelverbrennung ab.

Scherbaums Entwicklung kontrastiert mit dem statischen Charakter seiner Freundin Vero Lewand. Sie ist „in ihrer fanatischen Gläubigkeit gegenüber kollektiven Heilslehren festgelegt". (Neuhaus 1992: 105) Darin gleicht sie Irmgard Seifert, die anders als Starusch nie Konsequenzen aus der Vergangenheit gezogen hat. So alt wie Starusch, war Irmgard Seifert 1945 eine „gläubige BDM-Ziege". Wie Matern in *Hundejahre* war und ist Seifert auf der Suche nach totalen Deutungsangeboten, nach Reinheit und einer Freiheit, die nicht Demokratie meint, sondern jene 'geistige' Freiheit, die mit Materns Worten „auf zu hohen Bergen" angesiedelt ist. (III, 671) Vero Lewand und Irmgard Seifert sind die Negativ-Folie, auf der Grass einen angemessenen Umgang mit Vergangenheit um so deutlicher herausstellt. Auch der Beruf des Erzählers Starusch muß in diesem aufklärerischen Kontext gedeutet werden, so ambivalent Grass' Verhältnis zu Lehrern nach eigenem Bekunden ist. „Denn ein Studienrat ist ein umgepolter Jugendbandenführer". (IV, 15) Starusch ist „Lehrer für Deutsch und also Geschichte" und somit von Berufs wegen nicht nur der Lehre über die Vergangenheit verpflichtet, sondern auch mit der Frage nach Erkenntnisvermittlung beschäftigt. Die Herausforderung, Einsicht in die Geschichte zu geben, gewinnt für Grass durch Auschwitz eine neue Qualität, wie er besonders prägnant in der Rede „Schwierigkeiten eines Vaters, seinen Kindern Auschwitz zu erklären" konstatiert. Die literarische Aufbereitung dieser Problematik verbindet abermals die formal so unterschiedlichen Texte *örtlich betäubt* und *Aus dem Tagebuch einer Schnecke*.

3. Aus dem Tagebuch einer Schnecke

1972 erscheint *Aus dem Tagebuch einer Schnecke*, mit dem Grass seine intensive literarische Auseinandersetzung mit dem Nationalsozialismus abschließt. Gleichzeitig weist formale Elemente des *Tagebuchs* auf die nächste Entwicklungsphase im erzählenden Werk voraus, so das dieses semi-fiktive Prosawerk eine Zwischenstellung einnimmt. Hervorgegangen ist das Schneckenbuch mit seine Mischung aus Autobiographischem und Fiktivem, aus einem Tagebuch, das der Autor während seines Einsatzes für die SPD im Bundestagswahlkampf 1969 geführt hat. „Grass hat während des Wahlkampfs 1969 ein 'Sudelbuch' nach Lichtenbergischem Vorbild mit Beobachtungen, Einfällen, Notizen und Stichworten gefüllt." (Neuhaus 1992: 115) Auch wenn die Kritik *Aus dem Tagebuch einer Schnecke* wohlwollender aufnahm als *örtlich betäubt*, hoben doch viele Rezensenten auf den Wahlkämpfer ab, reduzierten das Buch auf seinen tagespolitischen Gehalt. So unterstellte Sabine Schultze in der *Rhein-Nekar-Zeitung* sogar ein „literarisches Timing", weil der Wahlkampf bei Erscheinen auf vollen Touren lief. (Arnold 1996: 121)

Grass entwickelt in *Aus dem Tagebuch einer Schnecke* zwei parallele Handlungs- und Zeitebenen, die sich überlagern und in eine inhaltliche Korrespondenz treten: Auf der ersten Ebene ist das Wahlkampfgeschehen, Familienleben, aktuelles Zeitgeschehen angesiedelt. Auf der zweiten Ebene wird die Geschichte von Hermann Ott genannt Zweifel und das Schicksal der Danziger Juden erzählt. Die „Achsenposition" (Neuhaus 1993: 114), die das *Tagebuch* in der Werkentwicklung einnimmt, sind in eben dieser Erzählkonstruktion zu suchen. Die Geschichte Zweifels spielt in der deutschen Vergangenheit, zur Zeit des 'Dritten Reichs', womit das Buch inhaltlich zur ersten Werkphase gehört. Da Grass erstmals einen Erzähler-Autor etabliert und nicht mehr wie in der *Danziger Trilogie* und *örtlich betäubt* Rollenprosa schreibt, weist das *Tagebuch* jene formale Kennzeichen auf, die durch eine erzähltechnische Verwischung von Realität und Fiktion entsteht. Erst in *Ein weites Feld* wird Grass aus erzähltechnischen Gründen zur Rollenprosa zurückkehren. Zudem kennzeichnet dieses prosaische 'Übergangswerk' ein verwirrendes Spiel mit verschiedenen Zeitebenen, in dem sich Grass' „viertes Tempus", die „Vergegenkunft", schon ankündigt: Vergangenheit, Gegenwart und Zukunft lösen sich auf. An ihrer statt tritt eine Zusammenschau vom Gegenwärtigen und Vergangenem, das für die Gestaltung des Hier und Jetzt aus Grassscher Perspektive von zu beachtender Bedeutung ist. Ausdrücklich benennt der Autor die ureigene Kapazität des Schriftstellers als Schöpfer fiktiver Welten, die auf konventionelle Zeitverhältnisse keine Rücksicht zu nehmen brauchen: „Ich kann […] voraussehen, was gewesen ist". (IV, 333) Diese Eigenschaft verleiht Grass zwanzig Jahre später dem Protagonisten in *Unkenrufe*, demm der vermag nämlich, „Kommendes rückgespiegelt" zu sehen. (Ur, 45) Nicht zuletzt die besondere erzähltechnische Bündelung der zahlreichen Themen weist voraus; Grass „lernt so, eine Fülle von Themen zu entfalten und immer in 'Engführungen' – den Begriff hat Grass von Paul Celan übernommen – zu konzentrieren. Ohne die Erprobung dieser neuen Technik an einem begrenzten Sujet wären die komplexen Großwerke 'Butt' und 'Rättin' nicht möglich gewesen." (Neuhaus 1997: 131)

Zusätzlich kommt dem *Tagebuch* eine besondere Bedeutung innerhalb des Gesamtwerks zu, weil Grass hier den umfassendsten Einblick in die weltanschaulichen Prämissen seiner schriftstellerischen und gesellschaftspolitischen Arbeit gewährt. Ihren bildhaften Ausdruck findet diese Weltanschauung in der titelgebenden Schnecke. Das Schneckenmotiv findet sich schon in dem frühen Text „Meine grüne Wiese" von 1955. (Vgl. Neuhaus 1997: 131) Das Weichtier verkörpert jene Konsequenzen, die Grass aus seiner „Erfahrung der ideologischen Dogmatisierung" im Nationalsozialismus gezogen hat. (Durzak 1979: 248) Auf eine politischen Ebene übertragen, konkretisiert sich in der Schnecke eine anti-utopische, anti-idealistische und anti-revolutionäre Haltung: „Sie siegt nur knapp und selten. Sie kriecht, verkriecht sich, kriecht mit ihrem Muskelfuß weiter und zeichnet in geschichtliche Landschaft, über Urkunden und Grenzen, zwischen Baustellen und Ruinen, durch zugige Lehrgebäude, abseits schöngelegener Theorien, seitlich Rückzügen und vorbei an versandeten Revolutionen ihre rasch trocknende Gleitspur." (IV, 268) Die arttypische und sprichwörtliche Langsamkeit der Schnecke wird zum Synonym für „Fortschritt" (IV, 268), der für Grass nur aus der allmählichen Verbesserung konkreter Lebensverhältnisse bestehen kann. Die Verbindung zwischen sozialdemokratischer Politik, Revisionismus Grassscher Deutung und Schneckenmotiv kommt in der „Bernsteinschnecke" (IV, 331) zum Ausdruck. (Bernsteinschnecken gibt es tatsächlich, sie erhielten ihren Namen wegen ihres Bernsteinfarbenen Hauses.) In diesem Kontext wird die Autobiographie *Aus meinem Leben* des Sozialdemokraten August Bebel zur „Schneckenbiographie". (IV, 364)

In Grass' Deutung der sozialen Demokratie, wie er sie auf Bernstein zurückführt, scheint die Ideologiefeindlichkeit durch, denn er bezeichnet sie als eine Gesellschaftsform, die den Spielraum des Zweifels lasse, kein „System" sei; er halte „die demokratische Form des Zusammenlebens von Menschen nicht nur für die narrensicherste [..], sondern auch für die humanste." (X, 118) Für den Deutschen Grass, der die eigene jugendliche Verblendung zur Basis seines anti-totlitären Denkens gemacht hat, ist jede Verbesserung von demokratischen und sozialen Verhältnissen auch nur mit den demokratischen Mitteln des Kompromisses und in kleinen Schritten, notfalls auch Rückschritten, zu erreichen. Aus der Lebensgeschichte heraus betrachtet folgerichtig, hat der Schriftsteller und Zeitgenosse Günter Grass nie eine Theorie, ein politisches Konzept entwickelt; sein Appell an die Vernunft des einzelnen ist aus der Erfahrung mit einem ideologischen Regime geboren, welches das Leben des einzelnen bedenkenlos preisgab.

Cepl-Kaufmann konstatiert in diesem Kontext einen „konsequenten Individualismus" (1975: 130), wirft Grass seine „Theoriefeindlichkeit" (112) und eine Reduktion gesellschaftlich-politischer Probleme auf die subjektive Perspektive vor. (Vgl. besonders 112.) Ähnlich wertet Manfred Jäger, wenn er Grass attestiert, „oft theorieblind, gelegentlich sogar theoriefeindlich" zu wirken. (1978: 138) So folgt auch das Bekenntnis zum Revisionismus aus den Erfahrungen mit einer „Gesinnung zur Totalität", woraufhin Jäger konstatiert, daß der „historische Revisionismus [...] für Grass nur der Spezialfall einer prinzipiellen Haltung" sei. (1978: 134) Allein die revisionistischen Bemühungen um eine tägliche Verbesserung menschlicher Existenz erscheint Grass als angemessene Antwort auf die „an der Praxis" gescheiterten Utopien „Nächstenliebe" und „Sozialismus". (X, 89) Da jene Konzepte, die die Geschichte des Abendlandes geprägt haben, Unheil nicht vermeiden können, müsse politisches Denken sich im Sinne der „Evolutionstheorie" ständig erneut an der Praxis messen und überprüfen lassen. (X, 89)

Gegenbild zur langsamen Schnecke ist der „galoppierende Gaul": „Seit einem Jahrhundert auf gleitendem Muskelfuß dem Gaul im Prinzip hinterdrein, in Praxis voraus; dennoch bliebt der Hengst Favorit." (IV, 305) Der Gaul mit seinem Tempo, das über menschliche Lebenswirklichkeiten hinweg geht, steht ebenso für Revolutionen wie für Theorien, die versuchen, die Welt stimmig zu erklären und dabei Realität einer Idee gefügig machen. Als Paradigma einer solchen idealistischen Gesinnung führt Grass Hegel ins Feld: „In Jena, Kinder, hat er den Kaiser Napoleon hoch zu Roß und in der Einheit Roß und Reiter etwas gesehen, das er Weltgeist nannte; seitdem galoppierte er". (IV, 304) Die fiktive Figur des Hermann Ott soll „über den Totalitarismus unter Hitler und Stalin eine Glosse geschrieben haben, von der, weil sie in der 'Danziger Volkszeitung' nicht veröffentlicht wurde, nur der Titel geblieben ist: 'Vom Bewußtsein der Schnekken – oder wie Hegel überholt werden wird.'" In die Geschichte des Danzigers Ott bindet Grass seine Überzeugung von der Überlegenheit evolutionärer Veränderungen ein, mehr noch, dieser humanistisch geprägte Lehrer ist geradezu eine menschliche Schnecke. Als Skeptiker und Anhänger Schopenhauers ist Hermann Ott ein Vertreter der Langsamkeit und geduldiger Beobachter von Schnecken. Der Autor schreibt Zweifel seine Überzeugung zu, daß Hegels Geschichts- und Staatslehre eine philosophische Untermauerung totalitärer Systeme bereitgestellt habe, so daß Brode Zweifel auch als eine „Grasssche Identifikationsfigur" bezeichnet. (1978: 83)

Grass begründet seine ablehnende Haltung gegenüber dem Hegelschen Denkgebäude in einem Gespräch aus dem Jahr 1971, also in zeitlicher Nähe zum *Tagebuch*: „Ich bin ein Gegner der Hegelschen Geschichtsphilosophie, und wenn man das erweitern will, auch seiner Staatslehre, die ich für ein geeignetes Instrumentarium für Diktaturen halte. Absolutsetzen des Staates ... Das sind für mich Gründe, Hegel abzulehnen." (X, 115) Über zwanzig Jahre später greift Grass in *Ein weites Feld* das „Absolutsetzen des Staates" in der Gestalt des ewigen Spitzels Hoftaller wieder auf. In dem jüngsten Roman wird der Hegelsche Staatsbegriff in Grassscher Deutung, ohne daß er direkt ausgeführt würde, zu einer Erklärung für den Mangel an demokratischen Traditionen in der deutschen Geschichte. Im *Tagebuch* klärt Grass auf der Folie der systematischen Verfol

gung und Vernichtung der Danziger Juden über die Gefahren auf, die von totalitären Denkgebäuden ausgehen, weil sie die den einzelnen in einen Zustand der
Unmündigkeit, mithin Unaufgeklärtheit versetzen. Die „Polemik gegen Hegel"
ist daher zuallererst eine „negative Schablone, von der sich Grass' eigene Ge-
schichtskonzeption um so kräftiger abheben soll." (Blamberger: 1985: 137 f.)

Revolutionen – diese galoppierenden Pferde – wertet der Schneckenanhän-
ger Grass grundsätzlich als Sprünge und inhumane Instrumente, da sie letztlich
nicht auf eine Bewußtseinsänderung des Individuums abzielen, sondern gar das
Ziel über das Leben des einzelnen Menschen setzen. Revolutionen und Theorien
schaffen bzw. proklamieren aus Grass' Sicht „totale Systeme": „Ihr könntet eines
Tages, weil in Deutschland die Theorie vor die Wirklichkeit gestellt ist, in jenem
totalen System, das in sich zu stimmen vorgibt und schmerzlose Übergänge verspricht, die Lösung finden wollen." (IV, 403) Die Schnecke wird in ihrer päd-
agogischen Dimension so auch zur Lehrerin des kritischen Denkens und Unter-
weiserin in der Tugend der Geduld als historische Lektion.

Der Lehrer Hermann Ott ist die einzige ohne Einschränkung positive Figur
in Grass' gesamten Prosawerk, deren Charakterisierung ganz der Weltanschauung seines Erfinders entspricht. In der Erzählfiktion richtet sich das *Tagebuch* an
Grass' Kinder, deren Fragen Anlaß für den Vater sind, sozialdemokratische Positionen und Motivation für das Wahlkampfengagement, schriftstellerische Arbeit und Ethik zu erläutern. Wenn Grass in der Geschichte Hermann Otts das
Gedenken an die verfolgten, vertriebenen und ermordeten Danziger Juden bewahrt und so seinen Kindern einen Begriff des Unsagbaren zu vermitteln sucht,
füllt er gleichzeitig seine Definition vom Schriftsteller, der „gegen die verstreichende Zeit schreibt", mit Inhalt: „Schreiben nach Auschwitz" ist das Resultat
einer reflektierten deutschen Biographie. Das erinnernde und bewahrende Schreiben des Schriftstellers trifft auf die Sorge um die Zukunft, die den Bürger zur
Einmischung bewegt, damit sich die Verbrechen der Vergangenheit nicht wiederholen. Hinzu tritt die moralische Forderung, der Opfer zu gedenken: „Die
vergehende Zeit vergeht zugunsten der Täter; den Opfern vergeht die Zeit nicht".
(VI, 399)

Als Folie historischer Lektionen verleiht der Autor dem Danziger Schnek-
kenkenner und -liebhaber Ott einen Spitznamen, der im Kontext von Grass'
Weltanschauung beinahe ein Synonym für Aufgeklärtheit ist: Zweifel. Diesen
Spitznahmen erhält der Lehrer schon zu Studentenzeiten, weil er keine Gewiß-
heiten kennt, sondern „mit dem Wort Zweifel so gebräuchlich umgeht, als hantie-
re er mit Messer und Gabel." (IV, 280) Während seines Studiums entwickelt Ott
einen engen Kontakt zur jüdischen Gemeinde. Als die Diskriminierung und Verfolgung der Danziger Juden einsetzt, sieht Zweifel nicht zu oder weg, sondern
versucht zu helfen, womit er sich zwangsläufig einer bedrohlichen Situation aus-
setzt. Seit dem Überfall auf Polen im September 1939 „begannen seine Fluchtge-
danken komplex zu werden." (IV, 374) Nachdem Zweifel eine polizeiliche Vor-
ladung zugestellt wird, flieht er und versteckt sich in dem Keller des

Fahrradhändlers Anton Stomma. Während dieses erzwungenen Kelleraufenthalts heilt Zweifel Lisbeth, die Tochter Stommas, von ihrer Schwermut. Bislang vom Vater nur geschlagen, lehrt der sensible Pädagoge Lisbeth mit großer Geduld Liebe und Zärtlichkeit, indem er Schnecken zur Hilfe nimmt – und auch diese Lektion will Grass seinen Kindern nahebringen: „Das werdet ihr lernen, Kinder. Ich bitte euch, zärtlich zu sein und geduldig zu bleiben. Und laßt nichts aus. Seid gierig nach neuen Gefühlen. Sucht immer andere Stellen. Werdet gesättigt nicht satt. Lernt von der Schnecke, nehmt Zeit mit ..." (IV, 509)

Primäres Merkmal der Grassschen Weltanschauung ist also das geduldige Ausrichten politischen Handelns an den konkreten Anforderungen der Gesellschaft ohne das Ziel einer 'idealen' Gesellschaft. Zweiter Bestandteil ist der beständige Zweifel, dem das eigene Handeln wie die grundsätzlichen Erkenntnisse unterworfen sein müssen, um sie nötigenfalls revidieren zu können. Drittes Merkmal ist die Akzeptanz des Stillstandes – oder gar Rückschritts –, den Grass als unausweichlichen Begleiter evolutionärer Entwicklungen wertet: „Nur wer den Stillstand im Fortschritt kennt und achtet, wer schon einmal, wer mehrmals aufgegeben hat, wer auf dem leeren Schneckenhaus gesessen hat und die Schattenseite der Utopie bewohnt hat, kann Fortschritt ermessen. (IV, 567) So beendet Grass die Rede „Vom Stillstand im Fortschritt", die dem *Tagebuch* als dreißigstes Kapitel beigegeben ist. Blamberger betont die gesellschaftliche Dimension von Grass' Melancholiebegriff und definiert diesen als „Leiden an dem Mißverhältnis zwischen Ideal und Wirklichkeit". (1985: 136)

IV. 1977–1988: Hinwendung zu globalen Themen

Mit Abschluß des *Tagebuchs* ist auch die Konzentration auf die Zeit des Nationalsozialismus beendet. Grass wendet sich Themen zu, die über eine spezifisch deutsche Relevanz weit hinausgehen. Den Anfang bildet 1977 *Der Butt*, ein ebenso zeitgenössischer wie historischer Roman, thematisiert er doch die dreitausendjährige Geschichte des Patriarchats vor dem aktuellen Hintergrund der feministischen Bewegung. In den achtziger Jahren beschäftigt Grass vor allem die Bedrohung der Menschheit durch die Folgen atomarer Hochrüstung, Umweltstörung und Überbevölkerung. Diese Themen dominieren folgerichtig nicht nur seine politischen Stellungnahmen, sondern vor allem die literarische Produktion. In dem Roman *Die Rättin* von 1986 entwirft Grass ein apokalyptisches Szenario, in dem Reisetagebuch *Zunge zeigen*, das aus dem Calcutta-Aufenthalt von August 1986 bis Januar 1987 hervorgeht, dokumentiert der Zeichner und Autor Elend und Leid in der 'Dritten Welt'. *Totes Holz* ist eine Reaktion auf „die globale Umweltzerstörung am Beispiel des Waldsterbens in Mitteleuropa." (Neuhaus 1992: 185)

Die drei Werke, denen im folgenden die Aufmerksamkeit gilt, verbindet die Ausweitung der zunächst auf die deutsche Geschichte bezogenen Schuldthematik: Aus dem Thema der einmaligen Schuld wird das der generell menschlichen. Es ist die Schuld des Starken gegenüber dem Schwachen, wie sie sich in *Katz und Maus* schon ankündigte: sei es die Unterdrückung der Frauen, die Ausbeutung der Natur oder das Gefälle zwischen reichem Norden und armem Süden. „Menschliche Existenz ist gekennzeichnet durch die Unterdrückung des Schwächeren seitens des Stärkeren bis in das intime Verhältnis der Geschlechter hinein", konstatiert Neuhaus in seinen Überlegungen zu dem Thema „Gewalt und Schuld bei Günter Grass". (1995: 57) Diese Hinwendung zur generellen Schuldhaftigkeit des Menschen ist nach wie vor an die Prämisse der Grassschen Poetik gekoppelt. Der „Zivilisationsbruch Auschwitz" verlangt vom Schriftsteller eine prinzipielle Sensibilität für die Ungerechtigkeiten menschlichen Handelns.

Grass selber stellt die Verbindung zwischen dem historisch einmaligen Verbrechen und aktuellen Gefahren in Reden immer wieder her. So leitet er aus der Geschichte eine besondere Verantwortung der Deutschen für die Entspannungspolitik zwischen den Lagern des Kalten Krieges ab. Im Mai 1983 formuliert Grass während der Tagung „Die Zukunft des Demokratischen Sozialismus": „Da die beiden deutschen Staaten Nachlaß des Großdeutschen Reiches sind, müssen die Gründe für die unheilbringende Teilung der Welt in zwei weithin dominierende Machtbereiche zuallererst und noch immer in Deutschland gesucht werden. Hier begann vor fünfzig Jahren, was bis heute folgenreich ist. Hier wurde die Barbarei besiegt und machte dennoch, als zeuge sie fort, aus den bald nach dem

Sieg zerstrittenen Siegern sich wechselseitige bedrohende Barbaren. Hier ist der Herd jener Krankheit, an der bis heute die Welt leidet. Es ist, als könne die deutsche Hybris nicht aufhören, anmaßend maßlos zu sein. Es ist, als wolle Hitler ein später Triumph zuwachsen. Müßte nicht deshalb von Deutschland, dem Ursprung des immer noch vitalen Unheils, auch die gegenwirkende Kraft ausgehen?" (IX, 868)

Diese Ausweitung der Schuldthematik schlägt sich in Grass' Schreiben nieder, wenn der Roman in dieser Phase zur 'Gegengeschichte' wird. Nicht die Geschichte der Herrschaftsverhältnisse, der großen Ereignisse, sondern jene des scheinbar unbedeutenden Alltagsgeschehens sind Gegenstand. Dabei nimmt Grass für die Literatur in Anspruch, im Gegensatz zur Historiographie ein 'wahreres' Bild geschichtlicher 'Wirklichkeiten' zu entwerfen. Was Grass erstmals im *Butt* umsetzt, nämlich „tatsächlicher als alle Tatsachen" zu sein (eine Formulierung aus der späteren Erzählung *Unkenrufe*) bestimmt die Weiterentwicklung des Prosawerks bis zu *Ein weites Feld*.

Signifikant für diese Entwicklung ist die Erzählung *Das Treffen in Telgte* von 1979, denn „Grass verwirklicht hier seinen Anspruch, in der Fiktion genauere Fakten vorstellen zu können als die historisch überlieferten", wie Christoph Sieger im Nachwort der Werkausgabe festhält. (VI, 272) Abermals ist mit dem *Treffen in Telgte* ein Prosawerk ganz der deutschen Geschichte verpflichtet, denn Grass gestaltet hier seine Überzeugung, die deutsche Sprache und Literatur seien das eigentlich identitätsstiftende Kontinuum deutscher Geschichte. Somit unterscheidet sich die Erzählung von den anderen Werken dieses Zeitraums. Wegen seiner 'deutschen Thematik' behandele ich *Das Treffen in Telgte* entgegen der Werkchronologie denn auch in dem Kapitel „Deutsche Zwischenspiele" zusammen mit *Kopfgeburten oder Die Deutschen sterben aus* von 1980. Hier wendet sich Grass zwar wie schon im *Butt* und später in *Zunge zeigen* dem Nord-Süd-Gefälle und den katastrophalen Lebensbedingungen der Dritte-Welt-Thematik zu. Gleichwohl geht es in *Kopfgeburten*, wie der Titel ankündigt, auch um Deutschland und die Deutschen. In *Kopfgeburten* formuliert Grass unter anderem sein Konzept einer deutschen „Kulturnation", das er später im Kontext der Einheits-Kritik wieder aufgreift. So verschieden die beiden kurz hintereinander erschienenen Werke auch sind, verbindet sie doch der Komplex der deutschen Frage, mit dem sich Grass seit Anfang der sechziger Jahre beschäftigt. Die deutsche Frage aber bildet ihrerseits ein Werkkontinuum. Und somit deuten der kurze Roman und die Erzählung auch voraus auf die dritte Werkphase, die durch den Mauerfall von 1989 und die Einheit von 1990 eingeleitet wird.

1. Der Butt

1.1 Entstehung

„Als hätte ich mich von der Schnecke und von der programmatischen Langsamkeit meiner Schneckenpartei erholen wollen, begann ich, kaum war das Tagebuch erschienen und abermals ein Wahlkampf bis zur ersten Hochrechnung aus-
gekostet, mit den Vorarbeiten für einen epischen Wälzer: 'Der Butt'." (vZ, 68)
Nach Erscheinen von *Aus dem Tagebuch einer Schnecke* vergehen fünf Jahre, bis
Grass 1977 wieder ein Prosawerk vorlegt. Eine Krise in der Beziehung zur Lebensgefährtin ist der „Auslöser für den Ehe- und Beziehungsroman, den 'Der
Butt' in ganz entscheidenden Teilen schließlich doch darstellt". (Neuhaus 1997:
163) Es ist in diesem Falle also das Erleben des „bloßen Ichs", das zum Schreib-
widerstand wird. Ich erinnere in diesem Zusammenhang an Grass' Unterschei-
dung zwischen „bloßem" und „zeitgenössischem Ich" in Hinblick auf persönliche
Erfahrungen, die in seine Romane und Erzählungen einfließen und die seines
Erachtens einen repräsentativen Charakter haben.

Schon Ende der sechziger Jahre gerät die Ehe zwischen Günter Grass und
seiner ersten Frau Anna in eine ernsthafte Krise. Die Entfremdung zwischen den
Partnern klingt in *Aus dem Tagebuch einer Schnecke* schon an. 1969 trifft Grass
Veronika Schröter, und nach der Trennung von Anna saniert er mit ihr gemeinsam das Fachwerkhaus, das er 1972 in Wewelsfleth erworben hatte. 1973 zieht
das Paar dort mit Veronikas Söhnen aus erster Ehe ein, während Anna Grass in
Berlin mit einem Freund zusammenlebt. Die Nachricht von Veronikas Schwangerschaft löst, wie Neuhaus berichtet, eine Krise aus. „Die Situation ist in literarischer Brechung in den 'Butt' eingegangen, spiegelt dort aber durchaus die reale
Situation wieder. Der Mutter bereitet die Schwangerschaft erhebliche Probleme,
da sie sich schon durch ihre beiden Töchter aus erster Ehe an ihrer durchaus auch
beruflich verstandenen Emanzipation gehindert sieht. Veronika mutiert zur
wunschreichen Ilsebill, von der sich Grass grundsätzlich in Frage gestellt sieht".
(Neuhaus 1997: 163) In Frage gestellt sieht sich Grass, weil die tradierte Rollenverteilung, die er bis dato selbstverständlich gelebt hatte, bedroht ist. Das Gedicht „Arbeit geteilt" aus dem *Butt* thematisiert diese Rollen wie die Verunsicherung: „Arbeit geteilt. / Halt mal die Leiter, während ich steige." (V, 40) Während
der Schwangerschaft und in der ersten Zeit nach der Geburt verarbeitet Grass die
Krise produktiv. Es entstehen Gelegenheitsgedichte und Zeichnungen, die 1974
und 1976 in *Liebe geprüft* und *Mit Sophie in die Pilze gegangen* erscheinen. In
diesen „Mappenwerken" sind Themenkreise des Romans vorweggenommen. Ein
großer Teil der Gedichte geht direkt in den *Butt* ein. Zwei Drittel dieser Gedichte
nimmt Grass zusammen mit Graphiken aus dem Umfeld des *Butt* in den 1983
erschienenen Band *Ach Butt, dein Märchen geht böse aus* auf.

Seit den Anfängen kehrt Grass parallel zur epischen Arbeit immer wieder zur
Lyrik, aber auch zur Zeichnung oder Graphik zurück. Die gattungsbedingte Ver-

dichtung in der Lyrik fordert eine thematische Konzentration, und sie ist „Keim-
zelle der Dramen und epischen Werke." (Neuhaus 1992: 207) Lyrik und Graphik
stehen im Zeichen der künstlerischen Selbstüberprüfung, der Klärung und sind
solchermaßen „in ihrer Funktion zunächst ausschließlich auf ihren Schöpfer bezogen". (Ebd. 208) Grass setzt das Gedicht als „Instrument" ein, sich „neu ken-
nenzulernen und neu zu vermessen; und nach längerer Pause, und nicht zufällig
parallel zur Lyrik, zeichne ich wieder, und aus diesem Prozeß entwickelt sich
langsam ein größeres Vorhaben, über das ich noch nicht sprechen kann.". (X,
171)

In diesem Gespräch mit Heinz Ludwig Arnold von 1974 bezieht sich Grass
konkret auf den *Butt*. Nimmt die Lyrik vor allem einen zentralen Stellenwert für
die Annäherungen an einen widerständigen Inhalt ein, hat die Graphik in Bezug
auf das Schreiben eine Kontrollfunktion. In einem Gespräch mit Siegfried Lenz
über die „Phantasie als Existenznotwendigkeit" erläutert Grass, wie wichtig gerade die Überprüfung phantastischer Einfälle anhand der bildnerischen Umsetzung ist. „Ich habe oft erlebt, daß die Sprache, wenn sie Phantasie in die Wirklichkeit mit hineinnimmt, ein sehr leichtgewichtiges Instrument ist. Da steht auf
einmal eine Metapher auf dem Papier, die schillert und glänzt verdächtig. Wenn
ich dann anfange, was ich oft gemacht habe, diese Metapher zeichnerisch zu
überprüfen, wenn ich mit dem sehr genauen Instrument des Zeichenstiftes ein
Gegenbild mache, dann hält die Wortmetapher oft genug nicht mehr stand. Das
Zeichnen als Kontrollmöglichkeit gegenüber dem Schreiben hat sich jedenfalls
gerade im Bereich der Phantasie, in dem, was zum Bild gerinnt, als wirksam er-
wiesen." (X, 264) In Grass' Epik hat die Phantasie immer ein genau recherchier-
tes 'reales' Unterfutter, da sie vor allem die Funktion erfüllt, eine erweiterte,
nicht auf Fakten reduzierte Wirklichkeit darzustellen. Grass' Bildmetaphern,
z. B. „ein Schuh und ein Fischkopf", „ein rennendes Schwein" sind Möglichkeiten des Graphikers, der vielschichtigen Realität einen „Ausdruck" zu geben. (X,
183) Grass' Herkunft aus der bildenden Kunst ist ein Schlüssel zu seiner eigentümlichen Sprach-Bildlichkeit. Die beschriebenen Gegenstände meinen zunächst
einmal nur sich selbst, verweisen nicht auf einen außerhalb liegenden Sinn. Grass
hat gegenüber Schwarz erklärt, „wenn ich über Kartoffeln schreibe, meine ich
Kartoffeln". (1969: 153) Diese Beschränkung auf den Gegenstand hängt, wie
schon einleitend erwähnt, mit Grass' Weltanschauung zusammen. Die „Sprachbilder" sind künstlerischer Ausdruck seiner Überzeugung, einer ambivalenten,
zersplitterten Wirklickeit nur durch genaueste Beobachtung und deren ästhetische Transformierung gerecht zu werden. Wie sich die wechselseitige Beeinflussung von Graphik oder Zeichnung und Schreiben im konkreten Arbeitsprozeß
auch praktisch darstellt, beschreibt Grass 1996 ausführlich in einem Gespräch
mit Bernhild Boie: „Die Disziplin wechseln, beim Gegenstand bleiben". (AZ,
288–304)

Das Verhältnis von Lyrik und Prosa in Grass' Œuvre variiert und hat sich im
Laufe der Zeit auch verändert. Claudia Mayer zeigt in ihrem Aufsatz über dieses

Verhältnis in *Butt* und *Rättin* auf, wie sich die Korrespondenz seit den Anfängen entwickelt hat. *Aus dem Tagebuch einer Schnecke* markiert eine Wendung in der Relation beider Gattungen zueinander: „Während bislang nur der kleinere Teil der Gedichte motivverwandt mit der Danziger Trilogie war, gestalten ab Anfang der siebziger Jahre Lyrik und Epik komplementär dieselben Motive." (1999: 87) Im *Butt* – und später auch in der *Rättin* – hat Grass erstmals „Gedichte nicht nur einfach aufgenommen". Sie prägten vielmehr „die Struktur" des Romans. Grass spricht hier von einem „romantischen Konzept", das er für seine Prosa fruchtbar gemacht habe. (AZ, 293) Claudia Mayer erläutert für die beiden Romane das Prinzip der „Unterbrechungen" und „Engführungen" und legt dar, daß diese Technik schon in den frühen Prosawerken anzutreffen ist. Sie nennt beispielsweise Oskars Schlußbemerkungen zur schwarzen Köchin in der *Blechtrommel*. (1997: 88) „Das zunehmende Ineinandergreifen der Gattungen wird im Verfahren der Montagetechnik in 'Aus dem Tagebuch einer Schnecke' sichtbar; an vielen Textstellen ist aufgrund der extrem aufgelösten Prosa eine Abgrenzung zur Lyrik nur schwer möglich. Die eingebetteten lyrischen Passagen verdichten und steigern den Prosafluß". (Ebd. 87) Im *Butt* selber „stehen" nach Mayer nur wenige der insgesamt 46 Gedichte „in engem Zusammenhang mit dem sie umgebenden epischen Kontext". (Ebd. 89) Als Beispiele für eine „Engführung", eine „Steigerung und Verdichtung der Prosa" nennt sie jene Gedichte, in denen jeweils eine der neun Köchinnen im „Zentrum" steht. (Ebd. 91)

Standen am Anfang der Arbeit am *Butt* Lyrik und Graphik, gab eine 'Entdeckung' den Themenkreisen eine Richtung. Ein Initialfaktor für den Roman „Ende des ersten Arbeitsjahres, zu Beginn des zweiten" ist das Märchen, das dem Roman seine Kontur gibt: „Und als auslösendes Moment – bis dahin waren das alles einzelne Gedichte, Graphik, die zu entstehen begann, erste Prosa-Seiten, Anschreiben von Projekten, die dann später wuchsen oder ganz fallen gelassen wurden –, als auslösendes Moment kam nun dieses dramatische, in seiner Tendenz weiberfeindliche Märchen vom 'Fischer und siner Fru'." Das Märchen erlangt dann „sehr rasch eine zentrale Position", wird „zum ordnenden Faktor dieser Stoffmasse gegenüber [..]. Und dann begann ein zügiges, fortwährendes Schreiben, nicht im linearen Sinn, sondern in all den neun Teilen, die schon da waren. Hinzu kam auch Privates, bestimmte Verletzungen, Verzweiflungen, Konfrontationen mit Wünschen, meinen und anderen, Unerfüllbares – und ein Kind. Das mußte von mir umgesetzt werden, mit den Mitteln, die mir zur Verfügung stehen, graphischen, literarischen." (Arnold 1978: 31) Im Sommer 1974 wird Tochter Helene, der Grass den Roman gewidmet hat, geboren. Zu diesem Zeitpunkt sitzt der Autor schon ein halbes Jahr am Manuskript. Während der Arbeit am *Butt* eskalieren die Konflikte zwischen Grass und Veronika Schröter und münden schließlich 1976 in der Trennung. Im selben Jahr lernt Grass seine zweite Frau Ute kennen, die „als Ulla Witzlaff [...] Eingang in den Roman gefunden" hat. (Neuhaus 1997: 167)

Trotz des autobiographischen Erzählanlasses und vieler Anspielungen aus dem
Privatleben erzählt auch im *Butt* wieder ein „zeitgenössisches Ich", gehen doch
Privates und Gesellschaftliches ineinander über. Die belastende Krise in der Beziehung zu seiner Lebensgefährtin wird zum Impuls, das Verhältnis der Geschlechter von der Steinzeit bis in die Gegenwart der siebziger Jahre zu verfolgen. Darüber dringt eine Verunsicherung der geschlechtlich definierten Rolle in
die Handlung ein. Die Beziehungsprobleme münden in einer Reflexion der Geschlechterrollen, die durch die beginnende Emanzipationsbewegung auf gesellschaftlicher Ebene in Frage gestellt werden.

1.2 „Ich, das bin ich jederzeit"

Die initialisierende Beziehungskrise geht unmittelbar in das erste Kapitel „Die
dritte Brust" ein, denn schon die Zeugung ist begleitet von Konflikten, die sich
aus der „Rollenverteilung" (V, 7) ergeben: „Also legten wir uns, wie wir uns jederzeit umarmt umbeint haben. Mal ich, mal sie oben. Gleichberechtigt, auch
wenn Ilsebill meint, das Vorrecht der Männer, einzudringen, werde kaum ausge-
glichen durch das weibliche Kümmerrecht, Einlaß zu verweigern." (V, 6) Der
Roman beginnt also mit der Zeugung des Kindes. „Bevor gezeugt wurde" (V, 6),
fragt Ilsebill beim Essen: „'Wolln wir nun gleich ins Bett oder willst du mir vorher erzählen, wie unsre Geschichte wann wo begann?'" (V, 6) Diese Geschichte
wird parallel zu den neun Monaten der Schwangerschaft in neun Kapiteln erzählt: „Gleichberechtigt sind uns Fristen gesetzt." (V, 11) Hier gibt der Erzähler-
Autor der Forderung seiner Partnerin nach, sich auf die Dauer einer Schwangerschaft zu begrenzen – „gab sie mir neun Monate Zeit, meine Köchinnen auszu-
tragen." (V, 11) Anfang Oktober 1973 wird die Tochter Helene gezeugt, im
Sommer 1974 kommt sie zur Welt. Die ausdrückliche Parallelisierung von
Schwangerschaft und Roman macht das Erzeugnis des Mannes zur „Kopfgeburt"
(V, 114), zur „ästherischen Nebenzeugung". (V, 6) Der Erzähler ist wie in *Aus
dem Tagebuch einer Schnecke* der Autor selber. Er ist gleichzeitig das Ich, das
von der Steinzeit bis in die Gegenwart als ewiger Mann an der Seite von insgesamt neun Köchinnen die Menschheitsgeschichte erlebt. „Ich, das bin ich jederzeit." (V, 6) Durch die Etablierung eines Erzähler-Autors benötigt Grass keine
Erzählfiktion, die Frage Ilsebills ist für den Schriftsteller Erzählanlaß genug. Von
dieser Frage ausgehend wandert der Erzähler „die Zeit treppab". (V, 7) Der aus-
gebreitete Zeitraum von dreitausend Jahren konstituiert sich also durch die Erinnerungen des immer gleichen Ichs. Die Ausweitung des Gegenwärtigen auf seine
historische Dimension hin wird später die auch Konzeption des vorläufig letzten
Romans *Ein weites Feld* bestimmen. Hier läuft die Hauptfigur Fonty, der wie der
Erzähler im *Butt* über ein weitreichendes Gedächtnis verfügt, ebenfalls „treppab". Grass verwendet dafür sogar die gleiche Formulierung.

Die Zeitreise im *Butt* erfolgt in insgesamt neun Bücher, entsprechend den neun Monaten der Schwangerschaft Ilsebills. In deren Zentrum stehen die neun Köchinnen, die zu Beginn des ersten Monats vorgestellt werden, so daß das Kapitel „Neun und mehr Köchinnen" eine Kurzfassung des Erzählten bietet. Parallel zur Geschichtsreise existiert die Gegenwartsebene, auf der wiederum zwei Handlungsstränge zu unterscheiden sind: einmal der beständig schwelende Konflikt zwischen dem Erzähler und seiner Ilsebill, der die gesamte Schwangerschaft andauert, zum zweiten findet das Tribunal statt, das von elf Frauen über den *Butt* verhangen wird. Der Erzähler nimmt als Zuhörer an dem Tribunal teil und führt zudem Gespräche mit dem gefangenen Butt. Damit verleiht Grass dem Erzähler eine fiktive und eine reale Rolle. Der reale Autor nämlich berichtet parallel zu den Ereignissen auf der Gegenwartsebene von Grass' eigenen Unternehmungen. So z. B. von einem Kolloquium in Bièvres bei Paris am 24. Februar 1974, auf dem Grass die Rede „Sieben Thesen zum demokratischen Sozialismus" hält (IX, 640–644): „ich war von einem Kongreß zurück, in dessen Verlauf die Zukunft des Sozialismus Punkt für Punkt diskutiert wurde". (V, 387) Gleichzeitig berichtet er von dem Arbeitsprozeß am *Butt* selber und läßt den Leser somit gleichsam über die Schulter des Schriftstellers sehen.

Die Zeitverhältnisse können durch die internen Datierungen bzw. die Lebensdaten der Köchinnen bestimmt werden. Aua, Wigga und Mestwina leben in der Steinzeit, Eisenzeit und Ende des 9. Jahrhunderts. Dorothea von Montau ist 1394 hingerichtet worden. Margarete Rusch lebte von 1498–1585, Agnes Kurbiella von 1619–1689, Amanda Woyke von 1734–1806, Sophie Rotzoll 1784–1849, Lena Stubbe 1848–1942, Dr. Sibylle Miehlau von 1929–1962 und Maria Kuczorra wurde 1949 geboren. Alle lebten übrigens in Danzig/Gdansk, dessen wechselhafte Geschichte zur historischen Folie wird. Auf der Gegenwartsebene sind die Zeitverhältnisse einmal durch die genannten Daten von Zeugung und Geburt bestimmt. Noch vor der Zeugung fangen die Feministinnen Siggi, Mäxchen und Fränki am 7. August 1973 den Butt. Nach der Geburt von Tochter Helene unternimmt der Erzähler im Spätsommer 1974 eine Reise nach Polen und im Februar 1975 fährt er nach Indien. Die Indien-Reise, die Grass in dem Kapitel „Vasco kehr wieder" im „Dritten Monat" verarbeitet hat, hat der Autor im Februar 1975 tatsächlich unternommen. Er hält unter dem Titel „Nach grober Schätzung" eine Rede vor dem „Council of Cultural Relations" in Neu Delhi. (IX, 673–682) Ihr folgen weitere Besuche des Kontinents, die in die Bücher *Kopfgeburten* und *Zungen zeigen* eingehen.

So wie das Erzähler-Ich das Leben des handelnden Ichs in der Gegenwart fortführt, haben die historischen Köchinnen Entsprechungen. Den elf Frauen des Tribunals ist jeweils eine Köchin zugeordnet. Der zahlenmäßige Unterschied entsteht dadurch, daß es sich genaugenommen auch um elf Köchinnen handelt, denn im ersten Monat kochen Aua (Steinzeit), Wigga (Eisenzeit) und Mestwina (um 1000 n. Chr.). (Einen Überblick über die Köchinnen und Feministinnen, sowie die historischen Ereignisse bietet V, 712–736.)

In einer komplexen Verwebung von Historischem und Gegenwärtigem, Fiktivem
und Realem etabliert Grass im *Butt* einen überzeitlichen Geschichtsraum, in dem
sich Vergangenes und Gegenwärtiges parallel ereignen. Wird die Geschichte der
neun Köchinnen auch linear erzählt, so sind doch beständig gegenwärtige Ereignisse bzw. der Fortgang des Tribunals zwischengeschaltet. Zudem springt der
Erzähler auch zwischen den einzelnen historischen Episoden, etwa wenn im ersten Monat von dem „gartengroßen Versuchsfeld" Wiggas berichtet wird. Hier
werden unter anderem Rote Beete angebaut, die „viel später die Gesindeköchin
Amanda Woyke mit Dill zur Rotbeetsuppe verkochte". Oder im Zusammenhang
mit den Rüben – „Wir haben immer schon gerne Rüben geknabbert" – gedenkt
der Erzähler des „Kohlrübenwinters" im „Kriegs- und Grippejahr 1917". (V, 83)
Zusammengehalten wird dieses anspielungsreiche Panorama zunächst durch
die Autobiographie des Erzählers. Der zweite rote Faden, der der Handlung
Kontinuität verleiht, ist der titelgebende Butt selber. Der Plattfisch wird von
Edek in der Steinzeit gefangen und fungiert seitdem als Ratgeber der Männer, bis
er 1974 von drei Frauen aus dem Meer gefischt wird. „Das Märchen vom Butt
läßt sich denn auch in gewisser Weise als Integrationsgeschichte des Buchs begreifen, die die verschiedenen Zeit- und Handlungsebenen des Romans verbindet, und der Butt selbst ist im Roman ebenso das große Integrationsbild, wie er
inhaltlich als allwissender, alle Zeitschichten und Geschichten verbindendes Bewußtsein die erzählerische Omnipotenz verkörpert, das Gedächtnis der Geschichte im doppelten Sinne" (Durzak 1979: 308) In seiner Gedächtnisfunktion
ist der Butt die verkörperte Zeitlosigkeit und verbildlicht in eben dieser Fähigkeit, alle Zeitgrenzen zu überschreiten, das Vermögen von Literatur, Vergangenes in die Gegenwart zu überführen. Er korrespondiert mit der von Grass attestierten Möglichkeit der Literatur, überdauerndes Wissen um die Geschichte zu
bieten.

*1.3 „Worüber ich schreibe": Männer und Frauen, Lust und Kochen, Gewalt und
Hunger*

Im *Butt* entfaltet Grass ein menschheitsgeschichtliches Panorama jenseits der
'großen' historischen Ereignisse. Vielmehr stehen das Alltagsleben und existen-
tielle Grundbedürfnisse im Vordergrund: Es geht um Nahrung und ihre Zubereitung, um Liebe, Lust und Fortpflanzung. Der Roman handelt aber auch von der
ständigen Bedrohung menschlicher Existenz durch Hunger, Gewalt und Zerstörung. Mit dem Gedicht „Worüber ich schreibe" faßt Grass zu Beginn des „Ersten
Monats" die Themenkreise des Romans zusammen. (V, 11 f.) Das Vorhaben,
eine Geschichte der Ernährung zu schreiben, hat Grass schon in *Aus dem Tagebuch einer Schnecke* angekündigt: „Bevor ich mal alt bin und womöglich weise
werde, will ich ein erzählendes Kochbuch schreiben: über 99 Gerichte, über Gäste und Menschen als Tiere, die kochen können, über den Vorgang Essen, über

Abfälle ..." (IV, 437) Grass erläutert 1978 wie die Recherche zu diesem Thema den Blick auf „einen weiteren in unserer Geschichtsschreibung ausgesparten Teil" lenkten, nämlich den „anonymen Anteil der Frauen an diesem Teil der Geschichte". (Arnold 1978: 30 f.) So ist die 'Gegengeschichte', die im *Butt* erzählt wird, die Geschichte der Frauen, die über Jahrtausende hinweg das Überleben der Menschheit gesichert haben. Der Anteil der Männer hingegen ist vornehmlich zerstörerischer Natur, hat ihr Fortschrittsglaube und Machtwahn die Welt doch an den Rand der Katastrophe getrieben. Das Gedicht „Am Ende" wirft denn auch gegen Schluß des „Ersten Monats" die Frage auf: „Männer mit steiler Idee, der Taten platt folgten, / sind endlich – fragen wir uns – am Ende?" (V, 112) Das männliche Erzähler-Ich legt mit seiner Autobiographie also auch ein stellvertretendes Schuldbekenntnis ab und möchte manches, wie er gesteht, gerne verschweigen. „Woran ich mich nicht erinnern will", lautet denn auch das letzte Kapitel des „Ersten Monats". Das Eingeständnis männlichen Versagens ist zugleich ein Appell an Ilsebill als Stellvertreterin aller Frauen, die weibliche Emanzipation nicht als Nachahmung männlichen Fehlverhaltens mißzuverstehen. Die „Erinnerungsreise" wird so zur „gigantische[n] Überzeugungskampagne" des Erzählers „an die Adresse seiner unzufriedenen Frau". (Durzak 1979: 309)

Die erzählerische Folie, auf der die Maßlosigkeit der Männer angeklagt wird, ist das besagte Märchen „Von dem Fischer un syner Fru". (V, 25) Diesem „Schummelmärchen" (V, 24), das die Geschichte verfälscht und in dem die Frau „ein zänkisches Miststück [ist], das immer mehr haben, besitzen, beherrschen will" (V, 25) stellt der Erzähler die „andere Wahrheit" entgegen. (V, 24) Mit jener Fassung, die von den Brüdern Grimm niedergeschrieben wurde, sollte nämlich die männliche Vorherrschaft gesichert werden. In dieser weit verbreiteten Variante hat ein Fischer eines Tages den sprechenden Butt an der Angel. Dieser bittet den Fischer, ihn freizulassen und stellt die Belohnung in Aussicht, jeden Wunsch zu erfüllen. Die Frau des Fischers, Ilsebill, wird in ihren Wünschen immer anspruchsvoller, bis sie eines Tages begehrt, Gott zu sein. Wegen dieses Größenwahns verliert sie alles wieder und muß fortan wieder mit dem Fischer in der selben armseligen Hütte leben, die sie am Anfang bewohnt hat. Die andere, zu lange unterdrückte Fassung aber erzählt, wie der Mann immer mehr wollte. „Und auch der Butt meinte, es sei an der Zeit, die Urfassung seiner Legende zu veröffentlichen, alle Ilsebills zu rehabilitieren und jenes weiberfeindliche Propagandamärchen zu widerlegen, das er listig unter die Leute gebracht hatte." (V, 25)

Diese Legende beginnt in der Steinzeit mit jenem Tag, an dem der Butt vom ewigen Ich in der historischen Rolle des Edek gefangen wird. Als Gegenleistung für seine Freilassung verspricht er, fortan den Männern ratgebend zur Seite zu stehen. Es „schmeichelt" dem Butt zwar, eine schmackhafte Speise zu sein, aber er könne viel mehr leisten: „Dennoch bin ich sicher, daß mein Angebot, dir, das heißt der Männersache für alle Zeit als Berater verpflichtet zu bleiben, meinen Küchenwert übersteigt. Kurzum: du, mein Sohn, setzt mich wieder frei; ich komme, sobald du mich rufst. Dein Großmut verpflichtet mich, dich mit weltweit gesammelten Informationen zu versorgen." (V, 29) Der Butt öffnet zunächst dem Mann die Augen hinsichtlich seines abhängigen Zustands. Zu diesem Zeitpunkt werden die Männer, die alle Edek heißen, nämlich von den Frauen, allesamt Auas, noch gestillt. Die drei weiblichen Brüste garantieren Wohlsein, Nahrung, mithin umfassende „Fürsorge". (V, 30) Mit dem Tag, an dem der Butt beginnt, die männliche Emanzipation zu befördern, nimmt auch die Geschichte von Leid und Gewalt ihren Anfang. So erweitert der Butt nicht nur das Bewußtsein des Mannes, sondern lehrt Edek das Feuer, das bis dato allein zum Kochen diente, anderweitig zu nutzen: „'Merke, mein Sohn! Metall läßt sich zu Speerspitzen und Äxten schmieden.'" (V, 31) Mit der Produktion von Werkzeug und Waffen beginnt der Fortschritt, der im Roman insofern negativ bewertet ist, als er der Macht dient und Realisierung des technisch Machbaren ohne Rücksicht auf die Konsequenzen für Mensch und Natur bedeutet. So macht der Butt Edek mit dem Geld vertraut (siehe V, 35), weist ihn in die Kunst des Zählens ein und fordert ihn auf, die Welt zu erkunden. Obgleich selbst das Tribunal, das die Frauen über den Plattfisch verhängen, eingesteht, diese Förderung des Entdeckerdrangs habe soziale Kontakte hergestellt, zeitigt die erste Reise der Männer doch auch negative Konsequenzen. Einige Angehörige der Horde kehren durch einen Kampf verletzt nach Hause zurück. Unheilvoll wird der Fortschritt, weil der Mann sich wie die Ilsebill in der Grimm-Fassung nicht begnügen kann. So erzählt der *Butt* von der „Wahrheit" „wie des Mannes Herrschaft immer mehr haben, immer schneller sein, immer höher hinaus will, wie der Mann sich Endziele setzt, die Endlösung beschließt". (vZ, 69) So erläutert Grass in seiner Poetik-Vorlesung, warum auch der *Butt* mit seiner poetischen Prämisse „Schreiben nach Auschwitz" zu tun hat. Im Roman steigert sich der „Fortschrittswahn" beständig, bringt im 20. Jahrhundert „Raketen und Überraketen" hervor (V, 259) und mündet letztlich in der Zerstörung des Planeten: „Und wie zum Schluß der Mann, obgleich ihm seine Frau Ilsebill immer wieder Zufriedenheit anrät – Nu will wy ook niks meer wünschen, sunners tofreden syn …' – hoch zu den Sternen reisen möchte – 'Ik will un will in himmel fleigen …' fällt all die Pracht, Türme, Brücken und Flugapparate in sich zusammen, brechen die Deiche, folgt Dürre, verwüsten Sandstürme, speien die Berge Feuer, schüttelt die alte Erde, indem sie bebt, des Mannes Herrschaft ab, worauf mit großer Kälte die neue alles bedeckende Eiszeit kommt." (V, 412 f.)

Der Butt verkörpert nun zunächst das kontinuierlich negative Prinzip männlicher Herrschaft: „Die Natur will nicht mehr weiblich erduldet, sondern männlich bezwungen werden." (V, 39). Folge dieser aggressiven Weltaneignung sind Blutvergießen, Gewalt und Kriege, Tod und Wahnsinn: „Das vergiftete Blut, der ausgehungerte Leib, das verbrannte Fleisch, das erstickte Lachen, der Rumpf ohne Kopf, die erschlagene Fürsorge. Viel ist da nicht zu beschönigen. Addierte Verluste. Das Konto Gewalt." (V, 530 f.) Die Unfähigkeit des Mannes, aus seinen Fehlern zu lernen, verdeutlicht sich in den häufigen Vergleichen historischer

Ereignisse. Der Hafenarbeiterstreik in Gdansk, der „Mitte Dezember 1970" (V, 134) blutig niedergeschlagen wurde, ist parallel gesetzt mit der Hinrichtung pommerellischer Ritter bei der Besetzung Danzigs durch den Deutschen Orden am 6. Februar 1296 und der Hinrichtung von „sieben Rädelsführern des Handwerkeraufstandes" im Mai 1378. (V, 139) „Doch wenn man die erschossenen Arbeiter von Gdansk und Gdynia mit den hingerichteten Rädelsführern des mittelalterlichen Handwerkeraufstandes verrechnet, besserte sich gegenwärtig wie dazumal politisch nur wenig: Das Danziger Patriziat unterließ zwar den Bierimport aus Wismar, räumte aber den Zünften kein Mitspracherecht in der Ratsversammlung und beim Schöffengericht ein; und auch die Selbstverwaltung der Arbeiterräte von der Leninwerft blieb als Forderung uneingelöst. Seit 1378 hat sich in Danzig oder Gdansk soviel verändert: Die Patrizier heißen jetzt anders." (V, 140) In dieser Parallelisierung historischer Ereignisse verdichtet sich Grass' Auffassung, Geschichte sei ein absurder Prozeß, in dem die Menschen die immer gleichen Fehler begehen. Schon in *Hundejahre* hat Grass diesen Geschichtsbegriff im Bild der Weichsel gestaltet. „Was treibt ein Fluß wie die Weichsel vor sich her? Was in die Brüche geht". (III, 147)

Stachelt der Butt die Männer einerseits zum beständigen Fortschritt an, liefert er ihnen andererseits auch die adäquaten Ideologien, ihre stetig wachsenden Herrschaftsansprüche zu legitimieren. Der Mann erscheint im Roman als das eigentlich unemanzipierte Geschlecht, weil er über Jahrtausende hinweg immer wieder der Macht und ihren inhaltlich wechselnden, aber doch im Absolutheitsanspruch gleichbleibenden Ideologien erlegen ist. Der Butt ist der große Verführer, der dem Mann diese Herrschaft schmackhaft macht, und zugleich die passenden Ideologien anbietet. Daß der Mann darauf willentlich eingeht, beweist seine Unmündigkeit im Grassschen Sinne. So tauschen die Edeks der frühen Menschheitsgeschichte die Abhängigkeit von den Auas nur gegen eine andere, sehr viel gefährlichere Unfreiheit ein. Das beginnt mit dem Wegfall der dritten Brust, die die Frauen der Stein- und Eisenzeit noch besaßen und die seitdem den Männern fehlt. Damals entstand „ein wachsendes Bedürfnis nach Ausgleich, nach einem bißchen männliche Göttlichkeit. Es sollte der Butt ja nicht einziger Gott, sondern bescheiden nur Nebengott sein. Und irgendwann ließ sich eine der immer noch dreibrüstigen Auapriesterinnen darauf ein, von uns Männern mit Bittgesuchen bedrängt: Sie legte sich mit dem Butt ins Schilf oder auf Lau oder auf ein ausgehandeltes Laub-Schilf-Lager und kam tagsdrauf zurück: ohne mittlere Brust." (V, 80) Das heißt, erst mit Wegfall des Dritten, das in dem Roman einen zentralen Stellenwert hat, hat Ideologie eine Chance, tritt die abstrakte Suche nach Sinn ins Leben der Männer: „Und es stimmt schon, oft fehlt heute die dritte. Ich meine, es fehlt irgendwas." (V, 8) Die Zahl Drei steht für den dritten Weg, den Kompromiß zwischen zwei Extremen, den Versuch aus weiblichem und männlichem Prinzip das jeweils beste zu vereinen. Mit Verlust der Brust werden die Männer zugleich abgekoppelt von der weiblichen Verbundenheit mit dem Leben, die in ihrer Fähigkeit des Gebärens und Nährens besteht.

Im Verlaufe der Menschheitsgeschichte vertritt nun der Butt eine Vielzahl von Ideologien bzw. Sinnangeboten. So wandelt er sich zur christlichen Vertröstungslehre: „Was euch auf Erden nicht gelang, soll hier im Himmel gelingen." (385) Hier schwingt Heines *Wintermärchen* mit: „Sie sang vom irdischen Jammertal, / Von Freuden, die bald zerronnen, / Vom Jenseits, wo die Seele schwelgt / Verklärt in ewigen Wonnen." In einem Gespräch 1970 spricht Grass über das Scheitern der „Utopie der Nächstenliebe und [der] Utopie des Sozialismus – beide Utopien sind in relativ kurzer Zeit an der Praxis gescheitert". (X, 89) Praxis bedeutet im *Butt*, den Mißbrauch der christlichen Lehre für den Machterhalt. Vor allem aufschlußreich ist die Kennzeichnung des Butt als „Weltgeist". (V, z. B. 172, 174) Wie im *Tagebuch einer Schnecke* gezeigt, ist Hegels „Weltgeist" bei Grass das Gegenbild zur evolutionären, langsamen, kritischen, zweifelnden Haltung. Auch der Butt beansprucht „den Staat als Idee" für sich. (V, 531)

Für die Feministinnen des Tribunals verkörpert der Butt das „männliche Herrschaftsprinzip". (V, 206) Mit dem Butt sitzen alle Männer und somit auch der Erzähler auf der Anklagebank. Dieser weiß, daß er nur zu bereitwillig auf den Butt eingegangen ist. „Und auch der Butt hat mir die Rechnung aufgemacht: 'Es heißt Bilanz ziehen, mein Sohn. Das sieht nicht gut aus. Ich fürchte, du steht im Minus.'" (V, 531) Weil der Mann „am Ende" ist, hat sich der Butt angeblich freiwillig von den Frauen fangen lassen, um nun diesen zur Verfügung zu stehen und klagt seinerseits den Erzähler im Gespräch an: „'Ich werde dir nicht helfen können, mein Sohn. Nicht einmal mäßiges Bedauern könnte ich dir entgegenbringen. Alle Macht, die ich dir verliehen habe, hast du mißbraucht. Anstatt ein dir gegebenes Recht fürsorglich geltend zu machen, ist dir Herrschaft zur Unterdrückung, ist dir Macht zum Selbstzweck mißraten." (V, 174) Der Butt wechselt also die Seite und dient sich als ideologischer Überbau der weiblichen Emanzipation an. Daraus erwächst die Gefahr, daß die Emanzipation der Frauen nur ein Rollentausch ist, sich das Herrschaftsprinzip, für das der Butt steht, unter umgekehrten Vorzeichen fortsetzt. Im Roman ist die Emanzipationsbewegung, so sie mit einer Theorie die Wirklichkeit zu erklären sucht und gleichzeitig ein erstrebenswertes 'Endziel' anstrebt, eine Fortsetzung aller jener ideologischen Denkgebäude, die nach Grass' Auffassung totalitär sind. Schon die Fangszene läßt diese Richtung der Auseinandersetzung deutlich werden: „'Was uns praktisch fehlt', sagte Fränki beim Schiffchenfalten, 'ist ne ideologisch saubere Überichstütze.' Da biß der Butt an. Glaub mir, Ilsebill! Auf Stichwort mit Absicht." (V, 43)

Obgleich Grass im *Butt* die Notwendigkeit grundlegender Veränderungen nicht in Abrede stellt, scheint er doch eine grundsätzliche Abkehr von der weiblichen Rolle für den falschen Weg zu halten. Das in Kritik und Forschung viel diskutierte Vatertag-Kapitel demonstriert aus dieser Perspektive die Gefahren der Adaption männlichen Verhaltens. Die 'weibliche' Billy wird von ihren Geschlechtsgenossinnen Fränki, Mäxchen und Siggi, die maskulines Gehabe negativster Form imitieren, mit Hilfe eines künstlichen Penis vergewaltigt. Die weibliche Rolle ist im Roman in der Geschichte der neun Köchinnen gestaltet. Indem Grass die Geschichte der Frauen mit jener des Essens verbindet, weist er den Frauen einen sinnlichen Part der Weltaneignung zu. Weiblicher Fortschritt besteht in der Findung und Zubereitung von Nahrungsmitteln und Gerichten selbst unter schlechtesten Bindungen. Das beginnt mit der Umdeutung des Prometheus-Mythos, in der eine Frau „über den Regenbogen" zum „Himmelswolf" stieg, der das „Urfeuer" bewacht. (V, 61) Wigga hat die „Wunschrunkel", die eisenzeitliche Droge abgeschafft, die die Männer in „Trägheit" versetzt hat und stattdessen den Ackerbau eingeführt. (V, 90 f.) Kartoffeln und Kohl setzten Frauen erfinderisch ein, um dem Hunger zu begegnen. Weil Grass im *Butt* die Frauen als Ernährerinnen präsentiert, weist er ihnen die historisch bedeutendere Rolle zu: „Um es an einem Beispiel deutlich zu machen: Die Einführung der Kartoffel in Preußen und damit die Ablösung der Hirse als Hauptnahrungsmittel für die Masse der Bevölkerung ist für mich ein geschichtlich weit größeres und folgenreicheres Ereignis gewesen als der gesamte Siebenjährige Krieg." (X, 191) Wie schon in der Forschung herausgearbeitet, reduziert Grass die Frauen durch solche Rollenzuweisungen. Dem Frauenbild im *Butt* liegt eine stark biologistisch geprägte Auffassung von Geschlechtsidentität zugrunde, denn die biologisch determinierte Fähigkeit des Gebärens und Stillens ist mit der sozialen Rolle weitgehend gleichgesetzt. Wie Barbara Garde konstatiert, wird die „Frau als 'das Andere'" wahrgenommen, „als alles, was das männliche Ich nicht ist – oder nicht sein will – [...] Das männliche Prinzip ist bestimmt von Zivilisation, Fortschritt und Kultur, das weibliche Prinzip ist dementsprechend gegenteilig definiert: durch Stagnation und Naturhaftigkeit.". (1997: 105) Garde zeigt auf, daß Grass dieses Frauenbild nicht erst im *Butt*, sondern schon in der *Blechtrommel* entwirft, „wobei Grass' Wertschätzung eindeutig bei der weiblichen Lebens– und Überlebensart liegt." (Ebd.) Dennoch sind die Frauen nicht einfach die 'besseren Menschen' und als Ausweg aus der verfahrenen Situation, in die die Menschheit durch männliches Erfolgs- und Machtdenken geraten ist, bietet sich nur der schon angesprochene dritte Weg: Frau und Mann müssen sich gemeinsam als Menschen und nicht in ihrer geschlechtlichen Rolle emanzipieren, und Emanzipation kann bei Grass nur heißen, nach den, wenn auch schwankenden, Grundsätzen der Aufklärung den pragmatischen Weg der kleinen Schritte zu gehen.

1.4 Ein Märchen

Der dritte Weg, das Dritte, ist auch jene dritte Version des Märchens, auf die im Kapitel „Die andere Wahrheit" im „Sechsten Monat" angespielt wird. Hier berichtet der Erzähler von einem 'romantischen' Treffen „im Herbst des Jahres 1807". An der Zusammenkunft im Wald nehmen „die Brüder Jakob und Wilhelm Grimm mit den Dichtern Clemens Brentano und Achim von Arnim" (V, 407) sowie „der Maler Philipp Otto Runge [...] und Bettina, die Schwester des Clemens Brentano" teil. (V, 408) Während dieses Treffens präsentiert Runge die zwei Fassungen des Märchens „Von dem Fischer un syner Fru", die eine alte Frau dem Maler „in sein Sudelbuch gesprochen" hatte. (V, 411) Auf Runges Frage, welche der beiden Versionen denn die richtige sei, antwortet die Frau: „'Dat een und dat anner tosamen.'" (V, 412) Der Literaturwissenschaftler Heinz Rölleke ist der komplizierten Überlieferung des Märchentextes nachgegangen und legt dar, daß Runge tatsächlich zwei verschiedene Fassungen des Märchens vorgelegen haben. Grass nutzt also nicht nur das Märchen, um wiederum eine andere Wahrheit vom Verhältnis der Geschlechter zu schreiben, sondern gerade das Nicht-Faktische der mündlichen Überlieferungen, in denen Deutungen von Welt aus der Perspektive 'von unten' immer wieder anders kolportiert werden. Weil aber Märchen von dieser anderen Wahrnehmung zeugen, sind sie geeignetes Medium für Grass' Anspruch „tatsächlicher als alle Tatsachen" zu sein: „Mir ist auch bei der Vorarbeit noch deutlicher geworden, als ich es vorher geahnt habe, wie sehr unsere Geschichtsschreibung, die sich als authentisch ausgibt, weil sie auf Dokumenten fußt, Fiktion ist: nicht zugegebene Fiktion. Man merkt sehr rasch, daß diese Dokumente, das gesamte Frühmittelalter betreffend, die zufällig überwinterten, alle aus der Tendenz ihrer Zeit heraus geschrieben wurden von Leuten, die schreiben konnten. [...] Bis Gutenberg, da beginnt dann auf einmal etwas Breiteres, da kommen dann auch Gegenmeinungen zu Papier, aber vorher ist das alles entweder kirchliche oder fürstliche Schreiberei jeweils zu dieser oder jener Position, und damit arbeiten Historiker. Die Löcher dazwischen sind für den Schriftsteller interessant. Ich sehe mich in der Lage, genauere Fakten zu erfinden als die, die uns als angeblich authentisch überliefert wurden." (Arnold 1978: 31)

Für Grass' Anspruch, genauere Fakten zu erfinden, ist die Form des Märchens nicht nur für den *Butt*, aber hier besonders von zentraler Bedeutung. Aus Anlaß eines Schriftstellertreffens hält Grass 1981 die Rede „Literatur und Mythos". (IX, 792–796) Er geht hier zunächst auf die ambivalente Funktion von Mythen ein und rekurriert indirekt auf die *Hundejahre*, wenn er sagt, daß „wir in Deutschland noch immer die Folgen jener Politik tragen müssen, die einen neuen Mythos schaffen wollte, doch deren Ergebnis Auschwitz hieß. (IX, 792) Dennoch spricht Grass Mythen und Märchen eine produktive Dimension für das Verständnis von Wirklichkeiten zu. Ein immer engerer „Vernunftbegriff" habe sich nämlich einen eigenen „Irrationalismus" mit antiaufklärerischer Tendenz geschaffen. (IX, 792) Märchen und Mythen vermöchten hingegen einen Erkenntnisgewinn zu vermitteln, der einem technokratischen Vernunftbegriff verschlossen bliebe: „Könnten nicht sie, die Literaten, ihr, der Vernunft, die immerhin vernünftige Einsicht beibringen, daß Märchen, Mythen und Sagen nicht außerhalb unserer Wirklichkeit entstanden sind, also nicht irreal am Rande hausen und reaktionäre Finsternis beschwören müssen, sondern Teil unserer Realität und kräftig genug geblieben sind, um uns klarer, wenn auch mit gesteigertem Ausdruck in unserer existentiellen Not und Wirrnis darzustellen, als es die überdies wortarm gewordene, nur noch im Fachjargon nuschelnde Vernunft vermag?" (X, 794)

Walter Filz, der die „Rolle des Märchens in 'Butt' und 'Rättin'" untersucht hat, weist auf den romantischen Traditionszusammenhang des Grassschen Märchenbegriffs hin: „Geschichten als Gegengeschichte. – Grass' Bestimmung des Märchen als Träger einer 'anderen Wahrheit' weist zurück auf das Märchenverständnis der Romantiker, für die ja auch – Novalis' programmatischem Gedicht zufolge – nicht 'Zahlen und Figuren', sondern 'Märchen und Gedichte' von den 'ewgen Weltgeschichten' künden. Die Romantiker haben die geistigen und gesellschaftlichen Folgen der Aufklärung (technischer Fortschritt, beginnende Industrialisierung u. a.) als zunehmende Entfremdung von Mensch und Natur, Subjekt und Welt kritisiert und ihr die Forderung nach einer 'Repoetisierung des Lebens', der Verschmelzung von Kunst, Wissenschaft und Religion, entgegengesetzt. Wichtigstes Medium dieses poetologischen Konzepts ist das Märchen." (1997: 96 f.) Auch wenn Grass Adaption der romantischen Märchentradition mit deren „Idealisierung" (ebd.) nichts gemein hat, so kann doch eine gewisse Skepsis gegenüber dem aufklärerischen Vernunftbegriff gerade für den *Butt* nicht geleugnet werden.

Im *Butt* hat Grass die irrationale Komponente eines männlich geprägten Fortschrittsbegriffs vermittels eines Märchens enttarnt. Gleichzeitig ist die Märchenform Teil einer Erzählweise, die einen Raum der Überzeitlichkeit schafft. Die Märchenformel „Es war einmal ..." fungiert als eine Beschwörungsformel des Vergangenen. Märchen erzählen wunderbare Begebenheiten, die nicht verwundern, aus einer nicht näher bestimmten Vergangenheit, deren 'Lehren' aber von zeitloser Gültigkeit sind. Märchen verbinden den Menschen mit einer Vorzeit, die für ihn nicht zugänglich ist. So ist eben auch Grass' Erzähler unsterblich und kann die 'Ewigkeit' erinnern. Märchen übernehmen durch die Tradierung zudem eine Funktion für die kollektive Gedächtnisbildung: „mit dem Märchen stiftet sich der Mensch selbst einen Raum des Überlebens". (Scholl 1990: 97) Die Zeitlosigkeit des Märchens eignet sich, das Andauern menschlicher Fehler im Sinne einer immer gültigen Konstante aufzuzeigen. Gegengeschichte in Märchenform ist nicht nur eine Strategie, den historisch nicht überlieferten „Doppelboden unserer Realität" (IX, 795) darzustellen, sondern gleichsam dem Menschen einen Spiegel vorzuhalten, mithin aufklärerisch zu wirken. In dem Gegenmärchen, das der *Butt* der tradierten Fassung, die von den Brüdern Grimm niedergeschrieben wurde, entgegenhält, treffen sich der aufklärerische Aspekt über die zerstörerische Qualität menschlichen Machtwillens mit dem Anspruch, ungeschriebene Geschichte zu erzählen, das heißt Alltagsgeschichte über menschliche Lebensumstände. Die Wahl der Märchenform – Grass hatte ursprünglich den Untertitel 'Ein Märchen' wählen wollen und nur wegen verlegerischer Bedenken darauf verzichtet – verweist darüber hinaus auf Grass' Literaturverständnis. Märchen werden mündlich überliefert und verändern sich in diesem Prozeß beständig, sie werden „jedesmal anders erzählt". (V, 643, siehe hierzu

auch Filz 1999: 97 f.) Literatur schreibt sich in der Literaturgeschichte nicht nur
beständig fort, sondern jeder Leser liest aus seiner Zeit, seinem Erfahrungshori-
zont heraus. So verändert sich zwar nicht der Text, aber doch seine Wahrnehmung. Literatur kann für Grass keinen Anspruch auf 'die Wahrheit' erheben,
sondern gerade in ihren märchenhaften Zügen Einblick in die menschliche Existenz gewähren, die vor dem Glauben an vermeintlich sichere Erkenntnisse
schützt.

1.5 Kritik und Forschung

Der *Butt* wurde ein großer Erfolg: „Innerhalb weniger Tage katapultierte das
wieder einmal viele hundert Seiten dicke Buch sich auf den ersten Platz der Best-
sellerlisten und besetzte ihn auf viele Monate. Wieder einmal machten sich Über-
setzer in aller Welt ans Werk. Und schon bald wußten Hunderttausende von Ro-
manlesern, Millionen Leser von Zeitungen und Magazinen, was die
Hauptbeschäftigung des Günter Grass in den vorangegangenen fünf Jahren gewesen war." (Vormweg 1993: 97) Schon einen Monat nach Erscheinen am 10.
August 1977 waren 150.000 Exemplare des *Butt* verkauft, womit die „bisherigen
Verkaufserfolge von sogenannter seriöser Literatur im Deutschland der Nachkriegszeit" übertroffen wurden. (Durzak 1979: 301) Daß der Roman des berühmten Schriftstellers nicht nur gekauft, sondern auch gelesen wurde, zeigt ein
Rezensionswettbewerb, den die Literaturredaktion des *Deutschlandfunks* im
Sommer 1977 ausgeschrieben hatte. 350 Hörer beteiligten sich an diesem Wett-
bewerb und sandten Rezensionen ein, von denen die Hälfte positiv, ungefähr
20 % zwiespältig und knapp ein Drittel ablehnend ausfielen. (Vgl. Durzak 1985:
74 f.) Ungewöhnlich einhellig war denn auch die Meinung der Kritiker. „Es
überwiegen die gemäßigt positiven Urteile", doch auch in negativen Kritiken
wurde attestiert, daß es sich hier um „ein ambitioniertes und zumindest partiell
gelungenes Projekt" handele. (Arnold 1996: 135) Nach der langen Abstinenz
wurde, wie Claudio Isani im *Abend* vom 10. August 1977 schreibt, das „Come-
back des großen Fabulierers" gefeiert. (Ebd. 135) Der relativ lange Zeitraum, der
seit *Aus dem Tagebuch einer Schnecke* vergangen war, wird „positiv gedeutet als
Phase des Reifens". (Ebd. 134) Schwierigkeiten haben viele Kritiker mit der
Komplexität des Romans, so wird die „Episodenhaftigkeit" als ein „Zeichen für
Formlosigkeit, für das Maßlose, das Undisziplinierte im Schreiben von Grass"
gewertet. (Ebd. 141) Auch die „Struktur" des Romans wird „kontrovers" bespro-
chen, doch eine Mehrheit lobt die 'Abschweifungen', die die Erzählweise kennzeichnen. Die sprachlichen Besonderheiten werden von der Kritik wahrgenommen und es sind „Ansätze zu einer differenzierten Betrachtung der Sprache" zu
verzeichnen. (Ebd. 143) Manfred Durzak hat die Rezeption des *Butt* zum Anlaß
genommen, den Prozeß der Meinungsbildung in der Literaturkritik zu beleuchten
und stellt eine „geradezu erschreckende Gleichförmigkeit der kritischen Mei-

nungsäußerungen, selbst bei einer Vielzahl von einzelnen Stimmen" fest (1985: 65). Mit Ausnahme von Hellmuth Karasek im *Spiegel* feierten die „großen Blätter" den Roman. (Ebd. 72). Negativ wurde der Roman in der Frauenbewegung aufgenommenen: „Als die Frauenzeitschrift 'EMMA' in ihren Anfangsjahren monatlich einen besonders frauenfeindlichen Mann des öffentlichen Interesses zum 'Pascha des Monats' kürte, hatte Günter Grass als einer der ersten die zweifelhafte Ehre, mit diesem Titel ausgezeichnet zu werden. Grund für die Ernennung zum Ober-Chauvinisten war seine Darstellung der Frauenbewegung im 'Butt', die weiblicherseits als patriarchalisch-tendenziös und sexistisch empfunden wurde." (Garde 1997: 103)

Das Frauenbild im *Butt* hat auch die Forschung, insbesondere die feministische Literaturwissenschaft beschäftigt. Irmgard Elsner Hunt analysiert die Frauengestalten des Romans und sieht den *Butt* auch als eine „Geschichte der Mütter". (1983: 2) Sie interessiert der Müttermythos und legt ihrer Untersuchung die Studie von Johann Jakob Bachofen *Das Mutterrecht* zugrunde. Barbara Garde hingegen untersucht die Auseinandersetzung mit der Frauenbewegung und zeigt auf, daß die Feministinnen, die dem Tribunal angehören, jeweils sehr präzise den Strömungen der damaligen Frauenbewegung entsprechen. Aus kritischer Perspektive beleuchtet sie Grass' Rezeption der Emanzipationsbewegung und zeigt, „wie Grass am Phänomen Frauenbewegung Zeitgeschichte malt." (1988: 12) Der Autor bewerte die Frauenbewegung als „Fortsetzung der APO". (Kap. 1.1.2) Vor allem aber sei der Roman kein Buch über die weibliche Emanzipation, sondern eines „über die Schwierigkeiten der Männer mit dieser neuen Frauenorientierung." (13) Wie auch Elsner Hunt weitet Claudia Mayer-Iswandy den Blick aus auf die Frauengestalten seit der *Blechtrommel* und untersucht die Geschlechterrollen. Sie legt dar, daß Grass das männliche Rollenverständnis schon seit dem ersten Roman problematisiert.

Neben der Diskussion um 'sex' und 'gender' interessiert die Forschung vornehmlich die Adaption des Märchens bzw. das Verhältnis von Erzählstruktur und Märchentradition, die Erzählperspektive, die Ausbreitung und erzählerische Aufbereitung des historischen Zeitraumes, der Geschichtsbegriff und aufklärerische Ansatz des Autors sowie die Ernährungsfragen bzw. die Hungerproblematik.

Auch Hanspeter Brode geht in seiner Untersuchung des Gesamtwerkes 1979 auf die „Frage nach den gestörten Rollenbeziehungen" ein, die Grass im *Butt* thematisiert. Er konstatiert, daß „mit dieser Zerstörung herkömmlicher Partnerrollen in historischer Perspektive auch die Weltgeschichte zu Bruch" gehe, war diese „doch nicht mehr als eine Projektion männlichen Konkurrenz- und Leistungsdenkens." (181) Brode macht zudem eine Nähe zwischen *Aus dem Tagebuch einer Schnecke* und dem *Butt* aus, denn „in beiden Büchern gibt es ein zentrales Mitteilungsverhältnis, um das herum der gesamte Stoff angeordnet ist, und zwar so, daß sämtliche Erzählaspekte immer wieder auf diese mittlere Achse ausgerichtet sind." (178) Auch Gerhild S. Williams, die einen strukturalistischen Ansatz verfolgt, benennt 1980 Parallelen zum *Tagebuch*. Sie behandelt den *Butt*

„exemplarisch" als einen „Text", der „eine dynamische Verbindung herstellt [...]
zwischen geschichtlicher Realität und deren Reproduktion in Kontext und Form,
zwischen vergangener Epoche und Gegenwartsgesellschaft auf allen Ebenen
menschlichen Wahrnehmens." (183) Eine Fortsetzung der Erzählhaltung, wie sie
das *Tagebuch* kennzeichnet, stellt auch Thomas 1982 fest. Er beschäftigt sich mit
der Konzeption des Romans und zeigt auf, wie die Themen in den einzelnen Monaten jeweils entfaltet werden. Bezüglich der Schuldhaftigkeit des Erzählers konstatiert er eine Parallele zur *Danziger Trilogie* (vgl. 275), aber gleichzeitig zeichne den *Butt* durch die Hunger-Thematik eine Ausweitung auf eine außer-
europäische Perspektive aus: „Grass extends the European context of his novel to
embrace the non-European world (and incidentally builds the Brandt report into
his book!)." (268)

Ebenfalls 1982 gibt Gertrud Bauer Pickar einen Band mit Aufsätzen zum
Butt heraus, die verschiedene Aspekte des Romans abdecken: So leiste Patrick
O'Neill eine Einordnung des *Butt* in den Werkzusammenhang und untersucht
den Plattfisch als Verkörperung des „Weltgeistes", eine Art „Überhegel". (3) Ein
zentrales Motiv ist seines Erachtens das „castration motif". (11) Siegrid Mayer
deckt die „lyrischen und graphischen Quellen" des Romans auf, Friedrich Ulfers
bietet eine Untersuchung von Mythos und Geschichte, Leslie A. Wilson beschäftigt sich mit der Bedeutung der Zahlen, bzw. dem Spiel mit Zahlen, und Herbert
Jaumann bietet „eine empirische Fallstudie zum Image von Günter Grass". Besonders hervorheben möchte ich den Beitrag von Siegfried Mews „Der Butt als
Germanist: Zur Rolle der Literatur in Günter Grass' Roman". Er stellt die Bele-
senheit des Butt heraus, der zum Ratgeber der Erzählers avanciert. Der Fisch
wende seine „Kenntnisse praktisch an, indem er dem Erzähler 'literarische Rat-
schläge' bei der Abfassung seines Buches erteilt." (24) Mews betont vor allem
die Bedeutung des Kapitels „Die andere Wahrheit", dem eine „programmatische
Bedeutung" zukomme, „den in diesem Kapitel entwickelt der Autor unter Benut-
zung eines Gerüsts literaturgeschichtliche versifizierbarer Personen und leicht
modifizierter Daten und Fakten eine wirkunsvolle und plausible Szene für seinen
Erklärungsversuch der seit 1877 verschollenen 'anderen Wahrheit'". (26)

Ebenfalls sehr instruktiv ist der Sammelband, den Philip Brady, Timothy
McFarland und John J. White 1990 unter dem Titel *Sexual Politics and the Male
Myth of History* herausgeben. Es würde zu weit führen, auf die hier versammelten Beiträge im einzelnen einzugehen. Besonders hervorheben möchte ich daher
nur zwei Aufsätze. David Jenkinson untersucht die „Conceptions of History" und
legt die Funktionen der historischen Episoden dar: „First, they are intended to
convey the essential quality of particular historical periods. Second, these episo-
des dramatize a series of ahistorical variations of basic 'constellations', pri-
nicpally that of an aggressive/inadequate man and an oppressed/rebellious woman." (52) Timothy McFarland beschäftigt sich mit der religiösen Fanatikerin
Dorothea von Montau, jener Frauenfigur im *Butt*, die tatsächlich gelebt hat. An

diesem Beispiel arbeitet McFarland die Etablierung von Geschichte im Roman
heraus.

2. Die Rättin

2.1 Entstehung und zeitgeschichtlicher Hintergrund

Nach dem *Butt* erscheinen zunächst in rascher Folge die Erzählung *Das Treffen in Telgte* und das halbdokumentarische „Arbeitsjournal" *Kopfgeburten oder Die Deutschen sterben aus.* Nach dem Erscheinen von *Kopfgeburten* 1980 legt Grass eine „Schreibpause" ein, bevor er die Arbeit an der *Rättin* aufnimmt: „Da habe ich drei Jahre lang nichts geschrieben, Bildhauerei gemacht, gezeichnet. Das war sehr schön. In der Zeit ist das dann im Kopfe entstanden, langsam. Es gab auch die ersten Skizzen zu dem, was jetzt Buch wird." (X, 456) Es entstehen im Umfeld der ersten Aufzeichnungen „Rattenplastiken, –zeichnungen und –radierungen". (Neuhaus 1997: 193) Die Rückkehr zur Schreibarbeit gestaltet sich schwierig, wie ein Brief an Helen Wolff bezeugt: „Mein Rattenprojekt kommt langsam, sehr langsam zu Papier." (Zitiert nach ebd.) Das mag nicht zuletzt mit den neuen Herausforderungen zusammenhängen, vor die Grass die Literatur angesichts einer zunehmenden Bedrohung der Menschheit gestellt sieht. Daß erstmals in der Geschichte der Menschheit der Mensch selber die Möglichkeit geschaffen hat, sich selbst zu vernichten, hat „zu einer veränderten Schreibtischsituation" geführt. (L'80 1984: 36) Schon im *Butt* kündigt sich ja der wachsende Zweifel an der Vernunft des Menschen an. Bereits 1974 spricht Grass von der „Verzweiflung" angesichts der waffenstarrenden Machtblöcke. Er hebt auf eine Rede Willy Brandts vor der UNO im September 1973 ab: „Das war ein nahezu verzweifelter Appell an die Vernunft, der Hinweis, daß die Vernunft das einzige Instrument sei, mit dem wir Katastrophen begegnen können, die prompt auf uns zukommen." (X, 140) Daher gewinnt in den achtziger Jahren zusehends Grass' Sorge um die Zukunft an Bedeutung, so daß die Dimension des – drohenden – Zukünftigen auch für das Schreiben stetig bedeutender wird. Die poetische Quintessenz – „Vergangenheit und Gegenwart lösen einander nicht ab, wirken sich gleichzeitig aus und nehmen in Sorge Zukunft vorweg" (IX, 472) –, die ihre Entsprechung in der politischen Auseinandersetzung findet, erfährt eine Gewichtsverschiebung auf die „Sorge".

Im Angesicht der Gefahren, die dem Planeten durch atomare Hochrüstung, Überbevölkerung und Umweltzerstörung drohen, kann auch „jenes Buch, das zu schreiben ich vorhabe, nicht mehr so tun, als sei ihm Zukunft sicher. Der Abschied von den beschädigten Dingen, von der verletzten Kreatur, von uns und unseren Köpfen, die sich alles und auch das Ende all dessen ausgedacht haben, müßte mitgeschrieben werden." (IX, 832) So kündigt Grass im November 1982 in seiner Rede zur Verleihung des Feltrinelli-Preises, die den Titel „Die Vernichtung der Menschheit hat begonnen" trägt, die *Rättin* an. Hier spricht der Autor über die besagten drängenden Themen, die nicht nur in die *Rättin*, sondern ebenfalls in *Zunge zeigen* und *Totes Holz. Ein Nachruf* auf den sterbenden Wald eingehen. Grass bezieht sich auf die Berichte des „Club of Rome", „unsere nüchterne Offenbarung. Kein von den Göttern oder dem einen Gott verhängtes Strafgericht droht uns. Kein Johannes auf Patmos schreibt seine dunklen, den Untergang feiernden Bilder nieder. Kein Buch der 'Sieben Siegel' wird uns zum Orakel. Nein, sachlich und unserer Zeit gemäß schlagen zu Buche: Zahlenkolonnen, die den Hungertod bilanzieren, die Statistik der Verelendung, die ökologische Katastrophe zur Tabelle verkürzt, der ausgezählte Wahnsinn, die Apokalypse als Ergebnis eines Geschäftsberichtes. Strittig sind allenfalls noch die Stellen hinterm Komma, nicht mehr der unabweisbare Befund: Die Vernichtung der Menschheit durch die Menschen auf vielfältige Weise hat begonnen." (IX, 830) Eben die von Grass angesprochene „spätjüdische und frühchristliche Gattung der Apokalypsen" (Neuhaus 1992: 163) wird zur Vorlage für die *Rättin*, in der das Szenario der Vernichtung in dunklen Farben ausgemalt ist.

Grass' Beunruhigung deckt sich mit Ängsten, die die deutsche Gesellschaft in den achtziger Jahren beschäftigen. Im Verlauf der siebziger und achtziger Jahre entwickelte sich ein wachsendes Bewußtsein für die Gefahren, die Mensch und Umwelt drohen. Die Gesellschaft hatte sich in der Zeit der sozialliberalen Koalition verändert, sie war offen, pluraler und demokratischer geworden. Als Folge entstanden zahlreiche Bürgerinitiativen, in denen die Idee der demokratischen Partizipation umgesetzt wurde. Nicht nur bezüglich der Konstitution der Bundesrepublik, mit der sich Grass von jeher identifiziert hat, sondern auch in Hinblick auf die Verfassungswirklichkeit ist bei Grass in jenen Jahren eine zunehmende Identifikation zu verzeichnen. Deutlich wird dies in einem Gespräch, das der Autor 1983 mit dem Literaturkritiker Fritz J. Raddatz führt. Hier geht Grass auf die Bedrohung durch die Nachrüstung mit „Pershing II"-Raketen ein und blickt zurück auf die Geschichte der Bundesrepublik, wenn er an die seines Erachtens falsche Wiederbewaffnung erinnert. Seine Kritik an zeitgenössischen Entwicklungen bezeichnet er gegenüber Raddatz gerade als Ausdruck von 'Loyalität' gegenüber Deutschland, denn „radikale Demokraten braucht eine Demokratie." (X, 313) So verlagert sich seit dem *Butt* nicht nur der literarische Schwerpunkt, sondern auch der politische.

Zu den zentralen Themen, die seit Ende der siebziger, Anfang der achtziger Jahre die Öffentlichkeit bewegten, gehörten vornehmlich die vielfältigen Gefahren, die der Umwelt drohen. So wurde 1972 der „Bundesverband Bürgerinitiativen Umweltschutz" gegründet. Der Protest gegen die Kernenergie, der sich in Demonstrationen gegen Atomkraftwerke und –anlagen wie Brokdorf 1976, Gorleben oder Kalkar 1977 äußerte. Ein weiteres Thema war der moderne Überwachungsstaat, ein Thema, das Grass in den beiden Reden „Orwells Jahrzehnt" von 1980 und 1983 aufgreift, und vor allen Dinge die Nachrüstungsdebatte 1980, die eine in den 80er Jahren stetig wachsende europäische Friedensbewegung nach sich zog. Im Dezember 1979 hatten die Außen- und Verteidigungsminister der NATO einen Beschluß gefaßt, nachdem neue bodengestützte nukleare Mittelstreckenwaffen, 108 Pershing II und 464 Cruise Missiles, als Gegengewicht zu den bereits installierten sowjetischen SS-20 Rakete aufgestellt werden sollen.

Der Beschluß sah überdies vor, der Sowjetunion Verhandlungen mit den USA über die Stationierung von Mittelstreckenwaffen anzubieten.

Auf innenpolitischer Ebene leitete der Mißtrauensantrag gegen die Regierung und die folgenden Neuwahlen 1983 die sogenannte „Wende" unter Bundeskanzler Helmut Kohl ein, „den Grass schlichtweg verachtet." (Neuhaus 1997: 182) Schon bei Aufnahme der Regierungsgeschäfte war das neue Kabinett durch den Flick-Skandal diskreditiert. Grass regierte auf die politischen Themen, die in den achtziger Jahren zunehmend an Bedeutung gewannen, mit einer „Radikalisierung seines politischen Standpunktes". (Ebd.) Die *Rättin* ist nicht nur Resultat einer Radikalisierung des Aufklärers Grass, sondern auch literarische Verarbeitung eines 'Zeitgeistes', der von Angst geprägt war. Der Eindruck, Grass beschreibe eine denkbare Entwicklung, wird durch eine Koinzidenz unterstützt, denn 1986 kommt es zur Katastrophe von Tschernobyl.

2.2 „ ...als lasse sich durch Rückgriff Zukunft herstellen"

Die *Rättin* beginnt an einem Weihnachtsabend. Der Erzähler hat sich zu Weihnachten eine Ratte gewünscht und bekommen. (Siehe VII, 5) Diese „Weihnachtsratte" hatte Grass sich tatsächlich „1983 als Stichwortgeberin für ein Gedicht von der Erziehung des Menschengeschlechts gewünscht". (Neuhaus 1997: 195) In einem Käfig auf Grass' Schreibtisch 'begleitet' das Nagetier den Arbeitsprozeß. Die reale Schreibsituation geht in den Roman ein. Abermals setzt Grass also einen Erzähler-Autor ein. Dieser träumt nun von der Ratte, die ihm vom Untergang der Menschheit erzählt: „Nicht mehr ich rede, sie spricht auf mich ein." (VII, 7) In diesem Alptraum schwebt der Erzähler in einer Raumfahrerkapsel durchs All, und die Rättin berichtet ihm vom Weltuntergang wie der menschlichen Blindheit gegenüber den Vorzeichen der drohenden Apokalypse. Der Erzähler versucht nun gegen diesen Untergang anzuschreiben: „Nein, Rättin, nein!" Grass etabliert mit dieser Untergangsvision, die in der Forschung als säkulare Umdeutung des Sehers gedeutet wird, eine ausgesprochen komplizierte Erzählsituation und verwebt noch stärker als bisher Vergangenes und Gegenwärtiges, Fiktives und 'Reales' auf verschiedenen Ebenen. Hinzu kommt, daß Die *Rättin* keiner Gattung zugeordnet werden kann. Mit den verschiedenen Handlungssträngen variiert Grass auch Genremerkmale, ganz deutlich in den Märchensequenzen. „Der Mehrzahl der Handlungsstränge entspricht damit eine Fülle von Genres." (Kniesche 1993: 18)

Der erste Handlungsstrang ist die Geschichte der Rättin selber. In ihrem Bericht aus Rattenperspektive wird die Menschheitsgeschichte von der Sintflut bis zum D-Day ausgebreitet. Dies geschieht im Dialog mit dem träumenden Erzähler. Der zweite Handlungsstrang ist die Rückkehr Oskars, der jetzt erfolgreich im Videogeschäft tätig ist. Der dritte Strang ist die Expedition der fünf Frauen, die auf der „Neuen Ilsebill" die Verschmutzung der Ostsee untersuchen. Viertens entwickelt Grass einen Märchenkomplex, der mit dem Waldsterben verbunden ist und nicht zuletzt durchzieht die Geschichte des Bilderfälschers Malskat das Buch. Innerhalb dieser Erzählstränge bilden immer wieder reale Ereignisse den Unterboden. Mit Oskar und der „Neuen Ilsebill" schreibt Grass zudem seinen eigenen fiktiven Kosmos fort, der jedoch ebenfalls dem Untergang geweiht ist.

Die Rättin ist so nicht nur eine Summe des bisherigen Prosaschaffens. Vielmehr noch wird in diesen werkinternen Rückgriffen die Krise des schriftstellerischen Selbstverständnisses deutlich, die ich im Kontext der Entstehung angesprochen habe. Das „Schreiben gegen die verstreichende Zeit", und somit Grass' Werk, ist durch die Möglichkeit eines Overkills radikal in Frage gestellt. Diese Frage nach dem Sinn des Schreibens verweist auf George Orwells düstere Zukunftsvision *Nineteen Eighty-Four*, zu dem *Die Rättin* zahlreiche intertextuelle Bezüge aufweist: „Vor allem aber begegnet bei Orwell der Grundgedanke der 'Rättin', daß alles Schreiben sinnlos wird, wenn die totale Vernichtung droht – wenn auch durch hier durch 'the Ministry of Truth'". (Neuhaus 1992: 164) Ebenfalls auf Orwell geht die Bedrohung durch den Verlust der Sprache zurück. In *Nineteen Eighty-Four* ist die konsequente Reduktion und Manipulation der Sprache ein wesentliches Werkzeug zur Eliminierung des individuellen Bewußtseins, letztlich des Individuums selbst. Die Umdeutung von negativen bzw. bedrohlichen Wirklichkeiten, die mit dieser „Newspeak" und der beständigen Neuschreibung von Geschichte betrieben wird, klingt in den Euphemismen an, die Grass in der *Rättin* einsetzt. Die atomaren Vernichtungswaffen, die „tausend und mehr Interkontinentalraketen" hießen „Friedensmacher, Völkerfreund und ähnlich". (VII, 124) Die Sprache wird eingesetzt um Wirklichkeit zu verschleiern. Auch dagegen schreibt Grass mit der *Rättin* an. Die Umdeutung von Realität durch „Newspeak" spricht Grass in der Rede „Orwells Jahrzehnt II" an, die als Referenztext zur *Rättin* gelesen werden muß: „Unsere Gegenwart ist geprägt von dieser 'Neusprache'. Ob sich die Sowjetunion 'als Friedenslager' feiert, ob der Präsident der USA die von ihm gewünschten MX-Raketen 'Friedensbringer' tauft: Jeweils wird Orwells 'Neusprache' bereichert. In Vietnam vor Jahren, in Afghanistan heute: Als Aggressoren führen die Großmächte nicht etwa Krieg gegen das eine, das andere Volk; nein, sie sehen sich zu 'Befriedungsaktionen' veranlaßt, sie sind bestrebt, 'die Lage zu normalisieren'. Wo immer das Wort 'Normalisierung' verwendet wird, ist jeweils Unterdrückung gemeint!" (IX, 846)

Die Rättin ist, soweit Grass eben das aufklärerische Potential der Sprache einsetzt, ein paradoxes Buch. Der Mensch hat versagend seinen eigenen Untergang verschuldet, der nicht mehr aufzuhalten ist. Der Erzähler will „durch Wörter das Ende aufschieben" (VII, 13), doch die Rättin setzt dieser Hoffnung am Anfang und Ende des Buches ein 'zu spät' entgegen: „Weg seid ihr, weg!" (VII, 8) Die Schlußsätze lauten: „Nur angenommen, es gäbe uns Menschen noch … Gut, nehmen wir an. … doch diesmal wollen wir füreinander und außerdem friedfertig, hörst du, in Liebe und sanft, wie wir geschaffen sind von Natur… Ein schöner Traum, sagte die Rättin, bevor sie verging." (VII, 456) In einem Gespräch über *Die Rättin* im März 1986 beantwortet Grass die Frage nach einer eventuellen „Hintertür für das Prinzip Hoffnung": „Wir haben es in der Hand, diesen Prozeß der schon begonnenen Selbstzerstörung des Menschengeschlechts aufzuhalten." (X, 344) Es sei aber notwendig, den „Zustand der Verdrängung" zu durchbrechen. „Wenn Literatur dazu beitragen kann, das noch einmal und anhaltend ins Bewußtsein zu rufen, ist das eine Funktion, die ich bejahe."

Für diesen paradox aufklärerischen Impetus sind die Zeitverhältnisse des Romans von zentraler Bedeutung. In *Kopfgeburten* beschreibt Grass das Prinzip der Zeitauflösung: „Wir könnten über die Inhalt gewordene Form reden: wie die Vorblende die Rückblende aufhebt und alles Gegenwart ist." (VI, 196) Auch in der *Rättin* ist alles Gegenwart. Neuhaus erläutert in diesem Zusammenhang die Beeinflussung der *Rättin* durch „ein Motiv der traditionellen Apokalyptik", einen qualitativ anderen Zeitbegriff. „Die erwartete 'hämera', der 'Tag des Herrn' ist zugleich die 'hämera', der 'jüngste Tag', der den Tagesbegriff aufhebt, nach dem 'hinfort keine Zeit mehr sein soll' (Off 10,6)." (1992: 171) So gilt auch in dem Zeitalter der Ratten, das mit der Vernichtung des Menschen beginnt, dieser qualitativ andere Zeitbegriff. „Diese Humanen haben gedacht, es werde die Sonne zögern, auf- und unterzugehen nach ihrem Verdampfen, Saftlassen oder Verglühen, nach dem Krepieren einer mißratenen Sorte, nach dem Aus für die Gattung Mensch. Das alles hat nicht den Mond, hat kein Gestirn gejuckt. Nicht einmal Ebbe und Flut wollten den Atem anhalten, wenn auch die Meere hier und da kochten oder sich neue Ufer suchten. Stille seitdem. Mit ihnen ist ihr Lärm vergangen. Und die Zeit geht, als sei sie nie gezählt und in Kalender gesperrt worden." (VII, 29) Diese Aufhebung der menschlichen Zeiteinteilung bestimmt auch die Zeitverhältnisse des Erzählens selber. So ist die Menschheit zu Beginn des Buches schon vernichtet – „Schluß! sagt sie. Euch gab es mal. Gewesen seid ihr, erinnert als Wahn. Nie wieder werdet ihr Daten setzen." (VII, 7) Am Ende des Buches aber steht die Apokalypse den Menschen noch bevor. (Siehe VII, 450) Dazwischen findet sie „in den Traumvisionen" ständig statt. (Neuhaus 1992: 171) Parallel zu Jesu' Verkündung des Gottesreiches – „Denn sehet, das Reich Gottes ist mitten unter euch" – habe Grass, so Neuhaus, in der *Rättin* durch die Auflösung der Zeit 'verkündet': „Sehet, die Vernichtung ist mitten unter euch!" (Ebd.)

Damit tritt das 'vergegenkünftige' Schreiben jedoch in einen Bezug zur Menschheitsgeschichte. Wie schon im *Butt* zeigt Grass, daß zu jeder Zeit der Mensch über ein zerstörerisches Vernichtungspotential verfügt hat, nur nicht so absolut wie im nuklearen Zeitalter. Jederzeit hat der Mensch die Menschlichkeit 'mit Füßen' getreten, so daß ihn jederzeit die gerechte Strafe für sein Versagen ereilen könnte. Der Schriftsteller als moderner 'Seher' ist dazu aufgerufen, von dieser Bedrohung in Vergangenheit, Gegenwart und Zukunft zu berichten. Daher bleibt er auch als Zeuge nach dem Overkill übrig, „aufgespart in der Raumkapsel". (VII, 80) So öffnet Grass mit der *Rättin* den Menschen die Augen für all jene Taten, die sie gestern und heute verdrängen, damit durch „Rückgriff" die

„Zukunft" noch eine Chance habe, auch wenn die Hoffnung auf Besserung des Menschen geschwunden ist – „als lasse sich durch Rückgriffe Zukunft herstellen." (VII, 37) Ob solche Hoffnung noch berechtigt ist, bestimmt die ganze Erzählsituation, wie auch Grass selber betont. Der Erzähler hält an der Hoffnung fest, die Rättin negiert sie. „Und so ist dieses Buch denn auch dialogisch aufgebaut zwischen den beiden. Ein permanentes, immer wieder durch andere Handlungsstränge unterbrochenes Streitgespräch." (X, 346) In diesem Streit liegt für Grass auch die „Dramatik", denn der Leser befindet sich ja gerade auch angesichts der Zeitverwirrungen und Verwischungen der verschiedenen fiktionalen Ebenen in Unsicherheit darüber, wie der Streit endet. (X, 344)

2.3 „In Zukunft nur Ratten noch" oder Abschied vom Menschengeschlecht

Die Folie, auf der Grass vom Scheitern der Vernunft erzählt, ist das ursprüngliche Projekt, das „Gedicht, das von der Erziehung des Menschengeschlechts handelt". Weil aber die Menschen nicht in der Lage waren, den aufklärerischen Vernunftbegriff, der in der *Rättin* durch die Anspielung auf Lessing definiert ist, zu verwirklichen, haben sie ihren eigenen Untergang herbeigeführt. Wie schon im *Butt* faßt ein Gedicht zu Anfang zusammen, worüber der Erzähler schreibt. (VII, 13–15) Die Geschichte seit der Sintflut wird als „epischer Zeitraum" vergegenwärtigt und in Hinblick auf die Ignoranz des Menschengeschlechts verdichtet. In dieser erinnernden Zusammenschau der Weltgeschichte stehen sich Ratten und Menschen gegenüber. Es wird also nicht nur Menschengeschichte, sondern auch Rattengeschichte erzählt. Dabei nimmt das Verhältnis von Ratte und Mensch einen zentralen Stellenwert ein. Einmal sind die Ratten den Menschen überlegen und bilden so die Folie für das Versagen der vermeintlich höherwertigen Gattung. Andererseits sind die Ratten für den Menschen der Inbegriff dessen, was ausgerottet werden muß. „Wann immer von Ratten und deren Ausrottung die Rede war, wurden andere, die augenfällig keine waren, wie Ratten eliminiert", stellt Oskar Matzerath fest. (VII, 53) Auf die Ratten projizieren die Menschen ihre eigene Schlechtigkeit und machen sie zum Überbringer allen Unheils. Die „Rattengeschichten" der Weihnachtsrättin berichten von dem Haß der Menschen auf alles „Rattige" (VII, 79), der sich durch alle Zeitläufte hindurch gleich geblieben ist: „Unser Rattengedächtnis erinnerte mittelalterliche Flagellantenzüge, die angstgetrieben das christliche Abendland heimgesucht, geißelwütige Exzesse, Progrome ausgelöst und vor nichts haltgemacht hatten, weil damals die Pest umging, Menschengeißel genannt. Worauf Schuldige gesucht und gefunden wurden: wir und die Juden sollen die Seuche eingeschleppt und verbreitet haben." (VII, 63)

Die Steigerung dieser haßvollen Verfolgung sind die deutschen Verbrechen. Damit greift Grass in der *Rättin* einen zentralen Komplex der *Hundejahre* wieder auf. Hier wurde, wie berichtet, der organisierte Massenmord über die Rattenjagd zunächst in der Danziger Kanalisation, dann in der Batterie Kaiserhof mit der Massentötung parallelisiert. In dem frühen Roman schildert Grass die Deutschen als jenes Volk, das das verbrecherische Potential des Menschengeschlechts 'vollendet' hat. In der *Rättin* heißt es dementsprechend: „So haben Rattenfänger [...] schließlich ganze Völker ins Unglück gestürzt; noch kürzlich das gutgläubige deutsche Volk, indem der immer gleiche Rattenfänger nicht etwa – was kaum verfangen hätte – 'Die Ratten sind unser Unglück' rief, sondern den Juden jedes Unglück zuschob, bis ziemlich jeder Deutsche zu wissen glaubte, woher das Unglück gekommen sei, wer es mit sich gebracht und verbreitet habe, wen man deshalb zusammenpfeifen und wie Ratten vertilgen müsse." (VII, 53) Die Sage vom Rattenfänger von Hameln nutzt Grass, um die beständige Verführung des Menschen und dessen Bereitschaft, sich verführen zu lassen, in die Geschichte des Untergangs einzubinden. So spielt *Die Rättin* auch im „Jahr des 700. Jubiläums der Hamelner Rattenfängersage": 1984. (Neuhaus, 1992: 164) Der Haß der Menschen auf das Rattengeschlecht besteht seit den Anfängen. So beginnen die „Rattengeschichten" (VII, 8) mit der Sintflut, und nur die Ratten durften „ausdrücklich nicht an Bord" der Arche, weil Noah sich wie alle Menschen vor ihnen ekelte. Doch die Ratten überlebten. „Da lachte der seiner Stümperei überdrüssige Gott, weil Noahs Ungehorsam an unsrer Zählebigkeit zunichte geworden war. Er sagte wie immer von oben herab: Fortan sollen Ratz und Rättlin auff Erden des Menschen gesell und zuträger aller verheißenen Plage seyn..." (VII, 10) So werden die Ratten, die hellsichtiger und aufgeklärter als die Menschen sind, zu Mahnern – doch die Menschen wollen nicht hören.

Die Menschen sind in der *Rättin* gemäß Grass' Bild von der seit Beginn 'gefallenen Schöpfung' von Anfang an schlecht: „Verstockt schwieg Noah und dachte, wie von Jugend an gewohnt, Böses bei sich." (VII, 10) Weil der Mensch von Hause aus 'böse' ist, beginnt die Menschheitsgeschichte bei Grass auch nicht mit dem Sündenfall. Zu keinem Zeitpunkt der Schöpfung war der Mensch 'gut', und die stetige Vermehrung des Menschen bescherte der Welt ein sich ebenso stetig ausbreitendes Unheil. Wenn ein Fortschritt zu verzeichnen ist, dann einer der negativen Art, wie die *Rättin* dem Erzähler vorhält: „Jämmerlich, eure Schlußbilanz!" Sie summiert das menschliche Versagen: „Hunger", „Andauernde Kleinkriege", „Millionen Arbeitslose". „Diese Unfähigkeit, wenn nicht aus neuen, dann aus alten Wunschwörtern, die Freiheit, Gleichheit, Brüderlichkeit hätten heißen können, ein wenig später Erkenntnis zu saugen." (VII, 165) Aber anstatt den europäischen Aufklärungsgedanken, der hier in den Parolen der Französischen Revolution angesprochen ist, als Maßstab des Handelns zu setzen, habe der Mensch die Vernunft auf rationalen, technischen Fortschritt verkürzt und damit die Spirale, die Grass schon im *Butt* beschrieben hat, immer weiter getrieben. Zum Schluß sei der Mensch dumm genug gewesen, sich dem vermeintlichen Fortschritt so vollständig auszuliefern, daß er alle Befehlsgewalt an Maschinen abgegeben habe: „Jaja, sagte die Rättin, hätten und wären sie doch. Sie blieb dabei; es sei bis zum Schluß von den Schutzmächten behauptet worden: nicht die eine, die andere Großmacht habe den Knopf gedrückt, vielmehr seien die Programme 'Frieden machen' und Völkerfriede' nach Rattenweisungen ausgelöst worden und zwar, trotz Zeitverschiebung, gleichzeitig, wie man nun wisse. Das alles geschehe unwiderruflich, weil man die allerletzte Befehlsgewalt Großcomputern übertragen habe." (VII, 122) Damit hat die Menschheit den aufklärerischen Vernunftbegriff endgültig pervertiert, und das Projekt Aufklärung ist gescheitert. „Der Traum der Vernunft" heißt Grass' Rede, die er im Juni 1984 zur Eröffnung der Veranstaltungsreihe „Vom Elend der Aufklärung" hält: „Hat nicht diese überwache, sich wissenschaftlich nennende Vernunft den vormals weitgefaßten Begriff von Fortschritt auf technisches Maß, auf einzig das technisch Machbare reduziert?" (IX, 887) Bei soviel menschlichem „Pfusch" (VII, 131) ist für die Spezies Mensch kein Platz mehr auf der Erde, seine Zeit ist abgelaufen: „In Zukunft nur Ratten noch." (VII, 8) Dank ihrer Überlebensfähigkeit und dem Zusammenhalt unter dem Rattengeschlecht überleben die Ratten den Overkill unter der Erde. Jetzt bricht ihr Zeitalter an. Während die Menschen sich gegenseitig bekämpften, schildert Grass im Roman die Ratten als von Natur aus sozial und aufgeklärt im umfassenden, nicht technisch reduzierten Sinne. Ihr Zusammenleben gestaltet sich nach eben jenen Grundsätzen, die die Menschen mit Füßen getreten haben, auch wenn sie einige menschliche Fehler wiederholen. So berichtet die Rättin von der Entwicklung dreier „Konfessionen". Der Erzähler sieht drei Rättinnen im Streit: „Doch eigentlich ging es im Streit der drei Rättinen, von denen jede meine sein konnte, um Glaubensfragen. Ihrem Gezänk war christlicher Hader abzuhören. Es menschelte, sobald sie Nächstenliebe gegeneinander austrugen." (VII, 277) Dennoch bewältigen die Ratten das Zusammenleben besser als die Menschen, und es gelingt ihnen sogar, sich gegen die genmutierten Rattenmenschen, die Watsoncricks, durchzusetzen. In diesen Wesen gestaltet Grass seine Kritik an der modernen Gentechnologie. Die Watsoncricks versuchen wie die Schweine in Orwells *Animal Farm* die Ratten zu unterdrücken, in dem sie sich als 'gleicher' erklären, werden aber von den Ratten vernichtet. (Vgl. Neuhaus 1992: 170)

2.4 'Nebenschauplätze'

Wie oben erwähnt gestaltet Grass neben der zentralen Rattenthematik und dem Overkill als Folge eines gründlich mißverstandenen Vernunftbegriffs vier weitere Handlungsstränge aus: „Links von meiner Weihnachtsratte steht der Tisch, auf dem sich zu viele Geschichten verzetteln." (VII, 168) Eine dieser Geschichten ist jene von Oskar Matzerath, der als „Gegenfigur zur apokalyptischen Ratte" konzipiert ist. (Neuhaus 1992: 174) Oskar hat nun verschiedene Funktionen im Gesamtgefüge. Zunächst ist er der Ansprechpartner des Erzählers, denn an ihn richtet das Ich seine Geschichten, die es gegen den Untergang erzählt: „'Was, Oskar, halten Sie vom Waldsterben übrigens? Wie schätzen Sie die Gefahr drohender Verquallung für die westliche Ostsee ein? Wo, genau lokalisiert, vermuten Sie die versunkene Stadt Vineta? Sind Sie schon mal in Hameln gewesen? Meinen etwa auch Sie, daß es demnächst zu Ende geht?'" (VII, 26) In der Konfrontation Erzähler-Autor und Oskar hebt Grass die Grenzen zwischen Fiktion und Realität auf. Während Oskar am 'realen' Leben des Autors teilhat –„Ein Abendessen zu zweit"–, partizipiert der Erzähler am Leben Oskars, wie z. B. anläßlich des Geburtstagsempfangs. (Siehe VII, 441–447) Der alte Oskar setzt seine Aufklärungsarbeit, die er ehemals mit der Trommel betrieben hat, fort. Und zwar hat er sich der Moderne angepaßt und produziert Videos der besonderen Art: „'Wir stellen Zukunft her!' sagt mit dem Mund des Rufers, der sein Echo kennt, unser Herr Matzerath". (VII, 37) Oskars Aussage ist ganz wörtlich gemeint, denn seine Firma produziert Videos, auf denen Zukünftiges zu sehen ist. Angelika Hille-Sandvoß beschreibt im Nachwort zur *Rättin* das Potential des Mediums: „Die nahezu unbegrenzten Möglichkeiten dieses Mediums werden in der Szene von Anna Koljaiczeks 107. Geburtstag (auch sie eine alte Bekannte aus der *Blechtrommel*) auf beklemmende Weise deutlich. Im 8. Kapitel wird die vorab gefilmte Geburtstagsfeier während des Geburtstages vorgeführt und als Film im Film in die Unendlichkeit vorstellbar, bis die Vision des Erzählers in diesen medialen Alptraum hinein die Neutronenbombe explodieren läßt". (VII, 458 f) Eine technische Herstellung von Zukunft ist möglich geworden, weil die Menschen im Informations- und Konsumzeitalter ihre Individualität verloren haben. Solchermaßen gleichgeschaltet wird der Mensch berechenbar, und eben diese Berechenbarkeit erinnert wiederum an Orwells *Nineteen Eighty-Four*, vor allem in der manipulativen Dimension, die sich über die modernen Technologien eröffnet. Seine Skepsis z. B. gegenüber dem Fernsehen formuliert Grass in der besagten Rede „Orwells Jahrzehnt II": „Sie wollen die Folgekosten wissen, bevor es zu Folgen kommt. Zum Beispiel, wenn es darum gehen soll, die Bundesrepublik zu verkabeln und nun das Kabelfernsehen als die große Beglückung zu begreifen." (IX, 847) Dennoch weist Oskars Videoproduktion eine positive Dimension auf, denn das mahnende Moment, das der Vorausschau auf zukünftige Entwicklungen innewohnt, deckt sich mit Grass' schreibender Sorge um Zukunft. Auch der Autor hat den Anspruch, durch die Vorwegnahme einer zukünftig denkbaren Vernichtung der Menschheit Bewußtsein zu schaffen. Auf der formalen Ebene arbeitet Grass, äquivalent zu Herrn Matzeraths moderner Videoproduktion, mit Filmtechniken, um die zahlreichen Vor- und Rückblenden und Themenstränge erzählerisch aufbereiten zu können.

Eine Verbindung zwischen der warnend-hoffenden Intention des Erzähler-Autors und der Videoproduktion seiner Figur stellt der Film über den sterbenden Wald dar. In der Waldthematik bündelt Grass zwei zentrale Aspekte des Buches: Erstens die ökologische Katastrophe „als erster Akt des Untergangs der Menschheit". (Hille-Sandvoß, VII, 459) Zweitens eine „ideelle Katastrophe" (Filz 1997: 99). Wie anhand des *Butt* gezeigt, attestiert Grass Märchen eine besondere Funktion in Hinblick auf die menschliche Gedächtnisbildung und das Potential, menschlichen Realitäten gerecht zu werden. Da der Wald der romantische Ort schlechthin ist und solchermaßen auch „Biotop des Märchens" (ebd.), bedeutet sein Sterben auch den Tod der Märchen. Damit aber schneidet sich der Mensch im Grassschen Sinne von einer lange tradierten Geschichte ab. Auch die stetige Veränderung des Märchens in der mündlichen Überlieferung stirbt ab, wenn die Märchengestalten ihren 'Heimatort' verlieren. Doch „[s]chon die Brüder Grimm haben – allein durch die schriftliche Fixierung – die Märchen verfälscht." (Ebd.) In der *Rättin* sind die Märchenfiguren denn auch völlig erstarrt, ohne Leben, wie die Schlümpfe, die im Buch der Inbegriff hohler Gleichförmigkeit sind. „Innen ist das Knusperhäuschen wie ein Museum eingerichtet: Regale, Vitrinen vollgestopft. Jedes Ausstellungsstück erklärt sich durch beschriftete Schildchen." (VII, 117) Die Märchengestalten selber wiederholen die immer gleichen Handlungen. Der Tod der Märchen aber muß in Bezug zu Grass' Poetik gesehen werden, deren Prämisse eben durch die wachsende Zerstörung menschlicher Lebenswelt bedroht ist. Der Verlust der Phantasie käme einem Verlust der entscheidenden literarischen Qualität gleich, der Fähigkeit, Wirklichkeit in all ihren widersprüchlichen Dimensionen gerecht zu werden.

Über Oskar, den „Experte[n] unserer jüngsten Geschichte" (X, 358), gerät abermals auch die deutsche Geschichte ins Blickfeld, hier vor allem die fünfziger Jahre, gegen deren Verdrängungsmechanismen Oskar angetrommelt hatte. 'Heute' gilt ein Videoprojekt des Herrn Matzrath dem Maler Lothar Malskat, der u. a. Fresken in Lübecker Marienkirche nicht restauriert, sondern gemalt zu haben. „Es war einmal ein Maler, der sollte als Fälscher berühmt werden. Und schon, kaum begonnen, stimmt die Geschichte nicht, denn er fälschte nie, sondern malte beidhändig fürwahr. Wer das nicht glaubt, dem hilft kein Gutachten." (VII, 96) In den fünfziger Jahren wurde die wahre Fälschung der historischen Tatsachen von jenen begangen, die Malskat als Fälscher an den Pranger stellten, aber: „Dank Malskat kam historische Wahrheit ans Licht." (VII, 101) Grass berichtet im Gespräch zur *Rättin*, daß Malskat einer von drei „Großfälschern" der fünfziger Jahre gewesen sei und begründet gleichzeitig die Wiederaufnahme Oskars: „Er, ein typisches Produkt der fünfziger Jahre, sieht in den achtziger Jahren seine Stunde wiederkommen. Er war lange wie verdrängt, wie vergessen, auf einmal ist er wieder. Erst jetzt in den achtziger Jahren sind wir mit den Konsequenzen der fünfziger Jahre, den Fehlentscheidungen, konfrontiert." Grass spricht weiter über den Maler Malskat und erklärt: „Aber im Gegensatz zu den politischen Großfälscher, die ich in Genossenschaft mit ihm sehe – den Westen betreffend Konrad Adenauer, den Osten betreffend Walter Ulbricht –, ist er von den drei Großfälschern derjenige, der seine Fälschung zugegeben hat." (X, 358 f.)

Mit dem letzten Erzählstrang, der dem apokalyptischen Bericht der Rättin entgegengesetzt ist, knüpft Grass an die Emanzipationsthematik des *Butt* an. Fünf Frauen, darunter die Partnerin des Erzählers Damroka, stechen mit der „Neuen Ilsebill" in See, um anhand des Quallenwachstums den Zustand der Ostsee zu erforschen. Eigentlich aber sind die Frauen auf der Suche nach der sagenhaften, versunkenen Stadt Vineta. „Und ein Geschenk, das ich für meine Liebste, die mich mit der Ratte beschenkte, in Seidenpapier gerollt hatte: auf handkolorierter Landkarte liegt der pommerschen Küste vorgelagert, Vineta, die versunkene Stadt." (VI, 7) Gemeint ist Danzig. Die Frauen finden Vineta auch tatsächlich, aber die Stadt ist schon von den Ratten besetzt. Während Grass im *Butt* noch Hoffnungen auf die Frauen setzt, einen dritten Weg immerhin noch für möglich hält, ist in der *Rättin* auch das weibliche Prinzip zum Untergang verurteilt. Auch die Frauen vermögen dem tödlich verlaufenden Fortschrittswahn keine Alternative gegenüber zu stellen.

2.5 Kritik und Forschung

Bevor *Die Rättin* 1986 als Buch erscheint, druckt *Die Zeit* im November 1985 einen Vorabdruck ab und bringt der *Tagesspiegel* den Text in Fortsetzungen. So äußert sich Fritz J. Raddatz in der *Zeit* schon am 29. November 1985 begeistert über den neuen Roman von Günter Grass. Zwar ist quantitativ gesehen das Verhältnis zwischen positiven Besprechungen und Verrissen halbwegs ausgewogen, doch da die maßgeblichen Zeitungen wie *Spiegel, Stern, Welt* oder *Frankfurter Allgemeine Zeitung* die *Rättin* negativ rezensieren, dominiert der Eindruck einer schlechten Aufnahme des apokalyptischen Rattenbuches. So startet Günter Schäble unter der Überschrift „Vorbereitungen zur Weltbaisse" im *Spiegel* vom 24. Februar 1986 eine polemische Attacke gegen den Autor: „'So gehts nicht!' hören wir ihn fortgesetzt rufen, denn die Erziehung des Menschengeschlechts hört nimmer auf, fordert eine ganze Planstelle und macht etwas unwirsch." (Arnold 1996: 161) Marcel Reich-Ranicki verreißt in der *Frankfurter Allgemeinen Zeitung* vom 10. Mai 1986 in gewohnter Manier *Die Rättin* als „Ein katastrophales Buch" und stört sich an der fehlenden „Ganzheit" und der 'Gattungslosigkeit'. (Ebd. 173) Hingegen lobt Joachim Kaiser in der *Süddeutschen Zeitung* die Sprache. Viele Rezensenten haben vor allem mit der Fülle des dargebotenen Stoffes Schwierigkeiten, erkennen zumeist nicht die Bedeutung des „Erzählens gegen den Untergang" (ebd. 167) und stoßen sich vor allem an der „Märchenhandlung". In diesem Zusammenhang taucht auch wieder die Kritik an „Grass' weitschweifender Erzählweise" auf. (Ebd. 170) Insbesondere die kleineren Zeitungen wägen die Stärken und Schwächen des Romans ab. Zu einem positiven Urteil kommt z. B. Peter Wirtz in den *Aachener Nachrichten* vom 7. März 1986. Er bezeichnet das Buch als „epochales Werk" (ebd. 163) und stellt im Gegensatz zu vielen anderen Rezensenten fest, daß gerade die fehlende „feste Form" Absicht sei. Grass biete mit dem Werk ein „Panorama" der Gegenwart. (Ebd. 173) Wolfgang Ignée würdigt in der *Stuttgarter Zeitung* vom 1. März 1986 'Moral' und Thema der *Rättin*.

Bei dem Forschungsüberblick möchte ich das Augenmerk auf die Erkenntisse über intertextuelle Bezüge in der *Rättin* lenken, weil die Intertextualität geradezu als eine Komponente der Grassschen Poetik gewertet werden kann. An der *Rättin* wird die Art und Weise der Verarbeitung solcher Bezüge exemplarisch deutlich. Gerade durch die Form der Apokalypse ist das intertextuelle Verfahren für diesen Prosatext konstitutiv. Ansonsten stelle ich nur die Arbeiten von Thomas Kniesche und Christian Auffenberg, beide aus dem Jahr 1993, sowie Volker Neuhaus' Aufsatz zum Ratten-Motiv bei Grass – ebenfalls 1993 – kurz vor. Auffenberg beschäftigt sich mit der „immanenten Poetik" der *Rättin*. Er bezeichnet die *Rättin* als Roman, obgleich diese Gattungszuweisung nicht unproblematisch ist. Die titelgebende Rättin entwickle sich im Buch „zum Sinnbild seiner [Grass', S. M.] Gesellschaftskritik, zur Instanz seiner Erörterung von des Menschen Art und Wesen, Geschichte und Entwicklung". (91) Solchermaßen übernehme sie die Grassschen Positionen „des Zweifelns und der Skepsis", der „Aufklärung" (92), von „Toleranz", „Nächstenliebe", das „Vermögen aus Fehlern zu lernen". (93) Die Rättin verurteile in der Utopie ein „Bewußtsein", das sich der Gegenwart nicht stellt. „Grass erhellt Utopie vor allem als Mechanismus der Verdrängung und als Fetisch des Fortschrittsglaubens." (95) Auffenberg erläutert die erzählerische Funktion der Rättin im Verhältnis zum Erzähler: Die Rättin „initiiert [..] visionäre Verhältnisse, die zukünftig aber nur in der Perspektive des Ich-Erzählers sind. Ihr selbst hingegen sind sie real." (97) Das vergegenkünftige Erzählen, das erzählerische Prinzip der „Gleichzeitigkeit" sei „für Grass das tragende Moment einer der disparaten Heterogenität von Wirklichkeit angemessenen Erfahrung und Bewältigung". (103) Die Zeitverhältnisse spiegelten sich auch in dem Erzähler, der ein „Vertreter der zeitgenössischen Gegenwart" sei und der Rättin als „personifizierte Zukunft". (105) Das Erzählen selber sei eine „Existenzfrage" (110), „[i]mmer wieder" sei daher „der Handlungsverlauf vom Zwang des Weitererzählens geprägt." (112) Die Erzähltechnik sieht Auffenberg von einer Film- bzw. Schneidetechnik geprägt. Das „komplexe Erzählbild" entstehe durch die Methode des sogenannten „'cross-cutting', das wechselndes Bildgeschehen in sich kreuzender Schnittfolge arrangiert". (106) So sei die „filmische Schreibweise [..] für Grass das adäquate Mittel, moderne Wirklichkeit künstlerisch abzubilden und wiederzugeben." (148) Thomas Kniesche legt bei seiner Untersuchung der *Rättin* einen psychoanalytischen Ansatz zugrunde. Er geht von der Theorie aus, daß jeder Text „überdeterminiert" sei und „Möglichkeiten dieser Überdeterminierung am Beispiel des Signifikanten 'Ratte' bei Grass können gezeigt werden." (12) Gleichzeitig sei die „Logik des Traumes [..] aber auch die Logik der Intertextualität". (13) „In Grass' auf besondere Weise apokalyptischen Text kommen alle Arten von Intertextualität vor. Die Anspielung und das Zitat verweisen immer wieder auf andere Grass-Texte, aber auch auf literarische Vorbilder wie Lessing, Jean Paul, Alfred Döblin oder Nicolas Born. Aber auch jene Art von Intertextualität, die Gérad Genette 'l'architextualité' genannt hat, die Bezugnahme auf literarische Gattungen, spielt in der Rättin eine große Rolle." (18)

Volker Neuhaus hebt in seinem Aufsatz und der Monographie auf die „lange und positive Tradition" ab, die die Ratte in Grass' Werk hat. Schon in dem Drama *Hochwasser* sind Motive vorweggenommen, die später in der *Rättin* wiederkehren. Gleichfalls fände sich das Rattenmotiv in den Gedichten „Saturn", wo sie positiv mit den Tauben kontrastiert werden, und „Racine läßt sein Wappen ändern". Im letztgenannten Gedicht „erscheinen sie als Wappentiere von Grass' nichtdualistischer Welt geradezu als Bedingung von künstlerischer Kreativität". (1992: 164)

Ebenfalls von Neuhaus stammt eine instruktive Untersuchung der Einflüsse durch die „jüdisch-christliche Gattung der Apokalypse". (1992 u. 1993: 163–172) Mit diesem Vorbild habe Grass eine Möglichkeit gefunden, abseits trivialer Szenarien den Untergang der Menschheit erzählerisch umzusetzen. „Wie der traditionelle Apokalyptiker sich den von Gott geschickten Bildern nicht entziehen kann, so wenig kann es der Erzähler der 'Rättin'; vom ersten 'Nein, Rättin, nein!' (VII, 8) bis zum letzten 'Nur angenommen, es gäbe uns Menschen noch...' (VII, 456) erweist sich das visionär Geschaute der verbalen Einrede gegenüber als überlegen." (1992: 165) Auch der Zustand des Erzählers im Traum, eingeschlossen in seiner Raumfahrtkapsel, entspreche „der apokalyptischen 'Entrückung' des Sehers in die Himmelswelt." Außerdem werde der Erzähler wie der „Seher der Baruch-Apokalypse" [...] 'aufbewahrt' oder 'bewahrt' 'bis ans Ende der Zeiten, auf daß du zur Stelle bist, um Zeugnis abzulegen' (Baruch, 10, ähnlich Baruch 6)." (Ebd. 165 f.) Das „pessimistische Bild von der gefallenen Schöpfung" steigere Grass in der *Rättin* zum Bild einer Welt, die „radikal vom Bösen besessen" ist. Von den „'apokalyptischen Wehen'" beeinflußt sei die Untergangsschilderung. (Ebd. 168).

1997 legt Mark Martin Gruettner seine Studie *Intertextualität und Zeitkritik in Günter Grass Kopfgeburten und Die Rättin* vor. Wie Neuhaus auch geht Gruettner zunächst den vielfältigen Bibelbezügen in Grass' *Rättin* nach. Sodann legt Gruettner u. a. Bezüge offen zu Albert Camus' *Die Pest*, wo Ratten eben die titelgebende Krankheit bringen, Jean Paul Sartres Roman *Der Ekel* und Nietzsche. Dessen „Begriff des 'Übermenschen' tritt in der *Rättin* als die 'Überratte' auf". (69) „Ein anderer historischer Roman, der für die Geschichte der Ratten Pate stehen durfte, ist *Tsushima* von Frank Thiess, der die Geschichte des Russisch-Japanischen Seekrieges (1904–1905) behandelt." Hier tauche das Thema der perfekten Überlebensstrategie der Ratte auf. Des weiteren deckt Gruettner Bezüge im Kontext der Aufklärungsthematik auf. Neben Lessing, das Projekt war ja ursprünglich als Gedicht über die *Erziehung des Menschengeschlechts* geplant, geht Gruettner den Einflüssen durch Kant nach, der im Buch direkt genannt ist. (VII, 175) Gruettner zeigt, daß die Orwell-Rezeption in der *Rättin* in engem Bezug zum Aufklärungsdiskurs steht. Die Orwell-Bezüge sind in Grass' Untergangsvision ja sehr offensichtlich, sei es die „Neusprache", die Angst des Protagonisten vor Ratten und die entsprechende Folterszene. (82) Schon allein die Tatsache, daß die Handlung 1984 spielt, macht den Bezug augenfällig. Wie schon Neuhaus verweist auch Gruettner auf die Parallelen zu Orwells *Animal Farm*. Zudem bietet Gruettner eine ausführliche Darlegung der Märchenanspielungen und Querbezüge innerhalb des Grassschen Œuvres selbst.

3. Zunge zeigen

Nur wenige Monate nach Erscheinen der *Rättin* trat Günter Grass gemeinsam mit seiner Frau Ute eine Reise nach Indien an. Vorgesehen war ein einjähriger Aufenthalt in dem hoffnungslos übervölkerten Subkontinent, und zwar bewußt nicht in den abgeschiedenen Quartieren für wohlhabende Europäer, die ein Ausweichen vor dem sonst beständig präsenten Elend gestatten. Grass plante die Reise, die dann aufgrund des gesundheitlichen Zustandes von Ute Grass nur von August 1986 bis Januar 1987 dauerte, durchaus „als eine Art zeitgemäßer, gegenwartsbewußter Bildungsreise. Goethe ist nach Italien, nach Rom gereist, um Schönheit und Maß zu erleben. Grass zog es nach Calcutta, um sich an einem seiner Brennpunkte jenem ausufernden Weltelend auszusetzen, das im kleinen reichen Teil der Welt zwar längst im Gerade war, doch der Erfahrung und Vorstellung der meisten Menschen in ihm entzogen blieb und bleibt." (Vormweg 1993: 121) In der deutschen Öffentlichkeit wurde Grass' Indienreise als Flucht vor den negativen Reaktionen auf die *Rättin* gewertet. In diesem Zusammenhang scheinen jene Kritiker, die solches in den Indien-Aufenthalt hineinlasen, eine Anmerkung des Autors im Reisetagebuch selber – absichtlich? – mißverstanden zu haben: „Wovon ich wegfliege: von Wiederholungen, die sich als Neuigkeiten ausgeben; von Deutschland und Deutschland, wie schwerbewaffnete Todfeinde einander immer ähnlicher werden; von Einsichten, aus zu naher Distanz gewonnen; von meiner nur halblaut eingestandenen Ratlosigkeit, die mitfliegt. Auch weg vom Gequatsche, von den Verlautbarungen weg, raus aus der Ausgewogenheit, den Befindlichkeiten, den ellbogenspitzen Selbstverwirklichungsspielen, Tausende Kilometer weit weg vom subtilen Flachsinn einst linker, jetzt nur noch smarter Feuilletonisten, und weg, weg von mir als Teil oder Gegenstand dieser Öffentlichkeit." (Zz, 9) Es geht Grass also nicht zuletzt um ein Relativieren einer 'deutschen Nabelschau', die sogleich als 'Luxus' erscheint, wenn sie mit den Nöten der armen Teile der Welt konfrontiert wird. Von Flucht vor den schlechten Rezensionen der *Rättin* kann jedoch schon deshalb keine Rede sein, weil Grass dieses Vorhaben schon länger geplant hatte.

Der deutsche Schriftsteller hat sich, was die Vermeidung luxuriöser Quartiere schon andeutet, in Indien der Armut mit all ihren Konsequenzen schonungslos gestellt. Entstanden sind aus dieser Konfrontation mit dem Elend neben dem Reisetagebuch fünfzehn Kohlezeichnungen und ein „Gedicht in zwölf Teilen". Während der Prosatext und die Zeichnungen in ihrer endgültigen Fassung erst in Deutschland entstanden sind, hat Grass das Gedicht schon in Calcutta geschrieben. Der Titel *Zunge zeigen* faßt die drei Bestandteile des Buches zusammen, das erstmals auch alle Disziplinen des Autors, Dichters und bildenden Künstlers mustergültig vereint. Dieser Titel signalisiert schon die Haltung eines Reisenden aus einem der wohlhabendsten Länder der Welt: *Zunge zeigen* meint nicht den Hohn oder Spott, den wir mit dieser Geste verbinden, sondern Scham: „In einer der Göttergeschichten heißt es: in rechter Hand, an einem Arm ihrer zehn Arme, die

Sichel schon hoch, habe Kali in ihrer Raserei die Zunge gezeigt, als ihr (vielleicht durch Zuruf von außen) bewußt wurde, daß sie zuletzt ihrem Göttergatten Shiva, der, gleich Kali, Gottheit der Zerstörung ist, an die Gurgel wollte. Zunge zeigen als Zeichen von Scham." (Zz, 25) So wird das Buch selber zum Ausdruck jener Scham, mit der Grass dem Erlebten begegnete. (Siehe auch Vormweg 1993: 123) Zu dieser Scham gehört für den Kapitalismuskritiker Grass nicht zuletzt die Verantwortung, die auch die reichen westlichen Industrieländer für den Zustand der 'Dritten Welt' haben und der sie bei aller Einsicht in die dortigen Lebensbedingungen nicht oder nachkommen. So berichtet Grass von den „Klagen bengalischer Schriftsteller, „[d]ie 'Indische Woche' während der Frankfurter Buchmesse sei ein Schwindel gewesen" und kommentiert: „Mich beschämen diese Klagen nicht nur, weil sie berechtigt sind. Ob in Berlin, Hamburg oder Frankfurt: man schmückt sich mit dem Ausstellungsobjekt 'Dritte Welt' und läßt sich den Vorzeigerummel etwas kosten [...]. Doch schlüge jemand vor, diese schnell lockeren paar Hunderttausend in Übersetzungen aus indischen Literatursprachen zu investieren, fiele sogleich der Vorhang." (Zz, 60)

Im Kontext von Scham und Entsetzen kamen nach Grass eigenem Bekunden vor allem den Zeichnungen eine zentrale Funktion für die Verarbeitung des Gesehenen zu, denn zunächst versagte das wichtigste Werkzeug des Autors, die Sprache: „Das Zeichnen ist vergleichsweise nie so notwendig gewesen wie während des halben Jahres in Kalkutta. Die Wirklichkeiten, denen meine Frau und ich konfrontiert waren, als wir dort ankamen und lebten – denn wir lebten nicht abgeschirmt in irgendeinem Hotelluxus – machten zuerst einmal sprachlos. Ich habe mich diesen Wirklichkeiten zeichnend, mit Skizzen genäherte. Bis in die Slums hinein. Und mit dem Zeichnen sind die Wörter gekommen, die Benennungen. [...] Es sind ja drei Dinge, die das Buch ausmachen: der Prosateil, der dem Tagebuch entnommen ist und in geraffter Form zum Text wird, die doppelseitigen Zeichnungen mit Tusche und das lange Kalkutta-Gedicht. Das sind Arbeitsphasen, die man nicht herbeikonstruieren kann. Die sind von außen her gegeben." (Text + Kritik 1997: 73 f.) Gerade weil das Zeichnen in Indien so unabdingbar war, um der Realität begegnen zu können, wirft es ein Licht auf die Bedeutung der bildenden Kunst für den Schriftsteller. Die Annäherung an eine Thematik erfolgt über das sinnliche Erleben, das wiederum einen Ausdruck fordert: „Es ergab sich so [...], daß vieles, was ich in Worte zu fassen begann, mir bildhaft geriet und ich die bildnerische Unterstützung suchte, und manches hat sich auch aus dem Bildnerischen heraus ins Wörtliche übertragen." (Ebd. 73)

Jens Christian Jensen, der sich mit dem „Bildkünstler" Grass beschäftigt, führt aus, wie zentral dieser Zusammenhang zwischen Zeichnen und Schreiben für Grass ist. Das Zeichnen sei ein „Katalysator. Es filtert, klärt, konkretisiert" und schaffe „eine Verbindung zur sichtbaren Wirklichkeit". (1997: 56) Jensen nennt ausdrücklich *Zunge zeigen*, wenn er die „dritte Funktion" des Zeichnens, nämlich das Begreifen von Wirklichkeit nennt. Damit ist Grass' Poetik in ihrem Wirklichkeitsbezug und gerade auch in ihrer ethischen Dimension – der Verweigerung von 'Sinn-Stiftung' – aufs engste an die Herkunft des Autors aus der bildenden Kunst gekoppelt.

Grass unternimmt seine Bildungsreise als „'Mißvergnügungsreisender'" (Zz, 9), der dem fremden Land mit dem Blick eines von europäischen Traditionen geprägten Aufklärers begegnet. Schon die Lektüre, die der Autor für seinen Indien-Aufenthalt eingepackt hat, offenbart den abendländisch-aufklärerischen Ansatz der Auseinandersetzung. Neben Werken von Theodor Fontane, von dem im Zusammenhang mit der Entstehungsgeschichte von *Ein weites Feld* noch die Rede sein wird, hat Grass Lichtenberg und Schopenhauer im Gepäck. Insbesondere die Lektürehinweise, die beständig den Prosateil durchziehen, demonstrieren, wie wenig Grass bereit ist, das Leiden kulturrelativistisch abzuwiegeln, zu verbrämen oder gar hinzunehmen. Diese Weigerung, das Fremde fremd sein zu lassen wird schon in der Rede „Nach grober Schätzung" offenkundig, die Grass 1975 während seines ersten Aufenthaltes in Calcutta gehalten hatte: „Ist – so frage ich mich und Sie – das indische Elend schier unabänderlich, weil es als Fatum, Schicksal, Karma verhängt ist? Dann werde ich mit bitterer Erkenntnis heimkehren. Oder ist das indische Elend, wie anderes Elend auch, nur Ergebnis der Klassen- und Kastenherrschaft, der Mißwirtschaft und Korruption? Dann sollte es aufzuheben sein, dieses Elend, weil es Menschenwerk ist." (IX, 682, siehe auch Neuhaus 1992: 182)

Grass' Beschäftigung mit der 'Dritten Welt' hat ihren Ursprung abermals in einer persönlichen Beziehung, und zwar in dem Engagement Willy Brandts, der als Vorsitzender der Nord-Süd-Kommission auf die Dringlichkeit der Probleme hinwies, die durch das beständige Bevölkerungswachstum gerade in den ärmsten Teilen der Welt immer größer werden. Thomas Kniesche stellt heraus, daß der „Ausspruch von Brandt: 'Auch Hunger ist Krieg!' einer „der Schreibanlässe für den Roman *Der Butt*" gewesen sein mag. (1998: 265) Im „Dritten Monat" berichtet der Erzähler als Autor unter der Überschrift „Vasco kehrt wieder" von der ersten Indienreise. Weil er „Angst vor fremder Wirklichkeit" hat (V, 203), versetzt sich der Erzähler-Autor in die Rolle Vasco des Gamas, der in der Gegenwart per Flugzeug nach Indien reist: „Wohlgenährt leidet Vasco am Welthungerproblem." (V, 204) Kniesche deutet das „Übernehmen einer fremden Rolle [..] als Abwehrmechanismus gegen 'fremde Wirklichkeiten', die den Reisenden in seinem Selbstverständnis schwanken lassen." (1998: 270) Kniesche problematisiert den Grassschen Blick auf die Fremde, wie er nach dem *Butt* auch in *Kopfgeburten* oder eben in *Zunge zeigen* anzutreffen ist. Problematisch sei die Perspektive des Autors insofern, als er die fremde Welt beständig „auf dualistische Weise […] dem Gewohnten" gegenüberstellt. (Ebd. 273) So, wenn er z. B. anläßlich der Besichtigung einer Tabakfabrik vertraute Mißstände aus dem eigenen Geschichtswissen zum Vergleich heranzieht.

Legt Grass auch die Erfahrung mit Mißständen aus dem eigenen Kulturkreis an, ist er sich doch der Problematik des aufklärerischen Denkens bewußt und zitiert in diesem Sinne Lichtenberg: „'Man spricht viel von Aufklärung, und

wünscht mehr Licht. Mein Gott was hilft aber alles Licht, wenn die Leute entweder keine Augen haben, oder die, die sie haben, vorsätzlich verschließen.'" (Zz,
31) Wie schon im *Butt* und der *Rättin* reflektiert Grass in *Zunge zeigen* auch einen Aufklärungsbegriff, der sich auf eine rein technologische Dimension redu-
ziere und damit seiner eigentlichen Qualität verliere. In der Konfrontation eines
solch reduzierten Aufklärungsbegriffes mit dem Elend Indiens in all seinen
Ausmaßen, führt Grass dessen Versagen umso drastischer vor. „Heute früh (beim
Fliegenfrühstück) hofft im 'Telegraph' der Autor eines längeren Artikels über
'Indien im Jahr 2001', daß durch Computisierung der Verwaltung die Korruption
abgeschafft und endlich eine gerechte Landreform eingeleitet werden könnte. –
Aufklärung als Aberglaube." (Zz, 32)

VI. Deutsche Zwischenspiele: *Das Treffen in Telgte* und *Kopfgeburten oder Die Deutschen sterben aus*

Nach Fertigstellung des *Butt* nutzt Grass die umfangreiche Recherche zu dem Roman für *Das Treffen in Telgte*. „Das nicht bezeugte, aber von beider Biographie her durchaus mögliche Treffen zwischen Opitz und Gryphius am 2. September 1636 in Danzig, das Grass ‚Im vierten Monat' des ‚Butt' gestaltet, brachte Grass auf die ‚Sonntagsidee', zum siebzigsten Geburtstag von Hans Werner Richter am 12. November 1978 ‚ein Gruppentreffen im Jahr 1647 zu skizzieren', zu dem Richter als Simon Dach einlädt. (Neuhaus 1997: 176) In dem fiktiven historischen Treffen der Barockpoeten spiegelt Grass die Treffen der Gruppe 47, an denen er als junger Autor selbst teilgenommen hat. „Gestern wird sein, was morgen gewesen ist. Unsere Geschichten von heute müssen sich nicht jetzt zugetragen haben. Diese fing vor mehr als dreihundert Jahren an. Andere Geschichten auch. So lang rührt jede Geschichte her, die in Deutschland handelt. Was in Telgte begann, schreibe ich auf, weil ein Freund, der im siebenundvierzigsten Jahr unseres Jahrhunderts seinesgleichen um sich versammelt hat, seinen 70. Geburtstag feiern will; dabei ist er älter, viel älter – und wir, seine gegenwärtigen Freunde, sind mit ihm alle aschgrau von dazumal." (VI, 6) Über diese Spiegelung treten zwei historische Situationen in ein Verhältnis: Die Barockdichter treffen sich kurz vor Ende des dreißigjährigen Krieges, die Gruppe 47 unmittelbar nach Ende des Zweiten Weltkrieges. Diese „Reduktion auf Strukturhomologien" ist nach Gertrude Cepl-Kaufmann typisch für Grass' „ahistorische[n] Geschichtsbegriff". (1975: 53 ff.) Die erzählerische Technik, zwei historische Ereignisse oder Epochen foliengleich übereinander zu schieben, greift Grass rund fünfzehn Jahre später in *Ein weites Feld* wieder auf, wenn er das 19. und 20. Jahrhundert vermittels eines beständigen Erinnerungsflusses in eins setzt. Eine weitere Parallele zwischen der Erzählung und dem jüngsten Roman ist die Spiegelung historischen Geschehens über Literatur bzw. Dichter. Hier wie dort wird Zeitgeschehen nicht direkt erzählt, sondern literarisch gespiegelt.

Die Erzählung, für die Grass unter anderem die Barock-Anthologie von Albrecht Schöne und die Literaturgeschichte des polnischen Germanisten Marian Szyrocki gelesen hat (vgl. Neuhaus 1997: 176), wurde von der Kritik sehr positiv aufgenommen. Es herrschte Einigkeit, daß das „Unternehmen literarisch gelungen" sei (Arnold 1996: 150), und alsbald setzte ein Rätselraten ein, welches Mitglied der Gruppe 47 sich denn hinter welchem Barockpoeten verberge.

So reizvoll eine nähere Beschäftigung mit *Das Treffen in Telgte* auch ist, möchte ich mich hier auf einen Aspekt der Erzählung beschränken, der zu dem zentralen Komplex von Grass' Auseinandersetzung mit der deutschen Nation und ihrer Identität gehört: das Konzept einer „Kulturnation". Über diese Thematik tritt das *Treffen* in einen Bezug zu *Kopfgeburten oder Die Deutschen sterben aus*, obwohl diese beiden Prosatexte formal und thematisch ansonsten unterschiedlicher nicht sein könnten. (Da sowohl die Barockbezüge als auch die Erzähltechnik in *Das Treffen in Telgte* von der Forschung gut aufgearbeitet sind, verweise ich für die weitere Beschäftigung auf die entsprechenden Angaben in der Bibliographie.)

Bevor die Erzählung *Das Treffen in Telgte* 1979 erscheint, beginnt Volker Schlöndorff 1978 mit seiner kongenialen und oskargekürten Verfilmung der *Blechtrommel*. Grass hat die Entstehung des Films begleitet und am Drehbuch mitgewirkt. Im Verlaufe der Zusammenarbeit entwickelt sich eine Freundschaft zwischen Grass und Schlöndorff und ein zweites Filmprojekt wird während einer Asienreise geplant, die das Ehepaar Grass „zum Teil gemeinsam mit dem Ehepaar Schlöndorff" unternimmt. Im Auftrag des Goethe-Instituts reisen Ute und Günter Grass 1979 nach China, Singapore, Jakarte, Manila und Kairo. Die nicht realisierten Filmpläne aus diesem Zeitraum sind in die *Kopfgeburten* eingegangen. Neben einer fiktiven Geschichte um ein deutsches Lehrerehepaar und dessen Kinderwunsch prägen vor allem Eindrücke der Asienreise dieses „Arbeitsjournal" eingegangen. (Neuhaus 1997: 179) Gleichzeitig knüpft der Autor mit den *Kopfgeburten* an die Hunger-Thematik des *Butt* an, die als zentraler Widerstand der Werkphase zwischen 1977 und 1988 gelten muß: „Grass selbst hat von 'Kopfgeburten' gesagt, sie seien 'mit dem 'Butt'-Kapitel 'Vasco kehrt wieder' eingeleitet' worden." (Neuhaus 1992: 154) *Kopfgeburten* bildet solchermaßen eine Art Bindeglied zwischen dem Roman von 1977 und dem Reisetagebuch *Zunge zeigen*.

Im Mittelpunkt des fiktiven Teils dieses abermals halb autobiographischen Buches steht das deutsche Ehepaar Harm und Dörte, das eine endlose Debatte führt, ob man in die Welt, so wie sie ist, ein Kind setzen sollte. Diesen Kinderwunsch nimmt das Lehrerpaar mit auf seine Reise nach Asien. Über die Konfrontation der abstrakt anmutenden Auseinandersetzung mit der Überbevölkerung relativiert sich auch der Stellenwert solcher Diskussionen, die nur in einer von Wohlstand geprägten Welt denk- und führbar sind. Bezeichnenderweise wird die fiktive Reise von einem Veranstalter mit dem sprechenden Namen „Sisyphos" ausgerichtet. Der Autor Grass, der wiederum sowohl mit seinen realen Aktivitäten präsent ist als sich auch auf die fiktionale Ebene seiner Figuren begibt, benennt den Leitsatz dieses Unternehmens: „' Hier fehlt im Prospekt der Reisegesellschaft 'Sisyphos' noch ein passendes Zitat ...' (Später entschloß ich mich für den Satz: 'Der absurde Mensch sagt Ja, und seine Mühsal hat kein Ende mehr.')" (VI, 256) Dieses Sisyphos-Motiv, das Grass als Ausdruck seiner absurden, an Camus geschulten Haltung gestaltet hat, muß auch im Kontext einer Abkehr von dem Schneckenmotiv gesehen werden, wie der Autor 1986 selber erläutert: „Ich habe es zum Zeitpunkt Ende der sechziger Jahre bis in die siebziger Jahre hinein geglaubt und hatte auch Anlaß dazu. Aus den Erfahrungen heraus, daß Fortschritt im weitesten, aufgeklärten Sinn – nicht etwa nur als technischer

Fortschritt, sondern auch als sozialer Fortschritt, als Fortschritt verbunden mit Einsicht in die Natur – ein langsamer Vorgang sein muß, zum Menschen gehörend. [...] Nur ist es mittlerweile so, und deswegen habe ich meine Position korrigieren müssen, daß uns die vom Menschen selbst eingerührten und ausgelösten Entwicklungen davonzulaufen beginnen. Sie sind schneller als wir. Und wir kommen im Schneckentempo dem nicht mehr hinterdrein. Hinzu kommt noch, daß wir dieses Schneckentempo schon nicht mehr haben. Es herrscht Stillstand, Rückschritt." (X, 362) Die einzige Hoffnung, die in der Konfrontation mit dem wachsenden Elend, wie Grass es zunächst im *Butt*, dann in *Kopfgeburten* und *Zunge zeigen* verarbeitet, kann nur aus dem „Steinewälzen" des Sisyphos bezogen werden.

„Im Reisegepäck" hat Grass neben der ‚Dritte Welt'-Thematik noch „ein anderes Thema" (VI, 142): Das Verhältnis der beiden deutschen Teilstaaten und die Rolle der Literatur für ein nationales Selbstverständnis, das die Deutschen trotz Teilung zu einen vermöchte. Diese Deutschlandthematik ist mit einer Epiphanie verknüpft, die den reisenden Erzähler-Autor angesichts der dicht bevölkerten Stadt Shanghai direkt zu Beginn des ersten Kapitel ereilt. Er stellt sich vor, die Welt müsse statt mit „neunhundertfünfzig Millionen Chinesen" mit ebenso vielen Deutschen „rechnen". (VI, 140) Diese Vision spielt Grass durch, um sodann auf den Rückgang der deutschen Geburtenzahlen einzugehen, wodurch eine Verbindung zur Kinderdiskussion von Harm und Dörte entsteht. Doch das Mißtrauen, das in dieser Epiphanie zum Ausdruck kommt, verweist vor allem auf das Deutschenbild, das Grass in *Hundejahre* entwickelt hat und das seinen Überlegungen zur deutschen Frage als wesentliche Komponente zugrunde liegt.

Grass' Auseinandersetzung mit der deutschen Frage beginnt mit dem Bau der Mauer 1961, auf den er am 14. August mit einem offenen Brief an die damalige Vorsitzende des Deutschen Schriftstellerverbandes der DDR, Anna Seghers, reagiert. (DL, 122–124) Seitdem setzt sich der politisch engagierte Bürger immer wieder öffentlich mit der Wiedervereinigung auseinander. Dabei geht Grass auf die beiden Dimensionen ein, die aus historischer Sicht den Komplex der deutschen Frage bestimmen: Einmal bezieht er sich direkt auf die 1948/49 festgeschriebene Teilung Deutschlands als Folge des Zweiten Weltkrieges. Die zweite Ebene ist die „historische Tiefendimension" (Gruner 1993: z. B. 25), das heißt die Frage nach nationaler Einheit und deren staatlichen Rahmen, wie sie das 19. Jahrhundert bestimmte und zurückdatiert werden kann bis in die Zeit des Westfälischen Friedens. Wenn Grass, wie oben zitiert, *Das Treffen in Telgte* mit der Bemerkung beginnt, daß jede Geschichte in Deutschland 300 Jahre zurückreicht, spielt diese Thematik hinein. Die konfessionelle Spaltung des deutschen Raumes hat aus historischer Perspektive weitreichende Konsequenzen. Grass argumentiert denn auch mit den ausgeprägten föderalen Traditionen, die die deutsche Geschichtslandschaft prägten. Die Teilung selber war für Grass stets eine sichtbare Manifestation des „Zivilisationsbruches Auschwitz" und insofern Ausdruck selbstverschuldeten Unglücks. Da er dennoch die Überwindung der Teilung stets

als nationale Aufgabe begriff, geriet Grass in einen Widerspruch zu seiner Überzeugung, eine Wiedervereinigung der beiden deutschen Teilstaaten hätte eine
Negation der historischen Konsequenzen bedeutet. Dementsprechend entwickelt
er Alternativkonzepte, die zwar eine Einigung der deutschen Nation verfolgen
sollten, doch ohne staatliche Einheit anzustreben. Die Stichworte für diese Ge-
genvorschläge lauten „Konföderationsmodell" und „Kulturnation". Beide Konzepte leitet er aus den von ihm ausgemachten Besonderheiten deutscher Geschichte ab, die für eine geschichtsbewußte Gestaltung Deutschlands zu beachten
seien. Dabei ist der Rückbezug die schuldhafte Geschichte, die die Deutschen in
beiden Teilen des Landes verbinde. In den Reden der sechziger Jahre, die in den
Sammelband *Deutscher Lastenausgleich* von 1990 aufgenommen wurden, entwickelt Grass seine Vorschläge auf der Folie historischer Verpflichtung.

Die In der Rede *Die kommunizierende Mehrzahl* von 1967 stellt Grass der „Beschwörungsformel 'Wiedervereinigung' (DL, 92) das Modell einer Konföderati-
on entgegen: „Nur von den Gegebenheiten, also vom verlorenen Krieg her, den
wir bezahlen müssen, von den Konsequenzen des verlorenen Krieges her und
basierend auf der föderalistischen Struktur beider deutschen Staaten, läßt sich ein
konföderiertes Deutschland denken und bei Geduld und politischer Einsicht verwirklichen, wobei der selbstverständlichste Teil die Anerkennung der Oder-
Neiße-Grenze bedeuten muß." (DL, 102 f.) Einigung soll die deutsche Nation
innerhalb eines solchen „Bundesstaates" über die Kultur erlangen. Mit seiner
Idee der „Kulturnation" bezieht sich Grass auf Herder, der die nationale Zusam-
mengehörigkeit über Sprache und Literatur definiert sieht: „Der *Genius* der Sprache ist also auch der *Genius* von der Literatur einer Nation." (1985: 177) In
Kopfgeburten formuliert Grass seinen Kulturpatriotismus und betont die einigen-
de Kraft der Literatur, die auch der deutsch-deutschen Grenze standhalte: „Als
etwas Gesamtdeutsches läßt sich in beiden deutschen Staaten nur noch die Literatur nachweisen; sie hält sich nicht an die Grenze, so hemmend besonders ihr
die Grenze gezogen wurde." (VI, 142)

Die Idee einer literarischen Verständigungsmöglichkeit ist schon für *Das
Treffen in Telgte* wesentlich. Inmitten eines durch den Dreißigjährigen Krieg
verwüsteten Landes und zeitgleich mit den Verhandlungen, die als Westfälischer
Friede in die Geschichte eingegangen sind, sind es die Dichter, die eine positive
Option auf Zukunft entwerfen, sie „suchen [...] in der Sprache und Literatur einen gemeinsamen, die politischen Widersprüche überbrückenden Halt." (VI,
272). Indem Grass das fiktive Treffen von 1647 mit dem realen der Gruppe 47
dreihundert Jahre später parallelisiert, betont er die Bedeutung der Literatur nicht
nur als Spiegel ihrer Zeit, sondern als identitätsstiftendes Band der Nation: „Im
Verlauf des Dichtertreffens gelingt die Arbeit am Wort, am Dichterwort als Zeichen nationaler Identität." (Cepl-Kaufmann 1985: 49) Rudolf Drux weist darauf
hin, daß Grass' Plädoyer für die „raum- und zeitübergreifende Kraft der deutschen Sprache" keinesfalls nur als Utopie abgetan werden kann. (1982: 118)
„[W]as in Grass' Erzählung wie eine Utopie anmutet, ist in der Wirklichkeit des

17. Jahrhunderts durchaus verortbar. Von Anfang an steht sowohl die Konzeption der Sprach- und Dichtungslehren [...] als auch ihre Anwendung in der literarischen Praxis [...] im Zeichen des Kulturpatriotismus." (Ebd. 118 f.) In *Kopfgeburten* kehrt diese Idee wieder in der Formulierung: „Wünscht nur die Sprache geräumig." (VI, 250) Hier erklärt Grass die Literatur zum Reichtum der Nation und spricht das Projekt einer „Nationalstiftung" an, die Brandt „zweiundsiebzig in seiner Regierungserklärung angekündigt" hat. (VI, 250) Eine solche Stiftung wäre nach Grass angetan, dem „hellwache[n] Tagtraum" einer „Kulturnation" näher zu kommen. (VI, 252) Drux verweist auf das „Reformwerk der deutschen Späthumanisten": „[Ü]ber die Territorialgrenzen und Konfessionslinien hinweg schufen sie eine deutschsprachige Literatur, die alle Regionen des deutschen Reichs verband." (1985: 123)

Sowohl in *Das Treffen in Telgte* wie in *Kopfgeburten oder Die Deutschen sterben aus* korrespondiert diese von Grass attestierte nationale Funktion der Literatur mit seiner „vierten Zeit", der „Vergegenkunft". Die Auflösung einer klaren Chronologie dient nämlich nicht nur der Vergegenwärtigung des Vergangenen, sondern steht im Zeichen des Grassschen Credos, Literatur schaffe überzeitliche Kommunikationsstränge, die ein identitätstiftendes Band darstellen. Literatur ist für ihn eine nationaler Traditionszusammenhang. Dieser Ansatz und seine formale Umsetzung wird ausschlaggebend insbesondere für den Roman *Ein weites Feld*, der ganz im Zeichen der deutschen Einigungsbemühungen steht.

VII. 1990–1995: Deutsche Einheit

1. „Der Zivilisationsbruch Auschwitz" – bleibende politische und literarische Verpflichtung

Auf den Mauerfall am 9. November 1989 reagiert Günter Grass unmittelbar mit zahlreichen Reden und Gesprächen. Eindringlich warnt er davor, die Zäsur als zweite 'Stunde Null' zu begreifen. Vielmehr müsse die Wiedervereinigung der beiden deutschen Teilstaaten die Lehren der Geschichte berücksichtigen. Damit beharrt Grass „auf der Grunderfahrung seiner Generation", wie David Roberts konstatiert. (S. 237) Und wie nach der ersten 'Stunde Null' schreibt Grass abermals gegen das Vergessen und Verdrängen, gegen den Wunsch, die Verbrechen der Vergangenheit als abgeschlossene Epoche zu deklarieren. Der „Zivilisationsbruch Auschwitz" (vZ, 72) bleibt für Grass die absolute Zäsur. Daß Grass seine Poetik nach wie vor mit dem „Bleigewicht" des historisch einmaligen Verbrechens beschwert, dokumentiert allein schon die Tatsache, daß er seine hier schon mehrfach erwähnte Poetik-Vorlesung „Schreiben nach Auschwitz" nennt. Er erneuert diese Verpflichtung ausdrücklich in Hinblick auf die veränderte Situation, wenn er die Rede mit den Worten abschließt: „So wird meine Rede zwar ihren Punkt finden müssen, doch dem Schreiben nach Auschwitz kann kein Ende versprochen werden, es sei denn, das Menschengeschlecht gäbe sich auf." (vZ, 73)

Unkenrufe von 1992, der Sonettzyklus *Novemberland* von 1993 und *Ein weites Feld* von 1995 stehen denn auch ganz im Zeichen der Einheit. Grass' intensive Beschäftigung mit dem Zeitgeschehen wird besonders deutlich in dem Wechselspiel zwischen politischen Stellungnahmen und literarischer Verarbeitung aktuellen Geschehens. Was Grass in Reden und Gesprächen formuliert, fließt in die literarische Arbeit ein, wird dort modifiziert, aus anderen Perspektiven beleuchtet, denn „[a]uch das Nachdenken über Deutschland ist Teil meiner literarischen Arbeit." (vZ, 73) Noch ein Merkmal Grassschen Arbeitens kennzeichnet diesen Werkabschnitt: die einführend angesprochene Entwicklung von Themenkreisen in langen Zeiträumen. So knüpft Grass an seine Beschäftigung mit der deutschen Frage an, wendet z. B. die Überlegungen zur „Kulturnation" auf eine veränderte Geschichtslandschaft an. Oder er argumentiert mit jenen typisch deutschen Eigenschaften, die er in *Hundejahre* herausgearbeitet hat. Die Sammelbände, die zwischen 1989 und 1991 erscheinen, dokumentieren diese beständige Auseinandersetzung mit Deutschland: *Deutscher Lastenausgleich, Ein Schnäppchen namens DDR. Letzte Reden vorm Glockengeläut, Gegen die verstreichende Zeit. Reden, Aufsätze und Gespräche 1989–1991.*

Grass' Schreiben ist in Hinblick auf die deutsche Geschichte von einer Erweiterung des historischen Blickwinkels getragen. Noch nicht in *Unkenrufe*, aber in *Ein weites Feld* ordnet Grass das Zeitgeschehen in lange historische Entwicklungen ein: Das 19. Jahrhundert wird zur Erklärungsfolie für die Entwicklungen des 20. bis hin zur Einheit von 1989/90. Damit korrespondiert folgerichtig eine Entwicklung der erzählerischen Mittel. Das Schreiben gegen das Vergessen der ersten Werkphase und der Anspruch, Gegengeschichte zu entwerfen, münden im Roman von 1995 in einem 'Geschichtsfeld', auf dem Vergangenes und Gegenwärtiges gleichzeitig 'erfahrbar' sind. Deutsche Geschichte wird im Spiegel deutscher Literaturgeschichte präsentiert.

Auch in den Reden und Gesprächen argumentiert Grass mit dem 19. Jahrhundert. Er stellt die These auf, die Einheit von 1870/71 sei für Nationalsozialismus und Auschwitz verantwortlich. Weil aber der deutsche Einheitsstaat – Grass' Bezeichnung für den unitarisch organisierten Nationalstaat – Auschwitz hervorgebracht habe, verbiete sich eine erneute staatliche Einheit, „weil eine der Voraussetzungen für das Ungeheure, neben anderen älteren Triebkräften, ein starkes, das geeinte Deutschland gewesen ist." (Vz, 72) Mit den „älteren Triebkräften" meint Grass wohl jene spezifisch deutschen Traditionen, die er in Anlehnung an Thomas Mann dem Porträt der Deutschen in *Hundejahre* zugrunde legt. Und Grass fährt erläuternd fort: „Nicht Preußen, nicht Bayern, selbst Österreich nicht, hätten, einzig aus sich heraus, die Methode und den Willen des organisierten Völkermordes entwickeln und vollstrecken können; das ganze Deutschland mußte es sein. Allen Grund haben wir, uns vor uns als handlungsfähige Einheit zu fürchten. Nichts, kein noch so idyllisch koloriertes Nationalgefühl, auch keine Beteuerung nachgeborener Gutwilligkeit können diese Erfahrung, die wir als Täter, die Opfer mit uns als geeinte Deutsche gemacht haben, relativieren oder gar leichtfertig aufheben. Wir kommen an Auschwitz nicht vorbei. Wir sollten, sosehr es uns drängt, einen solchen Gewaltakt auch nicht versuchen, weil Auschwitz zu uns gehört, bleibendes Brandmal unserer Geschichte ist und – als Gewinn! – eine Einsicht möglich gemacht hat, die heißen könnte: jetzt endlich kennen wir uns." (vZ, 72 f.)

Grass plädiert deshalb für die Konzepte, die ich im Zusammenhang mit *Treffen in Telgte* und *Kopfgeburten* schon vorgestellt habe. Ein ausgeprägt föderaler Bundesstaat soll der in Deutschland ausgeprägt regionalen Identifikation gerecht werden. Nicht als politische Nation sollen sich die Deutschen demnach einigen, sondern über ihre kulturellen, d. h. insbesondere literarischen Traditionen. Der Vorwurf, Grass sei ein Gegner der Wiedervereinigung, ist haltlos. Er lehnt allein die Organisationsform 'Einheitsstaat' ab, nicht hingegen eine Überwindung der Teilung. Für eine Annäherung beider deutscher Teilstaaten ist Grass seit dem Mauerbau immer wieder eingetreten und nach der vollzogenen Einheit beklagt er die wachsende Entfremdung zwischen Ost- und Westdeutschen. Diese sei Folge einer überstürzten Einigung, in der die unterschiedlichen historischen Erfahrungen aus über vier Jahrzehnten Teilung nicht eingeflossen seien. Für die Akzeptanz einer ostdeutschen Identität hat Grass sich immer wieder eingesetzt. Nicht zuletzt sein Verständnis für die Lage der ostdeutschen Bevölkerung mag zu einer durchweg positiven Aufnahme von *Ein weites Feld* in Ostdeutschland bei-getragen haben. Die Entfremdung über Besinnung auf gemeinsame kulturge-schichtliche Wurzeln und gemeinsame historische Verantwortung zu überwin-den, war für Grass stets der eigentliche Kern des Wiedervereinigungsgedankens. Abstand von einer wie auch immer gestalteten 'Großmacht' Deutschland zu nehmen, hieß für ihn immer, bewußte Konsequenzen zu ziehen, Nationalver-ständnis im Schatten von Auschwitz neu und aufgeklärt zu definieren

Wegen dieser Argumentation wurde Grass scharf kritisiert. Man warf ihm fehlende Einsicht in geschichtliche Abläufe und Geschichtsverfälschung vor, unterstellte, der Autor habe den Bezug zur Realität verloren und sei ein Gegner der Wiedervereinigung. Eine Auswahl der Reaktionen auf Grass' Einheitskritik bieten die Weimarer Beiträge 1990: „'Deutscher Lastenausgleich: Wider das dumpfe Einheitsgebot' von Günter Grass". Die Angriffe wiederholen sich 1995 in der Debatte um *Ein weites Feld*. Grass' Positionen zur deutschen Einheit wie auch deren Kritik sind von der Forschung gründlich und kritisch aufgearbeitet: Gertrude Cepl-Kaufmann geht 1992 in ihrem Aufsatz „Leiden an Deutschland. Günter Grass und die Deutschen" in Opposition zu Grass. Eine deutliche Ableh-nung der Grassschen Positionen formuliert Gerd Labroisse unter dem Titel „Günter Grass' Konzept eines zweiteiligen Deutschland – Überlegungen in ei-nem 'europäischen Kontext'" ebenfalls 1992. Thomas Kniesche enthält sich hin-gegen der Wertungen und beleuchtet 1993 „Die Problematik der deutschen Ein-heit" aus psychoanalytischer Perspektive. Wiederum kritisch-distanziert ist 1994 der Beitrag von Siegfried Mews: „Günter Grass und das Problem der deutschen Nation". Dieter Stolz hingegen attestiert in „'Deutschland – ein literarischer Be-griff'. Günter Grass and the German Question" zwar Unstimmigkeiten in Grass' historischer Argumentation, bezeichnet aber die grundsätzliche Haltung des Schriftstellers vor dessen biographischem Hintergrund als verständlich. Ich habe die Positionen Grass zum Anlaß genommen, in meiner Disseration, die noch un-veröffentlicht ist, aber noch dieses Jahr erscheint, „Die deutsche Frage in ausge-wählten Werken von Günter Grass" und ihre Relevanz für das schriftstellerische Selbverständnis des Autors zu untersuchen.

2. Unkenrufe

2.1 Über die Tatsächlichkeit des Fiktiven oder „Dichtung und Wahrheit"

1991 beginnt Grass mit der Arbeit an *Unkenrufe*. Die Idee zu der Erzählung hatte sich nach Bekunden des Autors so hartnäckig festgesetzt, daß vor ihrer Umsetzung eine intensive Arbeit an *Ein weites Feld* nicht möglich war. Wie schon bei *Katz und Maus* und *Hundejahre*, dem *Butt* und *Treffen in Telgte* sind also wieder zwei Prosawerke eng miteinander verbunden: „Wieder einmal bestätigt sich Grass' Erfahrung, die er erstmals nach Vollendung der 'Blechtrommel' und dann immer wieder gemacht hat – ohne eine zwischengeschobene Etüde ist ein neues Großwerk nicht zu schreiben." (Neuhaus 1997: 213) 1992 erscheinen *Unkenrufe* und werden von der Kritik in bekannter Weise aufgenommen: Es entsteht ein Streit um das Werk. Er ist zwar in seinen Ausmaßen nicht mit der Debatte um *Ein weites Feld* zu vergleichen, scheint diese aber gleichwohl anzukündigen. Die Rezensionen reichen von völliger Ablehnung über verhaltene Zustimmung bis zum uneingeschränkten Lob, wobei diese positiven Stimmen in der Minderheit sind. Das *Handelsblatt* attestiert „eine gefällige Lesbarkeit", doch sei der Autor „den Weg von der Literatur zum Leitartikel" fast zu Ende gegangen. Hajo Steinert moniert in der *Weltwoche* die Ankündigung des Buches, unterstellt eine „generalstabsmäßige" Vorbereitung und nimmt damit den Vorwurf vorweg, der in der Debatte um *Ein weites Feld* immer wieder angebracht wurde: Autor und Verlag schürten gezielt die öffentliche Aufmerksamkeit und suggerierten das Erscheinen eines 'Meisterwerkes'. Im Falle von *Unkenrufe* handelt es sich nach Steinerts Überzeugung jedoch eher um einen „literarischen Rohrkrepierer". Willi Winkler gerät seine Besprechung im *Spiegel* zum polemischen Angriff auf den Autor, „unseren lieben Herrn Grass, das Schreckgespenst mit dem Schnauzer". Die Erzählung selber sei, wie ihre Protagonisten, „auf einen Friedhof gestürzt", also gänzlich mißlungen. Weil in der Diskussion um *Unkenrufe* der Eindruck eines Verrisses dominierte, ging verloren, daß es durchaus eine Reihe positiver Besprechungen gab. So spricht der Rezensent der *Stuttgarter Zeitung* sogar von einem „Meisterwerk". Soweit will Heinrich Goertz im *Bonner General-Anzeiger* zwar nicht gehen, doch er bezeichnet den „Grundeinfall" als „höchst originell", attestiert Phantasie und Gedankenreichtum. Ebenfalls lobend äußert sich die *Westfälische Rundschau*. Die „Aufregung" in der Presse, angestoßen von Marcel Reich-Ranickis Verriß, sei ungerechtfertigt, denn *Unkenrufe* seien durchaus „wohltuende Töne der neuen deutschen Literatur". Die äußerst negativen und sehr positiven Besprechungen einmal außer acht gelassen, herrschte ein gewisses Einvernehmen, es hier mit einem weniger wichtigen Werk zu tun zu haben.

Dem scheint die Forschung zuzustimmen, denn sie hat *Unkenrufe* bislang nur wenig zur Kenntnis genommen. Bis dato haben sich allein Volker Neuhaus und Silke Mayer aus literaturwissenschaftlicher Sicht mit der Erzählung befaßt. Neuhaus hebt im entsprechenden Kapitel seiner Monographie vor allem auf das motivisch ausgestaltete Aufeinandertreffen von Vergangenheit und Zukunft, die deutsch-polnische Thematik und das Todesthema ab. (1992, 187–192) Mayer konzentriert sich 1995 in ihrem Aufsatz auf die Zeitbezogenheit der Erzählung. Ich habe in meiner Dissertation versucht aufzuzeigen, inwieweit *Unkenrufe* den Themenkomplex 'deutsche Frage' spiegelt, der für Grass' Werk von konstitutiver Bedeutung ist. Aus sprachwissenschaftlicher Perspektive hat Hans-Werner Eroms 1993 eine Untersuchung vorgenommen und legt im einzelnen sprachliche Techniken zur Herstellung von Zeitabläufen dar.

Die weitgehende Mißachtung des ersten fiktionalen Prosatextes seit der *Rättin*, mit deren pessimistischer Stimmung der heitere Grundton der *Unkenrufe* auffallend kontrastiert, mag durch die zeitliche Nähe zu *Ein weites Feld* begründet sein. Der bedeutendere Roman scheint die kleinere, auch spielerisch beiläufig anmutende Erzählung in den Schatten gestellt zu haben. Dabei ist es gerade jene Nähe zu *Ein weites Feld*, die meines Erachtens zur Beschäftigung mit *Unkenrufe* herausfordert. Zum einen wendet sich Grass erstmals literarisch der durch die Einheit veränderten historischen Situation zu, wenn auch aus ganz anderer Perspektive. Wo in *Ein weites Feld* die Geschichte deutschen Einheitsstrebens im Zentrum steht, ist *Unkenrufe* dem deutsch-polnischen Verhältnis in Vergangenheit und Gegenwart gewidmet. Wie in dem Roman löst Grass auch in der Erzählung die Eindeutigkeit der Zeitverhältnisse auf. So typisch das Spiel mit der Zeit für Grass' Prosa auch ist, in *Unkenrufe* und *Ein weites Feld* gewinnt es seine besondere Bedeutung durch den Bezug zur deutschen Einheit. Die erzählerischen Mittel treten wie schon in der ersten Werkepoche dezidiert in den Dienst der Aufforderung, in die Gestaltung der Gegenwart deutsche Schuld und Schulden einzubeziehen. Vor diesem Hintergrund muß auch die jeweils dem Erzählen immanente Gegenüberstellung von Chronik und Fiktion bewertet werden. So wie die erzählenden Archivare in *Ein weites Feld* ihre tatsachenfixierte Arbeit mit der fiktionalen Existenz Fontys kontrastieren, reflektiert der Erzähler in *Unkenrufe* seine fiktive Ausschmückung des Geschehens. Grass hat offensichtlich die ungleich komplexere Anlage des historischen Romans von 1995 in der Erzählung eingeübt und knüpft dabei gleichzeitig an das Konzept der literarischen 'Gegengeschichte' an, wie es für die zweite Werkphase prägend ist. Um die Erweiterung einer Chronik durch erzählerische Mittel, so daß ein komplexeres Bild der 'Wirklichkeit' entsteht, geht es auch in *Unkenrufe*. Indem Grass diesen Vorgang mittels beständiger Thematisierung des Erzählens durchlässig macht, läßt er den Leser an der Herstellung einer fiktiven Realität teilhaben.

Die Erzählfiktion in *Unkenrufe* besteht in einer Auftragsarbeit, mit der Alexander Reschke postalisch an einen berühmten Schriftsteller herantritt, der auffällige Gemeinsamkeiten mit Grass hat. Reschke legitimiert dieses Ansinnen mit der gemeinsamen Schulzeit. Gemeinsam mit dem Brief erhält der Erzähler Reschkes gesammelte Materialien, die die Entwicklung der „Deutsch-Polnischen Friedhofsgesellschaft", kurz „DPFG", dokumentieren. Eine Chronik dieses Projekts, dessen Mitbegründer der deutsche Kunsthistoriker Reschke ist, soll der Erzähler verfassen. Dieser bekundet sein Mißfallen an dem Auftrag deutlich: „Ab wann hatte er vor, mir seinen verschnürten Krempel ins Haus zu schicken? Hätte ihm nicht ein Archiv als Adresse einfallen können? Mußte der Narr sich in mir den gefälligen Narren ausgucken? Dieser Stoß Briefe, die gelochten Abrechnungen und datierten Fotos, seine mal als Tagebuch, dann wieder als Silo zeitraffender Spekulationen geführte Kladde, der Wust Zeitungsausschnitte, die Tonbandkassetten – all das wäre besser bei einem Archivar abzulagern gewesen als bei mir. Er hätte wissen müssen, wie leicht ich ins Erzählen gerate. Wenn kein Archiv, warum hat er nicht einen eilfertigen Journalisten beliefert? Und was hat mich genötigt, ihm, nein, den beiden nachzulaufen?" (Ur, 14 f.) Trotz dieses anfänglichen Widerstandes, zu dem auch gehört, daß der Erzähler vorgibt, sich Alexanders und der gemeinsamen Vergangenheit nicht erinnern zu können, gibt der Erzähler nach und verfaßt, ja eben keine Chronik, sondern die Erzählung, die uns vorliegt. Im Laufe des Erzählprozesses erfahren wir direkt oder indirekt, warum der Erzähler nicht nur nachgegeben hat, sondern ihn die Geschehnisse rund um die Friedhofsgesellschaft doch in ihren Bann gezogen haben. Die Gründe für das Kapitulieren vor einer Geschichte, die drängt, erzählt zu werden, geben ihrerseits Aufschluß über Grass' Literaturverständnis und Arbeitsweise.

Zunächst verkörpert der „Krempel" bildhaft eine Idee zu einem Roman, einer Erzählung. Grass gibt solchen Einfällen jedoch nicht einfach nach, sondern überprüft sie auf ihre Tragfähigkeit, ob sie tatsächlich als Stoff taugen: „Schreiben heißt Kritik an der eigenen Phantasie üben. Einfälle werden abgeklopft. Es gilt, der nurmehr subjektiven Einbildungskraft kritisch zu widerstehen." (Jurgensen 1973: 202) Das Bedenken des Erzählers ist die Skepsis des Autors gegenüber seiner eigenen Phantasie. Eine noch so „hübsche [...] Spekulation" (SZ, 305) bedarf bei Grass immer der inhaltlichen Schwere. Die Einheit von 1989/90 verleiht der Idee zu *Unkenrufe* Substanz: „Mein Grundeinfall in 'Unkenrufe' von der Heimkehr der Deutschen als Tote bekam durch die sogenannte deutsche Einheit einen realen Rahmen, in den hinein ich meine Fabel setzte", erläutert Grass die Entstehung der Erzählung 1992 gegenüber der Zeitschrift *Der Stern*. Die Einheit ihrerseits setzt das deutsch-polnische Verhältnis, um das es in *Unkenrufe* geht, Belastungen aus. Grass zeigt in *Unkenrufe*, daß kein noch so gut gemeintes Projekt, und ein solches ist die Friedhofsgesellschaft zunächst, die Vergangenheit rückgängig machen kann. Das heißt übertragen, die deutsche Einheit bildet gerade in Hinblick auf das deutsch-polnische Verhältnis keine Zäsur, sondern hat der deutschen Schuld gegenüber Polen Rechnung zu tragen. Diese schuldhafte Vergangenheit verpflichtet den Erzähler-Autor, Reschkes Wunsch zu erfüllen. Grass konkretisiert diese abstrakte Verpflichtung in einer persönlichen, die den Erzähler mit dem ehemaligen Schulfreund verbindet: „Ja, Alex, ich erinnere mich. Du hast uns organisiert. Mit dir waren wir erfolgreich. Dein Sammelsystem galt als beispielhaft. Wir machten Gewinn. Und für mich faulen Hund, der immer sonstwo mit seinen Gedanken war, hast du mitgesammelt, hast mir sogar mehrmals die dritte Literflasche gestiftet und die zweite aufgefüllt. Diese ekligen, schwarzgelb gestreiften Biester. Stimmt, ich bin in deiner Schuld. Deswegen, nur deswegen schreibe ich diesen Bericht bis zum Schluß." (Ur, 298) Hintergrund dieser Verpflichtung ist das Sammeln von schädlichen Kartoffelkäfern, für das die Schüler während des Zweiten Weltkrieges auf den Feldern eingesetzt wurden. Während der Erzähler zu Beginn noch behauptet, „ich kann mich nicht erinnern, ihn neben mir gehabt zu haben" (Ur, 15) und die Anrede in der zweiten Person nach der langen Zeit befremdlich findet (siehe ebd.), spricht er gegen Ende der Erzählung von Reschke als Alex und erinnert sich genau. Im Schreibprozeß wird demnach die Erinnerung an die Vergangenheit freigelegt. Grass veranschaulicht also in *Unkenrufe* abermals, was er für die *Danziger Trilogie* mit „Schreiben deckt Schichten auf" (X, 26) beschrieben und umgesetzt hat. Zu den Erlebnissen der gemeinsamen Danziger Jugendzeit gehört auch das Verschlucken einer Kröte. Reschke erinnert an diese Demonstration: „Aber er will gesehen haben, wie ich eine ausgewachsene Kröte, nein, Unke, Rotbauchunke geschluckt, ohne zu würgen, verschluckt, runtergeschluckt habe, rein und weg, ohne Wiederkehr." (Ur, 43) Das Verschlucken der titelgebenden Unke ist mit der Erfüllung des Auftrages gleichgesetzt. Da die Idee sich einmal hartnäckig festgesetzt hat, kann der Erzähler, also der Autor Grass, nicht mehr zurück: „Also schlucke ich abermals, wie verlangt." (Ur, 39) Im Schlucken des Auftrags bekennt er sich gleichzeitig zu seiner Vergangenheit im Nationalsozialismus. Übertragen auf die Bestätigung seiner Poetik nach Mauerfall und Einheit bedeutet dies: Für Grass kann jene Verpflichtung, die ihm die eigene deutsche Biographie auferlegt hat, nicht enden.

Zeitgeschichtlicher und historischer Hintergrund verleihen der Idee in Gestalt des „Krempels" jene Substanz, die den Erzähler den Auftrag annehmen läßt. Zu dieser Substanz gehört für Grass die exakte Recherche: „Ich meine mit Phantasie ja auch nicht etwas, das im luftleeren Raum steht. Sie bezieht sich immer zu dieser 'reduzierten Realität', zu der Straßenbahn, zu diesen dürren Fakten, ist eingefriedet von ihnen. Hier fängt natürlich auch das Handwerk beim Schreiben an. Je 'unwahrscheinlicher' der phantastische Einfall, um so genauer muß recherchiert werden". (X, 264) Ein solch „phantastischer Einfall" ist die DPFG, wie Alexander Reschke selber eingesteht: „'Du wirst bestimmt irgendwas damit anfangen können, gerade weil alles ans Unglaubliche grenzt. [...] Im Grunde könnte das alles von Dir erfunden sein, aber gelebt, erlebt haben wir, was vor nunmehr einem Jahrzehnt geschah …'" (Ur, 15) Und Reschke warnt den Schriftsteller: „'Laß Dich bitte nicht von einigen romanhaft verlaufenden Ereignissen hinreißen: ich weiß, Du erzählst lieber …'" (Ur, 298) Folglich recherchiert der Erzähler-Autor, indem er Orte der Handlung aufsucht, Studenten des Professors befragt oder gar nach Italien reist, wo Alexander Reschke und seine Frau verunglückt sind. Die detailbewußten Hintergründe geben dem Einfall in Gestalt des „Krempels" die Haftung in der Realität.

Einerseits thematisiert Grass also das Verhältnis von Phantasie und Realität, reflektiert seinen 'phantastischen Realismus'. Andererseits setzt er wie schon in

Das Treffen in Telgte seinen Anspruch um, „in der Fiktion genauere Fakten vorstellen zu können als die historisch überlieferten." (VI, 272) In *Unkenrufe* legt
Grass diesen Anspruch Reschke in den Mund, der sich genau aus diesem Grund
an den Schriftsteller gewandt hat: „Als hätte er geahnt, wie ich zu ködern sei,
steht in jenem Brief, den er mir bald danach mitsamt dem hinterlassenen Krempel schickte: 'Nur du kannst das. Dir hat es schon immer Spaß bereitet, tatsächlicher als alle Tatsachen zu sein …'" (Ur, 294) Die oben zitierte Behauptung des
Erzählers, das Material zur DPFG sei besser in einem Archiv oder bei einem
Journalisten aufgehoben, ist vor dem Hintergrund von Grass' Literaturverständnis rhetorisch: In ersterem geräten die Dokumente in Vergessenheit und stünden
nicht in einem lebendigen Bezug zur Gegenwart. Die Medien in ihrem Zwang
zur Aktualität wären der Vergangenheitsdimension des Projektes nicht gerecht
geworden. Für Grass vermag nur die Literatur, die Strukturen bloßzulegen, die
sich unterhalb der sichtbaren Ereignisse verbergen und damit einen bewußtseins-
schaffenden Gegenwartsbezug herzustellen.

Grass spielt in *Unkenrufe* mit dem Wahrheitsanspruch der Chronik, wie es in
der Literaturgeschichte etwa auch im *Doktor Faustus* zu finden ist. Traditionell
tritt das chronikalische Erzählen entweder in den Dienst einer größeren Authentizität oder entlarvt Wahrheit und Wirklichkeit als subjektives Trugbild. Im ersten
Fall tritt der Erzähler außer in einer Einführung, in der er sich beispielsweise als
Herausgeber oder Entdecker des Materials ausgibt, zumeist hinter der angeblichen Quelle zurück. Schaltet sich der Erzähler hingegen immer wieder in den Er-
zählverlauf ein, wird die ursprüngliche Absicht der Nähe konterkariert und die
Distanz zum Erzählten wächst, es kann zu ironischen Brechungen kommen, und
die Wahrheit wird als Fiktion enttarnt. Es wird, um den Titel eines Gesprächs
aufzugreifen, die „Ambivalenz der Wahrheit" gezeigt. (X, 180) Die Reflexion
von Tatsächlichkeit auf der Erzählebene wiederholt sich auf der Handlungsebene. Die Mitbegründerin der Friedhofsgesellschaft und spätere Ehefrau von
Reschke, Alexandra Piatkowska, ist von Beruf Restauratorin. Damit übt sie
praktisch aus, was den Professor für Kunstgeschichte wissenschaftlich beschäftigt, nämlich die Pflege von Artefakten, die aus der Vergangenheit auf uns gekommen sind. Ein Disput des Liebespaares über die Legitimität von Fälschungen
mündet in Alexandras Frage: „Ist Kunst nicht Fälschung immer bißchen?" (Ur,
110) Damit bringt Alexandra auch das Verständnis ihrer Tätigkeit zum Ausdruck, die in der Erzählung mit Grass' Poetik korrespondiert. Nicht nur ist die
Restauration eine sinnliche Wiederherstellung von Vergangenem und damit ein
Konservieren von Vergangenheit im positiven, weil nicht historischen Sinne.
Alexandra bekennt sich indirekt zur Phantasie als Gestaltungsmittel der Vergegenwärtigung, wie Grass sie verteidigt. Auf diese Weise ist die Restaurationstä-
tigkeit, der Alexandra während beinahe der gesamten Handlung nachgeht, mit
dem Erzählvorgang parallelisiert. Die Literatur ist wie die Restauration vorder-
gründig eine Verfälschung von Vergangenheit, weil sie sich nicht auf Fakten beschränkt, sondern sie durch die gestalterische Kraft der Phantasie um Erfundenes

bereichert. Folgerichtig bringt der Erzähler-Autor der weiblichen Hauptfigur Sympathie entgegen. Vice versa spielt die pedantisch-trockene Wissenschaftler-mentalität des Professors eine Rolle für die latente Antipathie des Erzählers ge-genüber seinem ehemaligen Schulfreund. In Reschke personifiziert Grass die ex-akte Erinnerung und das umfangreiche Sammeln von Informationen, die eben jenen von Grass beschriebenen, notwendigen Unterboden der Phantasie herstel-len.

2.2 Vergangenheit, Gegenwart und Zukunft in Danzig

Im Mittelpunkt der Erzählung steht die schon mehrfach erwähnte „Deutsch-Polnische Friedhofsgesellschaft" und deren Gründer, die Polin Alexandra Pia-towska und eben der besagte Alexander Reschke. Die Restauratorin und der Kunsthistoriker lernen sich am 2. November 1989 in Gdansk kennen. „Und wie in jeder Geschichte, die heute in Deutschland oder Polen spielt [...], gibt es einen Hintergrund, der im Vergangenen liegt, für das es keine Stunde Null gibt", wie Grass gegenüber Achim Roscher die historische Verankerung seiner Erzählung begründet. (Hoffnung, 26) Welcher Tag könnte für diese Einsicht besser geeignet sein als Allerheiligen, so daß nicht der „Zufall" Regie führt und das Paar zusam-menbringt: „Oder spielte kein Zufall mit, weil ihre Geschichte auf Allerseelen begann?" (Ur, 7) In dem Sonettzyklus *Novemberland*, der ein Jahr nach *Unken-rufe* erscheint, greift Grass das Motiv nochmals auf. In dem vierten Gedicht „Allerseelen" thematisiert Grass seine biographische Nähe zu Polen: „Die Frage, was, wenn polnisch meine Zunge". (Nl, 13) Das Gedicht mündet in der Erkennt-nis, daß Polen und Deutsche vor allem über die Wunden der Geschichte verbun-den sind: „So nachbarlich durchnäßt, so ferngerückt verloren, / so anverwandt vom Lied und Leid im Lied besessen, / so heimlich zugetan, doch taub auf bei-den Ohren, / sind Freunde wir, bis Schmerz, weil nie vergessen / die Narbe (uns-re) pocht; umsonst war alles Hoffen: / Die Gräber alle stehn auf Allerseelen of-fen." (Nl, 13) Der erste Prosatext seit der Wende ist in diesem Sinne eine ‚Lehrgeschichte' über die andauernde Relevanz der Vergangenheit. Grass exem-plifiziert diese Relevanz hauptsächlich an der „Friedhofsgesellschaft", einem zwangsläufig vergangenheitsorientierten Unterfangen. Doch auch die Liebesge-schichte zwischen der Polin und dem Deutschen, die parallel zur Entwicklung der Gesellschaft ihren Lauf nimmt, ist bei allem Glück beständig von der Ver-gangenheit überschattet.

Aufgabe der DPFG ist es, den aus polnischen Gebieten vertriebenen Deut-schen eine Möglichkeit zur Bestattung in ‚Heimaterde' zu ermöglichen. Alexan-der und Alexandra, die beide den Zweiten Weltkrieg miterlebt haben, entwickeln die Idee zu diesem Projekt aufgrund ihres persönlichen Hintergrundes. Die Eltern der Polin waren aus dem litauischen Wilno, heute Vilnius, die des Deutschen aus Danzig vertrieben worden. Das Projekt entwickelt sich rasch und erfolgreich. Jedoch zeichnet sich schon bald ab, daß die völkerversöhnenden, humanistischen Absichten des Gründerpaares von Gewinninteressen verdrängt werden. Der wirtschaftliche Erfolg des Unterfangens, ist doch die Zahl der „Beerdigungswilligen" (Ur 94) auf Grund der Altersstruktur der Vertriebenen sehr groß, macht aus der Gesellschaft ein florierendes Wirtschaftsunternehmen. Alexander und Alexandra ziehen sich zurück und nach ihrem Rücktritt aus dem Vorstand übernehmen Angehörige der jungen Generation, die von der Vergangenheit unberührt sind, die Leitung. Sie weiten die DPFG aus, gründen Kurheime und Krankenhäuser, bauen Golfplätze. Eine zweite „Landnahme" (Ur, 243), diesmal nicht militärisch, sondern durch die D-Mark, findet statt. Das Paar zieht sich, enttäuscht über das Scheitern seines Projektes, völlig zurück und verunglückt schließlich während seiner Hochzeitsreise in der Nähe von Neapel.

Diese „Chronik der Friedhofsgesellschaft verbindet sich nahtlos mit derjenigen der politischen Aktualität. Die politische Wirklichkeit – fiktiv erweitert – dient hier als vom Stoff untrennbares 'Unterfutter' der Literatur." (S. Mayer 1995: 221) So fehlt weder die Unterzeichnung des Grundlagenvertrages und der Golfkrieg noch die völkerrechtliche Anerkennung der Ostgrenze und der Besuch des damaligen Bundespräsidenten Richard von Weizsäcker in Polen. Zudem kommentieren die Protagonisten beständig die sich überschlagenden Ereignisse seit der Maueröffnung – der Deutsche skeptisch, die Polin sieht, trotz eines Unbehagens angesichts des mächtigen Nachbarn, Anlaß zur Freude, ist doch die Teilung überwunden. Doch steht nicht so sehr der innerdeutsche Vereinigungsprozeß im Vordergrund, sondern die Konsequenzen, welche die Einheit für das deutsch-polnische Verhältnis haben kann. Polen war nach dem Zusammenbruch des 'Ostblocks' wie alle Länder unter ehemals sowjetischem Einfluß großen Belastungen ausgesetzt. Neben den tiefgreifenden politischen Veränderungen lastete vor allem die ökonomische Situation, der Übergang von der Plan- zur Marktwirtschaft auf der polnischen Bevölkerung. Der Umstrukturierungsprozeß trieb viele Polen an den Rand des Existenzminimums. Während dieser Zeit waren die osteuropäischen Länder auf westliche, d. h. auch deutsche, Hilfe angewiesen. Vor diesem Hintergrund befürchtete Grass, wie er 1992 in der Rede *Gegen den Haß* formuliert, „daß die ehemaligen deutschen Ostprovinzen [...] dem Zugriff harter Währung wie ausgeliefert sein werden; denn Polens Schwäche und politische Instabilität könnten wieder einmal zum Dauerzustand werden und eine Hilfsbedürftigkeit signalisieren, die beim Nachbarn Gehör fände." (7) In *Unkenrufe* finden sich diese Befürchtungen wieder. Das gut gemeinte Versöhnungsprojekt des deutsch-polnischen Paares öffnet nicht nur deutschen Kapitalinteressen, sondern auch revanchistischen Ansprüchen Tür und Tor. So etwa, wenn die DPFG Seniorenheime und Krankenhäuser mit der Absicht baut, daß den Vertriebenen ein Lebensabend in der alten Heimat ermöglicht werden soll. Den Anspruch auf die ehemaligen Ostprovinzen hatte Grass schon sehr früh zurückgewiesen. Er konstatierte 1969: „Wir haben Ostpreußen, Schlesien und Pommern verloren, und kein Wunschdenken wird diese Provinzen zurückgewinnen kön-

nen." (IX, 388) Doch scheitert das Projekt nicht erst an ökonomischen und revanchistischen Interessen, die nach und nach das ursprüngliche Vorhaben aushöhlen. Vielmehr ist die dahinterstehende Idee seiner Gründer in sich schon fatal:
Sie basiert auf der „Aufhebbarkeit geschichtlicher Tatsachen", (Ur, 65) wie es in
der Erzählung in anderem Zusammenhang heißt. Alexander Reschke konstatiert
denn auch rückblickend: „Wenn ich nunmehr erkennen muß, daß aus dem damals allerorts gepachteten Friedhofsgelände Besitztitel geworden sind, weit
schlimmer, die Ufer einst wolkenspiegelnder Seen in Masuren und in der Kaschubei überbaut, verbaut und der Besitzgier anheimgefallen sind, kommen mir
Zweifel, ob unsere Idee gut und richtig gewesen ist; selbst wenn sie richtig gedacht und gut gemeint war, ist sie doch zum Schlechten mißraten." (Ur, 282)
Hier spiegelt sich Grass Überzeugung, daß jede Gestaltung von Gegenwart historische Entwicklungen zu bedenken hat; es gibt keinen geschichtsfreien Raum,
auch nicht auf dem Friedhof. Daß die Vergangenheit sperrig in die Gegenwart
ragt, spürt auch das Liebespaar selber. Obwohl die Polin und der Deutsche viele
Gemeinsamkeiten haben – sie sind beide verwitwet, beruflich haben sie mit
Kunst und Vergangenheit zu tun, beider Eltern wurden vertrieben –, ist ihre späte
Liebe nicht frei von Schatten. Ein „Katalog deutsch-polnischer und polnisch-
deutscher Vorurteile" (vZ, 139) durchdringt ihren Alltag und zur Realisierung
seines Glücks bleibt dem Paar nur die Flucht aus der geschichtsbehafteten Gegenwart in Mitteleuropa.

Die 'Lehre' von der Relevanz der Geschichte, die die Gründer aus der Entwicklung der Friedhofsgesellschaft ziehen müssen, darf man als die aufklärerische Intention des Autors werten. Abermals schreibt Grass also gegen die „verstreichende Zeit". Und wie schon in den Romanen und Erzählungen zuvor, setzt
der Autor auch in *Unkenrufe* jene charakteristischen erzählerischen Mittel ein,
die eine Präsenz der Vergangenheit in der Gegenwart veranschaulichen. „Vergegenkunft" nannte Grass schon in *Kopfgeburten* seine „vierte Zeit, die es uns
möglich macht, unsere Schuleinteilungen Vergangenheit – Gegenwart – Zukunft
zu überspringen oder parallel zu schalten, sie einzuholen oder uns näherzubringen, was die Zukunft betrifft." (X, 262) Wenn er in *Ein weites Feld* zwei Jahrhunderte foliengleich übereinander schiebt oder in *Unkenrufe* verwirrende Zeitsprünge einbaut, enstpringt dies der Intention, erzählerisch das Vergehen der Zeit
aufzuheben. Die Präsenz des Vergangenen, die Ankündigung des Zukünftigen in
der Gegenwart soll sichtbar, mit Hilfe der Fiktion, der Phantasie 'erlebbar' werden.

Eine phantastische Gabe Alexander Reschkes sorgt in *Unkenrufe* für die
Zeitverwirrungen. Der Professor vermag nämlich „Kommendes rückgespiegelt"
zu sehen. (Ur, 45) Die Handlung selber spielt zwischen November 1989 und
Sommer 1992. Da Reschkes „Krempel" die Chronik der DPFG bis zu dem Ausscheiden des Paars dokumentiert, überblickt der Erzähler den gesamten Zeitraum.
Er beginnt mit den Aufzeichnungen wohl etwa in der zweiten Jahreshälfte 1992.
Zunächst scheint die Handlung chronologisch zu verlaufen. Die Anspielungen

auf authentische Zeitereignisse wecken den Anschein von genauer Datierbarkeit. Zudem sind über weite Strecken interne Daten der DPFG angegeben oder private Unternehmungen des Paares exakt datiert. Doch die Zeitsprünge Reschkes lösen das scheinbar zuverlässige Zeitgefüge auf. Der Erzähler zeigt sich verwirrt: „Spätestens jetzt fällt mir auf, daß sich in den Papieren meines Mitschülers Einbrüche von Wirrnis breitzumachen beginnen. Zeitsprünge werden üblich. Bei gleichbleibender Schönschrift verändern sich Abläufe mitten im Satz. Plötzlich liegt, was gerade geschehen ist, weit zurück. Soeben hat er noch Chatterjee, der im Taxi vorgefahren ist, als Friedhofsbesucher eingeführt, sieht ihn nun aber aus überdehnt zeitlicher Distanz, indem er als alter Mann zurückblickt, der nicht mehr Reschke, sondern wie vor der einst üblichen Eindeutschung von Familiennamen Reszkowski heißt und sich Jahre nach der Jahrtausendwende dunkel an Erna Brakups Beerdigung und Chatterjees Friedhofsbesuch erinnert". (Ur, 259) Schon der Brief, der den „Krempel" begleitet, datiert auf das Jahr 1999. Der Schriftsteller erhält den Auftrag also aus einer fiktiven Zukunft. Deswegen kann der Erzähler auch das Material nicht an Alexander zurücksenden oder mit ihm Kontakt aufnehmen. Da Alexander und Alexandra jedoch während ihrer Hochzeitsreise 1992 in Italien bei einem Autounfall ums Leben kommen, sind das Datum des Briefes und Reschkes Berichte aus der Zeit nach 1992 mehr als irritierend. Daß Grass sich bei den Datierungen geirrt hat, wie der Rezensent Willi Winkler in der *tageszeitung* behauptet, ist mehr als unwahrscheinlich. Vielmehr schreibt Grass in seiner „vierten Zeit", der „Vergegenkunft".

Vergangenheit und Zukunft treffen in der 'Gegenwart' der Jahre 1989 bis 1991 schon auf der Handlungsebene, durch Personal, Schauplatz und vermittels der titelgebenden Unken aufeinander. Der vergangenheitslastigen Friedhofsgesellschaft hat Grass nämlich ein Projekt gegenüber gestellt, das auf die Zukunft verweist: Das florierende Rikschaunternehmen des Bengalen „mit britischem Paß" (Ur, 46), Subhas Chandra Chatterjee, an dem Alexander Reschke Aktien hält. Mit dieser Nebenhandlung führt Grass einerseits das Thema 'Dritte Welt' fort. Gleichzeitig treffen in den beiden Unternehmungen Vergangenheit und Zukunft in einer Zeit grundlegender Veränderung der Weltordnung aufeinander, denn der Bengale mit seiner Tatkraft, seinen Ideen und seinem Optimismus verkörpert Grass' Überzeugung, daß sich die Zukunft der Menschheit in der überbevölkerten 'Dritten Welt' entscheidet. „Ihm, dem Aufsteiger, kommen die klügeren, oft zu kühnen Ideen. Er faßt Gedanken, die der Zeit und ihren Nöten zwar angemessen, aber dennoch, weil die jeweilige Gegenwart nachhinkt, um Meilenschritte voraus sind." (SZ, 314) Innerhalb der Personenkonstellation steht Mr. Chatterjee also für eine, in der Erzählung durchaus hoffnungsvolle, Zukunft. Das deutsch-polnische Paar im Zentrum des Geschehens gehört zu Grass' Generation, die von der Vergangenheit geprägt ist. Aufgrund dieser Prägung kann insbesondere Alexander Reschke der leichtfüßige Optimismus eines Mr. Chatterjee nicht gelingen.

Der Schauplatz Gdansk selbst ist geradezu versteinerte Vergangenheit: „Ringsum war alles Zeuge", und für den Kunsthistoriker Reschke mit seinem ausgeprägten Interesse an allem Historischen ist die Stadt beständiger Anlaß, gedankliche Exkursionen in die Vergangenheit zu unternehmen. Die Stadt als versteinerte Geschichte begegnet später in *Ein weites Feld* wieder. Hier ist es Berlin, dessen Gebäude und Straßen Vergangenheit erzählen.

Nicht zuletzt verkörpern die Unken das Aufeinandertreffen von gestern, heute und morgen. Die schreibende Unke des Titelbildes gehört zu Grass' „gezeichneten Bildmetaphern" (X, 182), die einer vielschichtigen Wirklichkeit „Ausdruck" verleihen (X, 183). Die Unke ist Botin aus der Vergangenheit, Reschkes Forschungsobjekt und ebenso Verkünderin drohenden Unheils wie hoffnungsvoller Zukunft. Unke nennen die Studenten an der heimatlichen Universität Bochum ihren Lehrer Reschke. Diesen Spitznamen erhielt er aufgrund seiner pessimistischen Einschätzung politischer Entwicklungen: „Die Beurteilung solch trüber Diagnosen gehört nicht zu den Aufgaben, die mir mein ehemaliger Mitschüler gestellt hat, auch fiele es schwer, dem doppelten Unreifezeugnis [der Deutschen und der Polen, S. M.] mit besseren Schulnoten nachzuhelfen, zumal die Schwarzseher, nach Lage der Dinge, meistens recht behalten". (Ur, 172) Mit dieser Unkenmentalität korrespondiert das Interesse des Professors an Unken jeglicher Art, und eben diese biologischen Unken kündigen während zweier Ausflüge das Scheitern der DPFG an. (Ur, z. B. 144) Die Unkenrufe verheißen aber auch eine positive Zukunft, denn ihr Ruf dient als fröhliches Geläut für die Fahrradglocken in Mr. Chatterjees Rikschaunternehmen. Die Rufe der Unken nehmen also vielfach Zukunft vorweg. Wie oben beschrieben steht das Tier, das der Gattung der Froschlurche angehört, gleichzeitig für die Vergangenheit, die der Erzähler im übertragenen Sinne schluckt.

Damit korrespondiert die inhaltliche Konfrontation der Zeiten durch Personal, Unke und Schauplatz mit der Durchbrechung der Chronologie auf der erzählerischen Ebene. Grass gestaltet also in Hinblick auf eine durch die Einheit veränderte politische Situation inhaltlich und formal in *Unkenrufe*, was er 1970 in seiner Kolumne „Politisches Tagebuch" so formulierte: „Vergangenheit und Gegenwart lösen einander nicht ab, wirken sich gleichzeitig aus und nehmen in Sorge Zukunft vorweg". (IX, 472)

3. Ein weites Feld

3.1 Entstehung

Nicht lange nach Erscheinen von *Unkenrufe*, nämlich Anfang 1993, „beginnt Grass mit der intensiven Arbeit an seinem neuen Roman". (Neuhaus 1997: 216) Die Idee zu *Ein weites Feld* aber geht zurück bis in die 80er Jahre. Die lange Vorgeschichte des Romans dokumentiert nicht nur Grass' Arbeiten in langen Zeiträumen, sondern veranschaulicht nochmals, was anhand von *Unkenrufe* deutlich wurde: „Die Bücher entstehen nicht aus dem Nichts. Ihnen wurde vorgelebt. Und die Geschichte ihres Entstehens ist weit länger, als die Zeitspanne ihrer Niederschrift mißt. Was sich als vermeintlich zündender und eine Erzählflut auslösender Einfall meldet, hebt sich oft selbsttätig wieder auf, gerät in Vergessenheit, klopft in anderer Verkleidung abermals an, erweist sich nach erster Prüfung als zwar hübsche, aber nicht tragfähige Spekulation und zündet plötzlich, weil etwas geschehen ist, weil sich die Wirklichkeiten verändert haben". (SZ, 304 f.) Die Veränderung ist bekanntermaßen die deutsche Einheit. Sie gibt der in *Zunge zeigen* angelegten Grundidee jene Substanz, die *Ein weites Feld* zu einem dichten historischen Roman macht.

Während des oben besprochenen Indienaufenthaltes liest Grass „ein Umbruchexemplar" (Zz, 18) des Romans *Tallhover* von Joachim Schädlich, dessen titelgebende Hauptfigur zur Vorlage des ewigen Spitzels Hoftaller wird. „Ein Buch, das ausweglos seinem Grundeinfall folgt: der schier unsterbliche Agent, Spitzel, Geheimdienstmann überlebt alle Systeme. Ein Experte in Sachen Staatssicherheit, der während der Kaiserzeit, in der Weimarer Republik, solange das Dritte Reich dauert und – ohne Übergang – während der Entstehungszeit der Deutschen Demokratischen Republik (bis zum 17. Juni 1953) unablässig Dienstpflichten nachgeht, immer um die Sache besorgt. Die Sache, das ist die jeweilige Staatsordnung. Aus dieser Sicht werden hundert Jahre deutscher Geschichte zum Dauerfall, zur nicht abgeschlossenen, nicht abzuschließenden Akte. [...] Systemwechsel als fließende Übergänge in Geheimdossiers. Dabei stellt sich keine individuelle Person vor; die Figur Tallhover entsteht, deren private Biographie, bis auf Andeutungen, ausgespart bleibt. Der Leser kann sich selbst in den Geschichtsverlauf und dessen Aktenordnung einfädeln oder als Ablage begraben. Er kann sich als Tallhover erfolgreich erfolglos erleben und – wäre am Schluß nicht: Tallhovers Selbstverurteilung – als unsterblich begreifen. [...] Der Autor gibt seinen Helden auf: nicht Tallhover, dessen beschlossener Tod mutet erfunden an. Ich werde Schädlich schreiben: nein, Tallhover kann nicht sterben." (Zz, 18 f.) In *Ein weites Feld* lebt Tallhover alias Hoftaller fort und kommentiert gemeinsam mit Fonty die Ereignisse aus der Perspektive eines weitreichenden historischen Gedächtnisses.

Auch die Figur des Fontane-Wiedergängers Fonty kündigt sich in *Zunge zeigen* schon an. Der Schriftsteller Theodor Fontane ist nämlich imaginierter Reisebegleiter des Ehepaares Grass. Unmittelbar zu Beginn von *Zunge zeigen* erfährt der Leser von Ute Grass' beständiger Fontane-Lektüre: „Wer nach Indien reist, bereitet sich vor. Zwei wollen nach Calcutta reisen und lesen. Er liest Allgemeines über Indiens Wirtschaft, Politik, Kultur und was in Widersprüchen über Calcutta geschrieben steht; sie liest Fontane, wie immer irgendwas von Fontane. Willst du nicht etwas über Indien lesen, bevor wir abreisen, sagt er. Gleich, sagt sie, wenn ich fertig bin damit. Aber sie wird mit Fontane nicht fertig. Selbst wenn sie nichts von Fontane liest, liest sie, um hinterdrein wieder einen Fontane-Roman zu lesen." (Zz, 9) Diese leidenschaftliche Fontane-Lektüre seiner Gattin kleidet Grass in eine Traumsequenz, die er schon in *Zunge zeigen* ausgestaltet hat, und später, befragt zu *Ein weites Feld*, erzählte. So etwa während eines Werkstattgesprächs in Köln im Anschluß an die Lesung aus *Ein weites Feld*: Er habe im Traum Ute Grass im innigen Gespräch mit Fontane unter einem Birnbaum im heimatlichen Garten beobachtet. Eine Szenerie, die bei dem Schriftsteller und Ehemann Eifersucht auf den Kollegen ausgelöst habe, wie Grass selbstironisch hinzufügte: „Sie hat was mit einem vielzitierten Kollegen von dir, ein Verhältnis, in dem du nicht vorkommst, obgleich auch dir seine Romane (weniger seine Balladen) immer wieder lesenswert, unterhaltsam, mehr noch deren Dialoge beispielhaft sind". (Zz, 13) Die Widmung, die Grass dem Roman voranstellte: „Für U., die es mit F. hat ...", spielt humorvoll auf die 'Konkurrenz' zum Kollegen an.

In *Zunge zeigen* übernimmt das Werk Theodor Fontanes, denn um dieses geht es in der Imagination, in Bezug auf die Annäherung an eine fremde Welt eben jene Funktion, die Fonty später für die Annäherung an die Geschichte des deutschen Einheitsstaates haben wird. Da Fontanes Werk von der genauen Beobachtung menschlicher 'Wirklichkeiten' zeugt, schärft es den Blick des Lesers für Lebenswirklickeiten jeglicher Zeit und Art. Grass' Literaturverständnis beinhaltet den Glauben an die bewußtseinsbildende Qualität des Lesens. Im Lesen partizipiert der einzelne nicht nur an vergangenen oder fremden Welten, sondern gewinnt über diese Partizipation ein qualitativ anderes Verständnis sowohl in Hinblick auf die jeweils eigene Zeit und Lebenswirklichkeit als auch bezüglich der grundsätzlichen Bedingungen menschlicher Existenz. Wie wir gesehen haben, betrachtet Grass in *Zunge zeigen* Indien aus dem Blickwinkel des aufgeklärten Europäers, der nicht bereit ist, das Elend relativistisch mit der 'Andersartigkeit' der indischen Kultur zu begründen und die reichen Europäer solcherart aus der Verantwortung zu entlassen. Grass' Welthaltung und sein Geschichtsverständnis beruhen auf der Überzeugung, daß die Menschheitsgeschichte seit ihren Anfängen von der Schuld geprägt ist, Mißverhältnisse, Ungerechtigkeiten und Grausamkeiten hervorzubringen. Das indische Elend zeugt aus Grass' Perspektive von dieser ewig menschlichen Schuld: Der jeweils einzelne Mißstand kündet von dem prinzipiellen Ungenügen des Menschen. Ein Schriftsteller, so er Grass' Kriterien des Zeitgenossen entspricht, ist diesem ewig menschlichen Versagen in seiner immer wieder gegenwärtigen Ausformung verpflichtet. Fontane ist für

Grass ein solcher Zeitgenosse und also trägt die Lektüre seines Werkes zur be-
wußtseinsbildenden Einsicht in menschliche Verhältnisse bei. „Theodor Fontane
gehört jetzt dazu, nicht aufdringlich, aber oft ungerufen. Er kauft mit uns im New
Market ein: seine Kommentare zu hübschen Darjeeling-Packungen und englischen Teetrinker-Gewohnheiten seinerzeit, während seines ersten, zweiten und
dritten Londoner Aufenthalts. […] Je länger ich hinsehe, wir hinsehen – und
Fontane ist ein süchtiger Beobachter –, kommt uns Indien, jenes Land also, in
dessen Elend so viel Geheimnis hineingeredet wird, das als unergründlich, un-
deutbar gilt, geheimnisloser (sagt er) als Dänemark vor: ein abgeschmackter
Aberglaube, die Religion. (Er zitiert sich aus 'Unwiederbringlich': Spitzen gegen
den Pietismus.) Vorsichtig, doch unüberhörbar beginnt er, seine Sympathien für
alles Englische wenn nicht in Abrede zu stellen, dann doch zu bekritteln. Wir
sollten ihn, samt seinem Faible fürs Historische, ins Victoria Memorial Museum
mitnehmen, das am Rande des Maidan klotzt." (Zz, 17) Hier wird die Verantwortung der Kolonialmacht England für Mißstände in Indien ebenso angesprochen wie jene einer Religion, die Armut als gottgegeben ausgibt. Und in dieser
kurzen Passage wird abermals das Prinzip der Beobachtung als besondere Fähigkeit des Schriftstellers und Prämisse zeitgenössischer Literatur sinnfällig. In *Ein
weites Feld* sind dann die präzisen Porträts bürgerlicher Lebenswelten ein Spiegel, der die Wahrnehmung für die Fehlentwicklungen deutscher Geschichte
schärfen soll. Die Verkörperung dieses Prinzips in einer Figur – Fontane hier,
Fonty dort – ist in *Zunge zeigen* und *Ein weites Feld* vergleichbar.

Die beiden Protagonisten und die Anlage ihrer Funktion sind also schon vorhanden, als Grass am 9. Februar 1993 Christa Wolf schreibt, „ich sitze seit dem
2. Januar überm Manuskript und unterhalte mich mit fiktivem Personal, das langsam zu leben, das heißt zu widersprechen beginnt." (Zitiert nach Neuhaus 1997:
216) Zur wie immer umfangreichen, detaillierten und exakten Vorbereitung des
Romans liest Grass, wie sollte es anders sein, Fontanes Werk, seine Tagebücher
und vor allem auch Briefe, deren charakteristischer Stil bewußt in Fontys Rede-
und Schreibweise eingeht. Zusätzlich beschäftigt er sich mit der Fontane-
Forschung, vor allem mit den Arbeiten Charlotte Jolles, die im Roman namentlich erwähnt ist und der umfassenden Fontane-Biographie von Heinrich Reuter.
Für die Recherchen holt Grass Hilfe. Der Germanist Dieter Stolz beschafft als
'Agent' des Autors die notwendigen Informationen in den Berliner Archiven und
im Potsdamer Fontane-Archiv. In einem Gespräch unter dem vielsagenden Titel
„Der Autor und sein verdeckter Ermittler" berichten Grass und Stolz im Januar
1996 von dieser 'Spitzelarbeit'. (AZ, 247–287) Wie Neuhaus berichtet, arbeitet
Grass 1993 und 1994 konsequent am Manuskript und stellt im Sommer 1993 die
erste Fassung fertig, die dann im November 1993 als Schreibmaschinenfassung
vorliegt. Im Februar des folgenden Jahres beginnt Grass die Arbeit an der
Schlußfassung, die im Januar 1995 fertiggestellt ist. (Neuhaus 1997: 224)

3.2 Ein historischer Roman oder „Abschweifungen ins historische Feld"

Im Mittelpunkt von *Ein weites Feld* steht die deutsche Einheit, jene von 1870/71 und die von 1989/90. Ihre Geschichte wird „in aller Breite verwoben und bis in Nebensächlichkeiten hinein" erzählt – so Grass 1997 in der *Rede vom Standort.* (26) Die Handlung beginnt kurz nach dem Mauerfall im Dezember 1989 und endet im Sommer 1991 mit dem Verschwinden Theodor Wuttkes alias Fonty. Die Erzähler, Mitarbeiter des Theodor-Fontane-Archivs in Potsdam, beginnen mit der Niederschrift, nachdem Fonty sich nach Frankreich abgesetzt hatte. Erzählanlaß ist der Wunsch, Fonty, den die Erzähler vermissen, in der Erinnerung lebendig zu erhalten. Erzählstandort und Handlungszeitraum decken sich also beinahe mit der Gegenwart des Leser. Das Zeitgeschehen, das ausführlich in die Handlung einfließt, ist dem deutschen Leser folglich vertraut und noch in frischer Erinnerung. Diese Merkmale deuten zunächst auf einen Zeitroman hin, und als solcher wurde er auch von jenen Kritikern rezipiert, die *Ein weites Feld* mit dem Etikett ʻWenderomanʼ belegten. Doch wird diese Einschätzung dem historischen Panorama nicht gerecht, das der Roman entfaltet. In die kurze Zeitspanne von ca. zwei Jahren sind mehr als hundertfünfzig Jahre deutsche Geschichte verwoben: vom Vormärz und der Revolution von 1884 über die Reichsgründungsphase, deutsches Kaiserreich, Erster Weltkrieg, ʻDrittem Reichʼ, Zweiten Weltkrieg bis zu DDR und Wiedervereinigung. Die Ereignisse dieses historischen Zeitraumes dringen über die Erinnerungen der beiden Hauptfiguren in die Handlungsgegenwart ein. Fonty und sein „Tagundnachtschatten" Ludwig Hoftaller alias Tallhover verfügen auf Grund ihrer besonderen Beschaffenheit über ein weitreichendes Gedächtnis.

Fonty ist der Wiedergänger Theodor Fontanes, der im Roman jedoch nie namentlich genannt, sondern immer nur als der „Unsterbliche" bezeichnet wird. Fonty ist ein skurriler Kauz, ein Original, das im bürgerlichen Leben seinen Lebensunterhalt als Aktenbote verdient. „Seinen Papieren nach hieß er Theo Wuttke, weil aber in Neuruppin, zudem am vorletzten Tag des Jahres 1919 geboren, fand sich Stoff genug, die Mühsal einer verkrachten Existenz zu spiegeln, der erst spät Ruhm nachgesagt, dann aber ein Denkmal gestiftet wurde, das wir, mit Fontys Worten ʻdie sitzende Bronzeʼ nannten." (wF, 9) Grass hat Fonty mit einer Lebensgeschichte versehen, die jene Fontanes im 20. Jahrhundert wiederholt. Äußerlich gleicht Fonty dem „Berühmten" wie ein Ei dem anderen und sein exorbitantes Wissen über den Schriftsteller legt oftmals den Verdacht nahe, man habe es mit dem schon lange verstorbenen Autor selbst zu tun. Da Fonty so überaus präzise das Leben Fontanes nachlebt, decken seine Erinnerungen nicht nur die eigene, d. h. Wuttkes, sondern auch Fontanes Lebensspanne ab.

Fonty an die Seite gestellt ist ein Agent der Staatssicherheit, der seine Existenz – wie oben gezeigt – einer literarischen Anleihe verdankt: „Ludwig Hoftaller, dessen Vorleben unter dem Titel ʻTallhoverʼ auf den westlichen Buchmarkt kam, wurde zu Beginn der vierziger Jahre des vorigen Jahrhunderts

tätig, stellte aber seine Praxis nicht etwa dort ein, wo ihm sein Biograph den
Schlußpunkt gesetzt hatte, sondern zog ab Mitte der fünfziger Jahre unseres
Jahrhunderts weiterhin Nutzen aus seinem überdehnten Gedächtnis, angeblich
der vielen unerledigten Fälle wegen, zu denen der Fall Fonty gehörte." (wF, 11)
Hoftallers „überdehntes Gedächtnis" reicht ebenfalls zurück bis in die Zeit des
Vormärz. Seine Erinnerungen aus jeweils anderer Perspektive – hier der Agent
wechselnder Staatsordnungen, dort sein Objekt – tauscht das ungleiche Paar im
Gespräch aus. Sind Fonty und Hoftaller mal nicht im Dialog, erzählt Fonty den
Archivaren aus der Vergangenheit oder er läßt in Briefen Vergangenes und Ge-
genwärtiges Revue passieren.

Das weitreichende Gedächtnis der Protagonisten macht aus dem vermeintlichen Zeitroman einen historischen Roman, dessen Erzähltempus also abermals
Grass' „vierte Zeit", die „Vergegenkunft" ist. „Es ist dieser 'besondere Blick in
wechselnde Zeiten', der die Erzählstruktur bestimmt. Geschichte wird so vergegenwärtigt; in ihren Spuren und Überresten prägt sie Gegenwart und Zukunft; sie
kann jederzeit aufgerufen und zitiert werden." (Ewert 1999: 408) Daß Geschichte
aber „jederzeit aufgerufen" werden kann, liegt an der Besonderheit der Erinnerungen, die Geschichte in *Ein weites Feld* zum gegenwärtigen Geschehen machen. Fonty wie Hoftaller können nur zum Teil auf selber 'Erlebtes' zurückgreifen. Die Erinnerungen bis zu Wuttkes Geburt bzw. bis Tallhovers Ende in
Schädlichs Roman sind literarische Erinnerungen. Damit konstituiert das, was die
Literaturwissenschaft 'Intertextualität' nennt, die Geschichtlichkeit des Romans.
Das historische Panorama entsteht also über literarische Spiegelungen, sei es in
Rekursen auf die Dichter des Vormärz, sei es in der Adaption Uwe Johnsons
oder eben durch das Werk Theodor Fontanes. Die Auswahl, Verarbeitung und
Plazierung der intertextuellen Bezüge im Roman ordnen sich der Intention unter,
„die Geschichte und die Geschichten der deutschen Einheit" (Standort, 25) zu erzählen. So entsteht ein subtiles Geflecht aus Realität und Phantasie, Historischem
und Fiktion. Der historische Zeitraum erscheint als ein literaturgeschichtlicher
Kommunikationsraum, der seine 'Zeitlosigkeit' der ästhetischen Imagination
verdankt. Grass hat seinen „Anspruch, in der Fiktion genauere Fakten vorstellen
zu können als die historisch überlieferten" (VI, 272) mit *Ein weites Feld*, salopp
gesagt, auf die 'Spitze getrieben' und statt eines historischen einen 'literarhistorischen' Roman vorgelegt.

Ein weites Feld ist also nicht wegen des Handlungszeitraums, sondern aufgrund einer Erzähltechnik, die beständig Vergangenes und Gegenwärtiges überlagert, ein historischer Roman. Wichtigstes Medium zur Etablierung solcher Si-
multanität ist sicherlich der Dialog, doch etabliert und visualisiert sich das
Prinzip der „Vergegenkunft" auch in Gebäuden, bestimmten Plätzen, der Stadt
Berlin u. a. m. So konnte Michael Ewert herausarbeiten, daß die Spaziergänge,
die die beiden Protagonisten oft und ausgiebig unternehmen, in „mehrfacher Hinsicht konstitutiv" sind. (1999: 404) „Vor allem aber eröffnet der Spaziergang die
poetische Möglichkeit, die Dimensionen von Raum und Zeit miteinander zu ver-

netzen. Fortwährend bieten die Spaziergänge durch das Berlin der Jahre 1989 bis 1991 Gelegenheit, einen epochenübergreifenden Dialog zwischen erlebter und besprochener Gegenwart und zitierter Vergangenheit zu inszenieren." (Ebd.) Der Schauplatz Berlin, der sich durch die Streifzüge Fontys und Hoftallers in „einen Gedächtnisraum, ein materialisierte Historiotopographie" verwandelt (ebd. 407), bietet beständig Anlaß zu „Abschweifungen ins historische Feld". So aktiviert die Siegessäule das Gedächtnis Fontys: „kaum waren sie wieder aufgetaucht, bot sich vorm Sockel der hochragenden Säule, die bis zur Spitze des siegreichen Feldzeichens sechsundsechzig Meter mißt, Gelegenheit für Abschweifungen ins historische Feld, entweder mit Hilfe vielstrophiger Gedichte oder aus Erinnerung, die bis zum Sedanstag und noch weiter treppab zurückreichte." (wF, 21) Der Modus solcher Gedächtnisreisen ist in dem Paternoster des Treuhandgebäudes visualisiert, das für den imaginierten Geschichtsraum einen realen „Angelpunkt" bildet. (Labroisse 1999: 362) Dieses „Transportmittel […], das von Anbeginn in Betrieb war" (wF, 75) zeigt: Durch genaue Beobachtung des Gegenwärtigen werden dessen geschichtliche Voraussetzungen hervorgeholt. Während Fonty mit seiner „Denkschrift" (wF, z. B. 565) befaßt ist, begegnet er dem Chef der Treuhand im Paternoster und sieht sich kurz darauf „um ein halbes Jahrhundert rückversetzt." (wF, 566) Vor seinem inneren Auge läuft ein Film ab, der die Hausherren des Gebäudes aus verschiedenen Epochen zeigt. Diese Veranschaulichung durch bewegte Bilder bieten auch die „Neuruppiner Bilderbögen". (wF, 601)

Wenn von dem Treuhandgebäude die Rede ist, darf natürlich das „einst weinrote Sofa" (wF, 622) mit seinen Stilelementen aus Biedermeier und Gründerzeit nicht vergessen werden. Das alte Möbelstück im Dachgeschoß des Gebäudes wurde von Hoftaller mit Akten ausgepolstert. Sinnfällig konfrontiert der treue Staatsdiener sein Opfer an diesem Platz mit dessen eigenen Verstrickungen in die Zeitläufte und füllt ihn währenddessen solange mit „übersüßem Wein" (wF, 98) ab, bis Fonty „das neu aufgepolsterte Sofa vollkotzt". (wF, 106)

Einen Gegenpol zum Treuhandgebäude bietet Fonty der Tiergarten, eine „Kunstlandschaft", die sich beständig verändert, während Fonty, „Zeuge" war und ist. (wF, 113) Hier steht die „Lieblingsbank" (wF, 117), auf der Fonty seine Erinnerungen schweifen läßt. Wie die Haubentaucher, die der Wiedergänger oft beobachtet, taucht Fonty gerne ab. Am liebsten würde er sich, wie sein berühmter Vorgänger, von Familie und Überwachung durch Hoftaller absetzen. Doch das mißlingt bis zu seinem gründlichen Verschwinden mehrfach. Dafür taucht er in die Vergangenheit ab und sieht von der Bank aus „Storm und Zöllner, traf zufällig Heyse und Spielhagen, schwadronierte mit Ludwig Pietsch; später, viel später saß er mit Schlenther und Brahm auf einer Bank: endloser Theaterklatsch." (wF, 117) Wenn schon die Tiergartenbank, wie auch der See, der zu Ruderpartien Anlaß gibt, oft zu literarisch inspirierten Zeitreisen einlädt, ist Fontys Ferienort Hiddensee ein geradezu literaturgeschichtliches Eiland. Hier unternimmt der „Wanderer, wie er im Buche steht" (wF, 341) mit seinem Freund Professor Freundlich oder alleine ausgedehnte Spaziergänge. Weil Hiddensee ein Ort kulturgeschichtlicher Reminiszenzen ist, ist die Insel der perfekte Aufenthaltsort für den Wiedergänger des „Berühmten". Hauptmann, Thomas Mann, Ringelnatz, aber auch „der Stummfilmstart Asta Nielsen" (wF, 342), Einstein und Freud waren Gäste der Insel, die der DEFA als Drehort diente: „Überall Namen, an denen Inselgeschichten rankten." (wF, 42). Kulturgeschichte verdichtet sich hier zu einem begehbaren Raum, so daß Hiddensee zur Verkörperung des literarhistorischen Kommunikationsraumes wird, den *Ein weites Feld* etabliert. Fontys Wanderungen gleichen jenen Lesereisen, die uns in vergangene Zeiten führen. Daß wir es mit literarisch inspirierten und gespiegelten Reisen zu tun haben, zeigt schon die Erzählinstanz.

3.3 Die Erzähler

Erstmals seit *örtlich betäubt* schreibt Grass in *Ein weites Feld* wieder Rollenprosa. Daß er nicht wie in allen Prosawerken zwischen 1972 und 1992 als Autor erzählt und sich damit gleichzeitig fiktionalisiert, hat zwei unmittelbar einleuchtende Gründe: Die Erzählperspektive erfolgt „aus Sicht der vom Einheitsprozeß Betroffenen" (Standort, 26 f.), also aus ostdeutschem Blickwinkel. Zweitens verbietet der „dialogische Charakter eine Ich-Erzählung". (Neuhaus 1997: 221) Darüber hinaus hat die Erzählinstanz meines Erachtens eine konzeptionelle Bedeutung, wenn ausgerechnet Mitarbeiter eines Literaturarchivs die Geschichte einer Figur erzählen, die ihre Existenz einem Schriftsteller verdankt. Als Fontane-Kenner sind die Erzähler natürlich besonders ausgewiesen, dem Wiedergänger Fontanes ein literarisches Denkmal zu setzen. So ist es auch das besondere Verhältnis des Erzählerkollektivs zu dem Objekt ihres Interesses, das die Ausgestaltung der Erzählinstanz bestimmt.

Das Kollektiv setzt sich aus einer nicht genannten Anzahl von Erzählern zusammen, die nur selten aus dem Wir heraustreten und als Ich berichten. Wir erfahren nur, daß eine Frau dem Kollektiv angehört. Auch weisen die Erzähler kaum personale Identifikationsmerkmale auf, sie gehen völlig in ihrer beruflichen Rolle als Archivare auf. Dieter Stolz folgert daher: „Die Institutionsvertreter sind offenbar Ich-schwache Figuren, die es lieben, sich in der vor individueller Verantwortung schützenden Masse zu verstecken". (1997: 324) Einerseits Opfer des stalinistischen Überwachungssystems, haben die Archivare wohl auch selber der Staatssicherheit in Gestalt des Agenten Hoftaller Informationen zugetragen. Der ostdeutsche Blickwinkel beinhaltet so die Perspektive der weitgehend Machtlosen, die dennoch mehr oder weniger in das System verstrickt waren. Es ist dies der für Grass typische Alltagsblickwinkel von unten, der schon in der *Blechtrommel* die historische Perspektive bestimmte.

Daß sie so ausgeprägt hinter ihrer Funktion zurücktreten, verleiht den Erzählern einen repräsentativen Charakter, sie werden zu Stimmen aus dem Archiv: Das Erzählte entspringt geradezu einem Literaturarchiv. Da diese Institution qua definitionem literaturgeschichtliche Zeugnisse für die Nachwelt erhält, korrespondiert das Fontane-Archiv mit dem Roman über den Fontane-Wiedergänger. Während jedoch der Roman eine lebendige Vergegenwärtigung von Geschichte, mithin auch Litarturgeschichte, leisten kann, lagert in einem Archiv zwar Vergangenes parallel zur Gegenwart, doch ohne diese besondere Qualität. Dementsprechend sind die Archivare als Erzähler auch eher ungeeignet, ist doch Faktentreue mehr ihr Metier als die Phantasie. So ist das Kollektiv von Fonty abhängig, denn der ist geradezu die Inkarnation lebendiger Vergegenwärtigung und durch und durch fiktional. Was diese Abhängigkeit in Bezug auf das Werk von Fontane, das Archiv und Fonty gleichermaßen bedeutet, erläutert das Archiv indirekt, wenn es den Erzählanlaß reflektiert: „Wochen vergingen. Wir begannen, uns daran zu gewöhnen, ohne leibhaftige Hilfe unser Kleinklein betreiben zu müssen. Nein, wir gewöhnten uns nicht, vielmehr waren wir sicher, ins Bodenlose gefallen zu sein, weil uns mit Fonty der Unsterbliche verlassen hatte. Alle Papiere wie tot. Keinem Gedanken wollten Flügel wachsen. Nur Fußnoten noch und Ödnis unbelebt. Leere, wohin man griff, allenfalls sekundäres Geräusch. Es war, als sei uns jeglicher Sinn abhanden gekommen. Fonty, der gute Geist, fehlte. Und nur, indem wir Blatt auf Blatt füllten, ihn allein oder samt Schatten beschworen, bis er wiederum zu Umrissen kam, wurde er kenntlich, besuchte er uns mit Blumen und Zitaten, war er, ganz gestrig, der von Liebermanns Hand gezeichnete Greis, nah gerückt, doch mit Fernblick schon, um uns abermals zu entschwinden …" (wF, 780) In dieser Klage der Erzähler über die Trostlosigkeit ihres Tuns nach Fontys Abgang klingt eine weitere Bedeutungsebene im Verhältnis zwischen Archiv und Fonty an: Das „sekundäre Geräusch" überlagert das 'primäre' Werk, um das es in der Beschäftigung mit dem deutschen Realisten doch eigentlich gehen sollte.

Noch während seiner Arbeit an *Ein weites Feld* hält Grass 1994 eine Rede unter dem Titel „Über das Sekundäre aus primärer Sicht". (SZ, 278–286) Hier beklagt er den Vorrang des „Sekundären" (SZ, 281) am Beispiel Thomas Manns: „Am Ende war Thomas Mann ertappt, in seinem Wesenskern gedeutet und auf den Punkt gebracht. Frech konnte eine sekundäre Findung zur Erkenntnis aufgeblasen und als Sichtblende vor das Werk des Urhebers gestellt werden. So abgeblendet wird er uns vorerst nicht mehr verstören können. Endlich haben wir ihn im Griff. Wurde auch Zeit. Glaubte wohl, den Zauberer spielen zu können. Meinte, als Autor hinter dem Werk verschwinden zu dürfen. Aber nun haben wir ihn doch noch heimgeholt nach langer Emigration. Jetzt ist er unser. Wir kennen ihn durch und durch. Wir müssen ihn nicht mehr lesen." (SZ, 282 f.) Vor lauter Beschäftigung mit Theodor Fontane aus sekundärer Sicht, droht den Archivaren das Werk selber abhanden zu kommen. Fonty hingegen ist die Verkörperung der Lektüre primärer Texte schlechthin, ein wandelndes Plädoyer für das Lesen als erkenntnisförderndem Zugang zu Welt im Grassschen Sinne. Die Archivare haben folglich ein berufsbedingt reges Interesse an Fonty. Das geht so weit, daß sie diesem hinterher spionieren: „Es kann also nicht überhört werden, selbst Observationen und konspirative Geheimdienstpraktiven à la Ludwig Hoftaller stehen

auf der Tagesordnung bzw. im nächtlichen Dienstplan der dubiosen Behörden-
mitglieder." (Stolz 1997: 324) In diese Spitzeltätigkeit spielen drei Aspekte hinein: Erstens die im Roman zentrale Überwachung des Bürgers durch totalitäre
Systeme. Zweitens die von Grass in oben zitierter Rede beklagte voyeuristische
Neigung des Sekundären, das Privatleben von Schriftstellern in allen intimen
Einzelheiten auszuforschen (vgl. SZ, 282). Drittens die notwendige Recherche
des Schriftstellers. Es sei in diesem Zusammenhang nur an Grass' 'Undercover-
Agenten' Dieter Stolz erinnert. Wie der Erzähler-Autor in *Unkenrufe* dem Paar
hinterher läuft, verfolgen die Archivare Fonty.

Für die Gedächtnisfunktion von Literatur spielt also die Erzählinstanz in ihrem verschachtelten Verhältnis zu Fonty eine entscheidende Rolle: Das Archiv
bewahrt im übertragenen Sinne die Literatur, die durch die Lektüre, also Fonty,
in einen lebendigen Bezug zur jeweiligen Gegenwart des Lesers tritt. Indem
Grass das Archiv über Fonty berichten läßt, proklamiert er die Hinwendung zur
Literatur als Erkenntnismedium der Geschichte in der Gegenwart. Aus der Funktion der Erzählinstanz resultiert auch deren Ambivalenz. Auf der einen Seite ist
die Sichtung und Sicherung von 'Fakten' im Horizont der Grassschen Poetik un-
erläßlicher Bestandteil für die ästhetische Imagination – es geht um das „Wechselspiel von Imagination und Genauigkeit", von der Grass spricht. (AZ, 270) Andererseits droht der eigentliche Gegenstand aller Bemühungen, das Werk des
„Unsterblichen", beständig hinter dieser Beschäftigung zu verschwinden. Fonty
aber befreit das Werk von allem „sekundären Geräusch": „Schulen wurden nach
ihm benannt, sogar Apotheken. Und weiterer Mißbrauch. Schon war er in Schul-
büchern abgetan, schon galt er als verstaubt, schon drohte Vergessen, als endlich
dieser junge Mann in Luftwaffenblau aufkreuzte, sich allein oder in Begleitung
auf die besondere Tiergartenbank setzte und ihn, immer nur ihn, einzig den 'Unsterblichen' im Munde führte." (wF, 118)

3.4 Fonty und der „Unsterbliche" oder über 'historische Wahrheit'

Wie eingangs erwähnt, hat Grass, gleich seiner Frau Ute, Fontane gelesen, immer
wieder Fontane. Folglich ist der Roman durchzogen von Anspielungen und Zitaten. Bis in dialogische Struktur und Duktus hinein 'atmet' *Ein weites Feld* Fontane. Dieses Geflecht aufzulösen, bedarf eines ausgewiesenen Kenners und steht
als Aufgabe für die Forschung bereit. Gleiches gilt für die zahlreichen intertextuellen Bezüge, die noch nicht aufgearbeitet sind. Christiane Ivanovic hat deren
Funktion am Beispiel Uwe Johnsons exemplarisch herausgearbeitet. Grass hat
Johnson, mit dem ihn eine persönlich distanzierte, schriftstellerisch enge Freundschaft verband, sehr geschätzt: „Uwe Johnsons nichts als gering achtender Rückblick auf die frühen fünfziger Jahre, deren Prägung bis heute gültig ist, wird
durch den Erzählrahmen der *Jahrestage* dem Leser gegenwärtig gemacht, denn
der Erzählort New York und die alltägliche *New York Times* geben das Zeitge-

schehen, den Vietnamkrieg und – von Tag zu Tag bedrohlicher – die bevorstehende Okkupation der CSSR durch die Armeen des Warschauer Paktes preis. Diese erstaunliche literarische Anstrengung – ein Ozean von Worten zwischen Manhatten und Mecklenburg –, diese keine Abschweifung scheuende Zumutung, diese epochale Leistung ist – bei allem beflissenen Respektrespekt-Gemurmel – in Ost und West, dort schweigend hier geschwätzig, ignoriert worden. Uwe Johnson starb im Alter von 49 Jahren. Ich bezweifle, daß dieser Autor und sein Werk derzeit als Maßstab zur Kenntnis genommen werden. Bei ihm wäre zu erfahren, was Literatur außer dem Abfeiern eigenwüchsiger Befindlichkeit spiegeln und brechen, in Scherben belegen und aus Bruchstücken fügen kann: die konsumierbar gewordene Barbarei unserer Zeit, die sich wechselseitig bestätigenden Verbrechen, Zeitgeschichte und ihr Treibgut von Küste zu Küste. Bei Uwe Johnson beweist sich, wie epische Fron zu großer Literatur ausschlagen kann." (IX, 926)

In dem Kapitel „Ein Mord mehr" trifft Fonty Johnson, wie er seiner Tochter Mete brieflich berichtet: „Wie gesagt, ich war da, als er kam. Mag sein, daß die Hitze ihm zusetzte. Jedenfalls näherte er sich mit hochgerötetem Schädel und in erbärmlichem Zustand, wie ich bald merken mußte. Stelle Dir bitte einen ungeschlachten Menschen vor, der vornüber gebeugt und heftig schwitzend auf Dich zukommt, dabei ganz und gar in Schwarz gekleidet ist, nicht nur die Jacke schwarzledern, auch der Schlips, und das in praller Sonne." (wF, 604) Das Gespräch zwischen der fiktiven literarischen Figur und dem imaginierten toten Schriftsteller findet auf einer Bank in der Nähe des bronzenen Fontane-Denkmals statt. Kurz zuvor hatte Fonty „Vom Denkmal herab gesprochen" und Hoftaller, auf dessen Geheiß Fonty hier Platz genommen hatte, ungewöhnlich mutig die Unterdrückung deutscher Schriftsteller vorgehalten. Durch die Plazierung der Fonty-Johnson-Szene ist deren Bedeutung also schon abgesteckt: die Zensur und der Anpassungsdruck, der in der DDR auf den Autoren lastete, und den Fonty in eine lange Tradition der Überwachung von Schriftstellern stellt. Das Gespräch selber bezieht sich auf die, durch die Teilung paradigmatisch geprägte, Biographie Johnsons und die „zeitgenössischen literaturkritischen Diskussionen in der DDR mit dem Bezug auf die Realismus-Debatte" (Ivanovic 1996: 176). Johnson wird von Grass also aus ähnlichen Gründen herbeizitiert wie Fontane: Der früh verstorbene Autor der *Jahrestage* stellte sich als „Zeitgenosse" den „Brüchen und Umbrüchen". Sein DDR-Hintergrund macht ihn für Grass zum berufenen Zeugen, wählt er doch in *Ein weites Feld* die ostdeutsche Perspektive, und nicht zuletzt schafft „Johnsons Neigung zu Fontane" (ebd. 177) einen engen Bezug zur Hauptfigur Fonty. Wie Ivanovic bemerkt, ist Johnson denn auch der „einzige Autor, der in diesem Roman neben Fontane Kontur gewinnt". (177)

Alle anderen Schriftsteller, auf deren Leben und Werk im Roman angespielt wird, werden herbeigerufen, um die historische und gleichzeitig literaturgeschichtliche Landschaft zu 'bevölkern', die *Ein weites Feld* entwirft. Ihre Nennung – sei es etwa Paul Heyse, den erfolgreichsten Novellenautor des 19. Jahrhunderts oder Friedrich Spielhagen, den Theoretiker des Realismus oder Georg

Herwegh, den Vormärz-Dichter und Revolutionär – beschwört den erinnerten Zeitraum wie beiläufig und läßt an Grass' Plädoyer für die „Kulturnation" als einigendes Band der Deutschen denken. Die „Zusammenschau" (Ewert 1999: 407) der Zeiten in der Benennung von Schriftstellern ist in dem „Wandbild, das in der expressiv abgewandelten Manier des sozialistischen Realismus eine Gruppe bedeutender Schriftsteller versammelte" (wF, 49), im eigentlichen Sinne des Wortes visualisiert. „So fand sich das Modell Fonty stellvertretend zwischen Georg Herwegh und dem jungen Gerhart Hauptmann plaziert. Miteinander einig die Brüder Mann, unverkennbar Brecht und Johannes R. Becher; auch waren einige nur damals gegenwärtige Literaten dem Gruppenbild einverleibt." (wF, 49)

Warum nun stellt Grass ausgerechnet Theodor Fontane in den Mittelpunkt seines vorläufig letzten Romans? Zwei Gründe sind zu nennen: Erstens beruht der Fontanesche Realismus auf eben jener genauen, detailbewußten Beobachtung – in Fontanes Worten „Anschauung" –, die Grass so schätzt, läßt sie Literatur doch zum Spiegel ihrer Zeit werden. Zweitens, weil Leben und Werk des hellsichtigen Chronisten deutscher Gesellschaft besonders angetan ist, die (Fehl-) Entwicklungen des 19. Jahrhundert zu spiegeln. Grass' eigene Poetik läßt das Œuvre Fontanes zur idealen Folie für die Vergegenwärtigung deutscher Geschichte werden. Was Fontane für die Konzeption von *Ein weites Feld* so interessant macht, ist die Kombination aus beobachtender "Zeitgenossenschaft" und einem Realismusbegriff, der auf der ästhetischen Transformierung realer Lebenswelten beruht: Der Realismus „ist die Widerspiegelung alles wirklichen Lebens, aller wahren Kräfte und Interessen im Elemente der Kunst [...] Er umfängt das ganze reiche Leben, das Größte wie das Kleinste: den Kolumbus, der der Welt eine neue zum Geschenk machte, und das Wassertierchen, dessen Weltall der Tropfen ist [...]. Denn alles das ist *wirklich*. Der Realismus will nicht die bloße Sinnenwelt und nichts als diese; er will am allerwenigsten das bloß Handgreifliche, aber er will das *Wahre*." (Fontane, 1962 ff., Abt. III, Bd. 1, S. 242) Was für Fontane die Literatur von der Realität unterscheidet, ist die "Intensität, Klarheit, Übersichtlichkeit und Abrundung", die die ästhetische "Widerspiegelung" von Wirklichkeit zu leisten vermag. (Ebd., 569) Für Grass bedeutet Realismus ebenfalls nicht die faktengetreue Abbildung von Wirklichkeit, sondern die Erweiterung von Realität in Hinblick auf jene nicht an der Oberfläche sichtbaren Kräfte, die dennoch menschliche Lebenswelten prägen. Das "Wahre" sind in Grass' Realismuskonzeption die tieferliegenden Strukturen, die erst über die Imaginationskraft des Fiktiven eine eigene und 'wahrere' Realität schaffen. Für Grass aber etabliert eben die besondere Qualität des Schriftstellers, diese Strukturen aufzudecken, die Wirklichkeit jenseits des nur Sichtbaren zu erkennen, die größere 'Wahrheit' der Literatur.

In *Ein weites Feld* gestaltet Grass die Imaginationsfähigkeit des Schriftstellers in einer reizvollen Episode. Grass stellt sich als Autor auf die fiktionale Ebene und schildert den eigenen Besuch des Fontane-Denkmals gemeinsam mit seiner Frau. Zunächst sieht das Paar „weder den Tagundnachtschatten im Vorfeld des Denkmals noch das als Double erhöht sitzende Objekt". (WF, 591) „Dann wollte es der Zufall oder die Laune höherer Regie, daß noch einmal jenes touristische Paar, er mit Pfeife, sie mit Photoapparat, vor dem Denkmal aufkreuzte, als sei noch nicht alles geknipst. 'Irgendwas fehlt!' rief er. Doch sie sagte: 'Sehe ich nicht. Du bildest dir wieder was ein.' Danach hat sie doch noch abphotographiert, was da war, wobei ihr abermals das Lockenhaar vor die Optik fiel und er ziemlich mürrisch das Denkmal von allen Seiten nach dem absuchte, was fehlt. Dann gingen sie." (wF, 600 f.) Was die realistische Photographie nicht sieht, sieht das Auge des Schriftstellers, der sodann dem Beobachteten durch ästhetische Mittel zur Anschauung verhilft – Lesen ist Teilhabe an der erweiterten Wirklichkeit. Der Ästhetik kommt so eine besondere aufklärerische Qualität zu. Fontane spricht von dem „Durchgangsprozeß, der sich vollzieht": Das Ästhetische schaffe eine "rätselhafte Modelung, und an dieser Modelung haftet die künstlerische Wirkung, die Wirkung überhaupt". (Fontane 1959 ff., Bd. XXII/2, S. 734) Somit ist – für Grass – Fontanes Werk eine aufschlußreichere Quelle für die Geschichte des 19. Jahrhunderts als das überlieferte Faktenwissen, eine Quelle, die dahinterliegende Strukturen sichtbar macht und insofern ein Erkenntnismedium jener Gegenwart ist, auf die einzuwirken die aufklärerische Absicht des Autors Grass ist. Der Realismus von Dichtung, den Grass mit seiner Überzeugung von der Überlegenheit des Fiktiven gegenüber der auf Tatsachen beschränkten Historiographie einklagt, wird in *Ein weites Feld* von Fonty demonstriert. Fontys historische 'Wahrheiten' stehen in einem ständigen Vergleich mit den wissenschaftlich gewonnenen 'Wahrheiten' der Fontane-Forscher. Wenn Fontys Fontane-Wissen sich durch spätere Quellenfunde als richtig erweist, beweist dies die "historische Wahrheit der epischen Fiktion als Effekt von Intertextualität" (Aust 1995: 40) – das Archiv schließt seine Lücken mit der Imaginationskraft Fontys.

Vor diesem Hintergrund wird abermals deutlich, warum die Archivare, wie oben dargelegt, von dem Fontane-Wiedergänger abhängig sind: Fonty steht nicht nur für das Werk, sondern er verkörpert es. Die Attribute, die ihm das Erzählerkollektiv verleiht, unterstützen diese Annahme: Fonty ist „gegenwärtig und vergangen" (wF, 38), „spiegelt" (9), ist, „was er sagte" (10), er ist „zeitlos" und vermag „die Zeit immer wieder neu" zu „mischen" (94 f.) und im Zusammenhang mit der im Roman oft beschworenen „Unsterblichkeit" Fontanes: „Fonty hat das Fortleben wie ein Programm durchexerziert. Deshalb nahmen wir ihn nicht nur beim geplauderten und über Seiten und Verskolonnen hinweg zitatseligen Wort, sondern ließen uns überdies von seinem Anblick zu dem Glauben hinreißen: Er täuscht nicht vor. Er steht dafür. Er lebt fort." (wF, 48)

Die „Unsterblichkeit" Fontanes, die durch Fonty gewissermaßen bewiesen ist, ist ein Schlüssel zur Funktion Fontys und besitzt gleichermaßen eine positive wie negative Qualität. Negativ ist die Unsterblichkeit insofern, als sie auf jene Kanonisierung von Schriftstellern abhebt, die sie zu 'Klassikern' macht. In diesem Prozeß werden sie ge- und mißbraucht, auf Denkmäler gestellt, zur Pflichtlektüre in Schulen gemacht bis sie, wie Grass in seiner Kolumne „Politisches Tagebuch" unter dem Titel „Die Deutschen und ihre Dichter" 1972 schreibt, „zur Denkmalgröße schrumpfen und unkenntlich sind." (IX, 574) Daher steht der Wiedergänger des Berühmten der Unsterblichkeit skeptisch bis ablehnend gegenüber. Fonty hingegen läßt hinter der stilisierten Größe des 'Klassikers' Fontane das lebendige, von Widersprüchen und Brüchen sprechende Werk sichtbar werden. Fonty eben konterkariert die Monumentalisierung des Schrifstellers, wie es besonders in dem Kapitel „Vom Denkmal herab gesprochen" deutlich wird. „Wir hätten gerne mitgelacht und ihren Besuch beim Denkmal heiter beendet. Das wäre besser für Fonty gewesen, um den wir besorgt waren und den wir liebten, weil er in seiner greisenhaften Schönheit unter uns weilt, während die Bronze auf der Steinbank entrückt saß; er war lebendig, während uns der Unsterbliche nur noch Fußnoten, Querverweise und sekundären Schweiß abforderte." (585 f.) „Unsterblichkeit" im positiven Sinne kann dann nur auf das Fortleben des Werkes abzielen. Szász schlußfolgert daher auch: „Der Unsterbliche ist nicht nur Fontane, sondern der Dichter überhaupt, dessen Werk sich von der sterblichen Person loslöst, und 'die Fiktion in einem höheren Sinn Wirklichkeit' wird." (26) In Fonty kristallisiert sich die Konzeption des Romans als ästhetisch zeitloser Kommunikationsraum: Literatur bewahrt vergangene Wirklichkeiten, durch den intertextuellen Rückbezug auf die Werke der Literaturgeschichte schreibt sich Literatur beständig und überzeitlich fort: „Fonty konnte das. Ihm sind die Jahrhunderte durchlässig gewesen." (wF, 416) So kann er mühelos die Einheit des Jahres 1989/90 aus dem Blickwinkel jenes Jahrhunderts sehen, daß durch die Entstehung moderner Nationalstaaten geprägt war und an dem Fontane regen Anteil genommen hat.

Beinahe paradigmatisch stand Fontane über weite Strecken seines Lebens zwischen den antagonistischen Kräften des 19. Jahrhunderts: Hier nationaler und demokratischer Aufbruch in Folge der Französischen Revolution, dort altdeutsche Restauration. So hatte Fontane vor allem während seiner Leipziger Zeit Kontakt zu Kräften des Vormärz, begeisterte sich für die Freiheitskämpfe der Polen (vgl. wF, 244), verfaßte politische Gedichte, die zum Kampf aufriefen und schrieb für die eher radikal demokratische *Dresdner Zeitung*. Andererseits: „Der Unsterbliche hatte Dreck am Stecken." (wF, 90) Fontane arbeitete 1860 bis 1870 erst als England-Korrespondent, dann als Redakteur für die reaktionäre *Neue Preußische (Kreuz-)Zeitung*, die hauptsächlich von der preußischen Landbevölkerung gelesen wurde; Junker, Ärzte, Lehrer, Geistliche mit starker Heimatverbundenheit. Dann ließ er sich für die preußische Zensurbehörde anwerben; euphemistisch zunächst *Literarisches Kabinett* genannt, wurde sie später realistischer in *Zentralstelle für Preßangelegenheiten* umbenannt. Seit 1850 stand Fontane damit in Diensten des restaurativen Regierungslagers und „offiziell [...] unter Aufsicht des Herrn von Merckel". (wF, 125) 1870 wird Fontane für die *Vossische Zeitung* tätig, die man nach heutigen Vorstellungen mit dem Prädikat 'wirtschaftsliberal' belegen könnte. Der Jubel über die Reichsgründung 1870/71, der exemplarisch in dem Gedicht „Einzug" (vgl. wF, 19) zum Ausdruck kommt, wird später von einer verstärkt kritischen Haltung gegenüber den deutschen Zuständen abgelöst, wie Charlotte Jolles in der vierten Auflage ihrer Fontane-Monographie (1993) konstatiert: „Fontane, dessen Anteilnahme am Zeitgeschehen besonders in dynamischen Zeiten immer ein lebhaftes war [!], war sich der ungeheuren Gärungen aller Verhältnisse wohl bewußt – man spricht von seinem seismographischen Sinn. Sein kritischer Kopf erkannte die Brüchigkeit des Alten und die Forderungen der Zukunft." (17) Ein Bewunderer des preußischen Adels, hält Fontane diesem doch seine auffällige Rückständigkeit vor und zeigt durchaus Sympathien mit Sozialdemokratie und Arbeiterbewegung. Seine enge Freundschaft zu deutschen Juden konterkarieren antisemitische Ausfälle. Hoftaller erinnert Fonty: „Und wie Sie einerseits honigsüß beteuert haben: 'Ich bin von Kindesbeinen an ein Judenfreund gewesen und habe persönlich nur Gutes von den Juden erfahren ...', waren Sie andererseits nicht sparsam mit happigen Prophezeiungen, und zwar in ein und demselben Brief [...] 'Dennoch habe ich so sehr das Gefühl ihrer Schuld, ihres grenzenlosen Übermuts, daß ich den Juden eine ernste Niederlage nicht bloß gönne, sondern wünsche'". (wF, 61)

Grass schreibt diese widersprüchliche Existenz in Fonty fort, dessen Verstrickungen ins Zeitgeschehen jenen Fontanes unter anderen politischen Voraussetzungen gleichen: Er fügt sich Nationalsozialismus und Stalinismus. Auch Fonty zeichnet eine ausgeprägte politische Beobachtungsgabe, historisches Wissen und ein feiner Sinn für soziale Gerechtigkeit aus. Doch führt seine Haltung nicht in politisches Engagement oder gar Widerstand gegen die jeweils herrschende Staatsmacht. Wenn Fonty, wie in seinem Vergleich der DDR mit dem preußischen Überwachungsstaat der Restaurationszeit (vgl. z. B. wF, 159), Position bezieht, relativiert er diese zugleich als Theo Wuttke. Vor allem dem Druck von Hoftaller hält Fonty nicht stand: „Das Kinn eher ängstlich, weich und zurückgenommen. Und diese in der Unterpartie des Gesichts mangelhaft ausgebildete Willenskraft, die dem zeichnenden Liebermann nicht verborgen geblieben ist, könnte auf Fontys häufig bewiesene Schwäche deuten: Ob Tallhover oder Hoftaller gegenüber, unter Druck gab er nach." (wF, 47) Diese Unterordnung unter eine im Roman absolut gesetzte Staatsmacht verweist auf das zentrale Thema des Romans: Das Verhältnis von Freiheit und Staat in Deutschland, das sich in dem ungleichen Paar Fonty – Hoftaller verkörpert.

3.5 „... in ein Netz verstrickt": Der preußische Spitzel und sein Objekt

Fonty und Hoftaller verbindet eine Haßliebe, die Ähnlichkeiten mit der symbiotischen Beziehung aufweist, die Eddi Amsel und Walter Matern in *Hundejahre* aneinander kettet: Opfer und Täter können nicht voneinander lassen. Während einer Ruderpartie zelebrieren Fonty und Hoftaller einen „Platzwechsel", wie das zwanzigste Kapitel vielsagend überschrieben ist, der die Ambivalenz ihrer wech-

selseitigen Abhängigkeit zum Ausdruck bringt. Die Erzähler beobachten das Paar
während seines riskanten Unterfangens im schwankenden Kahn: „Was man jetzt
vom Ufer aus hörte, waren Anweisungen, die Hoftaller erhielt und denen er
folgte, weil sein Objekt beim Platzwechsel in einem Ruderboot erfahren war. Das
verklammerte Paar schob, drehte sich im Uhrzeigersinn. Ein feierlich täppischer
Tanz. Oder eine Zeremonie von ritualer Ernsthaftigkeit. Oder eine Umarmung
jener Art, die auf der bekannten Versicherung beruht: Wir befinden uns beide in
einem Boot." (wF, 407 f.) Die Ruderpartie mit Hoftaller inspiriert Fonty zu einem „Vierzeiler": „So sehen wir in einem Netz verstrickt / das Opfer und den
Täter; / ob so viel Nähe sie verschwistert, gar beglückt, / stellt sich als Frage ohne Antwort später." (wF, 402)

Wie oben beschrieben konstituieren beider Erinnerungen den historischen
Zeitraum des Romans. Beide erinnern sich aus jeweils anderer Perspektive. Während der treue Staatsdiener Herrschaftswissen in die Gespräche einbringt, ist
Fonty Gedächtnis einmal literarischer Natur, anderseits bringt das Opfer Beobachtungen aus Bürgerperspektive ein. Hoftaller bedenkt Fonty mit einer Aufmerksamkeit, die von Machtausübung und umfassender Fürsorge gleichzeitig
geprägt ist, während Fonty zwischen Anpassung, widerstrebender Kooperation,
leiser Opposition und Freiheitsdrang schwankt. Auf den Punkt gebracht: Das Opfer kooperiert mit dem Täter. Das Paar bildet eine „Einheit", wie das Doppelpor-
trät im ersten Kapitel deutlich zeigt: „Der Umriß der Hüte und Mäntel aus dunk-
lem Filz und grauem Wollgemisch verschmolz zu einer immer größer werdenden
Einheit. Was sich gepaart näherte, schien unaufhaltsam zu sein. Schon waren sie
am Haus der Ministerien, genauer, an dessen nördlicher Flanke vorbei. Mal ge-
stikulierte die hochwüchsige, mal die kleinwüchsige Hälfte. Dann wieder waren
beide mit Händen aus weiten Ärmeln beredt, der eine bei ausholendem Schritt,
der andere im Tippelschritt. Ihre Atemstöße, die sich als weiße Wölkchen verflüchtigen. So blieben sie einander vorweg und hinterdrein, waren aber dennoch
miteinander verwachsen und von einer Gestalt." (wF, 12 f.) Dieses Zusammen-
spiel deutet meines Erachtens auf einen zentralen Themenkomplex des Romans
hin: Das Verhältnis von Staat und Freiheit in der deutschen Geschichte. Folie
dieser Thematik ist Fontanes ambivalente Haltung gegenüber den restaurativen
Kräften. Hoftaller wiederum ist die Inkarnation des allgegenwärtigen Staates, der
aus Gründen der Machtsicherung, jegliche emanzipatorische Bewegungen, im
Keim zu ersticken sucht. Daß er als Figur nur über „Fontys Gesamterscheinung
[…] ins Bild kommt" (wF, 48) unterstützt diese repräsentative Funktion. Hoftaller hat keine Identität außerhalb seiner Eigenschaft als Spitzel, wird nur greifbar
in der Beschattung seines Objektes. Solchermaßen ist er auf dieses Objekt angewiesen, will er seine Existenz sichern. Auf eine politische Ebene übertragen
könnte dies bedeuten: Der absolute Staat ist nicht denkbar ohne die Unterstützung seiner Bürger. Für eine solche Deutung spricht, daß Fonty seinem „Tagundnachtschatten" bei verschiedenen Anlässen behilflich ist; sei es beim „Platzwechsel" im Boot, beim Paternosterfahren, mit dem Hoftaller seine Schwierig-

keiten hat oder, wenn Fonty ihm zuliebe einen Agententausch à la John le Carré (vgl. Meyer-Gosau, 1999: 10) inszeniert: „Und verständlich ist, daß Fonty seinem leidenden Tagundnachtschatten gefällig werden wollte". (wF, 489 f.) Hoftaller leidet, weil er nach Zusammenbruch des DDR-Regimes und Ende des Kalten Krieges seine Existenz bedroht sieht. Die Kooperation der Bürger dankt der allgegenwärtige Staat mit Fürsorge und Existenzsicherung. In diesen Kontext gehört Hoftallers schon liebevoll zu nennende Pflege des kranken, fiebernden Fonty.

Der Roman bietet nun Anhaltspunkte, daß Grass den Staatsbegriff, wie ihn Hoftaller verkörpert, auf preußische Traditionen zurückführt. Zunächst steht Tallhover ja tatsächlich in preußischen Diensten, wodurch die Großmacht Preußen ins Blickfeld gerät. Grass' Behauptung, die Einheit von 1870/71 sei durch „Bismarcks Druck", also preußische Macht, zustande gekommen, kann als Referenz zu der Ausgestaltung deutsch-preußischer Staatstraditionen in *Ein weites Feld* gelesen werden: „Erst in dem Augenblick, als unter Bismarcks Druck ein Einheitsstaat – wie man sagte – geschmiedet wurde, begann dieses – gemessen an geschichtlichen Zeiträumen – kurzfristige Unheil, 75 Jahre lang." (Ackermann u. a. 1990: 704) Auch im Roman selbst erscheint Bismarck in der Rolle des Machtpolitikers. So wird Fontanes Urteil über den Reichskanzler zitiert: „‚Er hat die größte Ähnlichkeit mit dem Schillerschen Wallenstein (der historische war anders): Genie, Staatsretter und sentimentaler Hochverräter. Immer ich, ich, und wenn die Geschichte nicht mehr weitergeht, Klage über Undank und norddeutsche Sentimentalitätsträne …'" (wF, 333) Über die Vergleiche mit dem damaligen Bundeskanzler Helmut Kohl, wird die textinterne Bewertung des sogenannten 'Einheitsstaates' deutlich: Sowohl die Einheit von 1870/71 als auch jene von 1989/90 sind 'von oben' erzwungen worden, sind Ergebnis staatlicher Machtpolitik. Hoftallers Ausführungen zur Rolle der Staatssicherheit, mithin des Staates selbst, bestätigt diese Lesart: „Und nun soll auf einmal Freiheit das große Rennen machen. Raus in die weite Welt! Dabei geht es nur um uns, um Deutschland, die Einheit! Nur deshalb haben wir nachgeholfen und die Genossen hier, die Herren drüben unter Zugzwang gesetzt. Wir haben dafür gesorgt, daß in Leipzig und anderswo dieses kindische Gegröle 'Wir sind das Volk' durch ein ausgetauschtes Wörtchen ne Prise Pfeffer bekam: 'Wir sind ein Volk!' Jawoll, ein einziges. So jedenfalls, mit Sprechchören, wurde Einheit diktiert, und die kommt." (wF, 139 f.)

Für die Entwicklungen im 19. Jahrhundert kommt Preußen eine zentrale Rolle zu, die im Roman auch durchscheint. Preußen, das seine Politik innerhalb des deutschen Bundes vor allem zugunsten des eigenen Machterhaltes führte, war der unnachsichtigste Vollstrecker der Karlsbader Beschlüsse, mit denen jedewede Freiheitsbestrebungen im Keim erstickt werden sollten. Nach der Reichsgründung 1870/71 hat Preußen seine Vormachtstellung behauptet. Bismarck war bemüht, den alten preußischen Eliten institutionelle Macht und parlamentarischen Einfluß zu sichern. Dies „geschah", wie der Historiker Wolfgang Mommsen erläutert, „unter ausdrücklicher Berufung auf die preußische Staatsidee – oder doch das, was man dafür hielt". (1992: 68) In *Ein weites Feld* ist Hoftaller der Schlüssel zu dieser „Staatsidee". Eine Säule des preußischen Systems war, neben dem Militär, eine äußerst effiziente und loyale Bürokratie. Hoftaller scheint geradezu das Paradigma eines preußischen Beamten zu sein, der beständig um den Machterhalt des Staates bemüht ist. Schon sein Äußeres, bzw. die fehlende individuelle Erscheinung, wirkt wie das Klischee eines 'typischen' Beamten. Nur die schablonenhaften Versatzstücke bringen den Staatsdiener überhaupt ins Bild: „Von Hoftaller, der ihm ohne Stock, aber mit praller Aktentasche anhing, war bekannt, daß er, außer der Thermosflasche und der Brotbüchse, jederzeit einen durch Knopfdruck auf Normalgröße zu entfaltenden Kleinschirm bei sich trug." (wF, 13) Vor allem aber scheint Hoftallers Gesinnung preußisch im Grassschen Sinne zu sein: Der Agent tritt für die Ordnung als Selbstzweck ein, er lehnt „Chaos", und damit in Grassscher Deutung die widersprüchliche Vielfalt des Lebens selbst ab. „Für Hoftaller gab es keine Brüche und Nullpunkte, nur fließende Übergänge." (wF, 482) Er hängt dem 'Ganzen' an, der Totalität und ist somit unausweichlich anti-demokratisch, wie wir aus den bisherigen Ausführungen zu Grass' Welthaltung wissen. Hoftaller ist also ein 'Idealist' reinsten Wassers, sein Ideal ist der Staat als solcher. In Bezug auf die Einheitsthematik des Romans bedeutet dies: Aufgrund der spezifisch deutschen Staatstraditionen ist ein erzwungener Einheitsstaat eine Gefährdung der Freiheit.

Über die wechselseitige Abhängigkeit von Fonty und Hoftaller wird deutlich, daß kein starker Staat ohne die Kooperation der Bürger existieren kann. Spiegelt sich hier abermals Grass' Auffassung, daß Geschichte von Menschen gemacht wird, wird doch auch deutlich, daß fehlende demokratische Traditionen zum fatalen Scheitern des ersten deutschen 'Einheitsstaates' beigetragen haben. Die Fürsorge, die Hoftaller in preußischer Tradition – gemeint sind die sozialen Sicherungssysteme, die auf Bismarck zurückgehen – ausübt, ist die 'Belohnung' für die Unterstützung staatlicher Macht, sei es im restaurativen Preußen, im Kaiserreich oder aber in der DDR, die Fonty mit Fontanes Worten in diesem Sinne als „'kommode Diktatur'" bezeichnet. (wF, 325) „'Freiheit konnte sein, Lebertran mußte sein!'" (wF, 563) Die ambivalente Beziehung des Protagonistenpaares kann so als Wechselbeziehung zwischen preußischer Staatsidee und Staatsorientierung des deutschen Bürgertums gedeutet werden.

3.6 „In Deutschland hat die Einheit immer die Demokratie versaut"

Grass breitet das historische Feld des Romans aus, um so gemäß seinem Literaturverständnis eine Annäherung an den zeitrelevanten „Widerstand" deutsche Einheit zu bieten. Die Themen die das Geschichtsfeld konturieren, sind im Roman ausdrücklich benannt: „Doch die Schuld ist ein weites Feld und die Einheit ein noch weiteres, von der Wahrheit gar nicht zu reden." (wF, 295 f.) Das Thema der Wahrheit berührt Grass' Poetik historischen Erzählens, während die Schuld auf den Zusammenhang verweist, den Grass zwischen Einheit und Auschwitz argumentativ in seinen Reden herstellt. Ist es einmal der Staatsbegriff bzw. fehlende demokratische Traditionen, die ein negatives Kontinuum in der deutschen Geschichte bilden, erscheint andererseits die deutsche Unfähigkeit, eine Nation zu bilden, in Kombination mit diesen Traditionen als Ursache für das Scheitern der Einheit von 1870/71. Fonty formuliert diesen Zusammenhang bündig: „'In Deutschland hat die Einheit immer die Demokratie versaut.'" (wF, 55) Auf eine historische Ebene übertragen, könnte das für die textinterne Argumentation bedeuten: In dem Moment, da sich der deutsche Wunsch nach nationaler Einheit, wie er das 19. Jahrhundert dominierte, erfüllt, scheitern die demokratischen Bewegungen, die dieses Jahrhundert auch hervorgebracht hat. Die historischen Ereignisse, die Grass ausbreitet, beleuchten jeweils diesen Konflikt. Sei es, daß es um die sogenannten Befreiungskriege geht, die in einer konstituionellen Monarchie hätten münden müssen oder die friedliche Revolution der DDR-Bürger angesprochen wird, immer thematisiert Grass einen Konflikt zwischen Freiheitsbestrebungen und staatlicher Unterdrückung. „Kaum hatte das Volk sich und zugleich den zaudernden König befreit, standen schon die Karlsbader Beschlüsse fest, auf das Ihresgleichen von den Demagogenverfolgungen bis hin zum jüngsten Spitzelsystem einen Überwachungsstaat errichten, netzförmig erweitern, verdichten, perfektionieren konnte. Und das bis heute." (wF, 498)

Die Erklärung, warum die Besonderheiten der deutschen Geschichte den Einheitsstaat zu einer schlechten Lösung der deutschen Frage gemacht haben, birgt die Auseinandersetzung zwischen Fonty und Madeleine. Dieses Streitgespräch über "Einheit und Nation" (wF, 461) findet sich an zentraler Stelle – nämlich im dreiundzwanzigsten Kapitel, das wegen der Einheitsfeier am 3. Oktober 1990 „Freude! Freude" betitelt ist. „Nicht, daß allgemein Streit ausbrach, doch wurde der Gegensatz zwischen Großvater und Enkeltochter deutlich. Aus französischer Sicht waren Einheit und Nation feststehende Tatsachen. 'Und damit basta!' rief Madeleine. Fonty war als erklärter Feind des 'ledernen Borussentums' dennoch Preuße genug, um jegliche Einheit kleinteilig aufzulösen und dem Begriff Nation, den er als bloße Chimäre abtat, eine ordentliche und möglichst von der Vernunft bestimmte Verfassung vorzuziehen: 'Zweifelsohne fehlt uns eine Konstitution, die nicht nur dem Westen paßt.' Sie warf den Deutschen selbstquälerische Verrücktheit, er den Franzosen selbstgerechten Chauvinismus vor. Rief sie: 'Vive la France!', gab er 'Hoch lebe Brandenburg!' zurück. Heiß ging es her, mehr bitter als zart. Und wir, denen der Anschluß bevorstand, wir schwiegen dazu." (wF, 460) Der Kern dieses Schlagabtauschs ist die Feststellung: In Deutschland ist die Nation keine Selbstverständlichkeit. Dahinter steht zweifelsohne Grass' Überzeugung, die Deutschen seien unfähig, eine Nation zu bilden.

Diese Einschätzung aber ist keinesfalls so abwegig, wie dies in der Kritik teilweise dargestellt wurde. Vielmehr gibt die deutsche Geschichte einigen Anlaß, das Nationale als ebenso unsichere wie fragwürdige Größe zu werten. So gibt es Deutschland im Sinne eines politischen Begriffes im strengen Sinne erst seit der Französischen Revolution. Bis zu diesem Zeitpunkt war 'deutsch' vor allem eine Bezeichnung für die deutschsprachige Bevölkerung in einem bestimmten Territorium. In 'Deutschland' entwickelte sich gerade auch wegen der konfessionellen Teilung eine partikulare Bindung: Kulturelle, politische und territoriale Vielheit waren Kennzeichen des Alten Reiches. Dies hatte zwangsläufig langfristige Folgen für die Herausbildung eines modernen Nationalstaates. Diese hier nur angedeuteten historischen Entwicklungen, deren Auswirkungen bis in die heutige Zeit spürbar sind – man denke nur an das Schlagwort vom 'Regional – oder Lokalpatriotismus' der Bayern, Rheinländer, Westfalen usw. –, mußten die Forderungen der deutschen Nationalbewegung nach nationaler Einheit und Freiheit zu einem im Vergleich zu anderen Ländern ungleich schwierigeren Unterfangen machen. Daß die Deutschen aufgrund dieser historischen Voraussetzungen keinen selbstverständlichen Bezug zu der Identifikationsgröße Nation besäßen und von daher keine Einigung nur auf Grund der staatlichen Organisationsform erreichen könnten, erhellt in *Ein weites Feld* ein Kommentar Fontys. Während der Hochzeitsfeier im 14. Kapitel kommt das Gespräch auf die bevorstehende Wiedervereinigung, worauf Fonty wie beiläufig einwirft: "'Und was die Einheit betrifft, stehen wir auf dem alten deutschen Standpunkt, daß wenn der Sondershauser eins abkriegt, so freut sich der Rudolstädter ...'" (wF, 296)

Grass knüpft also mit dieser Anspielung auf den historisch gewachsenen Partikularismus der Deutschen an die Argumentation an, die er im Laufe der Auseinandersetzung mit der deutschen Frage entwickelt hat. Vor diesem Hintergrund ist Grass' Überzeugung, das Deutsche Reich sei wider besseres Wissen mit aller Gewalt erzwungen worden, nachvollziehbar, auch wenn man seiner historischer Argumentation nicht in allem folgen will. Die oben dargelegte Kritik an autoritären – preußischen – Staatstraditionen in *Ein weites Feld* muß in diesem Argumentationszusammenhang bewertet werden: Die mit Grass' Worten „gewaltsame" Gründung des deutschen Reiches ist erstens der erzwungene Bruch mit föderalen Traditionen. Zweitens kann man aus Grass' Ausführungen zur „Kulturnation" schließen, daß er das Deutsche Reich als Abkehr von einem Nationenkonzept wertet, das auf der Einigung durch Sprache und Kultur und eben nicht durch Staatlichkeit beruht. Indem Grass nun in *Ein weites Feld* die Literaturgeschichte als Erkenntnisfolie heranzieht und in Fonty ein Plädoyer für die Literatur gestaltet, stellt er indirekt den Versuchen, Einigkeit über die staatliche Einheit zu erzielen wieder seine Idee der Einigung über Sprache entgegen. Dennoch endet der Roman mit Fontys eher optimistischer Einschätzung, die er den Mitarbeitern auf einer Ansichtskarte mitteilt: „Übrigens täuschte sich Briest; ich jedenfalls sehe dem Feld ein Ende ab ..." (wF, 781) Wenn das „Feld" die Versuche der Deutschen sind, zu nationaler Einigung zu gelangen, so mag der Ausblick auf das Ende die wachsende europäische Integration sein, die das Ende Nationalstaates bedeuten könnte. Mit ihren föderalen Traditionen und ihrer regionalen Identität würden sich die Deutschen, so mag man es hier unterstellen, in ein vereintes 'Europa der Regionen' gut einfügen.

3.7 Kritik

Die Spiegelung des zeitgenössischen Geschehens in der Geschichte des 19. Jahrhunderts scheint viele Kritiker des Romans verstört zu haben, denn: „Der Roman rührt im Streit um den Status der Wiedervereinigung an eine empfindliche Stelle. Er widersetzt sich nämlich dem schon im Historikerstreit hervortretenden Geschichtsrevisionismus, der in seiner Konsequenz die Schatten nationaler Schuld abzuschütteln sucht. Einer grassierenden Schlußstrichgesinnung, die mit dem Jahr 1989 neuen Auftrieb gewinnt, muß ein Zeit- und Erinnerungsroman, der den Konnex zwischen den deutschen Zuständen und ihrer durch obrigkeitsstaatliche Traditionen geprägten Geschichte zum Thema hat, äußerst ungelegen sein. In der Störung der auch offiziell gepflegten Normalisierungsphantasien besteht die eigentliche politische Provokation." (Ewert 1999: 413 f.)

Die „Skandalgeschichte ohne ihresgleichen in der Literaturgeschichte" (Neuhaus 1997: 224) beginnt schon, bevor das Buch überhaupt im Handel ist. Neuhaus berichtet von den Vorgängen, die mit der Lesung in der Jüdischen Gemeinde Frankfurt, für die sich Marcel Reich-Ranicki eingesetzt hatte, ihren Anfang nehmen. Im Anschluß an die Lesung lobt der Kritiker den Roman überschwenglich, nur um ihn später ebenso drastisch wie geschmacklos zu verreißen. Ein Vorablob spricht auch Martin Lüdke aus. Die Nachrichtenagentur dpa notiert unter dem 27. April 1995, Grass habe „seinen Roman als Jahrhundert-Werk angelegt". (Neuhaus 1997: 225), woraufhin „2001" in einer Anzeige titelt: „Ein Jahrhundertroman. Der _neue_ Grass!" (Negt 1996: 35). Nachdem Grass solchermaßen in den Himmel gehoben wurde, veröffentlicht das Nachrichtenmagazin *Der Spiegel* noch vor Ablauf der Sperrfrist Reich-Ranickis offenen Brief an Grass, der scheinheilig mit der Anrede „Mein lieber Günter Grass" beginnt. Der Kritiker behauptet ein Scheitern und schreibt verlogen – hat er doch bis auf wenige Ausnahmen alle Werke Grass' bislang verrissen und dem Schriftsteller geradezu seine Befähigung abgesprochen –: „Ich halte Sie für einen außerordentlichen Schriftsteller, mehr noch: Ich bewundere Sie – nach wie vor, doch muß ich sagen, was ich nicht verheimlichen kann: daß ich Ihren Roman 'Ein weites Feld' ganz mißraten finde." (Ebd., 80) Auf dem Titelbild derselben *Spiegel*-Ausgabe ist eine Fotomontage abgedruckt, die Reich-Ranicki zeigt, wie er *Ein weites Feld* zerreißt. Diese Montage hat große Empörung ausgelöst und ist vor allem im Ausland, wo man die Debatte um den berühmten Schriftsteller verfolgte, auf großes Unverständnis gestoßen.

Mit diesem schamlosen Titelbild und dem Brief beginnt eine Schlammschlacht sondergleichen, in deren Verlauf sich auch Politiker einschalten, Grass entweder verteidigen oder angreifen oder aber, wie Antje Vollmer in der *Zeit* dieser Art der Literaturkritik im besonderen und den Medien im allgemeinen die Entwicklung in Richtung eines „Kampagnenjournalismus" vorhält. (Ebd., 309) Höhepunkt der 'mulitimedial' aufbereiten Debatte ist das „Literarische Quartett", das sich in der Sendung vom 24. August 1995 des Romans 'annimmt', und in der einzig die Literaturkritikern Sigried Löffler vergeblich versucht, „im Handwerklichen [...] zu differenzieren." (Neuhaus 1997: 227) Frau Löffler hat ihre Mitarbeit im *Literarischen Quartett* mittlerweile beendet, weil sie das ursprüngliche Anliegen, Literatur kontrovers, aber kultiviert und nach literarischen Kriterien vorzustellen, nicht mehr realisiert sieht. Als Wendepunkt hin zu einer peinlichunangemessen Veranstaltung wertet sie die Sendung, in der *Ein weites Feld* im Mittelpunkt stand. (Siehe ap-Meldung vom 29. Juli 00.)

Die weitere Rezeption des Romans ist in dem von Oskar Negt herausgebenen Band *Der Fall Fonty* ausführlich dokumentiert. Auf „*Ein weites Feld* im Literaturbetrieb" geht auch Dirk Frank in seinem Aufsatz „Zwischen Delitarisierung und Polykontextualität" von 1998 ein. Die Verhältnisse von positiven und negativen Stimmen hat Daniela Hermes, die den Band *Der Fall Fonty* redaktionell betreute, ermittelt. Für die Auswertung wurden insgesamt 161 Rezensionen herangezogen, von denen 34 in *Der Fall Fonty* aufgenommen wurden. Nach acht Kriterien hat sie die Kategorisierung der 160 Besprechungen vorgenommen. Das Ergebnis lautet: 34 positiven und 25 bedingt positiven – die Kategorie lautet: „positiv mit negativen Zügen" – Rezensionen stehen 54 ausschließlich negative und 14 überwiegend negative gegenüber. Als neutral mit entweder positiven, negativen oder wertungsfreien Tendenzen wurden 33 Rezensionen ausgemacht. Obleich diese numerische Auswertung ein relativ „ausgeglichenes Bild zwischen plus und minus" (Neuhaus 1997: 227) zeigt, dominiert in der Wahrnehmung die negative Kritik. Das mag daran liegen, daß vor allem die großen und renomierten Zeitungen mit eigenen Literaturbeilagen oder –seiten und überregionaler Reichweite zumeist negative Besprechungen abdruckten.

Allein die *Frankfurter Rundschau*, die *Stuttgarter Zeitung* und die *Süddeutsche Zeitung* reagierten mit uneingeschränkter Anerkennung des Romans. Wolfram Schütte verteidigt Grass unter der Überschrift „Wie aus der Zeit gefallen: zwei alte Männer", gegen den „Vorwurf, sich leitartikelnd hinter seinem kopfgebürtigen seltsamen Helden zu verstecken". (Negt 1996: 130) Schütte stellt heraus, daß Grass seine eigenen Standpunkte zum politischen Geschehen auf die Personen des Romans verteilt. Schüttes Rezension zeugt von einer genauen Lektüre und weist kenntnisreich auf das „Vexierspiel aus Rekonstruktion und Wiederholung im Fadenkreuz der Überwachung" hin und spricht von den „historisierenden Doppelverspiegelungen". (Ebd.) Schütte ist denn auch der einzige Kritiker, der „die komplexe intertextuelle Erzählstruktur nicht nur bemerkt, sondern auch hervorragend herauspräpariert und anschaulich vermittelt" hat. (Neuhaus, 1997: 227 f.) Wolfgang Ignée bezeichnet den Autor Grass in der *Stuttgarter Zeitung* als „'Spezialist' fürs Fiktive, Verzwickte, für gewagte, aber auch plausible Zeitsprünge" (Negt 1996: 98) und verweist auf die werkbestimmende

Aufhebung chronologischen Erzählens. In einer Inhaltsangabe skizziert Ignée historische Parallelen und Verweise. Mit seinen Ausführungen zu Erzählinstanz und „Vergegenkunft" (99) beweist Igené seine Kenntnis des Erzählers Grass. „Die erprobte Montage-Kunst von Grass hat einen fast achthundert Seiten langen ʻstream of consciousnessʻ, einen Bewußtseinsstrom, organisiert, der durch die Landschaft der deutschen Wiedervereinigung fließt und auf dem wir alle [...] auf unserem schaukelnden Schiffchen dahintreiben." (Ebd.) Unter dem Titel „Vom Glanz und Schmutz des deutschen Bürgertums" stellt Jürgen Busche in der *Süddeutschen Zeitung* die Parallelisierung zweier Jahrhunderte heraus: „Zweimal deutsches Bürgertum in zweihundert Jahren – und es ist ein- und dasselbe." (76) Ein Lesevergnügen wird der Roman für Busche vor allem durch die „Sprache" des Autors, die jene Verständnishürden wett macht, die angesichts einer verzwickten Handlungsführung aufbaut werden. Weil Grass eine Fülle historischen Materials verarbeitet und das Werk Fontanes detailliert eingebunden habe, sei der Roman für den nicht Versierten schwierig zu durchdringen. Da gelte nur nicht für die „Gegenwart". (78) Den „Entwurf einer Topographie der deutschen Seele zwischen Politik und Literatur" nennt Busche den Roman und schließt mit einem Hinweis auf Thomas Manns *Doktor Faustus* – „eine Wiederholung des deutschen Schicksalsbuchs, nun auf die Geschichte eines aktuellen Teufelspakts hin entwickelt." (Ebd.)

Äußerst negativ fällt die Besprechung Gustav Seibts in der *Frankfurter Allgemeinen Zeitung* aus. Er beginnt mit einem ironisch-polemischen Seitenhieb auf die deutsche Literaturlandschaft, der der „große Geschichtsroman zur Wiedervereinigung" fehle. (71) Grass habe diesem „schmeichelhaften Auftrag nicht widerstehen" können. (Ebd.) Im gleichen polemischen Duktus führt Seibt seine Spekulationen über die Entstehung von *Ein weites Feld* fort, bietet eine oberflächliche und abwertende Inhaltsangabe, un zu dem Schluß zu kommen: „Aus diesen Elementen – dem erzählenden Archiv, dem historischen Fontane, dem Wiedergänger Wuttke-Fonty und dem bösen Homunkulus Hoftaller – hat Grass sich die Erzählmaschine zusammengebaut, in die er nur oben seine historische Zettelkästen einfüllen mußte, damit unten dann der große Geschichtsroman zur deutschen Nation fertig herauskomme." (73) Der sei ein in Meinungen vollständig aufgehendes Werk", „eine gigantische Symbolmaschine zur Herstellung beliebiger Bedeutung" (74), die überdies die „tausendmal gehörten" Meinungen des Autors zur Wiedervereinigung wiederhole. (75) Das Urteil Ulrich Schachts in der *Welt am Sonntag* fällt noch negativer aus: Der Roman sei „literarästhetisch eine Katastrophe". (188) Schacht unterstellt Grass, *Ein weites Feld* nur aus „einem Ressentiment heraus" heraus geschrieben zu haben: Weil er die Wiedervereinigung ablehne. Herausgekommen sei „politischer Unsinn". (189) So weist Schacht denn auch mehr Grass' politische Überzeugungen zurück, als er sich mit dem Roman auseinandersetzt.

Die Woche druckt ihre Kritik in Form eines Briefes ab, den Fontane an Grass schreibt. Es wird unterstellt, Grass habe den toten Schriftsteller mißbraucht: „Mit mir und meiner Stellung zu den historischen Ereignissen, deren beschreibender Zeuge ich gewesen bin, hat es nichts zu tun. Daß ich als Fälschung meiner selbst in Ihrem Buch vorkommen muß, ist eine Demütigung, und was ich bei diesem Buch gelitten habe, spottet jeder Beschreibung." (110 f.) Diese Angriffe auf den Autor münden in der nur unverschämt zu nennenden Feststellung, Grass sei besser „Leitartikler" geworden, „vom Dichter, der Sie ein halbes Leben lang sein wollten, haben Sie nun gar nichts mehr." (110) Auch Iris Radisch unterstellt in der *Zeit*, Grass habe mit *Ein weites Feld* „von der Literatur Abschied genommen". (Ebd.) Sie blickt anerkennend zurück auf das Werk des Autors, um dann um so schärfer den jüngsten Roman anzugreifen. Dieser sei mißlungen: „Aus zweiter Hand sind Ort und Personen, dürftig und schleppend der mühsam konstruierte Handlungsverlauf." (112) Und auch Radisch hebt auf den politischen Gehalt ab, wenn sie von einem „ideologisch gefestigten Thesenroman" spricht. (113)

Wenn auch hier in bis dato ungeahnten Ausmaß ist die Konzentration auf die politischen Positionen des Autors, wie sie in der Debatte um *Ein weites Feld* begegnet, schon beinahe ein Stereotyp der deutsche zeitgenössische Rezeption des Grassschen Œuvres. In seinem Vorwort zu *Der Fall Fonty* spricht Negt dieses Phänomen und bezeichnet es als „ein allgemeines Problem produktiver Intellektueller": „Im Fall Fonty steht der Schriftsteller Grass mit seinem Werk vor Gericht, das jedoch nicht getrennt wird von Grass' Rolle als politisch nachdenklichem Staatsbürger, der entschieden, ja häufig aufdringlich wirkend, öffentlichen Gebrauch von seiner Vernunft macht. Weil er den maßlosen Anspruch zu erheben scheint, aus der erarbeiteten Autorität im einen Bereich (dem des erfolgreichen Schrifstellers) priviligierten Einfluß auch im anderen zu gewinnen, ist Grass seit dreißig Jahren immer wieder der Kritik ausgesetzt gewesen." (8)

3.8 Forschung

Die Forschung zu *Ein weites Feld* befindet sich noch am Anfang. Viele Aspekte des anspielungsreichen Romans warten noch auf ihre Untersuchung. Wie schon erwähnt beschäftigt Christine Ivanovic 1996 die Fiktionalisierung Uwe Johnsons als Paradigma der Erzählstrategie. Sie stellt heraus, daß die von ihr untersuchte Szene – Fonty trifft Johnson – „das erzählerische Verfahren [...] geradezu paradigmatisch und im Kontrast zur Erzählweise Johnsons" vorführe. (175) „[I]nnerhalb der Romankonstruktion" habe diese „Begegnung mit Johnson eine synthetisierende Funktion". (185) Ferenc Szász verfolgt 1996 einen anderen Ansatz, wenn er Parallelen zwischen dem „Faust-Mythos", dessen Verarbeitung bei Goethe und im *Doktor Faustus* und *Ein weites Feld* konstatiert. Er stützt sich dabei auf die „'zwei Seelen in einer Brust' des Goetheschen Faust", die in *Ein weites Feld* auf Fonty und Hoftaller verteilt seien. Die „Montage-Technik" des Romans und die Verdoppelung der Biographie über das Leben und Werk Fontanes gleiche jener im Doktor Faustus (Leverkühn und Nietzsche). 1997 legte Dieter Stolz seinen aufschlußreichen Aufsatz „Nomen est omen" vor, in dem er ausgehend von dem vieldeutigen Titel Textreferenzen aufdeckt und sich der komplizierten Erzählweise nähert, die von einer Verschmelzung „reale[r] und phantastische[r] Elemente" gekennzeichnet sei. (323) „Intellektuelle Verantwortung und Schuld" in Günter Grass' *Ein weites Feld* untersucht 1997 Lutz Kube. Kube „sieht" seine „Interpretation [...] als einen Kommentar zum Literaturstreit, den die Veröffentlichung von Christa Wolfs Erzählung *Was bleibt* [...] ausgelöst hatte." (351) Frauke Meyer-Gosau richtet 1997 das Augenmerk auf das Protagonistenpaar und erblickt in der Ausgestaltung von dessen Symbiose eine Gleichsetzung des Schriftstellers mit dem Spitzel. Dirk Frank hingegen geht 1998 von dem „Medienrummel" um *Ein weites Feld* aus und untersucht das auch im Roman selbst ausgestaltete Phänomen des Sekundären. (72) Gerd Labroisse legt 1999 einen Aufsatz zur „Sprach-Bildlichkeit" in *Ein weites Feld* vor. Labroisse will „eine bestimmte erzählerische Gestaltungsweise aufzeigen" (362): Er spricht dabei von einer „Erzähl-Produktion", die „ein 'bild'-gemäßes, synthetisierend geschaffenes Groß-Gemälde deutscher Gegenwarts-Verhältnisse in historischer Zusammen-Sicht unter Einsatz eines literarisch-zitatmäßig sich verbürgenden, archiv-beobachteten/registrierten Gestalten-Paares" bietet. (378) Ebenfalls 1999 legt Michael Ewert die erwähnte Untersuchung zur Funktion der Spaziergänge in *Ein weites Feld* vor. Der Aufsatz ist aus einem Vortrag hervorgegangen, den Ewert 1997 auf einem Grass-Kongreß in Köln gehalten hat. Ewert vermag am Text nachzuweisen, daß dem Spaziergang eine konstitutive Funktion zukommt. Er beleuchtet dabei die vergegenkünftige Ausgestaltung des historischen Feldes über den Erinnerungsmodus. Abschließend sei auf Rolf Geißlers Aufsatz „Ein Ende des 'weiten Feldes'?" von 1999 verwiesen. Geißler nähert sich dem Roman über den titelgebenden Ausspruch des alten Briest aus Fontanes Roman *Effi Briest*. Er „untersucht [..] die Zusammenhänge, in denen der Ausspruch steht" (69).

VIII. Anstatt eines Nachworts: Der Nobelpreis für den Chronisten unseres Jahrhunderts

Am 10. Dezember 1999 erhält Günter Grass aus den Händen des schwedischen Königs Karl Gustav in Stockholm den Nobelpreis für Literatur. Der letzte deutsche Schriftsteller, dem diese international bedeutendste Auszeichnung zuteil geworden war, war siebenundzwanzig Jahre zuvor Heinrich Böll. Als am 30. September 1999 die Schwedische Akademie den letzten Nobelpreisträger für Literatur des 20. Jahrhunderts bekannt gab, erinnerten denn auch viele deutsche Pressestimmen an Heinrich Böll, dem gleichfalls der erste Gedanke des geehrten Autors selber galt: „Heinrich Böll wäre sicher zufrieden mit dieser Wahl. Ich habe immer versucht, seine Tradition fortzusetzen", teilte Grass den zahlreich versammelten Journalisten in Lübeck am Tag der Bekanntgabe mit. (dpa-Meldung vom 30.9.99) So wurde in den Medien auch die Anekdote wieder aufgegriffen, wonach Böll sich 1972 in seiner ersten Reaktion überrascht gezeigt habe, daß ihm und nicht seinem Kollegen der Nobelpreis verliehen worden sei. Der gebürtige Danziger, dessen Erstlingsroman für internationales Aufsehen gesorgt hatte, war nämlich im Jahr 1972 ebenfalls als Kandidat der Schwedischen Akademie im Gespräch. Seit dieser Zeit galt der international so erfolgreiche Autor, wie 1995 spöttisch eine US-amerikanische Zeitung bemerkte, als „'perpetual Noble Prize candidate'". (Neuhaus 1997: 102) Auf dieses Phänomen spielten zahlreiche Kommentare in den deutschen Medien denn auch an – eine ap-Meldung vom 30. September ist gar überschrieben: „Der ewige Nobelpreiskandidat hat es endlich geschafft". Je nach Standpunkt der Kommentatoren wurde entweder uneingeschränkte Anerkennung ob der lange verdienten Würdigung formuliert oder aber Bedenken angebracht, der Preis komme zu spät, blieben doch die jüngeren Werke hinter dem Frühwerk zurück. Die Tageszeitung *Die Welt* zeigte offen eine ablehnende Haltung und konstatierte gar: „Es trifft den Falschen. Günter Grass, so populär er im Ausland auch sein mag, ist kein würdiger Kandidat. Er ist es ohnehin nicht in literarischer Hinsicht, da er den Zenit seines Könnens bereits seit Jahrzehnten überschritten hat und als Autor eines einzigen wirklich überragenden Buchs, der 'Blechtrommel', im Grunde auch den Nobelpreiskriterien nicht entspricht."

Als sei es ein automatischer und hartnäckiger Reflex auf den Kritiker deutscher Befindlichkeiten, findet sich auch in den Reaktionen auf die Nobelpreisvergabe die Reduktion des Grassschen Œuvres auf *Die Blechtrommel*, wenn auch in der Regel nicht so negativ, wie in der *Welt*. Dabei hat die Schwedische Akademie Grass eben nicht nur für sein Erstlingswerk ausgezeichnet, sondern als Chronisten des 20. Jahrhunderts: „Weil er in munterschwarzen Fabeln das vergessene Gesicht der Geschichte gezeichnet". Mit diesem Satz würdigt die Aka-

demie in ihrer Pressemitteilung vom 30. September den sprachmächtigen Schriftsteller und „'Spätaufklärer'", der mit Thomas Mann, dem wohl berühmtesten
deutschen Nobelpreisträger, verglichen wird. „Er fabuliert und hält gelehrte Vorträge, er fängt Stimmen auf und monologisiert dreist, er ahmt nach und schafft
gleichzeitig eine ironische Mundart, die nur er beherrscht. Durch seine Macht
über die deutsche Syntax und seine Bereitschaft, ihre labyrinthischen Feinheiten
zu nutzen, erinnert er an Thomas Mann. Sein schriftstellerisches Werk ist ein
Dialog mit dem großen Erbe deutscher Bildung, der mit sehr strenger Liebe geführt wird." Besonders hervorgehoben sind in dieser Mitteilung neben der
Blechtrommel, die „zu den bleibenden literarischen Werken des zwanzigsten
Jahrhunderts gehören wird", *Katz und Maus*, *Hundejahre*, *Der Butt* und der
„Zankapfel der deutschen Literaturkritik", *Ein weites Feld*, denn dieses Buch
„befestigte die Stellung des Schriftstellers als desjenigen, der die großen Fragen
an die Geschichte unseres Jahrhunderts stellt" und in diesem Sinne wird auch das
vorläufig letzte Prosawerk, *Mein Jahrhundert*, angesprochen.

Die Entscheidung des Komitees für einen Schriftsteller, dessen erster Roman
„der deutschen Literatur nach Jahrzehnten sprachlicher und moralischer Zerstörung" einen Neuanfang „vergönnt" zu haben scheint, stieß weltweit auf große
Zustimmung. So bezeichnet die konservative dänische Tageszeitung *Berlingske
Tidende* (Kopenhagen) die Wahl als „absoluten Volltreffer" und der ebenfalls
konservative *Aftenposten* aus Oslo mutmaßt, die Akademie werde „nach der
Vergabe des Nobelpreispreises für Literatur an den deutschen Autor Günter
Grass weit mehr Lob als Kritik ernten." Die polnische Presse begrüßt die Vergabe einhellig, und die liberale Warschauer Zeitung *Gazeta Wyborcza* betont
Grass' Bedeutung für Deutschland *und* Polen: „Ohne Grass wären die Deutschen
eine andere Nation. In gewisser Weise wären auch wir Polen eine andere Nation." Die römische Zeitung *La Republica* würdigt den Schriftsteller als „Erfor-
scher des deutschen Bewußtseins", der „seine Landsleute oftmals bis zur Weiß-
glut reizt" und zeigt Verständnis, daß das Infrage-Stellen durch diesen Kritiker
die „Deutschen zwischen Zustimmung und Ärger hin und her schwanken" lasse.

„Zwischen Zustimmung und Ärger" – diese Feststellung ließe sich als tref-
fende Überschrift über die lange Geschichte des Verhältnisses zwischen den
Deutschen und dem namhaftesten Vertreter der deutschen Literatur nach 1945
setzen. Es hat jedoch den Anschein, daß der Nobelpreis den Ärger – zeitweilig? –
hinter die Zustimmung hat zurücktreten lassen. Nicht nur die deutschen Schrift-
stellerkollegen, unter ihnen neben Siegfried Lenz auch Martin Walser, den aufgrund divergierender politischer Ansichten ein eher gespanntes Verhältnis mit
Grass verbindet, gratulierten, sondern auch viele Politiker würdigten den Mahner
und Kritiker. Der amtierende Bundeskanzler Gerhard Schröder formuliert sinn-
gemäß, was sich mit zahlreichen Pressestimmen deckt: „eine Auszeichnung für
einen Schriftsteller sei immer auch eine Auszeichnung für die Kultur, in der er
schreibe." (ap-Meldung vom 30.9.99) Das Renommee des Nobelpreises wird
augenscheinlich gerne als 'deutsches Aushängeschild' angenommen, auch wenn

dem kritischen Zeitgenossen Grass erst vier Jahre zuvor – anläßlich des Erscheinens von *Ein weites Feld* – wegen seiner Einheitskritik von nicht wenigen 'Vaterlandsverrat' und 'Nestbeschmutzung' vorgeworfen wurde. In der Vorlesung, die Grass anläßlich der Verleihung vorgetragen hat und die unter dem Titel „Fortsetzung folgt..." steht, geht Grass auf seine 'Umstrittenheit' ein und befindet: „Was aus Liebe dem eigenen Land zugemutet ward, wurde als Nestbeschmutzung gelesen. Seitdem gelte ich als umstritten." Doch beschweren mag sich der Autor über diesen chronischen Zustand nicht, ist er aus seiner Sicht doch das „Risiko unserer Berufswahl", das ihn mit so vielen seiner Kollegen verbindet.

Wie stets in den vergangenen Jahrzehnten blickt Grass auch anläßlich der feierlichen Verleihung des Nobelpreises auf die Schrecken des zu Ende gehenden Jahrhunderts zurück und endet mit dem anhaltenden Leid, denn „[d]em sich anhäufenden Reichtum antwortet die Armut mit gesteigerten Zuwachsraten." „Fortsetzung folgt..." kann für den akribischen Chronisten unseres Jahrhunderts nur heißen, seine „munterschwarzen Fabeln" weiterzuführen. Und so schließt der Erzähler Grass seine Rede gemäß Eddi Amsels Credo aus den *Hundejahren* „Solange wir noch Geschichten erzählen, leben wir": „Davon wird in Zukunft zu erzählen sein. Schließlich muß unser aller Roman fortgesetzt werden. Und selbst wenn eines Tages nicht mehr geschrieben und gedruckt werden wird oder darf, wenn Bücher als Überlebensmittel nicht mehr zu haben sind, wird es Erzähler geben, die uns von Mund zu Ohr beatmen, indem sie die alten Geschichten aufs neue zu Fäden spinnen: laut und leise, hechelnd und verzögert, manchmal dem Lachen, manchmal dem Weinen nahe."

Auswahlbibliographie

1. Quellen

1.1 Werkausgabe

GRASS, Günter: Werkausgabe in zehn Bänden. Hrsg. von Volker Neuhaus. Darmstadt, Neuwied 1987. Kritisch durchgesehen, kommentiert und mit Nachworten versehen, ausgestattet mit Karten von Danzig, Langfuhr und dem Freistaat (in II), einer Tabelle zur Geschichte Danzigs (in V), einer Bibliographie von Grass' publizistischen Arbeiten (in IX) und einer Grass-Vita in Selbstaussagen.

BAND I: Gedichte und Kurzprosa. Hrsg. von Anita Overwien-Neuhaus und Volker Neuhaus

BAND II: Die Blechtrommel. Hrsg. von Volker Neuhaus.

BAND III: Katz und Maus; Hundejahre. Hrsg. von Volker Neuhaus.

BAND IV: örtlich betäubt; Aus dem Tagebuch einer Schnecke. Hrsg. von Volker Neuhaus.

BAND V: Der Butt. Hrsg. von Claudia Mayer.

BAND VI: Das Treffen in Telgte; Kopfgeburten oder die Deutschen sterben aus. Hrsg. von Christoph Sieger.

BAND VII: Die Rättin. Hrsg. von Angelika Hille-Sandvoß.

BAND VIII: Theaterspiele. Hrsg. von Angelika Hille-Sandvoß.

BAND IX: Essays Reden Briefe Kommentare. Hrsg. von Daniela Hermes.

BAND X: Gespräche mit Günter Grass. Hrsg von Klaus Stallbaum.

1.2 Buchveröffentlichungen außerhalb der Werkausgabe

GRASS, Günter; SCHLÖNDORFF, Volker: „Die Blechtrommel" als Film. Frankfurt a. M. 1979.

GRASS, Günter: Zunge zeigen. Ein Tagebuch in Zeichnungen, Prosa und einem Gedicht. Darmstadt 1988.

GRASS, Günter: Totes Holz. Ein Nachruf. Göttingen 1990.

GRASS, Günter: Brief aus Altdöbern. Remgagen 1991.

GRASS, Günter: Vier Jahrzehnte. Ein Werkstattbericht. Hrsg. von G. Fritze Margull. Göttingen 1991.

GRASS, Günter: Unkenrufe. Erzählung. Göttingen 1992.

GRASS, Günter: Novemberland. 13 Sonette. Göttingen 1993.

GRASS, Günter: Ein weites Feld. Göttingen 1995.

GRASS, Günter: Mein Jahrhundert. Göttingen 1999.

1.3 Sammelbände – Reden und Gespräche

GRASS, Günter: Deutscher Lastenausgleich. Wider das dumpfe Einheitsgebot. Reden und Gespräche. Frankfurt a. M. 1990.

GRASS, Günter: Ein Schnäppchen namens DDR. Letzte Reden vorm Glockengeläut. Frankfurt a. M. 1990.

GRASS, Günter: Gegen die verstreichende Zeit. Reden, Aufsätze und Gespräche 1989–1991. Darmstadt, Neuwied 1991.

GRASS, Günter: Die Deutschen und ihre Dichter. Hrsg. von Daniela Hermes. München 1995.

GRASS, Günter: Der Schriftsteller als Zeitgenosse. Hrsg. von Daniela Hermes. München 1996.

GRASS, Günter: Der Autor als fragwürdiger Zeuge. Hrsg. von Daniela Hermes. München 1997.

1.4 Einzelveröffentlichungen – Reden und Gespräche (Auswahl)

ACKERMANN, Ulrike; GLOTZ, Peter; SEITZ, Norbert: „Gegen meinen Willen setzt bei mir so eine Art Absonderung ein." Ein Gespräch mit Günter Grass. In: Die Neue Gesellschaft/Frankfurter Hefte 1990. H. 8. S. 702–710.

ARNOLD, Heinz Ludwig: Gespräche mit Günter Grass. In: Heinz Ludwig ARNOLD (Hrsg.): Günter Grass. Text + Kritik. H. 1. 5 Auflage 1978. S. 1–39.

AUGSTEIN, Rudolf, GRASS, Günter: Deutschland, einig Vaterland? Ein Streitgespräch. München 1990.

DURZAK, Manfred: Geschichte ist absurd. Eine Antwort auf Hegel. Ein Gespräch mit Günter Grass. In: Manfred DURZAK (Hrsg.): Zu Günter Grass. Geschichte auf poetischen Prüfstand. Stuttgart 1985. S. 9–19.

FRANK, Niklas: Der Einzelgänger. In: Der Stern 21 (1992).

GRASS, Günter u.a.: Diskussionsbeiträge zur Podiumsdiskussion Lyrik heute. In: Akzente. 8. (1961). S. 38–54.

Günter GRASS im ND: Es ist uns nichts Neues eingefallen … Gespräch über das kopflose Tempo bei der Vereinigung der Deutschen. In: Neues Deutschland vom 12.9.1990.

GRASS, Günter: Gegen den Haß. Osloer Rede. In: neue deutsche literatur 38. Jg. (1992). H. 455. S. 5–8.

GRASS, Günter: Rede vom Verlust. Über den Niedergang der politischen Kultur im geeinten Deutschland. Göttingen 1992.

GRASS, Günter: Rede über den Standort. Göttingen 1997.

GRASS, Günter: Aus dem Bildnerischen ins Wörtliche. Ein Gespräch mit Stephan Lohr. In: Heinz Ludwig ARNOLD (Hrsg.): Günter Grass. Text + Kritik. 7., revidierte Auflage. 1997. S. 69–77.

GRASS, Günter; HILDEBRANDT, Regine: Schaden begrenzen oder auf die Füße treten. Ein Gespräch. Mit Repliken von Fritz Ullrich Fack und Max Thomas Mehr. Berlin 1993.

GRASS, Günter; SZCYPIORSKI, Andrzej: Die Zeit heilt alle Wunden. Die Schuld hört nie auf. In: Die Zeit vom 8. September 1989.

GRASS, Günter; SZCZYPIORSKI, Andrzej: Deutsche und Polen. Ein Gespräch. In: Günter Grass zum 65. Eine Zeitung herausgegeben vom Steidl Verlag in Göttingen.

JÄGER, Wolfgang; VILLINGER, Ingeborg: Interview mit Günter Grass. In: Wolfgang JÄGER, Ingeborg VILLINGER (Hrsg.): Die Intellektuellen und die deutsche Einheit. Freiburg i. B. 1997. S. 227–247.

ROSCHER, Achim: Aufhören, auf leere Hoffnung zu setzen. Gespräch mit Günter Grass. In: neue deutsche literatur 40 (1992). H. 477. S. 7–28.

SCHWARZ, Wilhelm Johannes: Auf Wahlreise mit Günter Grass. In: Manfred JURGENSEN (Hrsg.). Kritik – Thesen – Analysen. Mit einem Vorwort des Herausgebers. Bern 1973. S. 151–166.

1.5 Sonstige

CAMUS, Albert: Der Mythos vom Sisyphos. Ein Versuch über das Absurde. Mit einem kommentierenden Essay von Liselotte Richter. Deutsch von Hans Georg Brenner und Wolfdiertrich Rasch. Reinbek. b. Hamburg 1959.

FONTANE, Theodor: Werke, Schriften und Briefe [zuerst: Sämtliche Werke]. Hrsg. von Walter KEITEL und Helmut NÜRNBERGER. 1962 ff. Abt. III: Aufsätze. Kritiken. Erinnerungen. Band 1. Hrsg. von Jürgen KOLBE.

FONTANE, Theodor: Sämtliche Werke. Hrsg. von Edgar GROß. München 1959 ff.

BAND XXII/2: Causerien über das Theater. Zweiter Teil. Hrsg. von Edgar GROß unter Mitwirkung von Kurt Schreinert. München 1964.

HERDER, Johann Gottfried: Werke in zehn Bänden. Hrsg. von Martin BOLLACHER u. a. Frankfurt a. M. 1985.

BAND 1: Frühe Schriften. 1764–1772. Hrsg. von Ulrich GAIER. Frankfurt a. M. 1985.

BAND 6: Ideen zur Philosophie der Geschichte der Menschheit. Hrsg. von Martin BOLLACHER. Frankfurt a. M. 1989.

MANN, Thomas: An die gesittete Welt. Politische Schriften und Reden im Exil. Hrsg. von Peter de MENDELSSOHN. Mit einem Nachwort von Hanno Helbig. Frankfurt a. M. 1986 [Band 13 der Frankfurter Ausgabe].

MANN, Thomas: Tagebücher. Band 5: 1940–1943. Hrsg. von Peter de MENDELSOHN. Frankfurt a. M. 1982.

SCHÄDLICH, Hans Joachim: Tallhover. Roman. Reinbek b. Hamburg 1986.

VANSITTART, Sir Robert: Black Record: Germans Past and Present. London 1941.

WEININGER, Otto: Geschlecht und Charakter. Eine prinzipielle Untersuchung. Im Anhang Weiningers Tagebuch, Briefe August Strindbergs sowie Beiträge aus heutiger Sicht von Annegret Stopczyk, Gisela Dischner und Roberto Calasso. Nachdruck d. 1. Auflage. Wien 1903. München 1980.

2. Bibliographien

EVERETT, George A.: A selected bibliography of Günter Grass (From 1956–1973). Including the works, editions, translations and critical literature. New York 1974.

GÖRTZ, Franz Josef: Günter Grass – Zur Pathogenese eines Markenbildes. Meisenheim am Glan 1978. S. 321–351: Verzeichnis aller deutschsprachigen Rezensionen: *Blechtrommel, Katz und Maus, Hundejahre, örtlich betäubt*.).

GÖRTZ, Franz Josef: Kommentierte Auswahl-Bibliographie. In: Heinz Ludwig ARNOLD (Hrsg.): Günter Grass. Text + Kritik. H. 1. 5. Auflage. 1978. S. 175–199.

HERMES, Daniela: Auswahlbibliographie. In: Heinz Ludwig ARNOLD (Hrsg.): Günter Grass. Text + Kritik. Heft 1. 6. Auflage. 1988. S. 139–161.

HERMES, Daniela: Auswahlbibliographie. In: Kritsches Lexikon der Gegenwartsliteratur. Neufassung 1992 (o. P.).

O'NEILL, Patrick: Günter Grass. A Bibliography 1955–1975. Toronto, Buffalo 1976.

3. Darstellungen

3.1 Sammelbände

ARNOLD, Heinz Ludwig (Hrsg.): Blech getrommelt. Günter Grass in der Kritik. Göttingen 1997

ARNOLD, Heinz Ludwig (Hrsg.): Günter Grass. Text + Kritik. H. 1. 7., revidierte Auflage. 1997.

ARNOLD, Heinz Ludwig (Hrsg.): Günter Grass. Text + Kritik. H. 1. 6. Auflage: Neufassung. 1988.

ARNOLD, Heinz Ludwig (Hrsg.): Günter Grass. Text + Kritik. H. 1. 5. Auflage. 1978.

ARNOLD, Heinz Ludwig, Buch, Theo (Hrsg.): Positionen des Erzählens. München 1976.

ARNOLD, Heinz Ludwig; GOERTZ, Franz Josef (Hrsg.): Günter Grass: Dokumente zur politischen Wirkung. Stuttgart 1971.

BAUER PICKAR, Gertrud (Hrsg.): Adventures of a Flounder: Critical Essays on Günter Grass' 'Der Butt'. München 1982.

BRADY, Philip; MCFARLAND, Timothy; WHITE, John J. (Hrsg.): Günter Grass' *Der Butt*. Sexual Politics and the Male Myth of History. Oxford 1990.

BRUNKHORST-HASENCLEVER, Annegrit; BRUNKHORST, Martin (Hrsg.): Materialien Günter Grass „Die Blechtrommel", „Katz und Maus". Ort? 1981.

DURZAK, Manfred (Hrsg.): Zu Günter Grass. Geschichte auf dem poetischen Prüfstand. Stuttgart 1985.

GEIßLER, Rolf (Hrsg.): Günter Grass. Ein Materialienbuch. Darmstadt, Neuwied 1976.

Germanica Wratislaviensia LXXXI: Günter Grass-Konferenz Karpacz: Der Mensch wird an seiner Dumheit sterben. Wroclaw 1990.

GÖRTZ, Franz Josef; JONES, Randall L.; KEELE, Alan F. (Hrsg.): Wortindex zur „Blechtrommel" von Günter Grass. Frankfurt a. M. 1990.

GÖRTZ, Franz Josef (Hrsg.): „Die Blechtrommel". Attraktion und Ärgernis. Ein Kapitel deutscher Literaturkritik. Darmstadt, Neuwied 1984.

GÖRTZ, Franz Josef (Hrsg.): Günter Grass. Auskunft für Leser. Darmstadt 1984.

HERMES, Daniela; NEUHAUS, Volker (Hrsg.): Günter Grass im Ausland. Texte, Daten, Bilder zur Rezeption. Frankfurt a. M. 1990.

JURGENSEN, Manfred (Hrsg.): Kritik – Thesen – Analysen. Mit einem Vorwort des Herausgebers. Bern 1973.

LABROISSE, Gerd; STEKELENBURG, Dick van (Hrsg.): Günter Grass: Ein europäischer Autor? Amsterdamer Beiträge zur neueren Germanistik Bd. 35. Amsterdam, Atlanta 1992.

LOSCHÜTZ, Gert (Hrsg.): Von Buch zu Buch – Günter Grass in der Kritik. Eine Dokumentation. Neuwied 1968.

MEWS, Siegfried (Hrsg.): „The fisherman and his wife". Günter Grass's „The flounder" in critical perspective. New York 1983.

NEGT, Oskar (Hrsg.): Der Fall Fonty. „Ein weites Feld" von Günter Grass im Spiegel der Kritik. Göttingen 1996.

RITTER, Alexander (Hrsg.): Erläuterungen und Dokumente zu Günter Grass' „Katz und Maus". Stuttgart 1977.

SCHMIDT, Sabine; DWERTMANN, Franz (Hrsg.): Oskar – Tulla – Mahlke. In Gdansk unterwegs mit Günter Grass. Danzig 1993.

WILSON, Leslie A. (Hrsg.): A Günter Grass Symposium. The University of Texas at Austin. Austin, London 1971.

WOLFF, Rudolf (Hrsg.): Günter Grass. Werk und Wirkung. Bonn 1986.

3.2 Einzeluntersuchungen

ABBÉ, Derek van: Metarmorphoses of 'Unbewältigte Vergangenheit' in *Die Blechtrommel*. In: German Life and Letters 23 (1969/70). S. 152–160.

ABBOTT, Scott H.: *Hundejahre* – A Realistic Novel About Myth. In: The German Quarterley 1982. H. 2. S. 212–220.

ANDERSON, Susan C.: Lies and more lies. Fact and Fiction in Günter Grass' „Die Rättin". In: The Germanic Review 66 (1991). S. 106–112.

ANDERSON, Susan C.: Günter Grass as Historian: The Thirty Years War in Grass' Works. In: Monatshefte 85 (1993). No. 1. S. 24–36.

ANGENENDT, Thomas: Wenn Wörter Schatten werfen. Untersuchungen zum Prosastil von Günter Grass. [Univ. Diss. Köln 1993.] Frankfurt a. M., Bern, New York 1993.

ANGRESS, R. K.: *Der Butt* – A Feminist Perspective. In: Gertrud BAUER PICKAR (Hrsg.): Adventures of a Flounder: Critical Essays on Günther Grass' 'Der Butt'. München 1982.

ARENDT, Dieter: Die absurde Chiffre und die Chiffre des Absurden in Günter Grass' „Danziger Trilogie" oder: „Was die Welt Übertage absurd nennt, schmeckt Untertage real". In: Orbis Litterarum 44 (1989). H. 4. S. 341–372.

ARKER, Dieter: 'Nichts ist vorbei, alles kommt wieder.' Untersuchungen zu Günter Grass' „Die Blechtrommel". Heidelberg 1989.

ARNOLD, Arnim: La salade mixte du chef. Zu 'Aus dem Tagebuch einer Schnecke' und 'Kopfgeburten oder Die Deutschen sterben aus'. In: Manfred DURZAK (Hrsg.): Zu Günter Grass. Geschichte auf dem poetischen Prüfstand. Stuttgart 1985. S. 130–141.

ARNOLD, Heinz Ludwig: Großes Ja und kleines Nein. Fragen zur politischen Wirkung des Günter Grass. In: Manfred JURGENSEN (Hrsg.). Kritik – Thesen – Analysen. Mit einem Vorwort des Herausgebers. Bern 1973. S. 87–96.

ARNOLD, Heinz Ludwig: Literaturkritik: Hinrichtungs- oder Erkenntnisinstrument. Günter Grass' „Rättin" und das Feuilleton. In: L'80. 1986. H. 39. S. 115–126.

ARNOLD, Heinz Ludwig: Zeitroman mit Auslegern: Günter Grass: „Örtlich betäubt". In: Manfred JURGENSEN (Hrsg.). Kritik – Thesen – Analysen. Mit einem Vorwort des Herausgebers. Bern 1973. S. 97–102.

AUFFENBERG, Christian: Vom Erzählen des Erzählens bei Günter Grass. Studien zur immanenten Poetik der Romane 'Die Blechtrommel' und 'Die Rättin'. [Univ. Diss. Münster 1992.] Münster, Harberg 1993.

AUST, Hugo: Die Ordnung des Erzählens oder Die Geburt der Geschichte aus dem Geist des Romans. In: Johann HOLZNER, Wolfgang WIESMÜLLER (Hrsg.): Ästhetik der Geschichte. Innsbruck 1995. S. 39–59.

AYREN, Armin: Friede in der Heimaterde. Günter Grass erzählt: von Gräben, Gräbern und Geschäft. In: Stuttgarter Zeitung Nr. 106 vom 8. Mai 1992. [Rezension zu *Unkenrufe*.]

BAKER, Donna: Nazism and the Petit Bourgois Protagonist: The Novels of Grass, Boll [!], and Mann. In: New German Criticque 1975. No. 5. S. 77–105.

BARTL, Andrea: „Ein weites Feld" von Günter Grass und die Wende. In: Norbert Honsza (Hrsg.): Die Rezeption der deutschsprachigen Gegenwartsliteratur nach der Wende. Wroclaw 1989. S. 141–162

BASTIANSEN, B.: Vom Roman zum Film: eine Analyse von Volker Schlöndorffs Blechtrommel-Verfilmung. Bergen 1990.

BATT, Kurt: Groteske und Parabel. Anmerkungen zu „Hundejahre" von Günter Grass und „Herr Meister" von Walter Jens. In: Neue Deutsche Hefte 12 (1964). H. 7. S. 57–66.

BAUER PICKAR, Gertrud: Günter Grass's 'örtlich betäubt' – the fiction of fact and fantasy. In: The Germanic Review 52 (1977). H. 4. S. 289–303.

BAUER PICKAR, Gertrud: Spielfreiheit und Selbstbefangenheit – Das Porträt eines Versagers. Zu Günter Grass' 'örtlich betäubt'. In: Manfred DURZAK (Hrsg.): Zu Günter Grass. Geschichte auf dem poetischen Prüfstand. Stuttgart 1985. S. 96–114.

BAUER PICKAR, Gertrud: Starusch im Felde mit den Frauen. Zum Frauenbild in Grass' „örtlich betäubt". In: Colloqiua Germanica. Bd. 22. (1989) S. 260–282.

BAUER PICKAR, Gertrud: The Aspect of Colour in Günter Grass' „Katz und Maus". In: German Life and Letters 23 (1969/70). H. 3. S. 304–309.

BAUER PICKAR, Getrud: International Ambiguity in Günter Grass' „Katz und Maus". In: Orbis litterarum 26 (1971). S. 232–245.

BAUMGART, Reinhard: Deutsche Gesellschaft in deutschen Romanen. In: Reinhard Baumgart: Literatur für Zeitgenossen. Essays. Frankfurt a. M. 1966. S. 373–397.

BAUMGART, Reinhard: Kleinbürgertum und Realismus. Überlegungen zu Romanen von Böll, Grass und Johnson. In: Neue Rundschau 75 (1964). S. 650–664.

BECKER, Hellmut: Lehrer und Schüler in Günter Grass' Roman „örtlich betäubt". In: Neue Sammlung 9 (1969). S. 503–510.

BEHERENDT, Johanna E.: Die Auswegslosigkeit der menschlichen Natur. Eine Interpretation von Günter Grass' „Katz und Maus". In: Rolf GEIßLER (Hrsg.): Günter Grass. Ein Materialienbuch. Darmstadt 1976. S. 115–135. [Auch in: Zeitschrift für deutsche Philologie 83 (1968). S. 546–562.]

BEHRENDT, Johanna E.: Auf der Suche nach dem Adamsapfel. Der Erzähler Pilenz in Günter Grass' Novelle „Katz und Maus". In: Germanisch-Romanische Monatsschrift. Neue Folge. Bd. 19 (1969). S. 313–326.

BEST, Otto F.: 'Doppelleben' zwischen Evolution und ewiger Wiederkehr. Überlegungen zum postgastropodischen Werk von Günter Graß [!]. In: Colloquia Germanica Bd. 15 (1982) H. 1/2. S. 111–121.

BEYERSDORF, Hermann: The Narrator as Artful deceiver: aspects of narrative perspective in 'Die Blechtrommel'. In: The germanic Review 55 (1980). S. 129–138.

BEYERSDORF, Hermann: „... den Osten verloren": Das Thema der Vertreibung in Romanen von Grass, Lenz und Surminski. In: Weimarer Beiträge 38 (1992). S. 46–67.

BLAMBERGER, Günter: Anmerkungen zum Problem der Melancholie in Günter Grass' „Aus dem Tagebuch einer Schnecke". In: Günter BLAMBERGER: Versuch über den deutschen Gegenwartsroman. Krisenbewußtsein und Neubegründung im Zeichen der Melancholie. Stuttgart 1985. S. 135–141.

BLOMSTER, Wesley V.: The Documentation of a Novel: Otto Weininger and „Hundejahre" by Günter Grass. In: Monatshefte 61 (1969). No. 1. S. 122–138.

BOA, Elisabeth: Günter Grass and the German Gremlin. In: German Life and Letters 23 (1969/70). H. 2. S. 144–152.

BÖSCHENSTEIN, Bernhard: Günter Grass als Nachfolger Jean Pauls und Döblins. In: Jahrbuch der Jean-Paul-Gesellschaft 6 (1971). S. 86–101.

BOßMANN, Timm: Der Dichter im Schussfeld. Geschichte und Versagen der Literaturkritik am Beispiel Günter Grass. Marburg 1997.

BRADY, Philip: 'Aus einer Kürbishütte gesehen': The Poems. In: Philip BRADY, Timothy McFARLAND, John J. WHITE (Hrsg.): Günter Grass' *Der Butt*. Sexual Politics and the Male Myth of History. Oxford 1990. S. 203–225.

BRAUN, Michael: Grass, Walser, Enzensberger und die nationale Frage. „Kein Deutschland gekannt Zeit meines Lebens". In: Universitas 50 (1995). H. 11. S. 1090–1101.

BRODE, Hanspeter: „Daß du nicht enden kannst, das macht dich groß". Zur erzählerischen Kontinuität im Werk von Günter Grass. In: Franz Josef GÖRTZ (Hrsg.): Auskunft für Leser. Darmstadt. Neuwied 1984. S. 75–94.

BRODE, Hanspeter: Die Zeitgeschichte im erzählenden Werk von Günter Grass. Versuch einer Deutung der 'Blechtrommel' und der 'Danziger Trilogie'. Frankfurt a. M., Bern 1977.

BRODE, Hanspeter: Die Zeitgeschichte in der 'Blechtrommel' von Günter Grass. Entwurf eines textinternen Kommunikationsmodells. In: Rolf GEIßLER (Hrsg.): Günter Grass. Ein Materialienbuch. Darmstadt 1976. S. 86–114.

BRODE, Hanspeter: Günter Grass. München 1979.

BRODE, Hanspeter: Kommunikationsstruktur und Erzählerposition in den Romanen von Günter Grass. 'Die Blechtrommel', 'Aus dem Tagebuch einer Schnecke', 'Der Butt'. In: Germanisch-Romanische Monatsschrift 61 (1980). S. 438–450.

BRODE, Hanspeter: Reisebericht. Essay. Wahlkampf. Günter Grass plädiert in den „Kopfgeburten" für eine gemeinsame deutsche Literatur. In: literatur für leser Bd. 3 (1980). S. 254–259.

BRODE, Hanspeter: Von Danzig zur Bundesrepublik. Günter Grass' Bücher 'örtlich betäubt' und 'Aus dem Tagebuch einer Schnecke'. In: Heinz Ludwig ARNOLD (Hrsg.): Günter Grass. Text + Kritik. H. 1. 5. Auflage. 1978. S. 74–87.

BRUCE, James C.: The Motive of Failure and the Act of Narrating in Günter Grass' 'örtlich betäubt'. In: Modern Fiction Studies. XVII, 1 (Spring 1971). S. 61–80.

BRUCE, James C.: The equivocating narrator in Günter Grass' „Katz und Maus". In: Monatshefte 58 (1968). S.

BRUNSSEN, Frank: Das Absurde in Günter Grass' Literatur der achtziger Jahre. [Univ. Diss. Berlin.] Würzburg 1997.

BRYNEED, Linda: Ein Spiel mit Varianten: 'Der Butt' und das Märchen 'Von dem Fischer un syne Fru'. In: Germanistische Mitteilungen. 1983. H. 17. S. 13–25.

BULLIVANT, Keith: The end of the dream of the other Germany. The „German Question" in West German Letters. In: Walter PAPE (Hrsg.): 1870/71–1989/91. German Unifications and the Change of Literary Discourse. Berlin, New York 1993. S. 302–319.

BURKHARDT, Anke; TRESCH, Ursula; VOIT Friedrich:Geschichten zur Geschichte. Zum neuen Roman von Günter Grass *Der Butt*. In: Gertrud BAUER PICKAR (Hrsg.): Adventures of a Flounder: Critical Essays on Günter Grass' 'Der Butt'. München 1982. S. 81–90

BÜSCHER, Heiko: Günter Grass. In: Dietrich WEBER (Hrsg.): Deutsche Literatur seit 1945 in Einzeldarstellungen. Stuttgart 1968. S. 455–483.

BUTLER, Geoffrey P.: A tall Story of some size: 'Die Rättin' and 'The rat': In: German Life and Letters 41 (1987–1988). S. 488–493

BUTLER, Geoffrey P.: The Call of the Toad and the Szcezepan Phenomeneon. – In: German Life and Letters 47,1 (1994). S. 94–103.

CARLSSON, Anni: Vom Narren bis zum Küchenmeister der Phantasie. Modellfiguren der Erzählkunst 1494–1977. In: Simpliciana. Schriften der Grimmelshausen-Gesellschaft II (1981). S. 53–69.

CAVALLI, Alessandro: Die Rolle des Gedächtnis in der Moderne. In: Aleida ASSMANN, Dietrich HARTH (Hrsg.): Kultur als Lebenswelt und Monument. Frankfurt a. M. 1991. S. 200–210. [Der Aufsatz ist im Inhaltsverzeichnis unter dem Titel „Soziale Gedächtnisbildung in der Moderne" verzeichnet.]

CEPL-KAUFMANN, Getrude: Der Deutschen unauslösliche Vergangenheit. Günter Grass' Roman „Die Hundejahre". In: Gerhard von Rupp (Hrsg.): Klassiker der deutschen Literatur. Würzburg 1999. S. 273–300.

CEPL-KAUFMANN, Gertrude: Leiden an Deutschland. Günter Grass und die Deutschen. In: Gerd LABROISSE, Dick van STEKELENBURG (Hrsg.): Günter Grass: Ein europäischer Autor? Amsterdamer Beiträge zur neueren Germanistik Bd. 35. Amsterdam, Atlanta 1992. S. 267–289.

CEPL-KAUFMANN, Gertrude: Günter Grass. „Die Rättin". In: Germanica Wratislaviensia 1990. S. 49–70.

CEPL-KAUFMANN, Gertrude: Verlust oder poetische Rettung? Zum Begriff Heimat in Günter Grass' – Danziger Trilogie. In: Hans Georg POTT (Hrsg.): Literatur und Provinz. Das Konzept 'Heimat' in der neueren Literatur. Paderborn u. a. 1986. S. 61–83.

CEPL-KAUFMANN, Gertrude: Der Künstler als Bürger. Selbstverständnis und Ausdrucksform im literarischen, bildkünstlerischen und politischen Werk von Günter Grass. In: Rudolf WOLFF (Hrsg.): Günter Grass: Werk und Wirkung. Bonn 1985. S. 27–58.

CEPL-KAUFMANN, Gertrude: Günter Grass. Eine Analyse des Gesamtwerks unter dem Aspekt von Literatur und Politik. Kronberg/Ts. 1975.

CICORA, Mary A.: Music, Myth, and Metaphysics: Wagner Reception in Günter Grass' *Hundejahre*. In: German Studies Review 16 (1993). No. 1. S. 49–60.

CLASON, Synnöre: Uwe und Ilsebill. Zur Darstellung des anderen Geschlechts bei Morgner und Grass. In: Alte und neue Kontroversen. Bd. 6. 1986. S. 104–107.

CLOONAN, William: World War II in Three Contemporary Novels. In: South Atlantic Review 52/2 (1986). S. 65–75.

CORY, Mark E.: Sisyphus and the Snail: Metaphors for the political process in Günter Grass' 'Aus dem Tagebuch einer Schnecke' and 'Kopfgeburten oder die Deutschen sterben aus'. In: German Studies Review 6 (1983). H. 3. S. 519–533.

CRICK, Joyce: Future Imperfect: Time and the Flounder. In: Philip BRADY; Timothy McFARLAND, John J. WHITE (Hrsg): „Der Butt". Sexual Politics and the Male Myth of History. Oxford 1990. S. 33–49.

CRIMMANN, Ralph P.: Günter Grass: 'Das Treffen in Telgte': literarturdidaktische und literaturwissenschaftliche Beobachtungen. In: Der Deutschunterricht 38 (1986). H. 5. S. 7–22.

CUNLIFFE, Gordon W.: Günter Grass. New York 1969.

DEMETZ, Peter: Die süße Anarchie. Deutsche Literatur seit 1945. Berlin, Frankfurt a. M., Wien 1970.

DIEDERICHS, Rainer: Strukturen des Schelmischen im modernen deutschen Roman. Eine Untersuchung an den Romanen von Thomas Mann, „Bekenntnisse des Hochstaplers Felix Krull" und Günter Grass, „Die Blechtrommel". Univ. Diss. Zürich 1971.

DIERKS, Manfred: Zur Bedeutung philosophischer Konzepte für einen Autor und für die Beschaffenheit seiner Texte. In: Bjorn EKMANN; Borge KRISTIANSEN; Friedrich SCHMOE (Hrsg.): Literatur und Philosophie. Vorträge des Kolloqiums am 11./12.10.1982. Kopenhagen, München 1983. S. 9–39.

DILLER, Edward: A Mythic Journey. Günter Grass's 'Tin Drum'. Lexington 1974.

DIMLER, G. Richard: Simplicius Simplicissimus and Oskar Matzerath as alienated heros: Comparison and contrast. In: Amsterdamer Beiträge zur neueren Germanistik. Bd. 4 (1975). S. 113–134.

DONAHUE, Bruce: The Alternative to Goethe: Markus and Fajngold in „Die Blechtrommel". In: The Germanic Revue 58 (1983) H. 3. S. 115–120.

DRUX, Rudolf: Die Unteilbarkeit der deutschen Literatur. Utopie und Wirklichkeit bei Günter Grass und den Barockpoeten. In: Hiltrud GNÜG (Hrsg.): Literarische Utopie-Entwürfe. Frankfurt a. M. 1982. S. 117–126.

DURRANI, Osman: „Here comes Everybody": An appraisal of narrative technique in Günter Grass's „Der Butt". In: Modern Language Review (75) 1980. S. 810–822.

DURZAK, Manfred: Harsdörffer-Variationen. Zur Barockrezeption in „Treffen in Telgte" von Günter Grass. In: Italo Michele Battofariono (Hrsg.): Georg Philipp Harsdörffer. Ein deutscher Dichter und europäischer Gelehrter. Bern u. a. 1991. S. 365–380.

DURZAK, Manfred: Der Butt im Karpfenteich: Günter Grass und die Literaturkritik. In: Rudolf WOLFF (Hrsg.): Günter Grass: Werk und Wirkung. Bonn 1985.S. 87–110.

DURZAK, Manfred: Es war einmal. Zur Märchenstruktur des Erzählens bei Günter Grass. In: Manfred DURZAK (Hrsg.): Zu Günter Grass. Geschichte auf dem poetischen Prüfstand. Stuttgart 1985. S. 166–177.

DURZAK, Manfred: Die Zirkelschlüsse der Literaturkritik. Überlegungen zur Rezeption von Günter Grass' Roman Der Butt. In: Gertrud BAUER PICKAR (Hrsg.): Adventures of a Flounder: Critical Essays on Günter Grass' 'Der Butt'. München 1982. S. 63–80

DURZAK, Manfred: Der deutsche Roman der Gegenwart. Entwicklungsvoraussetzungen und Tendenzen 3., erweiterte und veränderte Auflage. Stuttgart u. a. 1979. [Darin: Fiktion und Gesellschaftsanalyse. Die Romane von Günter Grass. S. 247–327.]

DURZAK, Manfred: Ein märchenhafter Roman, zum 'Butt' von Günter Grass. In: Basis 9 (1979). S. 71–90.

DURZAK, Manfred: Plädoyer für eine Rezeptionsästhetik. Anmerkungen zur deutschen und amerikanischen Literaturkritik am Beispiel von Günter Grass 'örtlich betäubt'. In: Akzente 18 (1971). S. 487–504.

EBEL, Martin: Der Fortschritt ist eine Fahrradrikscha. Versöhnungsfriedhöfe und ein herbstliches Paar: „Unkenrufe", die neue Erzählung von Günter Grass. In: Badische Zeitung vom 8.5.1992.

EMRICH, Wilhelm: Oskar Matzerath und die deutsche Politik. In: Wilhelm Emrich: Polemik. Streitschriften, Pressefehden und kritische Essays um Prinzipien, Methoden und Maßstäbe der Literaturkritik. Frankfurt a. M. 1968. S. 89–93.

ENDERSTEIN, Carl. O.: Zahlensymbolik und ihre Bedeutung in Günter Grass' Werken. In: Amsterdamer Beiträge zur neueren Germanistik Bd. 4 (1974/75). S. 135–155.

ENRIGHT, Dennis J.: Always new pains. Günter Grass's 'Local Anaesthetic'. In: Dennis J. ENRIGHT: Man is an onion. London 1972. S. 96–102.

ENZENSBERGER, Hans Magnus: Wilhelm Meister auf Blech getrommelt. Der 'verständige Anarchist'. In: Hans Magnus ENZENSBERGER: Einzelheiten. Frankfurt a. M. 1962. S. 227–233.

EROMS, Hans-Werner: Ansätze zu einer linguistischen Analyse der 'Unkenrufe' von Günter Grass. In: Hans WELLMANN (Hrsg.): Grammatik, Wortschatz und Bauformen der Poesie in der stilistischen Analyse ausgewählter Texte. Heidelberg 1993. S. 25–41.

EWERT, Michael: *Spaziergänge durch die deutsche Geschichte. Ein weites Feld* von Günter Grass. In: Sprache im technischen Zeitalter 37 (1999). S. 402–417.

EYKMANN, Christoph: Geschichtspessimismus in der deutschen Literatur des zwanzigsten Jahrhunderts. [Darin: Absurde Mechanik: Die verunglimpfte Geschichte in den Romanen von Günter Grass. Bern, München 1970. S. 112–124.]

EYKMANN, Christoph: The Literary Diary as a Witness of Man's Historicity: Heinrich Böll, Karl Krolow, Günter Grass, and Peter Handke. In: Anna-Teresa Tymineiecka (Hrsg.): The Existential Coordinates of the Human condition: Poetic – Epic – Tragic: The Liteary Genre. Dordrecht 1984. S. 249–260.

FERGUSON, Lore: 'Die Blechtrommel' von Günter Grass. Versuch einer Interpretation. Frankfurt a. M., München 1976.

FICKERT, Kurt J.: The use of Ambiguity in „Cat and Mouse". In: The German quarterly 44 (1971). H. 3. S. 372–378.

FILZ, Walter: Dann leben sie noch heute? Zur Rolle des Märchens in „Butt" und „Rättin". In: Heinz Ludwig ARNOLD (Hrsg.): Günter Grass. Text + Kritik. H. 1. 7., revidierte Auflag. 1997.

FILZ, Walter: Es war einmal? Elemente des Märchens in der deutschen Literatur des siebziger Jahre. Frankfurt a.M., New York, Paris 1989.

FINNEY, Gail: The Merging of German Unifications: Liminality in Günter Grass's *Ein weites Feld*. In: SAUL, Nicholas u. a. (Hrsg.): Schwellen. Germanistische Erkundungen einer Metapher. Würzburg 1999. S. 127–136.

FISCHER, André: Inszenierte Naivität. Zur ästhetischen Simulation von Geschichte bei Günter Grass, Albert Drach und Walter Kempowski. München 1992.

FRANK, Dirk: Zwischen Deliterarisierung und Polykontextualität. Günter Grass' *Ein weites Feld* im Literaturbetrieb. In: Andreas ERB (Hrsg.) unter Mitarbeit von Hannes Krauss und Jochen Vogt: Baustelle Gegenwartsliteratur. Die neunziger Jahre. Opladen, Wiesbaden 1998. S. 72–96.

FREY, Lawrence O.: Günter Grass, „Katz und Maus", and gastro-narratology. In: Germanic Review 68 (1993). S. 176–184.

FRIEDRICHSMEYER, Erhard M.: Aspect of Myth, Parody and Obscenity in Grass' *Katz und Maus*. In: Germanic Review 40 (1965). S. 240–250.

FRIZEN, Werner: 'Die Blechtrommel' – ein schwarzer Roman: Grass und die Literatur des Absurden. In: Arcadia Bd. 21 (1986). S. 166–189.

FRIZEN, Werner: Anna Bronskis Röcke – „Die Blechtrommel" in „ursprünglicher Gestalt". In: Daniela Hermes, Volker Neuhaus (Hrsg.): Die „Danziger Trilogie" von Günter Grass. Texte, Daten, Bilder. Frankfurt a. M. 1991. S. 144–169.

FRIZEN, Werner: Die Blechtrommel – Oskar Matzeraths Erzählkunst. In: Etudes Germaniques 42 (1987). S. 25–46.

FRIZEN, Werner: Matzeraths Wohnung. Raum und Weltraum in Günter Grass' „Die Blechtrommel". In: Text & Kontext 15 (1987). H. 1. S. 145–174.

FRIZEN, Werner: „... weil wir Deutschen die Aufklärung verschleppten" – Metaphysikkritik in Günter Grass' früher Lyrik. In: Gerd LABROISSE; Dick van STEKELENBURG (Hrsg.): Günter Grass: Ein europäischer Autor? Amsterdamer Beiträge zur neueren Germanistik Bd. 35. Amsterdam, Atlanta 1992. S. 3–44.

FRIZEN, Werner: Zur Entstehungsgeschichte von Günter Grass' Roman 'Die Blechtrommel'. In: Monatshefte 9 (1987). H. 2. S. 210–222.

GABLER, Wolfgang: Günter Grass und das Elend der Literaturkritik. In: Das Argument 39 (1997). S. 367–382.

GAEDE, Friedrich: Grimmelshausen, Brecht, Grass. Zur Tradition des literarischen Realismus in Deutschland. In: Simpliciana. Schriften der Grimmelshausen-Gesellschaft I (1979). S. 54–66.

GANESHAN, Vridhagiri: Günter Grass und Indien – ein Katz-und-Maus-Spiel. In: Gerd Labroisse; Dick van Stekelenburg (Hrsg.): Günter Grass ein europäischer Autor? Amsterdamer Beiträge zur neueren Germanistik Bd. 35. Amsterdam, Atlanta 1992. S. 229–244.

GARDE, Barbara: „Selbst wenn die Welt unterginge, würden deine Weibergeschichten nicht aufhören." Zwischen „Butt" und „Rättin" – Frauen und Frauenbewegung bei Günter Grass. Frankfurt a.M., Bern, New York, Paris 1988.

GEIßLER, Rolf: Ein Ende des „weiten Feldes"?. In: Weimarer Beiträge 45 (1999). H. 1. S. 65–81.

GERSTENBERG, Renate: Zur Erzähltechnik von Günter Grass. Heidelberg 1980.

GHURYE, Charlotte W.: The writer and society. Studies in the fiction of Günter Grass and Heinrich Böll. Bern 1976.

GLOSSNER, Herbert: Der Witwer und die Witwe oder: zu schön, um wahr zu sein. Günter Grass hat soeben in Leipzig seine neue Erzählung „Unkenrufe" vorgestellt – warnender Einspruch, utopische Ironie gegen gestriges Denken, das angeblich Zukunft meint. In: Deutsches Allgemeines Sonntagsblatt vom 8.5.1992.

GOERTZ, Heinrich: Versöhnt unter der Erde: Unkenrufe hat die neue Erzählung von Günter Grass nicht verdient. In: General-Anzeiger vom 13./14.6.1992.

GOETZE, Albrecht: Die Hundertdritte und Tiefunterste Materniade. Bemerkungen zum Roman „Hundejahre" von Günter Grass anhand des Schlußkapitels. In: Vergleichen und Verändern. Festschrift für Helmut Motekat zum 50. Geburtstag. München 1970. S. 273–277.

GOETZE, Albrecht: Pression und Deformation. Zehn Thesen zum Roman „Hundejahre" von Günter Graß [!]. Göttingen 1972.

GÖRTZ, Franz Josef: Eine Revision ist nicht zulässig. In: Jörg Dieter KEGEL (Hrsg.): Schriftsteller vor Gericht. 1996. S. 254–265.

GÖRTZ, Franz Josef.: Der Provokateur als Wahlhelfer. Kritisches zur Grass-Kritik. In: Heinz Ludwig ARNOLD (Hrsg.): Günter Grass. Text + Kritik. H. 1. 5. Auflage. 1978. S. 162–174.

GÖRTZ, Franz Josef: Apokalypse im Roman. Günter Grass' „Die Rättin". In: The German Quarterly 1990. S. 462–470.

GRAF, Andreas: „Ein leises 'dennoch'": Zum ironischen Wechselbezug von Literatur und Wirklichkeit in Günter Grass' Erzählung „Das Treffen in Telgte". In: Deutsche Vierteljahrsschrift für Literaturwissenschaft und Geistesgeschichte 63 (1989). S. 282–294.

GRAMBOW, Jürgen: Wo die Wörter versagen. In: Sinn und Form 38 (1986). S. 1292–1302. [Rezeption der _Rättin_.]

GRAMBOW, Günter: Literaturbriefe aus Rostock. Über Thomas Bernhard, Günter Grass, Uwe Johnson, Peter Rühmkorf, Arno Schmidt, Marin Walser und Christa Wolf. Frankfurt a. M. 1990.

GRAML, Hermann: Reichskristallnacht. Antisemitismus und Judenverfolgrung im Dritten Reich. München 1989.

GRATHOFF, Dirk: Schnittpunkte von Literatur und Politik. Günter Grass und die neuere deutsche Grass-Rezeption. In: Basis 1 (1970). S. 134–152.

GRAVES, Peter J.: Günter Grass's „Die Blechtrommel" and „örtlich betäubt". The Pain of Polarities. In: Forum for Modern Language Studies 9 (1973). S. 132–142.

GRUETTNER, Mark Martin: Intertextualität und Zeitkritik in Günter Grass' _Kopfgeburten_ und _Die Rättin_. Tübingen 1997.

GRUNER, Wolf D.: Die deutsche Frage in Europa 1800–1990. München, Zürich 1993.

GUIDRY, Gleen A.: Theoretical Reflections on the Ideological and Social Implications of Mythic Form in Grass's „Die Blechtrommel". In: Monatshefte für den deutschen Unterricht Bd. 83 (1991). S. 127–146.

HABERKAMM, Klaus: „Mit allen Weisheiten Saturns geschlagen". Glosse zu einem Aspekt der Gelnhausen-Figur in Günter Grass' „Treffen in Telgte". In: Simpliciana. Schriften der Grimmelshausen-Gesellschaft I (1979). S. 67–78.

HABERKAMM, Klaus: „Verspäteter Grimmelshausen aus der Kaschubei" – „Verspätete Utopie"? Simplicianisches in Grass' „Butt". In: Simpliciana. Schriften der Grimmelshausen-Gesellschaft VI/VII (1985). S. 123–138.

HANKE, Helmut u. a.: „Deutscher Lastenausgleich: Wider das dumpfe Einheitsgebot" von Günter Grass. In: Weimarer Beiträge Bd. 36 (1990). H. 9. S. 1381–1406.

HARSCHEIDT, Michael: Günter Grass. Wort – Zahl – Gott bei Günter Grass. Der phantastische Realismus in den „Hundejahren". (Univ. Diss. Köln 1975.) Bonn 1976.

HASELBACH, Dieter: „Soziale Marktwirtschaft" als Gründungsmythos. Zur Identitätsbildung im Nachkriegsdeutschland. In: Claudia MAYER-ISWANDY (Hrsg.): Zwischen Traum und Trauma – Die Nation. Transatlantische Perspektiven zur Geschichte eines Problems. Tübingen 1994. S. 255–266

HASLINGER, Adolf: Günter Grass und das Barock. In: Rudolf WOLFF (Hrsg.): Günter Grass: Werk und Wirkung. Bonn 1985. S. 75–86.

HASSELBACH, Ingrid: Günter Grass. „Katz und Maus". Oldenbourg 1990.

HATFIELD, Henry: Günter Grass. The artist a satirist,. In: Robert R. HEITNER (Hrsg.): The Contemporary Novel in German. A Symposium. Austin, Texas 1967. S. 115–134.

HEAD, David: Volker Schlöndorff's 'Die Blechtrommel' and the 'Literaturverfilmung' debate. In: German Life and Letters 36 (1982/83). S. 347–367.

HEILMANN, Iris: Günter Grass und John Irving. eine transatlantische Studie. Frankfurt a. M. u. a. 1998.

HEISSENBÜTTEL, Helmut; VORMWEG, Heinrich: Briefwechsel über den Roman. In: Akzente 16 (1969). S. 206–233.

HENSING, Dieter: Günter Grass und die Geschichte – Camus, Sisyphos und die Aufklärung. In: Gerd LABROISSE; Dick van STEKELENBURG (Hrsg.): Günter Grass: Ein europäischer Autor? Amsterdamer Beiträge zur neueren Germanistik Bd. 35. Amsterdam, Atlanta 1992. S. 85–121.

HERMES, Daniela: „Was mit Katz und Maus begann" – ein Kabinettstück Grassscher Prosakunst. In: Daniela HERMES, Volker NEUHAUS (Hrsg.): Die „Danziger Trilogie" von Günter Grass. Texte, Daten, Bilder. Frankfurt a. M. 1991. S. 170–180.

HILDESHEIMER, Wolfgang: Butt und die Welt. Geburtstagsbrief an Günter Grass. In: Merkur 353 (1977). H. 10. S. 966–972.

HILLE-SANDVOSS, Angelika: Überlegungen zur Bildlichkeit im Werk von Günter Grass. Stuttgart 1987.

HILLE-SANDVOSS, Angelika: Zwischen Brokdorf und den Weiden im März – Günter Grass und der Fluß der Zeit. In: Alexander RITTER (Hrsg.): Literaten in der Provinz – Provinzielle Literatur. Schriftsteller einer norddeutschen Region. Heide 1991. S. 163–174.

HILLMANN, Heinz: Günter Grass' 'Blechtrommel'. Beispiele und Überlegungen zum Verfahren der Konfrontation von Literatur und Sozialwissenschaften. In: Manfred BRAUNECK (Hrsg.): Der deutsche Roman im 20. Jahrhundert. Bd. II. Bamberg 1976. S. 7–30.

HÖCK, Wilhelm: Der vorläufig abgerissene Faden: Günter Grass und das Dilemma des Erzählers. In: Hochland 61 (1969). S. 558–563.

HOESTEREY, Ingeborg: Verschlungene Schriftzeichen. Intertextualität von Literatur und Kunst in der Moderne/Postmoderne. Frankfurt a. M. 1988. [Darin: Schrift und visuelle Differenz bei Günter Grass. S. 71–100.]

HOESTEREY, Ingeborg: Aspekte einer Romanfigur. Der Butt im „Butt". In: The German Quarterly 54 (1981). S. 461–472.

HOFFMEISTER, Werner: Dach, Distel und die Dichter: Günter Grass' 'Das Treffen in Telgte'. In: Zeitschrift für deutsche Philologie 100 (1981). S. 274–287.

HÖLLERER, Walter: Unterm Floß. In: Franz Josef GÖRTZ (Hrsg.): „Die Blechtrommel". Attraktion und Ärgernis. Ein Kapitel deutscher Literaturkritik. Darmstadt, Neuwied 1984. S. 34–38.

HOLTHUSEN, Hans Egon: Günter Grass als politischer Autor. In: Der Monat 276 (September 1966). S. 66–81.

HONSZA, Norbert: „Ich sag es immer, Polen sind begabt". Zur ästhetischen Motivation bei Günter Grass. In: Gerd LABROISSE; Dick van STEKELENBURG (Hrsg.): Günter Grass: Ein europäischer Autor? Amsterdamer Beiträge zur neueren Germanistik 35. Amsterdam, Atlanta 1992. S. 71–83.

HONSZA, Norbert: Der Mensch wird an seiner Dummheit sterben. In: Chloe Bd. 7 (1988). S. 353–360.

HONSZA, Norbert: Günter Grass: Werk und Wirkung. Wroclaw 1987.

HONSZA, Norbert: Wie kratzt man an der deutschen Geschichte? Kopfgeburten eines Poeten. In: Kwartalnik neofilologiczny 31 (1984) S. 177–183.

HONSZA, Norbert: Günter Grass und kein Ende? In: Annali 3. Sezione germanica 9 (1966). S. 177–187.

HUNT, Irmgard Elsner: Mütter und Müttermythos in Günter Grass Roman „Der Butt", Frankfurt a. M., Bern, New York 1983.

HUNT, Irmgard Elsner: Zur Ästhetik des Schwebens. Utopieentwurf und Utopievorwurf in Günter Grass' „Die Rättin". In: Monatshefte 81 (1989). S. 286–297.

HUNT, Irmgard Elsner: Vom Märchenwald zum toten Wald: ökologische Bewußtmachung aus global-ökonomischer Bewußtheit. Eine Übersicht über das Grass-Werk der siebziger und achtziger Jahre. In: Gerd Labroisse; Dick van Stekelenburg (Hrsg.): Günter Grass ein europäischer Autor? Amsterdamer Beiträge zur neueren Germanistik Bd. 35. Amsterdam, Atlanta 1992. S. 141–168.

IGNÉE, Wolfgang: Apokalypse als Ergebnis eines Geschäftsberichtes. Günter Grass' Roman „Die Rättin". In: Günter GRIMM (Hrsg.): Apokalypse. Frankfurt a. M. 1980. S. 385–401.

IRELAND, Kenneth R.: Doing very dangerous things: *Die Blechtrommel* and *Midnight's Children*. In: Comparative Literature 42 (1990). S. 335–361.

IVANOVIC, Christine: Fonty trifft Johnson: Zur Fiktionalisierung Uwe Johnsons als Paradigma der Erzählstrategie in Günter Grass' *Ein weites Feld*. In: Johnson-Jahrbuch Bd. 3 (1996). S. 173–199.

JÄGER, Manfred: Politischer Kleinkram? Günter Grass, ein Publizist mit Praxis. In: Heinz Ludwig ARNOLD (Hrsg.) Günter Grass. Text + Kritik. H. 1. 5. Auflage. 1978. S. 133–150.

JÄGER, Manfred: Der politische Günter Grass. Rolf GEIßLER (Hrsg.): Günter Grass. Ein Materialienbuch. Darmstadt 1976. S. 154–169.

JÄGER, Wolfgang; VILLINGER, Ingeborg: Die Intellektuellen und die deutsche Einheit. Freiburg i. Breisgau 1997.

JAHNKE, Walter; LINDEMANN, Klaus: Günter Grass: Die Blechtrommel. Acht Kapitel zu ihrer Erschließung. Paderborn u.a. 1993.

JENDROWIAK, Silke: Die sogenannte „Urtrommel": Unerwartete Einblicke in die Genese der „Blechtrommel" von Günter Grass. In: Monatshefte 71 (1979). S. 172–186

JENDROWIAK, Silke: Günter Grass und die „Hybris" des Kleinbürgers. „Die Blechtrommel" – Bruch mit der Tradition einer irrationalistischen Kunst- und Wirklichkeitsinterpretation. Heidelberg 1979.

JENKISON, David: Conceptions of History. In: Philip BRADY, Timothy MCFARLAND, John J. WHITE (Hrsg): „Der Butt". Sexual Politics and the Male Myth of History. Oxford 1990. S. 51–68.

JENSEN, Jens Christian: Günter Grass als Bildkünstler. In: Heinz Ludwig ARNOLD (Hrsg.): Günter Grass. Text + Kritik. 7., revidierte Auflage. 1997. S. 54–68.

JOLLES, Charlotte: Theodor Fontanea. 4., überarbeitete und erweiterte Auflage. Stuttgart, Weimar 1993.

JUNG, Hans-Gernot: Lästerungen bei Günter Grass. In: Manfred JURGENSEN (Hrsg.). Kritik – Thesen – Analysen. Mit einem Vorwort des Herausgebers. Bern 1973. S. 75–85.

JURGENSEN, Manfred: Diarische Formfiktonen in der zeitgenössischen deutschen Literatur. In: Dietrich PAPENFUSS, Jürgen SÖRING (Hrsg.): Rezeptionen der deutschen Gegenwartsliteratur im Ausland. Internationale Forschungen zur neueren deutschen Literatur. Stuttgart u.a. 1976. S. 385–395.

JURGENSEN, Manfred: Die gegenständliche Muse: „Der Inhalt als Widerstand". In: Manfred JURGENSEN. (Hrsg.): Kritik – Thesen – Analysen. Mit einem Vorwort des Herausgebers. Bern 1973. S. 199–210.

JURGENSEN, Manfred: Die Sprachpuppen des Günter Grass. In: Gerd LABROISSE, Dick van STEKELENBURG (Hrsg.): Günter Grass: Ein europäischer Autor? Amsterdamer Beiträge zur neueren Germanistik Bd. 35. Amsterdam, Atlanta 1992. S. 45–69.

JURGENSEN, Manfred: Erzählformen des fiktionalen Ich. Beiträge zum deutschen Gegenwartsroman. Bern, München 1980.

JURGENSEN, Manfred: Über Günter Grass. Untersuchungen zur sprachbildlichen Rollenfunktion. Bern, München 1974.

JURGENSEN, Manfred: Wesen und Funktion des Sprachbildes bei Günter Grass. In: Jahrbuch für Internationale Germanistik. Reihe A. Bd. 2. H. 2. S. 253–258.

JUST, Georg: Darstellung und Appell in der „Blechtrommel" von Günter Grass. Darstellungsethik versus Wirkungsästhetik. Frankfurt a. M 1972.

JUST, Georg: Die Appellstruktur der „Blechtrommel". In: Manfred JURGENSEN (Hrsg.). Kritik – Thesen – Analysen. Mit einem Vorwort des Herausgebers. Bern 1973. S. 31–44.

KAISER, Gerhard: Günter Grass. „Katz und Maus". München 1971.

KARTHAUS, Ulrich.: „Katz und Maus" von Günter Grass – eine politische Dichtung. In: Der Deutschunterricht 23 (1971). H. 1. S. 74–85.

KELLERMANN, Rolf: Günter Grass und Alfred Döblin. In: Manfred JURGENSEN (Hrsg.). Kritik – Thesen – Analysen. Mit einem Vorwort des Herausgebers. Bern 1973. S. 107–150.

KIEFER, Klaus H.: Günter Grass: 'Die Rättin' – Struktur und Rezeption. In: Orbis litterarum 46 (1991). S. 364–382.

KIESEL, Helmuth: Drei Ansichten des Wiedervereinigungsprozesses: Die Intellektuellen und die nationale Frage. In: Gerd LANGGUTH (Hrsg.): Autor, Macht, Staat. Literatur und Politik in Deutschland. Ein notwendiger Dialog. Düsseldorf 1994. S. 210–229.

KLÜVER, Henning: Kein schöner Land in dieser Zeit. Neue Mauern und „Festung Europa" – Besuch bei Günter Grass, einem Autor, der aus der Mode gekommen ist. In: Deutsches Allgemeines Sonntagsblatt vom 13.8.1993.

KNIESCHE, Thomas: 'Calcutta' oder Die Dialektik der Kolonialisierung. Günter Grass: *Zunge zeigen*. In: Paul Michael LÜTZELER (Hrsg.): Schriftsteller und „Dritte Welt". Studien zum postkolonialen Blick. Tübingen 1998. S. 263–290.

KNIESCHE, Thomas: Grenzen und Grenzüberschreitungen: Die Problematik der deutschen Einheit bei Günter Grass. In: German Studies Review 16 (1993). No. 1. S. 61–76.

KNIESCHE, Thomas: Die Genealogie der Post-Apokalypse – Günter Grass' *Die Rättin*. Wien 1991.

KÖLGEN, Birgit: Mit Liebe erzählt: Ein Roman für Deutschland. Westfälische Rundschau Nr. 114 vom 15.5.1992. [Rezension zu *Unkenrufe*.]

KOOPMANN, Helmut: Der Faschismus als Kleinbürgertum und was daraus wurde. In: Hans WAGENER (Hrsg.): Gegenwartsliteratur und Drittes Reich. Deutsche Autoren in der Auseinandersetzung mit der Vergangenheit. Stuttgart 1977. S. 163–182.

KREMER, Manfred: Günter Grass' *Die Blechtrommel* und die pikarische Tradition. In: The German Quarterly 46 (1973). S. 381–392.

KRUMBHOLZ, Martin: Ironie im zeitgenössischen Ich-Roman. Grass – Walser – Böll. München 1980.

KRUMME, Detlef: Der suspekte Erzähler und sein suspekter Held. Überlegungen zur Novelle 'Katz und Maus'. In: Manfred DURZAK (Hrsg.): Zu Günter Grass. Geschichte auf dem poetischen Prüfstand. Stuttgart 1985. S. 65–79.

KRUMME, Detlef: Die Lesemodelle der Blechtrommel. In: Detlef Krumme: Lesemodelle. Canetti, Grass, Höllerer. München, Wien 1983. S. 87–144

KRUMME, Detlef: Einer unserer Autoren: Artur Knoff. Ein literarisches Spiel und seine Auflösung. In: Monatshefte (79) 1987. S. 223–231.

KRUMME, Detlef: Günter Grass: „Die Blechtrommel". München, Wien 1986.

KUBE, Lutz: Intellektuelle Verantwortung und Schuld in Günter Grass' *Ein weites Feld*. In: Colloquia Germanica Bd. 30 (1997). S. 351–361.

KÜGLER, Hans: „In Deutschland ist keine Bleibe mehr". Fonty und die deutsche Einheit. Zur Zeitkritik und zur Fontanerezeption in Günter Grass' neuem Roman „Ein weites Feld" – ein Lektürevorschlag. In: Diskussion Deutsch 26 (1995). S. 301–304.

Kunst oder Pornographie? Der Prozeß Grass gegen Ziesel. Eine Dokumentation, München 1969.

KURZ, Paul Konrad: Über moderne Literatur. Frankfurt a. M. 1967. [Darin: „Hundejahre". S. 156–176.]

KURZ, Paul Konrad: Über moderne Literatur. Bd. 3. 2. Auflage. Frankfurt a. M. 1976. [Darin: Das verunsicherte Wappentier. Zu 'Davor' und 'örtlich betäubt' von Günter Grass. S. 89–112.]

LABROISSE, Gerd: Zur Sprach-Bildlichkeit in Günter Grass' *Ein weites Feld*. In: Amsterdamer Beiträge zur neueren Germanistik. Bd. 45 (1999). S. 347–379.

LABROISSE, Gerd: Günter Grass' Konzept eines zweiteiligen Deutschland – Überlegungen in einem 'europäischen' Kontext? In: Gerd LABROISSE, Dick van STEKELENBURG (Hrsg.): Günter Grass: Ein europäischer Autor? Amsterdamer Beiträge zur neueren Germanistik Bd. 35. Amsterdam, Atlanta 1992. S. 291–314.

LÄMMERT, Eberhard: GULAG Europa. Aleksandr J. Solschenizyn, *Der Archipel GULAG*, Günter Grass, *Hundejahre*, Andrzej Szczypiorski, *Die schöne Frau Seidenmann*. In: Erberhard LÄMMERT, Barbara NAUMANN (Hrsg.): Wer sind wir? Europäische Phänotypen im Roman des zwanzigsten Jahrhunderts. München 1996. S. 265–284.

LANGE, Susanne: Die reflektierte Wirklichkeit. Deutsche und lateinamerikanische Gegenwartsliteratur im Vergleich am Beispiel der Werke von Günter Grass und Fernando del Paso. [Univ. Diss. München 1991] Frankfurt a. M. u. a. 1992.

LARSEN, Thor A.: „Das ist die Wahrheit, jedesmal anders erzählt". Zum Roman 'Der Butt'. In: Manfred DURZAK (Hrsg.): Zu Günter Grass. Geschichte auf dem poetischen Prüfstand. Stuttgart 1985. S. 115–129.

LARSEN, Thor A.: Die Geschichte will weiblich geprägt werden. Zum Feminismus im Roman „Der Butt" von Günter Grass. In: Frauen und Frauenbilder. Dokumentiert durch 2000 Jahre. Redigiert von Jorunn Valgard und Elsbeth Wessel. Oslo 1983. S. 94–100.

LAUFHÜTTE, Hartmut: Gruppe 1647 – Erinnerungen an Jüngstvergangenes im Spiegel der Historie. Günter Grass: 'Das Treffen in Telgte'. In: Hartmut LAUFHÜTTE, unter Mitwirkung von Jürgen Landwehr (Hrsg.): Literaturgeschichte als Profession: Festschrift für Dietrich Jöns. Tübingen 1993. S. 359–384.

LEBEAU, Jean: Individu et Société ou La métamorphose de Günter Grass. In: Recherches Germaniques. Bd. 2 (1972). S. 68–93.

LEONARD, Irene: Günter Grass. Edinburgh 1974.

LETSCH, Felicia: Auseinandersetzung mit der Vergangenheit als Moment der Gegenwartskritik. Die Romane „Billiard um halb zehn" von Heinrich Böll, „Hundejahre" von Günter Grass, „Der Tod in Rom" von Wolfgang Koeppen und „Deutschstunde" von Siegfried Lenz. Köln 1982.

LILIENTHAL, Volker: Nur verhaltener Beifall für die zahme Rättin: Ein Fall von politischer Gesinnungskritik? Zur literaturkritischen Rezeption von Günter Grass. In: Zeitschrift für Literaturwissenschaft und Linguistik 18 (1988). H. 71. S. 103–113.

LINDQUIST, Wayne P.: The Materniads: Grass's Paradoxical Conclusion to the Danzig Trilogy. In: Critique: Studies in Contemporary Fiction 30 (1989). H. 3. S. 179–192.

LUBICH, Frederick Alfred: Günter Grass' 'Kopfgeburten': Deutsche Zukunftsbewältigung oder 'Wie wird sich Sisyphos in Orwells Jahrzehnt verhalten?' In: The German Quarterly 58 (1985). S. 394–408.

LUCKE, Hans : Günter Grass' Novelle 'Katz und Maus' im Unterricht. In: Der Deutschunterricht 21 (1969). Nr. 2. S. 86–95.

MAIER, Wolfgang: Moderne Novelle. Günter Grass: 'Katz und Maus'. In: Sprache im technischen Zeitalter 1961. H. 1. S. 68–71.

MCANEAR, Michael: A Benjamin reading of Günter Grass's „Katz und Maus". In: New German Review 5/6 (1989/90). S. 90–97.

MANNACK, Eberhard: Die Auseinandersetzung mit literarischen Mustern – Günter Grass: Die Blechtrommel. In: Eberhard MANNACK: Zwei deutsche Literaturen. Kronberg/Ts. 1977. S. 66–83.

MASON, Ann L.: Günter Grass and the artist in history. In: Contemporary Literature 1973. H. 3. S. 347-362.

MASON, Ann L.: The Artist and Politics in Günter Grass' *Aus dem Tagebuch einer Schnecke*. In: The Germanic Review 51 (1976). S. 105–120.

MASON, Ann L.: The Skeptical Muse: A Study of Günter Grass's Conception of the Artist. Bern, Frankfurt a. M. 1974.

MATTENAU, Jörg: Schreiben gegen die verstreichende Zeit. „Unkenrufe" – eine neue Erzählung von Günter Grass. In: „Freitag" vom 5.5.1992.

MAYER, Claudia: Von „Unterbrechungen" und „Engführungen". Lyrik und Prosa in „Butt" und „Rättin". In: Heinz Ludwig ARNOLD (Hrsg.): Günter Grass. Text + Kritik. H. 1. 7., revidierte Auflage. 1997. S. 86–94.

MAYER, Gerhart: Zum deutschen Antibildungsroman. In: Jahrbuch der Raabe-Gesellschaft 1974. S. 41–64.

MAYER, Hans: Günter Grass und seine Tiere. In: Heinz Ludwig ARNOLD (Hrsg.): Günter Grass. Text + Kritik. H. 1. 6. Auflage: Neufassung 1988. S. 76–83.

MAYER, Hans: Oskar nach fünfundzwanzig Jahren. In: Günter Grass: Die Blechtrommel. Sonderausgabe 1984. Darmstadt, Neuwied. S. 713–718.

MAYER, Hans: Felix Krull und Oskar Matzerath. Aspekte eines Romans. In: Heinz Ludwig ARNOLD, Theodor BUCK (Hrsg.): Positionen des Erzählens. München 1976. S. 49–67.

MAYER, Sigrid: Rückblick und Ausblick: Fünfzig Jahre im Spiegel des bildnerischen und literarischen Werkes von Günter Grass. In: Amsterdamer Beiträge zur neueren Germanistik. Bd. 38/39 (1995). S. 455–478.

MAYER, Sigrid: Günter Grass in Calcutta and the aesthetics of poverty. In: Ingeborg HOESTEREY, Ulrich WEISSTEIN (Hrsg.): Intertextuality. German literature and Visual Art from the Renaissance to the Twentieth Century. Columbia 1993. S. 143–158.

MAYER, Sigrid: Politische Aktualität nach 1989: Die Polnisch-Deutsch-Litauische Friedhofsgesellschaft oder *Unkenrufe* von Günter Grass. In: Amsterdamer Beiträge zur neueren Germanistik. Bd. 36. (1993). S. 213–223.

MAYER, Sigrid: Günter Grass in Calcutta: Der intertextuelle Diskurs in „Zunge zeigen". In: Gerd LABROISSE, Dick van STEKELENBURG (Hrsg.): Günter Grass. Ein europäischer Autor? Amsterdamer Beiträge zur neueren Germanistik. Bd. 35. Amsterdam, Atlanta 1992. S. 245–266.

MAYER, Sigrid: Zwischen Utopie und Apokalypse: Der Schriftsteller als 'Seher' im neueren Werk von Günter Grass. In: Amsterdamer Beiträge zur neueren Germanistik. Bd. 24 (1988). S. 79–116.

MAYER, Sigrid: Graphische und lyrische Quellen zum Butt. In: Gertrud BAUER PICKAR (Hrsg.): Adventures of a Flounder: Critical Essays on Günter Grass' 'Der Butt'. München 1982. S. 16–23.

MAYER, Sigrid: Grüne Jahre für Grass: Die Rezeption in den Vereinigten Staaten. In: Hans Ludwig ARNOLD (Hrsg.): Günter Grass. Text + Kritik. H. 1. 5. Auflage. 1978. S. 151–161.

MAYER-ISWANDY: Weiße Schimmel gibt's nicht mehr. Zum Problem der literarischen Ästhetik. Kommentar. In: Claudia MAYER-ISWANDY (Hrsg.): Zwischen Traum und Trauma – Die Nation. Transatlantische Perspektiven zur Geschichte eines Problems. Tübingen 1994. S. 147–163.

MAYER-ISWANDY, Claudia: „Vom Glück der Zwitter". Geschlechterrolle und Geschlechterverhältnis bei Günter Grass. Frankfurt a. M., Bern, New York 1991.

MAYOR, Elfriede M.: Social Criticism in Günter Grass's „Die Blechtrommel". Univ. Diss. Californien 1975.

MAZZARI, Marcus Vinicius.: Die Danziger Trilogie von Günter Grass: Erzählen gegen die Dämonisierung deutscher Geschichte. Unveröffentlichte Univ. Diss. Berlin 1994.

MCFARLAND, Thimothy: The Transformation of Historical Material: The Case of Dorothea von Montau. In: Philip BRADY, Timothy MCFARLAND, John J. WHITE (Hrsg): „Der Butt". Sexual Politics and the Male Myth of History. Oxford 1990. S. 69–96.

MENNE-HARITZ, Angelika: Der Westfälische Friede und die Gruppe 47. Elemente zu einer Interpretation von Günter Grass: „Das Treffen in Telgte". In: Literatur für Leser Bd. 4 (1981). S. 237–245.

MEWS, Siegfried.: Der Butt als Germanist: Zur Rolle der Literatur in Günter Grass' Roman. In: Gertrud BAUER PICKAR (Hrsg.): Adventures of a Flounder: Critical Essays on Günter Grass' 'Der Butt'. München 1982. S. 24–31.

MEWS, Siegfried: Grass' _Kopfgeburten_: The Writer in Orwell's Decade. In: German Studies Review 6 (1983). No. 3. S. 501–517.

MEWS, Siegfried: Günter Grass und das Problem der deutschen Nation. In: Claudia MAYER-ISWANDY (Hrsg.): Zwischen Traum und Trauma – Die Nation. Transatlantische Perspektiven zur Geschichte eines Problems. Tübingen 1994. S. 111–127.

MEYER-GOSAU, Frauke: Ende der Geschichte. Günter Grass' Roman „Ein weites Feld" – drei Lehrstücke. In: Heinz Ludwig ARNOLD (Hrsg.): Günter Grass. Text + Kritik. H. 1. 7., revidierte Auflage 1997. S. 3–18.

MICHELSEN, Peter: Oskar oder das Monstrum. Reflexionen über „Die Blechtrommel" von Günter Grass. In: Peter MICHELSEN: Zeit und Bindung. Studien zur deutschen Literatur der Moderne. Ort. 1976. S. 174–192.

MILES, David H.: Kafka's hapless Pilgrims and Grass' s skurilous Dwarf. Notess on representative Figures in the Anti-Bildungsroman. In: Monatshefte 65 (1973). S. 341–350.

MILES, Keith: Günter Grass: A critical study. London 1975.

MINDEN, Michael: Implications of the Narrative Technique in _Der Butt_. In: Philip BRADY, Timothy MCFARLAND, John J. WHITE (Hrsg): „Der Butt". Sexual Politics and the Male Myth of History. Oxford 1990. S. 187–202.

MINDEN, Michael: A post-realistic aesthetic: Günter Grass' „Die Blechtrommel". In: David Midgley (Hrsg.): The German novel in the twentieth century. Edinburgh 1993.

MISCH, Manfred: „… eine Fülle von Zitaten auf Abruf". Anspielungen und Zitate in Günter Grass' „Ein weites Feld". In: Hans-Jörg KNOBLAUCH, Helmut KOOPMANN (Hrsg.): Deutschsprachige Gegenwartsliteratur. Tübingen 1997. S. 153–166.

MIZINSKI, Jan: Geschichte, Gegenwart, Zukunft. Zum Prosaschaffen von Günter Grass. 1987.

MOMMSEN, Wolfgang J.: Der autoritäre Nationalstaat. Verfassung, Gesellschaft und Kultur im deutschen Kaiserreich. Frankfurt a. M. 1990.

MOUTON, Janice.: Gnomes, fairy-tale heroes, and Oskar Matzerath. In: The Germanic Review 56 (1981). S. 28–33.

MUELLER, Helmut L.: Die literarische Republik. Westdeutsche Schriftsteller und die Politik. Weinheim, Basel 1982. [Darin: Günter Grass. Der Schriftsteller als Bürger. S. 206–235.]

MÜLLER, Ulrich: Frauen aus dem Mittelalter, Frauen im mittleren Alter, Günter Grass: „Der Butt". In: Rudolf WOLFF (Hrsg.): Günter Grass. Werk und Wirkung. Bonn 1986. S. 111–132.

MÜLLER-SCHWEFE, Hans-Rudolf: Sprachgrenzen. Das sogenannte Obszöne, Blasphemische und Revolutionäre bei Günter Grass und Heinrich Böll. München 1978.

MUNDT, Hannelore: „Doktor Faustus" und die Folgen. Kunstkritik als Gesellschaftskritik im deutschen Roman seit 1947. Bonn 1989. [Darin: Günter Grass' *Hundejahre*. S. 96–114.]

NEUBERT, Brigitte: Der Außenseiter im deutschen Roman nach 1945. Bonn 1977.

NEUHAUS, Volker: Das Motiv der Ratte in den Werken von Günter Grass. In: Dorotheee RÖMHILD (Hrsg.): Die Zoologie der Träume. Obladen, Wiesbaden 1999. S. 170–184.

NEUHAUS, Volker: Das christliche Erbe bei Günter Grass. In: Heinz Ludwig ARNOLD (Hrsg.): Günter Grass. Text + Kritik. H. 1. 7., revidierte Auflage. 1997. S. 110–121.

NEUHAUS, Volker: Schreiben gegen die verstreichende Zeit. Zu Leben und Werk von Günter Grass. München 1997.

NEUHAUS, Volker: Gewalt und Schuld bei Günter Grass: Deutschland 1945 als historisches Paradigma. In: Amsterdamer Beiträge zur neueren Germanistik Bd. 38/39 (1995). S. 57–63.

NEUHAUS, Volker: Günter Grass. In: Hartmut STEINECKE (Hrsg.): Deutsche Dichter des 20. Jahrhunderts. Berlin 1994. S. 715–725.

NEUHAUS, Volker: Günter Grass: *Die Blechtrommel*. In: Romane des 20. Jahrhunderts. Bd. 2. Stuttgart 1993. S. 120–142.

NEUHAUS, Volker: The Rat-Motif in the Works of Günter Grass. In: H. SCHULTE u. D. RICHARDS (Hrsg.): Krisenbewußtsein und deutsche Kultur von der Goethezeit bis zur Gegenwart. Festschrift für Peter Heller. 1993.

NEUHAUS, Volker: Günter Grass' „Die Rättin" und die jüdisch-christliche Gattung der Apokalypse. In: Gerd LABROISSE; Dick van STEKELENBURG (Hrsg.): Günter Grass ein europäischer Autor? Amsterdamer Beiträge zur neueren Germanistik Bd. 35. Amsterdam, Atlanta 1992. S. 123–139.

NEUHAUS, Volker: Günter Grass. 2., überarbeitete und erweiterte Auflage. Stuttgart 1992.

NEUHAUS, Volker: Das dichterische Selbstverständnis und seine Entwicklung bei Günter Grass. In: Günter E. GRIMM (Hrsg.): Metamorphosen des Dichters. Das Rollenverständnis deutscher Dichter vom Barock bis zur Gegenwart. Frankfurt a. M. 1992. S. 274–285.

NEUHAUS, Volker: „Das biedermeierliche Babel" – Günter Grass und Düsseldorf. In: Daniela Hermes, Volker Neuhaus (Hrsg.): Die „Danziger Trilogie" von Günter Grass. Texte, Daten, Bilder. Frankfurt a. M. 1991.

NEUHAUS, Volker: „Bücher, die Türen aufstoßen". Vorwort. In: Daniela HERMES, Volker NEUHAUS (Hrsg.): Günter Grass im Ausland. Texte, Daten, Bilder zur Rezeption. Frankfurt a. M. 1990. S. 7–17.

NEUHAUS, Volker: „Floskellosestes Trommeln". Nachwort zu DIE BLECH-TROMMEL. In: Günter Grass: Werkausgabe in zehn Bänden. Hrsg. von Volker NEUHAUS. Darmstadt, Neuwied 1987. Band II. S. 734–746.

NEUHAUS, Volker: Ich, das bin ich jederzeit – Grass' Variationen der Ich-Erzählung in den siebziger Jahren. In: Zeitschrift für Kulturaustausch 1984. H. 2. S. 179–185.

NEUHAUS, Volker: Günter Grass. Die Blechtrommel. Oldenburg 1982.

NEUHAUS, Volker: Belle Tulla sans merci. In: arcadia Bd. 5 (1970). S. 278–295.

NEUMANN, Bernd: Konturen ästhetischer Opposition in den 50er Jahren. Zu Günter Grass' 'Die Blechtrommel' (Erscheinungsjahr 1959). In: Manfred DURZAK (Hrsg.): Zu Günter Grass. Geschichte auf dem poetischen Prüfstand. Stuttgart 1985. S. 46–64.

NEVEUX, Jean B.: Günter Grass le Vistulien. In: Etudes Germaniques 21 (1966). S. 527–550.

NÖHBAUER, Hans: Der Trommler: Günter Grass. In: Franz Josef GÖRTZ (Hrsg.): Auskunft für Leser. Darmstadt Neuwied 1984. S. 49–55.

OBIGAARD, Per: „He, Butt! Das ist deine andere Wahrheit!" Die Romanitk als Bezugspunkt in der deutschen Gegenwartlierarur. In: Aspekte der Romanik. Vorträge des Kolloqiums Fink 1983. S. 128–145.

OSTERLE, Heinz D.: An Orwellian Decade? Günter Grass between Despait and Hope. In: German Studies 8 (1985). S. 481–507.

ONDERDELINDEN, Sjaak: *Zunge zeigen* in den Zeitungen. In: Gerd LABROISSE, Dick van STEKELENBURG (Hrsg.): Günter Grass. Ein europäischer Autor? Amsterdamer Beiträge zur neueren Germanistik. Bd. 35. Amsterdam, Atlanta 1992. S. 205–228.

O'NEILL, Patrick: Musical Form and the Pauline Message in a Key Chapter of Grass's „Blechtrommel". In: Seminar 10 (1974). S. 298–307.

O'NEILL, Patrick: The Schehernzade Syndrome: Günter Grass' Meganovel *Der Butt*. In: Gertrud BAUER PICKAR (Hrsg.): Adventures of a Flounder: Critical Essays on Günter Grass' 'Der Butt'. München 1982. S. 1–15.

PAKENDORF, Günther: Aufklärung ohne Dialektik. Zu Günter Grass' „Blechtrommel". In: Ott BRÜCK (Hrsg.): Sprache und Kulturvermittlung. Ein Abschiedsband an Maria Schmidt-Ihms. Durban 1977. S. 75–87.

PARKES, Stuart: 'Leiden an Deutschland': Some writer's view of Germany and Germans since 1945. In: Arthur WILLIAMS, Stuart PARKES, Roland Smith (Hrsg.): German literature at a Time of change 1989-1991: German Unity and German Identity in Literary Perspective. Frankfurt a. M. u. a. 1994. S. 187–206.

PATTY, Idris: Aspects of Günter Grass's Narrative Technique. In: Forum for Modern Language Studies 3 (1967). S. 99–114.

PEITSCH, Helmut: 'Antipoden' im 'Gewissen der Nation'? Günter Grass und Martin Walsers 'deutsche Frage'. In: Helmut Scheuer (Hrsg.): Dichter und ihre Nation. Frankfurt a. M. 1993. S. 459–489.

PERELES, Christoph; SCHMID NOERR, Gunzelin: Über den „Butt". In: Heinz Ludwig ARNOLD (Hrsg.): Günter Grass. Text + Kritik. H. 1. 5. Auflage. 1978. S. 88–93.

PHELAN, Anthony: Rabelais's Sister: Food, Writing and Power. In: Philip Brady, Timothy McFARLAND, John J. WHITE (Hrsg.): Günter Grass' *Der Butt*. Sexual Politics and the Male Myth of History. Oxford 1990. S. 133–152.

PIIRAINEN, Ilpo Tapani: Textbezogene Untersuchungen über „Katz und Maus" und „Hundejahre" von Günter Grass. 1968.

PLAGWITZ, Frank F.: Die Crux des Heldentums: zur Deutung des Ritterkreuzes in Günter Grass' „Katz und Maus". In: Seminar 32 (1996). S. 1–14.

PLARD, Henri: Sur le film 'Die Blechtrommel' de Grass à Schlöndorff. In: Etudes Germaniques. 35 (1980). S. 69–84.

PLARD, Henri: Über die „Blechtrommel". In: Heinz Ludwig ARNOLD (Hrsg.) Günter Grass. Text + Kritik. H. 1. 4. Auflage. 1971. S. 38–51.

PLARD, Henri: Une source du chapitre *Niobe* dans *Die Blechtrommel* des Grass. In: Études Germaniques 1984. H. 4. S. 284–287.

PLATEN, Edgar: Hat die Menschheit eine Zukunft. Die literarische Antwort des Günter Grass. In: Moderne Sprache 89 (1995). S. 44–54.

PLATEN, Edgar: Das „Elend der Aufklärung". Zum Zusammenhang von Humanität und Vernunft in der *Rättin* von Günter Grass. In: literatur für leser 1997. H. 1. S. 20–36.

PREECE, Julian: Sexual-textual politics: The transparency of the male narrative in *Der Butt* by Günter Grass. In: The Modern Language Review 90 (1995). S. 955–966.

PREECE, Julian: Günter Grass. In: Simpliciana 16 (1994). S. 311–322.

PREECE, Julian: '1968': Literary Perspectives in political novels from East and West. In: Arthur WILLIAMS, Stuart PARKES, Roland Smith (Hrsg.): German literature at a Time of change 1989-1991: German Unity and German Identity in Literary Perspective. Frankfurt a. M. u. a. 1994. S. 299–320.

PREISENDANZ, Wolfgang: Zum Vorgang des Komischen bei der Geschichtserfahrung in deutschen Romanen unserer Zeit. In: Wolfgang PREISENDANZ, Rainer WARNING (Hrsg.): Das Komische. München 1976 (= Poetik und Hermeneutik 7). S. 153–164.

PROCHNIK, P.: Male and Female Violence in „Der Butt". In: Philip BRADY, Timothy McFARLAND, John J. WHITE (Hrsg.): Günter Grass' *Der Butt*. Sexual Politics and the Male Myth of History. Oxford 1990.

RADDATZ, Fritz J.: „Wirklich bin ich nur in meinen Geschichten." „Der Butt" des Günter Grass. Erste Annäherung. In: Merkur 31 (1977). S. 892–901.

RADDATZ, Fritz J.: Der Weltgeist als berittene Schnecke. Günter Grass' kleine Hoffnung – aus großer Melancholie. In: Manfred JURGENSEN (Hrsg.). Kritik – Thesen – Analysen. Mit einem Vorwort des Herausgebers. Bern 1973. S. 191–197.

REDDICK, John: Günter Grass's 'Der Butt' and the 'Vatertag' chapter. In: Oxford German Studies 14 (1983). S. 143–158.

REDDICK, John: Vergangenheit und Gegenwart in Günter Grass' „Die Blechtrommel". In: Bernd HÜPPAUF (Hrsg.): „Die Mühen der Ebenen". Kontinuität und Wandel in der deutschen Literatur und Gesellschaft 1945–1949. Heidelberg 1981. S. 373–397.

REDDICK, John: Eine epische Trilogie des Leidens? Die „Blechtrommel", „Katz und Maus", „Hundejahre". In: Heinz Ludwig ARNOLD (Hrsg.): Günter Grass. Text + Kritik. H. 1. 5. Auflage. 1978. S. 60–73.

REDDICK, John: The „Danzig Trilogy" of Günter Grass. London 1975.

REDDICK, John: Vom Pferdekopf zur Schnecke. Die Prosawerke von Günter Grass zwischen Beinahe-Verzweiflung und zweifelnder Hoffnung. In: Heinz Ludwig ARNOLD u. a. (Hrsg.): Positionen des deutschen Romans der 60er Jahre. München 1974. S. 39–54.

REDDICK, John: Action and Impotence: Günter Grass's „örtlich betäubt". In: The Modern Language Review 67 (1972). S. 563–578.

REICH-RANICKI, Marcel: Der Einfaltspinsel in der Rumpelkammer. In: Marcel REICH-RANICKI: Günter Grass. Aufsätze. Mit Fotografien von Isolde Ohlbaum. Zürich 1992. S. 145-153.

REINHOLD, Ursula: Günter Grass: Die Blechtrommel – eine literarische Provokation. In: Weimarer Beiträge 32 (1986). H. 2. S. 1667–1686.

REMPE-THIEMANN, Norbert: Günter Grass und seine Erzählweise. Zum Verhältnis von Mythos und literarischer Struktur. [Univ. Diss. Bochum 1992]. Bochum 1992.

REUFFER, Petra: Die unwahrscheinlichen Gewänder der anderen Wahrheit. Zur Wiederentdeckung des Wunderbaren bei Günter Grass und Irmtraud Morgner. Essen 1988

RICHTER, Frank-Raymond: Die zerschlagene Wirklichkeit. Überlegungen zur Form der Danzig-Trilogie von Günter Grass. Bonn 1977.

RICHTER, Frank-Raymond: Günter Grass. Die Vergangenheitsbewältigung in der Danzig-Trilogie. Bonn 1979.

RICKELS, Laurence A.: 'Die Blechtrommel' zwischen Schelmen- und Bildungsroman. In: Amsterdamer Beiträge zur neueren Germanistik. Bd. 20 (1986). S. 109–132.

RIDÉ, Jacques: Günter Grass et le National-Socialisme. De l'expérience à la théorie. In: Recherches Germaniques. N° 11 (1981). S. 203–228.

RIDÉ, Jacques: Du bon usage d'un jouet. Rôle et fonction du tambour d'Oscar. In: Mélanges offerts à Claude David pour son 70ᵉ anniversaire. 1986. S. 319–342.

RIEKS, Rudolf: Günter Grass in der epischen Gattungstradition. In: Poetica 11 (1979). S.427–464.

RITTER, Alexander: Günter Grass' „Katz und Maus". In: Erzähler des 20. Jahrhunderts. Bd. 2. 1996. S. 117–133.

ROBERTS, David: Aspects of Psychology and Mythology in „Die Blechtrommel". In: Manfred JURGENSEN (Hrsg.). Kritik – Thesen – Analysen. Mit einem Vorwort des Herausgebers. Bern 1973. S. 45–73.

ROBERTS, David: Gesinnungsästhetik?: Günter Grass, „Schreiben nach Auschwitz" (1990). In: Paul Michael LÜTZELER (Hrsg.): Poetik der Autoren. Beiträge zur deutschsprachigen Gegenwartsliteratur. Frankfurt a. M. 1994. S. 235–261.

ROBERTS, David: The cult of the hero. An interpretation of 'Katz und Maus'. In: German Life and Letters 29 (1975/76). S. 307–321.

ROEHM, Klaus Jürgen: Polyphonie und Improvisation: zur offenen Form in Günter Grass' „Die Rättin". New York 1992.

ROHLFS, Jochen W.: Chaos or order? Günter Grass's „Kopfgeburten". In: The Modern Language Review 77 (1982). S. 886–893.

ROHLFS, Jochen W.: Erzählen aus unzuverlässiger Sicht. Zur Erzählstruktur bei Günter Grass. In: Heinz Ludwig ARNOLD (Hrsg.): Günter Grass. Text + Kritik. H. 1. 5. Auflage. 1978. S. 51–59.

RÖLLEKE, Heinz: Der wahre Butt. Die wundersamen Wandlungen des Märchens vom Fischer und seiner Frau. Düsseldorf 1978.

ROTHENBERG, Jürgen: Anpassung oder Widerstand? Über den „Blechtrommler" Günter Grass und sein Verhältnis zur Zeitgeschichte. In: Germanisch-Romanische Monatschrift Bd. 56 (1975). S. 176–198.

ROTHENBERG, Jürgen: Großes 'Nein' und kleines 'Ja': „Aus dem Tagebuch einer Schnecke". In: Rolf GEIßLER (Hrsg.): Günter Grass. Ein Materialienbuch. Darmstadt 1976. S. 136–153.

ROTHENBERG, Jürgen: Günter Grass. Das Chaos in verbesserter Ausführung. Zeitgeschichte als Thema und Aufgabe des Prosawerks. Heidelberg 1976.

RUHLEDER, Karl H.: A Pattern of Messianic Thought in Günter Grass' „Cat and Mouse". In: The German Quarterly 39 (1966). S. 599–612.

RUSSEL, Peter: Floundering in feminsism: The meaning of Günter Grass's „Der Butt". In: German Life and Letters 33 (1979/80). S. 245–256.

RYAN, Judith: Resistance and resignation – a reinterpretation of Günter Grass' 'Katz und Maus'. In: The Germanic Review 52 (1977). S. 148–165.

SANDFORD, John: Men, Woman, and the 'Third Way'. In: Philip BRADY, Timothy MCFARLAND, John J. WHITE (Hrsg.): Günter Grass' *Der Butt*. Sexual Politics and the Male Myth of History. Oxford 1990. 169–186.

SCHADE, Richar Erich: Poet and Artist – Iconography in Grass' „Treffen in Telgte". In: The German Quarterly 55 (1982). S. 200–211.

SCHERF, Rainer.: Günter Grass: 'Die Rättin' und der Tod der Literatur. In: Wirkendes Wort 37 (1987). S. 382–398.

SCHERF, Rainer: „Katz und Maus" von Günter Grass: Literarische Ironie nach Auschwitz und der unausgesprochene Appell zu politischem Engagement. Marburg 1995

SCHMIDT, Josef: Parodistisches Schreiben und Utopie in 'Das Treffen in Telgte'. In: Manfred DURZAK (Hrsg.): Zu Günter Grass. Geschichte auf dem poetischen Prüfstand. Stuttgart 1985. S. 142–154.

SCHNEIDER, Irmela: Kritische Rezeption: Die „Blechtrommel" als Modell. Bern, Frankfurt a. M. 1975.

SCHNEIDER, Ronald: Ästhetische Opposition gegen die „Restaurationsgesellschaft". Günter Grass' 'Die Blechtrommel' und Martin Walsers 'Halbzeit' als Paradigmen Westdeutscher Nachkriegsliteratur. In: Der Deutschunterricht 33 (1981). H. 3. S. 82–95.

SCHNELL, Josef: Irritation der Wirklichkeitserfahrung. Die Funktion des Erzählens in Günter Grass 'Die Blechtrommel'. In: Der Deutschunterricht 27 (1975). H. 3. S. 33–43.

SCHOLL, Joachim: In der Gemeinschaft des Erzählers. Studien zur Restitution des Epischen im deutschen Gegenwartsroman. Heidelberg 1990.

SCHÖNAU, Walter: Zur Wirkung der „Blechtrommel" von Günter Grass. In: Psyche 28 (1974). S. 573–599.

SCHONAUER, Franz: Der fünfzigjährige Günter Grass. In: Neue Deutsche Hefte 24 (1977). S. 507–532.

SCHRÖDER, Susanne: Erzählfiguren und Erzählperspektive in Günter Grass' „Danziger Trilogie", Frankfurt a. M, Bern, New York 1986.

SCHULZ, Uwe: Von der Literatur zum Leitartikel. In: Handelsblatt Nr. 112 vom 12./13.6.1992. [Rezension zu *Unkenrufe*.]

SCHÜTTE, Wolfram: „Wie aus der Zeit gefallen: zwei alte Männer". Günter Grass und sein „Weites Feld" oder Archivberichte aus der Gründerzeit der Berliner Republik. In: Oskar NEGT (Hrsg.): Der Fall Fonty: „Ein weites Feld" von Günter Grass im Spiegel der Kritik. Göttingen1996. S. 128–133.

SCHWAN, Werner: Günter Grass: *Ein weites Feld* – Mit Neugier und Geduld erkundet. In: Poetica. 28. Bd. (1996). S. 432–465.

SCHWARZ, Wilhelm Johannes: Der Erzähler Günter Grass. Bern 1969.

SCHWARZ, Wilhelm Johannes: Günter Grass. In: Deutsche Dichter der Gegenwart. Hrsg. von Benno von Wiese. Berlin 1973. S. 560–572.

SCHWEIZER, Blanche-Marie: Sprachspiel mit Idiomen. Eine Untersuchung am Prosawerk von Günter Grass. Zürich 1978.

SEBALD, Winfried Georg: Konstruktionen der Trauer. Zu Günter Grass 'Tagebuch einer Schnecke' und Wolfgang Hildesheimer 'Tynset'. In: Der Deutschunterricht 35 (1983). H. 5. S. 32–46.

SERA, Manfred: Der Erzähler als Verfolger und Verfolgter in der Novelle 'Katz und Maus' von Günter Grass. In: Zeitschrift für deutsche Philologie 96 (1977). S. 586–604.

SHAFI, Monika: „Dir hat es die Sprache verschlagen": Günter Grass' „Zunge zeigen" als postmoderner Reisebericht: In: The German quarterly 66 (1993). S. 339–349.

SIEGER, Christoph: „Gestern wird sein, was morgen gewesen ist." Nachwort zu DAS TREFFEN IN TELGTE. In: Günter GRASS: Werkausgabe in zehn Bänden. Herausgegeben von Volker NEUHAUS. Darmstadt, Neuwied 1987. Bd. VI. S. 272–278.

SILBERMANN, Marc: Schreiben als öffentliche Angelegenheit. Lesestrategien des Romans 'Hundejahre'. In: Manfred DURZAK (Hrsg.): Zu Günter Grass. Geschichte auf dem poetischen Prüfstand. Stuttgart 1985. S. 80–95.

SLAYMAKER, William: Who cooks, winds up. The Dilemma of Freedom in Grass' „Die Blechtrommel" and „Hundejahre" In: Colloquia Germanica Bd. 14 (1981). S. 48–68

SPAETHLING, Robert H.: Günter Grass: „Cat and Mouse". In: Monatshefte 62 (1970). H. 2. S. 141–153.

SPEIRS, Ronald: The Dualist Unity of *Der Butt*. In: Philip BRADY, Timothy MCFARLAND, John J. WHITE (Hrsg.): Günter Grass' *Der Butt*. Sexual Politics and the Male Myth of History. Oxford 1990. S. 11–32.

STALLBAUM, Klaus: Kunst und Künstlerexistenz im Frühwerk von Günter Grass. [Univ. Diss. Köln 1988.] Köln 1989.

STALLBAUM, Klaus: Literatur als Stellungnahme. „Die Blechtrommel" oder Ein aufgeräumter Schreibtisch. In: Heinz Ludwig ARNOLD (Hrsg.): Günter Grass: Text + Kritik. H. 1. 7., revidierte Auflage. 1997. S. 33–44.

STEINER, George: Anmerkung zu Günter Grass. In: George STEINER: Sprache und Schweigen. Essays über Sprache, Literatur und das Unmögliche. Frankfurt a. M. 1969. S. 147–155.

STEINERT, Hajo: Die leise Widerrede seines Rasierwasser. In: Die Weltwoche Nr.19 vom 7. Mai 1992 [Rezension zu *Unkenrufe*.]

STEKELENBURG, Dick van: Der Ritt auf dem Jaguar – Günter Grass im Kontext der Revolution. In: Gerd LABROISSE; Dick van STEKELENBURG (Hrsg.): Günter Grass: Ein europäischer Autor? Amsterdamer Beiträge zur neueren Germanistik Bd. 35. Amsterdam, Atlanta 1992. S. 169–203.

STERN, Guy: *Der Butt* as an experiment in the structure of the novel. In: Gertrud BAUER PICKAR (Hrsg.): Adventures of a Flounder: Critical Essays on Günther Grass' 'Der Butt'. München 1982. S. 51–55.

STOLZ, Dieter: Günter Grass zur Einführung. Hamburg 1999.

STOLZ, Dieter: „Deutschland – ein literarischer Begriff". Günter Grass and the German Question. In: Arthur WILLIAMS, Stuart PARKES, Roland SMITH (Hrsg.): German literature at a Time of change 1989-1991: German Unity and German Identity in Literary Perspective. Frankfurt a. M. u. a. 1994. S. 207–224.

STOLZ, Dieter: Nomen est omen. „Ein weites Feld" von Günter Grass. In: Zeitschrift für Germanistik. Neue Folge II (1997). S. 321–335.

STOLZ, Dieter: Vom privaten Motivkomplex zum poetischen Weltentwurf. Konstanten und Entwicklungen im literarischen Werk von Günter Grass (1956–1986). [Univ. Diss. Berlin 1992.] Würzburg 1994.

STOMBS, Victor Otto: Menschenjahre – Hundejahre. In: Heinz Ludwig ARNOLD (Hrsg.): Günter Grass. Text + Kritik. H. 1. 5. Auflage. 1978. S. 9–12.

STUTZ, Elfriede: Studien über Herr und Hund. (Marie von Ebner-Eschenbach – Thomas Mann – Günter Grass). In: Ute SCHWAB (Hrsg.): Das Tier in der Dichtung. Heidelberg 1970. S. 200–243.

SWALES, Martin: Studies of German prose fiction in the age of European realism. Lewiston, Queenston, Lampeter 1995. [Darin: The Cultishness of the Times. Günter Grass. S. 213–233.]

SWIETLOWSKI, Zbigniew: Der Polenbezug im Werk von Günter Grass. In: Rudolf Wolff (Hrsg.): Günter Grass: Werk und Wirkung. Bonn 1985. S. 9–26.

SZÁSZ, Ferenc: Der entdämonisierte Künstler und sein entteufelter Teufel. Eine Interpretation von Günter Grass' Roman *Ein weites Feld*. In: Jahrbuch der Ungarischen Germanistik 1996. S. 13–32.

TANK, Kurt Lothar: Der Blechtrommler schrieb Memoiren. In: Franz Josef Görtz (Hrsg.): „Die Blechtrommel". Attraktion und Ärgernis. Ein Kapitel deutscher Literaturkritik. Darmstadt, Neuwied 1984. S. 39–42.

TANK, Kurt Lothar: Günter Grass. 5., ergänzte und überarbeitete Auflage. Berlin 1974.

TANK, Kurt Lothar: Deutsche Politik im literarischen Werk von Günter Grass. In: Manfred JURGENSEN (Hrsg.): Kritik – Thesen – Analysen. Mit einem Vorwort des Herausgebers. Bern 1973. S. 167–189.

THOMAS, Noel: Food Poisoning, Cooking and Historiography in the Works of Günter Grass. In: David BEAN (Hrsg.): Literary Gastronomy. Amsterdam 1988. S. 7–17.

THOMAS, Noel L.: Günter Grass. In: Keith BULLIVANT (Hrsg.): The modern German Novel. New York 1987. S. 140–154.

THOMAS, Noel L.: The Narrative Works of Günter Grass. A critical interpretation. Amsterdam, Philadelphia 1982.

THOMAS, Noel L.: Simon Dach and Günter Grass' „Das Treffen in Telgte". In: New German Studies. Bd. 8 (1980). H. 2. S. 91–108.

THOMAS, Noel L.: Günter Grass's „Der Butt": a history and the significance of the eigth chapter („Vatertag"). In: German Life and Letters 1979/80. H. 1. S. 75–86.

THOMAS, Noel L.: An Analysis of Günter Grass's 'Katz und Maus' with Particular Reference to the Religious Themes. In: German Life and Letters 26 (1972/73). S. 227–238.

THRÄNHARDT, Dietrich: Geschichte der Bundesrepublik Deutschland. Erweiterte Neuausgabe. Frankfurt a. M. 1996.

TIESLER, Ingrid: Günter Grass „Katz und Maus". Interpretation. München 1971.

TUDOR, J. M.: Soups and Snails and Political Tales ...: Günter Grass and the Revisionist Debate in: *Was Erfurt außerdem bedeutet* and *Der Butt*. In: Oxford German Studies 17 (1988). S. 132–150.

ULFERS, Friedrich: Myth and History in Günter Grass' *Der Butt*. In: Gertrud BAUER PICKAR (Hrsg.): Adventures of a Flounder: Critical Essays on Günther Grass' 'Der Butt'. München 1982. S. 32–42.

VERWEYEN, Theodor; Witting Gunther: Polyhistors neues Glück. Zu Günter Grass' Erzählung 'Das Treffen in Telgte' und ihrer Kritik In: Germanisch-Romanische Monatsschrift 61 (1980). S. 451–465.

VORMWEG, Heinrich: Das Werk von Günter Grass. In: Rudolf WOLFF (Hrsg.): Günter Grass. Werk und Wirkung. Bonn 1986. S. 59–74.

VORMWEG, Heinrich: Eine Heimkehr für die Toten. „Unkenrufe" – noch einmal mit Günter Grass in Danzig. In: Süddeutsche Zeitung vom 14.5.1992.

VORMWEG, Heinrich: Eine phantastische Totale. Nachtrag zur „Butt"-Kritik. In: Heinz Ludwig Arnold (Hrsg.): Günter Grass. Text + Kritik. H. 1. 5. Auflage. 1978. S. 94–100.

VORMWEG, Heinrich: Günter Grass mit Selbstzeugnissen und Bilddokumenten. 2., ergänzte und erweiterte Auflage. Hamburg 1993.

WEBER, Alexander: Johann Matthias Schneuber: Der Ich-Erzähler in Günter Grass' „Das Treffen in Telgte". Entschlüsselungsversuch eines poetisch-emblematischen Rätsels. In: Daphnis. Bd. 15 (1986). H. 1. S. 95–122.

WEBER, Werner: „örtlich betäubt". In: Werner WEBER: Forderungen. Bemerkungen und Aufsätze zur Literartur. 1970. S. 179–185.

WEINRICH, Harald: Semantik der kühnen Metapher. In: Deutsche Vierteljahrsschrift für Literaturwissenschaft und Geistesgeschichte 37 (1963). S. 325–344.

WETZEL, Heinz: Günter Grass: Annäherungen an Calcutta. In: Weimarer Beiträge 44 (1998). S. 5–26.

WEYDT, Günther: 'Rathsstübl Plutonis' und 'Das Treffen in Telgte'. Gesprächsspiele bei Grimmelshausen und Grass. In: Chloe Bd. 7 (1988). S. 785–790.

WHITE, John J.: 'Wir hängen nicht vom Gehänge ab': The Body as Battleground in *Der Butt*. In: Philip BRADY, Timothy MCFARLAND, John J. WHITE (Hrsg.): Günter Grass' *Der Butt*. Sexual Politics and the Male Myth of History. Oxford 1990. S. 109-131.

WIERLACHER, Alois: Die Mahlzeit auf dem Acker und die schwarze Köchin. Zum Rahmenmotiv des Essens in Grass's „Die Blechtromel". In: Germanica Wartilaviensia LXXXI (1990). S. 25–36.

WIERLACHER, Alois: Vom Essen in der deutschen Literatur. Mahlzeiten in Erzähltexten von Goethe bis Grass. Stuttgart u. a. 1987.

WILL, Wilfried van der: Pikaro heute, Metamorphosen des Schelm bei Thomas Mann, Döblin, Brecht, Grass. Stuttgart 1967.

WILLIAMS, Anthony: „Aber wo befinde ich mich?": The Narrator's Location and Historical Perspective in Works bei Siegfried Lenz, Günter Grass and Johannes Bobrowski. In: Arthur WILLAMS, Stuart PARKES, Roland SMITH (Hrsg): German Literature at a Time of Change 1989–1990: German Unity and German Identity in Literary Perspective. Bern 1991.

WILLIAMS, Gerhild S.: Es war einmal, ist und wird einmal sein: Geschichte und Geschichten in Günter Grass' *Der Butt*. In: Pauls Michael LÜTZELER; Egon Schwarz (Hrsg.): Deutsche Literatur in der Bundesrepublik seit 1965. Königstein/Ts. 1980. S. 182–194.

WILPERT, Gero von: Von Lübeck nach Danzig. 'Buddenbrooks' und 'Die Blechtrommel'. In: Literatur und Geschichte 1788–1988. 1990. S. 219–240.

WILSON, Leslie A.: The numbers game. In: Gertrud BAUER PICKAR (Hrsg.): Adventures of a Flounder: Critical Essays on Günther Grass' 'Der Butt'. München 1982. S. 56–62.

WILSON, Leslie A.: The Grotesque Everyman in Günter Gass's „Die Blechtrommel". In: Monatshefte 58 (1966). S.131–138.

WIMMER, Ruprecht: „Ich jederzeit". Zur Gestaltung der Perspektiven in Günter Grass' 'Treffen in Telgte'. In: Simpliciana. Schriften der Grimmelshausen-Gesellschaft 6/7 (1985). S. 139–150.

WINKLER, Willi: Frau gefunden, Friedhof geleast. Günter Grass plädiert für polnisch-deutsche Versöhnung und geriatrischen Sex. In: die tageszeitung vom 7.5.1992. [Rezension zu *Unkenrufe*.]

WITTEK, Bernd: Der Literaturstreit im sich vereinigenden Deutschland. Eine Analyse des Streits um Christa Wolf und die deutsch-deutsche Gegenwartsliteratur in Zeitungen und Zeitschriften. Marburg 1997. [Darin: Der Streit um Günter Grass' „Ein weites Feld' (1995) – ein Nachtrag zum Literaturstreit. S. 130–140.]

WITTMANN, Jochen: The GDR and Günter Grass: East German Reception of the Works and Public Persona. In: Arthur WILLIAMS, Stuart PARKES, Roland SMITH (Hrsg.): German Literature at a Time of Change 1989–1990: German Unity and German Identity in Literary Perspective. Bern 1994.

ZIMMERMANN, Hans Dieter: „Die Blechtrommel" (1959). In: Paul Michael LÜTZELER (Hrsg.): Deutsche Romane des 20. Jahrhunderts. Königstein/Ts. 1983. S. 324–339.

ZIMMERMANN, Hans Dieter: Der Butt und der Weltgeist. Zu dem Roman „Der Butt" von Günter Grass. In: Diskussion Deutsch 13 (1982). S. 460–469.

ZIMMERMANN, Hans Dieter: Spielzeughändler Markus, Lehrer Zweifel und die Vogelscheuchen. Die Verfolgung der Juden im Werk von Günter Grass. In: Herbert. A. STRAUSS, Christhard HOFFMANN (Hrsg.): Juden und Judentum in der Literatur. München 1985. S. 295–306.

ZIMMERMANN, Werner: Günter Grass, „Katz und Maus". In: Deutsche Prosadichtungen unseres Jahrhunderts. Interpretationen für Lehrende und Lernende. Bd. 2. Düsseldorf 1989. S. 256–289.

ZIOLKOWSKI, Theodore: The Telltale Teeth: Psychodontia to Sociodontia. In: Publications of the Modern language Associations of America (PMLA) 91 (1976). No. 1. S. 9–22.